बुलंद इरादे, निश्चित कामयाबी

बुलंद इरादे, निश्चित कामयाबी

नॉर्मन विन्सेन्ट पील

अनुवाद: डॉ. सुधीर दीक्षित, रजनी दीक्षित

MANJUL
मंजुल पब्लिशिंग हाउस प्राइवेट लिमिटेड

MANJUL

मंजुल पब्लिशिंग हाउस

कॉरपोरेट एवं संपादकीय कार्यालय

• द्वितीय तल, उषा प्रीत कॉम्प्लेक्स, 42 मालवीय नगर, भोपाल-462 003

विक्रय एवं विपणन कार्यालय

• सी-16, सेक्टर 3, नोएडा, उत्तर प्रदेश, 201301

वेबसाइट : www.manjulindia.com

वितरण केन्द्र

अहमदाबाद, बेंगलुरू, कोच्चि, कोलकाता, चेन्नई,
हैदराबाद, मुम्बई, नई दिल्ली, पुणे

नॉर्मन विन्सेन्ट पील द्वारा लिखित मूल अंग्रेजी पुस्तक
यू कैन इफ़ यू थिंक यू कैन का हिन्दी अनुवाद

मूल प्रकाशक फायरसाइड (साइमन ऐंड शुस्टर, इन्कॉरपोरेटिड)
का प्रभाग, के सहयोग से प्रकाशित

यह हिन्दी संस्करण 2008 में पहली बार प्रकाशित
11वीं आवृत्ति 2026

ISBN 978-81-8322-098-9

हिन्दी अनुवाद : डॉ. सुधीर दीक्षित, रजनी दीक्षित

मुद्रण व जिल्दसाज़ी : रेप्रो इंडिया लिमिटेड

समर्पण

प्रेम और कृतज्ञता सहित
मेरी प्रिय पत्नी
रूथ स्टैफ़र्ड पील को
जो हर काम में मेरी साथी हैं।

मैं अपनी सेक्रेटरीज़ को धन्यवाद देना चाहूँगा। मिस ग्रेस एम. ब्लिद को, जिन्होंने इस पांडुलिपि की तैयारी में बहुत अच्छा सहयोग दिया और मिसेज़ एलिस ऑलिवेट को, जिन्होंने शोध में महत्वपूर्ण मदद की।

प्रिय पाठक -

अगर आप पुराने दोस्त हैं, तो एक और पुस्तक में आपका स्वागत है। अगर आप नए दोस्त हैं, तो आपका भी स्वागत है। पुराने दोस्तों को बनाए रखना और नए दोस्त बनाना जीवन की प्रमुख ख़ुशियों में से एक है।

लेकिन एक और पुस्तक क्यों, जबकि हम सत्रह पुस्तक अकेले और कई पुस्तकें दूसरों के साथ मिलकर लिख चुके हैं? शायद यह बात अजीब लगे, लेकिन इंसान को ऐसा लगता रहता है कि उसके पास कहने के लिए कुछ और भी है या वह पहले कही गई बातों को अलग तरीक़े से दोहराना चाहता है या शायद उन सिद्धांतों को ज़्यादा प्रभावी ढंग से व्यक्त करना चाहता है, जिन्हें वह कारगर मानता है।

काफ़ी समय पहले मुझे एक धुन सवार हो गई थी। मेरी धुन लोगों की मदद करने की थी, ताकि वे जीवन में सर्वश्रेष्ठ हासिल कर सकें और अपनी मुश्किलों से रचनात्मक तरीक़े से उबर सकें।

व्यक्तिगत रूप से मैं इंसान के ज़बर्दस्त गुणों और अद्‌भुत ख़ूबियों से हमेशा प्रभावित हुआ हूँ। मेरे लिए यह इतना रोमांचक है, इतना अद्‌भुत है कि मैं ख़ुद को एक और पुस्तक लिखने से रोक नहीं पाया। इसमें मैंने उन बदले हुए इंसानों की प्रेरक कहानियाँ शामिल की हैं, जिन्होंने कोई उल्लेखनीय काम किया है, ख़ास तौर पर अपनी क्षमताओं को मुक्त करने में। ये आम लोगों की कहानियाँ हैं, जो बिलकुल हमारी तरह के हैं। कम से कम, मेरी तरह के तो हैं ही।

मैंने जब इतने सारे लोगों को अपनी समस्याओं पर विजय पाते और असली जीवनमूल्यों को पहचानते देखा, तो मुझे पता चला कि रचनात्मक परिणामों में हमेशा कुछ विशिष्ट सिद्धांत शामिल होते हैं। यह पुस्तक उन्हीं प्रगतिशील और कारगर सिद्धांतों को बताने के लिए लिखी गई है, ताकि मेरे पाठक उन्हें ख़ुद आज़माने के लिए प्रोत्साहित हो सकें। इसका लक्ष्य आपको यह बताना है कि आप सब कुछ कर सकते हैं, बशर्ते आप ठान लें।

यह पुस्तक इंसान की क्षमता में प्रबल विश्वास से लिखी गई है। यह लोगों को प्रोत्साहित करने की इच्छा से लिखी गई है, ताकि वे अपने जीवन के मालिक बनें और अपने मस्तिष्क में निहित अद्‌भुत संभावनाओं को पहचानकर उनका दोहन करें।

अगर आप सर्वश्रेष्ठ और बेहद रोमांचक जीवनमूल्यों का अनुभव नहीं कर पा रहे हैं, तो यह पुस्तक आपको लक्ष्य तक पहुँचने के लिए कारगर सुझाव देगी। अगर मुश्किलें और समस्याएँ आप पर हावी हो रही हैं तथा आपका आत्मविश्वास डगमगा रहा है, तो यह पुस्तक आपको एहसास दिलाएगी कि आप अपनी समस्या का सामना कर सकते हैं और बहुत अच्छी तरह कर सकते हैं। इसमें दिए गए व्यावहारिक सिद्धांत आपकी भी उसी तरह मदद कर सकते हैं, जिस तरह उन्होंने दूसरों की मदद की है।

इस पुस्तक को पढ़ने के बाद अगर आपका अपने मस्तिष्क की शक्तियों में विश्वास बढ़ जाता है, अगर आपका विचार तंत्र अधिक कारगर हो जाता है और अगर आप इस सच्चाई को जान जाते हैं कि आप किसी भी समस्या का सफलतापूर्वक सामना कर सकते हैं, तो मैं समझूँगा कि इसे लिखने का मेरा सच्चा उद्‌देश्य पूरा हो गया है।

ज़ाहिर है, इस पुस्तक में लिखी हर बात, विचार और सिद्धांत पर मुझे पूरा भरोसा है। मुझे उन पर इसलिए भरोसा है, क्योंकि वे कारगर हैं। हमें आशा है कि यह पुस्तक आपसे कुछ कहेगी और आपके लिए कुछ करेगी।

बस एक और शब्द

क्या आप कभी यह विचार करने के लिए रुके हैं कि कोई पुस्तक आपके लिए क्या कर सकती है? सकारात्मक और प्रेरक दृष्टिकोण से लिखी गई एक पुस्तक? मैं चाहता हूँ कि काश मैं यहाँ वे पत्र प्रकाशित कर पाता, जिनमें लोगों ने ऐसी पुस्तकों से मिले ज़बर्दस्त परिणामों के बारे में बताया है! मैं यहाँ सिर्फ़ एक चिट्‌ठी बता रहा हूँ, जो इस पुस्तक की पांडुलिपि पूरी होते समय आई थी। यह बताती है कि एक पुस्तक ने एक युवा महिला लोन एंग जिओ, पीएच.डी. के लिए कितना कुछ किया। वे लिखती हैं :

प्रिय डॉ. पील,

आपकी पुस्तकों ने जीवन के मुश्किल दौर में मुझे मार्गदर्शन दिया है; अमेरिका आने से पहले जब मैं अपने देश इंडोनेशिया में थी, तब मैंने आपकी पुस्तक *स्टे अलाइव ऑल युअर लाइफ़* पढ़ी। उस वक़्त मैं दुखी और कुंठित कॉलेज विद्यार्थी थी। मैं बेहतर शिक्षा पाने के लिए विदेश जाना चाहती थी और यह देखने के लिए भी कि मेरे देश के बाहर की दुनिया कैसी दिखती है।

मेरी कई सहेलियाँ बाहर पढ़ने के लिए यूरोप चली गईं और मैं उन्हें एक-एक करके हवाई अड्डे पर विदा करने गई। मैं हमेशा घर आकर रोती थी और सोचती थी कि मेरे विदेश जाने की बारी न जाने कब आएगी। बहरहाल, मेरे पिता एक छोटे बिज़नेसमैन थे और उन्हें पाँच बच्चों को पालना था। उनके लिए यूरोप में मेरी पढ़ाई का ख़र्च उठाना असंभव था।

मैं जानती थी कि कोई चमत्कार ही मुझे विदेश भिजवा सकता है। फिर मैंने आपकी पुस्तक पढ़ी और मुझे पता चला कि मैं जो चाहती हूँ, उसे पा सकती हूँ, बशर्ते मैं उस पर *भरोसा करूँ!* आपकी पुस्तक ने यह सलाह भी दी कि मुझे इस तरह व्यवहार करना चाहिए, जैसे मुझे यक़ीन हो कि मुझे अपनी मनचाही चीज़ ज़रूर मिलेगी। मैंने सोचा कि कोशिश करने में कोई नुक़सान तो होना नहीं है।

मैंने ख़ुद को बताया कि मुझे जर्मनी जाने के लिए स्कॉलरशिप मिल जाएगी। मैं जर्मनी जाकर ही पढ़ना चाहती थी, क्योंकि मेरे प्रिय विषय मनोविज्ञान का जन्म वहीं हुआ था। मैं जर्मन भाषा दिल से सीखने लगी। मैंने जर्मन विश्वविद्यालयों में आवेदन किया और स्कॉलरशिप की संभावनाओं के बारे में पता लगाया। सभी का जवाब नकारात्मक था। कोई भी मुझे स्कॉलरशिप देने को तैयार नहीं था, जब तक कि मैं जर्मनी में पहले से ही पढ़कर अपनी योग्यताएँ साबित न कर रही हूँ। लेकिन मैं फिर भी यक़ीन करती रही। मेरे माता-पिता ने सोचा कि मेरा दिमाग़ चल गया है, जो मैं इतना निराशाजनक संघर्ष कर रही हूँ। मैंने उनकी बातों पर ध्यान

नहीं दिया। फिर एक दिन मुझे बॉन यूनिवर्सिटी से एक पत्र मिला कि वे मेरे आवेदन पर विचार करने के इच्छुक हैं।

मैं रोमांचित और घबराई हुई थी। अब मुझे अपने सकारात्मक चिंतन में एक और क़दम आगे जाना था। मुझे ख़ुद को यह यक़ीन दिलाना था कि मैं जर्मनी की बॉन यूनिवर्सिटी में पढ़ने जा रही हूँ। मैंने इस यूनिवर्सिटी की एक तस्वीर खोजी और उसे अपने बेडरूम की दीवार पर चिपका लिया। मैं उसकी ओर देख-देखकर ख़ुद से कहती रही : "तुम यहीं पर पढ़ने जा रही हो!" मैं जर्मन भाषा और अच्छे से सीखने लगी। फिर एक साल के इंतज़ार की वेदना के बाद मुझे एक चिट्ठी मिली कि मुझे स्कॉलरशिप मिल गई है। तीन महीने बाद मैं जर्मनी पहुँच गई।

यह लगभग आठ साल पहले हुआ। जीवन में यह पहली बार हुआ था, लेकिन आख़िरी बार नहीं, जब मैंने जाना कि ईश्वर आपको हर मनचाही चीज़ देता है, बशर्ते आप आस्था रखें।

मैं हमेशा सोचती थी कि मैं किसी न किसी दिन आपसे व्यक्तिगत रूप से मिलूँ। अब यह इच्छा भी पूरी हो गई है, क्योंकि मेरे पति और मैं इस समय न्यूयॉर्क में रह रहे हैं। आने वाले रविवार को आप हमारे पहले बेटे का नामकरण करने वाले हैं। जब मैं इंडोनेशिया में थी और आपकी पुस्तक ही मेरी इकलौती उम्मीद थी, तो कौन सोच सकता था कि इतना कुछ हो सकता है? आपको बहुत, बहुत धन्यवाद!

ईश्वर आप पर हमेशा कृपा बनाए रखे!

आपकी

शायद यह पुस्तक भी आपके लिए ऐसा ही कुछ कर सके। इसके सिद्धांतों में शक्ति भरी है, तो क्यों न उस शक्ति का लाभ उठाया जाए? यह पुस्तक बताती है कि आप ऐसा कैसे कर सकते हैं। और याद रखें, हमेशा याद रखें : अगर आप ठान लें, तो आप कुछ भी कर सकते हैं।

नॉर्मन विन्सेन्ट पील

विषय-सूची

एक

लगन का सिद्धांत : कभी हार न मानें

जब आपके सामने कोई समस्या हो, ख़ास तौर पर अगर यह मुश्किल, पेचीदा, शायद भयंकर रूप से हताश करने वाली हो, तो एक मूलभूत सिद्धांत अपनाएँ और हमेशा अपनाते रहें। यह सिद्धांत है - कभी हार न मानें।

हार मानना पूर्ण पराजय को आमंत्रित करना है। और यह सिर्फ़ उस मामले तक ही सीमित नहीं है। हार मानना इंसान की पूर्ण पराजय है। इससे पराजयवादी मानसिकता विकसित होती है।

अगर समस्या सुलझाने का आपका तरीक़ा कारगर नहीं हो रहा है, तो समस्या को किसी दूसरे तरीक़े से सुलझाने की कोशिश करें। अगर दूसरा तरीक़ा भी कारगर न हो, तो तीसरे तरीक़े से, चौथे तरीक़े से, तब तक कोशिश करते रहें, जब तक कि आपको समस्या का समाधान न मिल जाए। याद रखें, हर समस्या का समाधान होता है, हमेशा होता है और लगातार विचारपूर्वक खोजने से यह आपको मिल ही जाएगा।

मेरा एक मित्र लंच के समय अपनी बात को ज़्यादा स्पष्ट करने के लिए सफ़ेद टेबलक्लॉथ पर तस्वीर बना रहा था। वह एक ऐसे व्यक्ति के बारे में बता रहा था, जिसके सामने बहुत बड़ी मुश्किलें थीं, लेकिन वह अपनी मुश्किलों से ज़्यादा दृढ़ बन गया। उसने हार नहीं मानी और आख़िरकार परिणाम बहुत ही अद्‌भुत निकला।

तस्वीर एक आदमी की थी, जिसके सामने विशाल पहाड़ की चुनौती थी। मेरे दोस्त ने मुझसे पूछा, "वह इस पहाड़ के दूसरी तरफ़ कैसे पहुँचेगा ?"

मैंने जवाब दिया, "घूमकर निकल जाएगा।"

"पहाड़ बहुत चौड़ा है।"

"ठीक है, तो फिर खोदकर निकल जाएगा," मैंने कहा।

"नहीं, यह बहुत गहरा है। सही तरीक़ा यह है। वह मानसिक रूप से इससे भी ऊँचा हो जाएगा। अगर इंसान ऐसा हवाई जहाज़ बना सकता है, जिससे वह चालीस हज़ार फ़ुट की ऊँचाई पर - पहाड़ों से ऊपर - उड़ सकता है, तो वह इस तरह की सोच भी विकसित कर सकता है, जो उसे किसी भी पर्वताकार मुश्किल से ऊपर उठा सके।"

"बिल, तुमने बड़ी समझदारी की बात कही है, लेकिन मैंने यह अवधारणा बहुत पहले ही पढ़ ली थी। 'जो भी इस पहाड़ से कहेगा, तुम हट जाओ और समुद्र में चले जाओ और यह कहते समय उसके मन में शंका नहीं होगी...'" (मार्क 11:23)

"हाँ, वही विचार है," उसने उत्साह से सहमत होते हुए कहा। "बस सोचो, भावुक मत बनो और इस मूलभूत सिद्धांत पर डटे रहो : हार मानने की जल्दी मत करो।"

हाल ही में मुझे एक व्यक्ति का उत्साह से भरा पत्र मिला, जिसने इस सिद्धांत का सफलतापूर्वक इस्तेमाल किया था। उसने मुझे बताया कि कुछ साल पहले उसने मोबाइल होम्स के लिए रेडीमेड दीवारें बनाई थीं। उसने एक कंपनी शुरू की, लेकिन कंपनी प्रगति नहीं कर पाई। कंपनी के सामने एक के बाद एक मुश्किलें आती रहीं। स्थिति इतनी गंभीर हो गई कि उसके सहयोगियों ने उससे आग्रह किया कि वह "इस लाश को दफ़न कर दे।" लेकिन उसने हार मानने से इंकार कर दिया।

वह व्यक्ति सकारात्मक चिंतक था। उसकी आस्था "अटल" थी। आप कह सकते हैं कि वह अजेय चरित्र का स्वामी था। उसे यक़ीन था कि मुश्किलें उसे हरा नहीं सकतीं या नष्ट नहीं कर सकतीं। उसने कहा, "मैंने हार मानने की बात सोचने से भी इंकार कर दिया।" उसने बुद्धि का इस्तेमाल करके सोचा और उसके मन में एक विचार आया। अगर आप दहशत में आए बिना सोचेंगे, तो आपके मन में हमेशा कोई न कोई अच्छा विचार आ जाएगा। उसने पूर्वनिर्मित दीवारों के अलावा पूर्वनिर्मित फ़र्श भी बनाने का फ़ैसला किया। और ऐसा करते ही सफलता ने उसके क़दम चूम लिए। मोबाइल होम्स बनाने वाली एक बड़ी कंपनी ने उसकी कंपनी अच्छे दामों पर ख़रीद ली। इसके बारे में बोलते समय उसने इस प्रभावी वाक्यांश का प्रयोग किया :

"कभी हार मानने की जल्दबाज़ी न करें!"

आपने और मैंने बार-बार इस भयंकर त्रासदी को घटित होते देखा है। हमने लक्ष्य और उद्देश्य वाले लोगों को देखा है। उन्होंने मेहनत की ... उन्होंने संघर्ष किया ... उन्होंने विचार किया ... उन्होंने प्रार्थना की। लेकिन चूँकि राह कठिन थी, इसलिए वे थक गए, हताश हो गए और आख़िरकार उन्होंने हार मानकर मैदान छोड़ दिया। और बाद में यह पता चला कि अगर वे लगन से थोड़े समय तक और जुटे रहते, अगर वे अपने सामने थोड़ी दूर तक और देख पाते, तो उन्हें मनचाहा परिणाम मिल जाता।

पराजय के बारे में कभी बात न करें

आप इस तरह का अजेय नज़रिया कैसे विकसित कर सकते हैं? इसका एक तरीक़ा तो यह है कि कभी पराजय के बारे में बात न करें, क्योंकि ऐसा करके आप पराजय को मानसिक रूप से स्वीकार कर लेते हैं। एक समय जब मैं ख़ुद मुश्किलों में था, तो वेस्ट कोस्ट के एक अनजान आदमी ने मुझे फ़ोन किया। उसने बस इतना ही कहा : "आप चिंता न करें और हार न मानें। मैं आपके लिए अच्छे शब्द कह रहा हूँ।" अच्छे शब्द क्या हैं, यह पूछने से पहले ही उसने फ़ोन रख दिया। मैं अब भी नहीं जानता कि अच्छे शब्द से उसका क्या मतलब था। लेकिन अचानक मुझे यह एहसास हुआ कि मैं अच्छे, आशावादी शब्द नहीं बोल रहा था। मैं "नीचे" ले जाने वाले शब्द बोल रहा था। इस तरह मैं पराजयवादी नज़रिया विकसित कर रहा था, जिस कारण मुझे पराजय का सामना करना पड़ रहा था। इसके बाद मैं अच्छे शब्द बोलने लगा, आशा - विश्वास - आस्था - सफलता जैसे शब्द। मैंने इस सशक्त वाक्य का प्रयोग शुरू किया, "अगर मैं ठान लूँ, तो कुछ भी कर सकता हूँ।" मैं इस आधार पर सोचने और काम करने लगा। इसे आज़माकर देखें। आपका पूरा व्यक्तित्व अच्छी चीज़ों की ओर बढ़ने लगेगा और उन्हें पा भी लेगा।

एक लेख में फ़िलिस सिमोल्के ने "अच्छे शब्द" के इस विचार पर बात की थी। उन्होंने बताया था कि नकारात्मक शब्दों का प्रयोग करना कितना ख़तरनाक है। उन्होंने "no" (नहीं) शब्द का उदाहरण दिया। "no" (नहीं) शब्द से दरवाज़ा बंद हो जाता है। इसका मतलब है असफलता, पराजय, विलंब। लेकिन इसके अक्षर उलट देंगे, तो आपमें नई आशा जाग जाएगी, क्योंकि तब यह "on" (आगे बढ़ो) बन जाता है। सचमुच ऊर्जावान बन जाएँ। बिना रुके अपने लक्ष्य की तरफ़ आगे बढ़ते रहें, जब तक कि आपकी समस्या

न सुलझ जाए, जब तक कि आपकी मुश्किल दूर न हो जाए।

उन्होंने teem (भरा होना) शब्द की तरफ़ भी ध्यान दिलाया। आपके जीवन में मुश्किलें भरी हैं, पश्चाताप भरा है, प्रभावहीनता भरी है। उनकी सलाह थी कि इस शब्द को भी उलट दें, ताकि यह शब्द meet (मुक़ाबला करना) बन जाए। समस्या जैसे ही उत्पन्न हो, उसका मुक़ाबला करो। ऐसा करने पर आपका जीवन पराजय और निराशा से भरा नहीं रहेगा, बल्कि उत्पादक और रचनात्मक हो जाएगा, क्योंकि आप हर चुनौती के उत्पन्न होते ही उसका मुक़ाबला करने लगेंगे। "no" को "on" में और "teem" को "meet" में बदल लें।

सकारात्मक व रचनात्मक तरीक़े से समस्याओं का सामना करने के लिए अपने चिंतन को बदलें। और लगन के इस सिद्धांत को याद रखें : कभी हार न मानें।

यक़ीनन, जीवन में आप जहाँ जाना चाहते हैं, वहाँ सचमुच पहुँचने की आपकी संभावना अक्सर इस बात पर निर्भर करती है कि निराशा के झटके लगने पर आपकी प्रतिक्रिया क्या होगी। आप हार मान लेंगे या लगातार कोशिश करते रहेंगे? यही निर्णायक सवाल है। आप जो भी फ़ैसला करेंगे, उससे आपकी तक़दीर का फ़ैसला होगा।

अपनी हिम्मत को आवाज़ दें

कभी हेज़ जोन्स के रोमांचक कैरियर के बारे में सुना है? 1960 में यह आदमी ऊँची बाधा दौड़ में बहुत मशहूर था। वह हर दौड़ जीत रहा था। वह रिकॉर्ड तोड़ रहा था। दरअसल वह सनसनीख़ेज़ प्रदर्शन कर रहा था। ज़ाहिर है, उसे रोम में होने वाले ओलंपिक खेलों के लिए चुन लिया गया। वहाँ उसने 110 मीटर की बाधा दौड़ में हिस्सा लिया। पूरी दुनिया को उम्मीद थी कि स्वर्ण पदक वही जीतेगा।

लेकिन हैरानी की बात यह थी कि वह स्वर्ण पदक नहीं जीत पाया। वह तीसरे स्थान पर रहा। ज़ाहिर है, इससे उसे गहरी निराशा हुई। उसके मन में पहला विचार यह आया : "तो क्या हुआ! मैं दौड़ना छोड़ दूँगा।" चार साल तक ओलंपिक खेल नहीं होने वाले थे। इसके अलावा, वह बाक़ी सभी चैंपियनशिप जीत चुका था। चार साल तक फ़िट और फ़ार्म में रहने की मेहनत क्यों की जाए? समझदारी इसी में थी कि ओलंपिक जीतने की बात भूल जाओ और कोई बिज़नेस कैरियर शुरू करो।

निश्चित रूप से यह तर्कपूर्ण था। लेकिन हेज़ जोन्स इस बात के लिए तैयार नहीं था। उसने कहा, "आपने ज़िंदगी भर जो चाहा हो, उसके बारे में आप तार्किक नहीं हो सकते।" इसलिए उसने दोबारा प्रशिक्षण लेना शुरू किया, हर दिन तीन घंटे, सप्ताह में सातों दिन। अगले दो सालों में उसने 60 गज़ और 70 गज़ की बाधा दौड़ में नए रिकॉर्ड बनाए।

मैडिसन स्क्वेयर गार्डन में 22 फरवरी 1964 की वह रात आई। जोन्स 60 गज़ बाधा दौड़ में हिस्सा ले रहा था। उसने यह घोषणा कर दी थी कि यह उसकी आख़िरी इनडोर रेस होगी। तनाव चरम सीमा पर था। हर निगाह उसी पर टिकी थी। वह जीत गया और उसने अपने पुराने रिकॉर्ड की बराबरी कर ली। फिर एक अजीब बात हुई। उन दिनों विजय रेखा को पार करने के बाद धावक एक रैंप के नीचे ओझल हो जाते थे, जहाँ वे धीमे होकर रुकते थे। वापस ट्रैक पर आकर जोन्स ने एक पल के लिए सिर झुकाकर दर्शकों की तालियों को स्वीकार किया, जब सत्रह हज़ार लोग उसके सम्मान में खड़े हुए। फिर जोन्स रो पड़ा। कई दर्शक भी रोने लगे, क्योंकि यह आदमी पराजय के बावजूद मैदान में डटा हुआ था। उसने हार नहीं मानी और उसके चहेते दर्शकों को यह बात अच्छी लगी।

उसने 1964 के टोकियो ओलंपिक में हिस्सा लिया। यहाँ उसने 13.6 सेकंड में 110 मीटर की बाधा दौड़ जीत ली और पहले स्थान पर आया - आख़िरकार, उसने ओलंपिक का स्वर्ण पदक जीत ही लिया।

उसके बाद वह एक एयरलाइन के सेल्स रिप्रज़ेन्टेटिव के रूप में काम करने लगा। बाद में उसने शहर के शारीरिक सौष्ठव कार्यक्रम में मदद करने का प्रस्ताव रखा और उसके काम के बहुत अच्छे परिणाम मिले।

युवाओं के समूह को संबोधित करते हुए उसने रॉबर्ट डब्ल्यू. सर्विस की कविता 'द क्विटर' की कुछ पंक्तियाँ दोहराईं, जो हर व्यक्ति को अपने दिमाग़ में संजोकर रखनी चाहिए और उनके अनुसार जीना चाहिए :

जूझने से ही आपकी जीत होगी,
इसलिए भागो मत, पुराने खिलाड़ी!
बस अपनी हिम्मत बटोरो; बचकर भागना बहुत आसान है:
अपना सिर तानकर रखना मुश्किल है।
इस बात पर रोना आसान है कि आप हार गए - और मरना भी;

रेंगना और केंचुए की तरह चलना आसान है;
लेकिन जब आशा न दिख रही हो, तब भी जूझते रहना -
यही तो सबसे अच्छा खेल है!
और हालाँकि हर कष्टकारी दौर से जब तुम बाहर आओगे,
तब तुम टूटे हुए, पिटे हुए और घायल होगे,
बस एक और कोशिश करो - मरना बहुत आसान है,
मुश्किल तो ज़िंदा रहना है।

हेज़ जोन्स की कहानी गेटे की एक पंक्ति याद दिलाती है : "हममें से छोटे से छोटा व्यक्ति भी कठोर और सच्ची लगन से काम कर सकता है। लगन कभी अपने उद्देश्य में असफल नहीं होती है, क्योंकि इसकी ख़ामोश शक्ति समय के साथ लगातार बढ़ती रहती है।" इसका मतलब है कि कोशिश करते रहो - उससे किला फ़तह हो जाएगा।

हार मानने से इंकार करने को लगन का सिद्धांत कहा जाता है। दुखद बात यह है कि आज के आरामपसंद और भोग-विलासी युग में लगन के बारे में बहुत कम सुनने को मिलता है। अमेरिका के इतिहास में बहुत सशक्त व्यक्ति हुए हैं, इसलिए पुराने ज़माने में युवाओं की चेतना में लगन का महत्व लगातार डाला जाता था। उनसे कहा जाता था कि वे जमकर संघर्ष करें और किसी चीज़ के सामने घुटने न टेकें। अगर वे गिर भी जाएँ, तो दोबारा उठकर खड़े हो जाएँ और मुश्किलों पर हमला कर दें। मुश्किलों पर कसकर वार करें और करते रहें, चाहे जो हो जाए। लगन - यही प्रमुख सिद्धांत है और यह आज भी सफलता चाहने वाले हर व्यक्ति के लिए मूलभूत सिद्धांत है। अगर आप लगन के सिद्धांत का दृढ़ता से पालन नहीं करते हैं, तो जीवन में रचनात्मक रूप से कहीं भी नहीं पहुँच सकते।

कोशिश करते रहने से परिणाम मिलते हैं

सत्य को जानने वाले दुनिया के विचारक हमेशा लगन के महत्व को रेखांकित करते रहे हैं। मुहम्मद ने कहा था, "ईश्वर लगनशील लोगों का साथ देता है।" मुहम्मद इस सच्चाई से वाक़िफ़ थे। शेक्सपियर को भी यह पता था, जिन्होंने हमें बताया, "ज़्यादा बारिश संगमरमर को घिस सकती है।" संगमरमर सख़्त होता है, बहुत सख़्त, लेकिन पानी की छोटी-छोटी बूँदें लगातार इस पर

पड़ती रहें, तो यह घिस सकता है। शेक्सपियर के 1700 साल पहले लूक्रेशियस ने यही बात समझदारीपूर्ण तरीक़े से इस तरह कही थी : "टपकते पानी से पत्थर भी घिस जाता है।"

महान ब्रिटिश राजनेता एडमंड बर्क ने भी एक मर्दाना सलाह दी थी। वे भी लगन के सिद्धांत की शक्ति में यक़ीन करते थे। उन्होंने कहा, "कभी निराश मत होना, लेकिन अगर हो जाओ, *तो निराशा में भी काम करते रहना*।"

क्या मैं एक और व्यक्ति का उदाहरण दे सकता हूँ, जो इन लोगों जितनी मशहूर तो नहीं हैं, लेकिन निश्चित रूप से इनके जितनी ही समझदार अवश्य थीं? वे मेरी माँ थीं। उन्होंने अपने पूरे जीवन अजेय लगन का अभ्यास किया। हालाँकि उनके सामने जूझने के लिए बहुत कुछ था - पैसा बहुत कम था और सभी आम इंसानी समस्याएँ थीं। लेकिन उन्होंने कभी घुटने नहीं टेके, कभी हार नहीं मानी। वे फ़ौलाद की बनी थीं। वे हमेशा सशक्त थीं।

मुझे याद है, बचपन में मैं दो चीज़ों से नफ़रत करता था : पालक और बीज गणित। आज भी मैं उन दोनों की सचमुच परवाह नहीं करता हूँ, हालाँकि मुझे स्वीकार करना होगा कि अब पालक में ऐसा कुछ मिलाया जाता है, जिससे यह ज़्यादा स्वादिष्ट बन जाता है। मैं स्कूल से घर आकर अपनी माँ से उदास मन से कहता था कि मैं कभी बीज गणित नहीं समझ सकता। मुझे एक उदास दिन याद है, जब बीज गणित से तंग आकर मैंने शिकायत की थी, "मैं इसे नहीं कर सकता। अब कुछ नहीं हो सकता। मैं इसे नहीं कर सकता। नहीं कर सकता। नहीं कर सकता।"

उन्होंने मेरी तरफ़ देखा और यक़ीन मानिए, उन्होंने मुझे जिस निगाह से देखा था, वह "माँ" जैसी कोमल निगाह नहीं थी। उनकी आवाज़ तीखी और सख़्त थी। वे कई साल पहले इस दुनिया से जा चुकी हैं, लेकिन मैं आज भी उनके समझदारी भरे शब्द सुन सकता हूँ, जिन्हें विलियम एडवर्ड हिकसन नामक व्यक्ति ने लिखा था : "अगर तुम पहली बार में सफल नहीं होते हो, तो कोशिश करो, बार-बार कोशिश करो।" उन्होंने आगे यह भी जोड़ दिया था, "अगर तुम ठान लो, तो कुछ भी कर सकते हो।" उन्होंने मुझे यक़ीन दिलाया कि मैं कर सकता हूँ। दृढ़ लगन और अथक प्रयास का संकल्प अंततः निश्चित रूप से सफल होगा, अगर आपमें इसकी तस्वीर बनाने की प्रेरणा हो और आप इस काम में जुटे रहें।

अनुभूति का सिद्धांत

सफल होने के लिए लगन के सिद्धांत के साथ एक और महत्वपूर्ण सिद्धांत ज़रूरी है - अनुभूति का सिद्धांत (perception principle) और इससे मिलने वाली शक्ति।

अनुभूति के सिद्धांत से हमारा क्या तात्पर्य है ? जब कोई व्यक्ति अपने मन में पराजित हो जाता है या आत्म-पराजय की स्थिति में गोते खाता है, तो उसे सही अनुभूति की ज़रूरत होती है। उसमें अंतर्दृष्टि होनी चाहिए, ताकि वह अपनी पराजय के अंदरूनी कारण को पहचान ले। उसे स्थिति को न सिर्फ़ बाहर से, बल्कि अंदर से भी देखना चाहिए। उसमें अपने बारे में अंतर्ज्ञान और आंतरिक समझ होनी चाहिए कि वह कौन है और वह क्या है। उसे अपनी आंतरिक शक्तियों का एहसास और विकास करना होगा। तभी उसे सफल परिणाम मिल सकता है।

सच तो यह है कि ज़्यादातर लोगों के कष्टकारी और असफल जीवन का कम से कम आंशिक कारण यह है कि वे भीतर से सुव्यवस्थित नहीं होते हैं। उनमें यह अंतर्ज्ञान नहीं होता है कि वे कौन और क्या हैं। यह अक्सर कहा गया है, "इंसान अपना सबसे बड़ा दुश्मन ख़ुद है।" हो सकता है कि लोग लक्ष्य या उद्देश्य तय कर लें, कड़ी मेहनत करें, लेकिन इसके बावजूद असफल हो जाएँ। हो सकता है कि कोई व्यक्ति कुछ रचनात्मक करना चाहे, लेकिन इसके बावजूद ऐसा न कर पाए। क्यों ? शायद दिक़्क़त यह है कि उसके भीतर ही कुछ गड़बड़ है।

दरअसल, ख़ुद को जानना दुनिया का सबसे मुश्किल काम है। हमारे भीतर एक अंदरूनी आत्म-रक्षक यंत्र होता है, जो हमेशा हमारी मनचाही चीज़ करने की कोशिश करता है। यह अतार्किक को तार्किक बनाने की कोशिश करता है। कई लोग दरअसल ख़ुद को जानना भी नहीं चाहते हैं। वे दूसरे लोगों और उनकी समस्याओं के बारे में बात करते रहेंगे, लेकिन ख़ुद से मुँह छिपाएँगे और सच्चाई का सामना नहीं करेंगे। दरअसल, किसी के विकास के अनुभव में बहुत बड़ा क्षण तब आता है, जब वह ख़ुद से छिपने की कोशिश छोड़ देता है और अपने सच्चे स्वरूप को पहचानने का संकल्प कर लेता है।

जो लोग असफल होते हैं, वे आम तौर पर इसलिए असफल नहीं होते, क्योंकि वे किसी बाहरी स्थिति का सामना करने में असमर्थ हैं - उन्हें तो आंतरिक या मानसिक संघर्ष परास्त कर देता है। आपको ख़ुद को उस तरह

देखना होगा, जैसे आप वास्तव में हैं। आपको अपने बारे में ईमानदारी के साथ सोचना होगा। यह अनुभूति का सिद्धांत है, जो आत्म-परीक्षण पर आधारित है। एक दर्पण के सामने खड़े होकर ख़ुद से कहें, "देखो, मैं तुम्हारे बारे में सच्चाई जानना चाहता हूँ।" तत्काल आपका मस्तिष्क आपसे कह सकता है, "तुम तो बिलकुल ठीक हो। इस बारे में ज़्यादा चिंता मत करो।" लेकिन सामान्य, स्वस्थ मस्तिष्क वाले व्यक्ति को यह एहसास होना चाहिए कि आत्म-विकास की शुरुआत हमेशा सच्चे आत्म-ज्ञान से ही होती है।

मैंने वॉशिंगटन, डी.सी. में एक मीटिंग को संबोधित किया। वहाँ कई महत्वपूर्ण सरकारी अधिकारी और कई तथाकथित हस्तियाँ मौजूद थीं। मैं उनमें से ज़्यादातर को व्यक्तिगत रूप से नहीं जानता था, लेकिन मेरे भाषण के बाद एक व्यक्ति ने मेरे पास आकर अपना परिचय दिया। मैं उन्हें तत्काल पहचान गया। वे बहुत ही प्रभावशाली व्यक्ति थे- बहुत ही योग्य और मशहूर। मैं उन्हें बताने लगा कि मैं उनकी लीडरशिप का कितना बड़ा प्रशंसक हूँ।

"कितनी अच्छी बात है!" उन्होंने कहा। "आपको बहुत-बहुत धन्यवाद। लेकिन अगर यह सही है, तो इसके पीछे एक अच्छा कारण है।"

"अच्छा ?" मैंने जवाब दिया।

"हाँ," उन्होंने कहा। "यह तो एक भाषण के कारण हुआ था, जो आपने वॉशिंगटन में पंद्रह साल पहले इसी जगह पर दिया था। मैंने उस मीटिंग में आपका भाषण सुना था। मैं महत्वाकांक्षी था और मेरा प्रशिक्षण भी अच्छी तरह हुआ। सभी लोग मुझसे कहते थे कि मुझमें योग्यता थी। लेकिन मेरे ज़्यादातर काम ग़लत हो जाते थे। मेरे विचार और प्रतिक्रियाओं में गड़बड़ी थी, जिस वजह से मैं कई मूर्खताएँ कर बैठता था। लेकिन उस रात जब मैंने आपका भाषण सुना, तो अचानक मुझे एक नाटकीय अनुभूति हुई। ऐसा लगा, जैसे मैं किसी बहुत अँधेरी रात में देहाती मैदान में था और अचानक बिजली कौंधने से पूरा परिदृश्य साफ़ दिखने लगा था।

"मुझे अपने आंतरिक स्वरूप की झलक दिख गई। मुझे दिखा कि मैं अव्यवस्थित था और इसी वजह से पराजित हो रहा था। मैंने तभी फ़ैसला कर लिया कि मैं इसे सुधारकर दिखाऊँगा। मैंने पहला काम तो यह किया कि ईश्वर से मुझे व्यवस्थित करने की प्रार्थना की। मैंने उनसे अनुरोध किया कि वे मेरे बिखरे हुए हिस्सों को संगठित कर दें। मेरी प्रार्थना स्वीकार हो गई।" उन्होंने अपनी बात ख़त्म करते हुए आगे कहा, "बाद में मुझे अपने भीतर

अद्‌भुत, अविश्वसनीय क्षमता, सुव्यवस्था और शक्ति का एहसास होने लगा। ज़ाहिर है, हर चीज़ अचानक सुनहरी नहीं हो गई, लेकिन यह बेहतर हो गई, बहुत बेहतर हो गई।"

यह रचनात्मक परिवर्तन इसलिए हुआ, क्योंकि इस व्यक्ति ने अनुभूति के सिद्धांत पर सफलतापूर्वक अमल किया था। उसने अपने भीतर अच्छी तरह देखा और उसे जो ग़लत चीज़ दिखी, उसे सुधार दिया। परिणाम : उसे ऐसी शक्ति मिली, जिसने उसे सफलता के शिखर पर पहुँचा दिया।

जब व्यक्ति को अनुभूति के सिद्धांत पर अमल करने से अपने भीतर क्षमता का एहसास होने लगता है, तो शक्ति इस क्षमता को सक्रिय करती है, विकसित करती है और सफलता में बदल देती है। शक्ति का मतलब एक नई शक्ति और सामर्थ्य के एहसास से है। लेकिन रचनात्मकता के सक्रिय होने से पहले व्यक्ति को न सिर्फ़ आत्मज्ञान और आत्मविश्वास होना चाहिए, बल्कि उसमें शक्ति को सक्रिय करने वाला यह विश्वास भी होना चाहिए कि वह सभी बाधाओं के बावजूद सफल होने में समर्थ है।

जब लगन के साथ अनुभूति जुड़ जाती है, तो इससे नई शक्ति मिलती है। यही सफल उपलब्धि तक ले जाने वाला फ़ॉर्मूला है, हालाँकि यह प्रक्रिया मुश्किल हो सकती है।

आंतरिक संभावना से प्रेरित

उदाहरण के लिए, बॉब पेटिट को लें। बॉब अपनी पीढ़ी के सबसे महान प्रोफ़ेशनल स्टार और बास्केटबॉल के इतिहास में सबसे ज़्यादा स्कोर करने वाले खिलाड़ियों में से एक थे।

चौदह साल की उम्र में बॉब हाई स्कूल में फ़र्स्ट ईयर में था। तब उसकी लंबाई 5 फ़ुट 7 इंच थी और वज़न 118 पौंड था। जैसा उसका कहना है, वह "झाड़ू" जैसा दिखता था। वह कमज़ोर, नाटा किशोर था, लेकिन उसमें खिलाड़ी बनने की प्रबल इच्छा थी। उसने सहज बुद्धि से अनुभूति के सिद्धांत को अपना लिया। सिर्फ़ उसे ही अपनी संभावना महसूस हो रही थी, हालाँकि दिखाई तो यह उसे भी नहीं दे रही थी।

उसने फ़ुटबॉल खेलने की कोशिश की, लेकिन उसे टीम में नहीं लिया गया। बहरहाल, उसे टैकलिंग का काम मिल गया। एक दिन कोई और खिलाड़ी उपलब्ध नहीं होने पर उसे मैच खिलाया गया और विपक्षी क्वार्टरबैक ने 65

गज़ के टचडाउन से उसे पार कर लिया। फ़ुटबॉल खिलाड़ी के रूप में यह बॉब के कैरियर का अंत था।

फिर वह बेसबॉल की ओर गया। आख़िरकार उसे सेकंड बेस पर सब्स्टिट्यूट बनने का मौक़ा मिल गया। एक खिलाड़ी ने उसकी तरफ़ इतनी तेज़ गेंद मारी कि यह उसके पैरों के बीच से निकल गई और दो रन बन गए। यह उसके बेसबॉल कैरियर का अंत साबित हुआ।

फिर बॉब बास्केटबॉल की ओर मुड़ा। हाई स्कूल की टीम में बारह लड़कों की ज़रूरत थी। सत्रह ने आवेदन दिया था। अंतिम सूची में बॉब का नाम नहीं था। उसके नाटे और कमज़ोर होने के कारण ऐसा लग रहा था कि वह खेल जगत में नाम रोशन नहीं कर पाएगा। लेकिन वह खिलाड़ी बनना चाहता था - और बड़े खिलाड़ियों के साथ खेलना चाहता था।

बॉब ने चर्च के पादरी से बात की। पादरी को तत्काल दिख गया कि इस छोटे लड़के में क्या था। उन्होंने उससे कहा कि ईश्वर उसे महान बनाएगा। बॉब को विश्वास हो गया। इसके अलावा, पादरी के मन में एक विचार आया। उन्होंने कहा, "हम चर्च की टीम बनाते हैं और हम अन्य चर्चों से भी टीम बनाने को कहते हैं!" इन टीमों में उन लड़कों को रखा गया, जो हाई स्कूल की टीम में शामिल नहीं हो पाए थे। बॉब आख़िरकार टीम में पहुँच गया!

ज़िदगी में पहली बार बॉब को महत्वपूर्ण होने का एहसास हुआ। उसने लगातार अभ्यास किया। उसने हैंगर के तार को मोड़कर बास्केट बनाई और गैरेज के सामने कील से ठोंक ली। वह अपनी इस अजीबोग़रीब बास्केट में कई घंटो तक टेनिस गेंद फेंककर अभ्यास करता था। उसकी लगन देखकर उसके पिता प्रभावित हुए और वे उसके लिए बास्केटबॉल तथा बैकबोर्ड ख़रीद लाए।

स्कूल से आने के बाद हर दोपहर को बॉब लंच के वक़्त तक बास्केट में बास्केटबॉल फेंकने का अभ्यास करता रहता था। फिर वह लंच करता था, अपना होमवर्क करता था और दोबारा बाहर निकलकर तब तक बास्केटबॉल फेंकता था, जब तक कि अँधेरा नहीं हो जाता था। जब भी उसे सड़क के किनारे कोई खुला कूड़ादान दिखता था, तो वह उसमें कोई न कोई चीज़ फेंकता था। वह बास्केट में लगातार चीज़ें फेंकता रहता था। वह चर्च टीम का सबसे अग्रणी स्कोरर बन गया। वह बास्केटबॉल में उत्कृष्ट बनने के लिए संकल्पवान था। उसकी आंतरिक क्षमता ने उसे प्रेरित किया।

बॉब जानता था कि उसमें नैसर्गिक शक्ति नहीं है, इसलिए उसने अपने हाथ-पैर मज़बूत बनाने के लिए नियमित व्यायाम किया। वह हर दिन निष्ठा से व्यायाम करता था और संकल्प के कारण सेकंड ईयर में वह पाँच इंच लंबा हो गया! जब तक वह हाई स्कूल के थर्ड ईयर में पहुँचा, तब तक वह स्कूल की बास्केटबॉल टीम में पहुँच चुका था। कोच को बॉब में हुए परिवर्तन का कारण समझ में नहीं आया, "जो पिछले साल जूनियर वर्सिटी में खेलने लायक़ भी नहीं था!"

बॉब के सीनियर ईयर में उसकी टीम स्टेट हाई स्कूल चैंपियन बन गई और बॉब ने लूसियाना स्टेट यूनिवर्सिटी तथा बाद में सेंट लुइस हॉक्स के साथ हुए मैच में सबसे ज़्यादा स्कोर किया। वह अपनी पीढ़ी के महानतम और बेहतरीन खिलाड़ियों में से एक बना। क्यों ? क्योंकि उसने दो सिद्धांतों का अभ्यास किया था - अनुभूति और लगन। अपने भीतर की संभावित शक्ति के एहसास के कारण उसने हार नहीं मानी।

लेकिन अनुभूति और लगन के सिद्धांतों का पालन करने के लिए हमें महान खिलाड़ी नहीं बनना है। रोज़मर्रा की गतिविधियों में हमारे सामने अक्सर ऐसी स्थितियाँ आती हैं, जहाँ सकारात्मक तरीक़े से सोचने और हार न मानने की हमारी क्षमता काम आ सकती है।

लगातार जुटे रहें

मेरे सामने अचानक एक समस्या आ गई। उसका सुलझना असंभव लग रहा था। यह इस बात का उदाहरण है कि पूर्णतः निराशाजनक स्थिति का भी सुखद परिणाम निकल सकता है, बशर्ते आप उम्मीद करते रहें और कोशिश करते रहें! अप्रत्याशित बाधाओं ने मुझे इसका काफ़ी प्रमाण दिया है।

मुझे मिशिगन के हॉलैंड में एक मीटिंग में भाषण देना था और रात वहीं गुज़ारनी थी। अगली रात मुझे फ़ीनिक्स, एरिज़ोना में भाषण देना था। सामान्य स्थिति में वहाँ पहुँचने में कोई समस्या नहीं दिख रही थी। मुझे सुबह ग्रांड रैपिड्स से शिकागो तक का हवाई जहाज़ पकड़ना था और फिर वहाँ से फ़ीनिक्स के हवाई जहाज़ में बैठना था। इस तरह मैं वहाँ वक़्त से काफ़ी पहले पहुँच जाता। यह बड़ी आसान यात्रा लग रही थी।

लेकिन, मिशिगन के हॉलैंड में उस सुबह मोटल रूम की खिड़की के बाहर खड़ी कार भी मुश्किल से दिख रही थी। भयंकर कोहरा छाया हुआ था। मैंने ग्रांड रैपिड्स एयरपोर्ट फ़ोन किया और मुझे पता चला कि वहाँ भी कोहरा

छाया था। कोई हवाई जहाज़ उड़ान नहीं भर रहा था।

मैंने डेट्रॉयट फ़ोन किया। वहाँ भी कोहरा था। उन्होंने बताया कि शिकागो के ओ-हेयर हवाई अड्डे पर भी कोहरा छाया था और उस सुबह वहाँ से भी किसी हवाई जहाज़ के उड़ने की उम्मीद नहीं थी। मैंने मिनीपोलिस फ़ोन किया। वहाँ भी कोहरा था। संक्षेप में, कोहरे ने मुझे फँसा दिया था। मैं फ़ीनिक्स और वहाँ के अपने भाषण से सैकड़ों मील दूर था।

मैं क्या कर सकता था? मैं बैठ गया और लगन के सिद्धांत पर अमल करते हुए सकारात्मक चिंतन करने लगा। फ़ीनिक्स के लोगों ने आठ महीने पहले मुझसे समय लिया था। मैं यह सोच भी नहीं सकता था कि इस वक़्त उन्हें फ़ोन करके कहूँ कि मैं नहीं आ पाऊँगा। मैं हार मान सकता था और कह सकता था, "मैं इस बारे में कुछ नहीं कर सकता। मैं वहाँ नहीं पहुँच सकता।" अगर मैंने हार मान ली होती, तो मुझे यक़ीन है कि मैं वहाँ नहीं पहुँच पाता। लेकिन इसके बजाय मैंने सकारात्मक मानसिक दृष्टिकोण रखा, कार किराए पर ली और शिकागो की तरफ़ जाते समय इस बात की कल्पना की कि मेरे पहुँचने तक कोहरा छँट रहा है।

शिकागो की दो सौ मील लंबी यात्रा के साठ मील पूरे करने के बाद कार का इंजन खड़खड़ करने लगा और बीच-बीच में रुकने लगा। इस यांत्रिक मुश्किल से मेरी यात्रा की संभावना ज़रा भी उज्ज्वल नहीं हुई। मैंने अपने मस्तिष्क को सकारात्मक नज़रिया रखने के लिए विवश किया। मुझे एक सर्विस स्टेशन मिल गया, जहाँ एक बेहतरीन मैकेनिक था। पल भर में उसने आधा इंजन खोल दिया। उसने कई पुर्ज़ों की सफ़ाई की और आठ नए स्पार्क प्लग डाल दिए। फिर वह बोला, "अब यह चल जाएगी।"

मैंने एक पे फ़ोन से दोबारा शिकागो फ़ोन किया। हवाई अड्डे की कर्मचारी ने मुझे बताया, "आपका हवाई जहाज़ रद्द हो गया है। दोपहर चार बजे एक हवाई जहाज़ जा रहा है।" मैं जानता था कि अगर मैं उस हवाई जहाज़ में बैठ जाऊँ, तो भाषण के समय तक फ़ीनिक्स पहुँच जाऊँगा।

मैं कार में वापस बैठ गया और आप जानते हैं, क्या हुआ? यह चालू होने का नाम नहीं ले रही थी। बैटरी दम तोड़ चुकी थी। मैकेनिक ने बैटरी रिचार्ज कर दी। बहरहाल, उसने मुझसे कहा, "आप ओ-हेयर तक तो पहुँच सकते हैं, लेकिन चाहे जो हो जाए, रास्ते में इंजन बंद मत करना!"

नए स्पार्क प्लग और बाक़ी चीज़ों के कारण कार बहुत अच्छी तरह

चली। जब मैंने ओ-हेयर हवाई अड्डे के सामने कार रोकी, तो मुझे डिग्गी में से अपना बैग बाहर निकालने के लिए इंजन बंद करना पड़ा और फिर कार दोबारा चालू नहीं हुई। बैटरी सचमुच दम तोड़ चुकी थी। मैंने बीमार कार एक पुलिस वाले के हवाले की, जिसने इस काम के लिए मुझे धन्यवाद नहीं दिया।

टर्मिनल में हज़ारों लोग परेशान हालत में खड़े थे। मैं झिझकता हुआ खड़ा रहा। तभी अचानक भीड़ में एक एयरलाइन अधिकारी ने मुझे पहचान लिया और पूछा, "आपको क्या दिक्क़त है ?" मैंने उसे अपनी दिक्क़त बताई। उसने कहा, "हमारी एयरलाइन के हवाई जहाज़ उड़ान नहीं भर रहे हैं, लेकिन दूसरी एयरलाइन का एक हवाई जहाज़ जाने वाला है। अगर आपको उसमें जगह मिल जाए, तो आप अपनी मीटिंग में पहुँच सकते हैं। हम लोग सकारात्मक चिंतन का अभ्यास करेंगे - आख़िरी दम तक हार नहीं मानेंगे। यहीं मेरा इंतज़ार करें।"

वह लगभग आधा घंटे बाद लौटकर बोला, "वह हवाई जहाज़ जा तो रहा है, लेकिन उसमें एक भी सीट ख़ाली नहीं है। मुझे लगता है कि हमें गेट तक चलना चाहिए और यह उम्मीद करनी चाहिए कि कोई यात्री नहीं आएगा या टिकट कैंसल करा लेगा।" जब हवाई जहाज़ उड़ान भरने ही वाला था, तो मेरे दोस्त ने मुस्कराते हुए मुझे बताया कि मुझे सीट मिल गई थी। एक यात्री नहीं आ पाया था। मैं अपने भाषण से पैंतालीस मिनट पहले फ़ीनिक्स पहुँच गया।

जब हर चीज़ ग़लत होती दिख रही हो, तभी सकारात्मक मानसिक विश्वास के अभ्यास का समय है। तभी इस संकल्प का समय है कि आप अब भी अपने लक्ष्य को हासिल कर सकते हैं, बशर्ते आप लगन से जुटे रहें और हर चीज़ को आज़माकर देखें। अगर आप स्थिति को निराशाजनक मानने लगें, तो आपका मानसिक नज़रिया आपको पराजित करने के लिए ढेर सारी नई मुश्किलें खड़ी कर देगा। इसके बजाय यह विचार रखें कि परिस्थितियाँ आपके पक्ष में हो जाएँगी - और काम करते रहें।

अक्सर लोग यह बहाना बनाते हैं कि परिस्थितियाँ नियंत्रण के बाहर थीं। असली कारण तो यह था कि उन्होंने बहुत जल्दी हार मान ली और अब वे अपने काम को तर्कपूर्ण साबित करने की कोशिश कर रहे हैं। जो लोग इस दुनिया में आगे निकलते हैं, वे उठकर अपनी मनचाही परिस्थितियों की तलाश करते हैं और अगर उन्हें नहीं मिलती हैं, तो वे उनका निर्माण कर देते हैं। यही

नज़रिया समस्याओं का मुक़ाबला करने में चमत्कारिक परिणाम देता है। हार मानने की जल्दबाज़ी न करें - कभी हार न मानें। अगर आप ठान लें, तो कुछ भी कर सकते हैं।

अब हम इस अध्याय के महत्वपूर्ण सिद्धांतों पर एक नज़र डालते हैं :

1. *किसी भी समस्या का मुक़ाबला करते समय पहली बात यह है कि इस पर प्रहार करना कभी न छोड़ें। हमेशा लगन के सिद्धांत का प्रयोग करें।*
2. *याद रखें - आप मानसिक रूप से ऊँचे बनकर मुश्किलों के ऊँचे पर्वत को लाँघ सकते हैं।*
3. *इस सूत्रवाक्य का अभ्यास करें, "हार मानना हमेशा जल्दबाज़ी होती है।" जुझते रहें।*
4. *जोशीले शब्दों का प्रयोग करें। कभी निराशा भरी बातें न करें। अच्छे शब्द बोलें।*
5. *जूझते रहने से आप जीत जाते हैं।*
6. *अनुभूति के सिद्धांत में निपुण बनें। ख़ुद को जानना सीखें। अपने भीतर के असली व्यक्ति को पहचानें।*
7. *अगर आप पहली बार में सफल नहीं होते हैं, तो कोशिश करें, बार-बार कोशिश करें।*
8. *परिस्थितियों को ख़ुद को पराजित न करने दें। अपने मस्तिष्क से परिस्थितियों को नियंत्रित करें। अगर आप ठान लें, तो कुछ भी कर सकते हैं।*
9. *बस लगातार जुटे रहें - बस कोशिश करते रहें - क्योंकि इससे किला फ़तह हो जाएगा। लगातार आगे बढ़ते रहें। सब कुछ ठीक हो जाएगा।*
10. *ईश्वर पूरे समय आपको आशीर्वाद देता रहे।*

दो

आपकी समस्या क्या है? आप इससे निबट सकते हैं

"हर समस्या में इसके समाधान के बीज छिपे होते हैं।" अमेरिका के बेहतरीन विचारक स्टेनले अरनॉल्ड का यह उल्लेखनीय वाक्य इस महत्वपूर्ण सच्चाई को रेखांकित करता है कि हर समस्या के भीतर ही उसका समाधान होता है। यह अध्याय बताएगा कि आप उस समाधान को कैसे खोज सकते हैं। यह आपको बताएगा कि आप अपनी समस्याओं से कैसे निबट सकते हैं। एक बार फिर, अगर ठान लें, तो आप कुछ भी कर सकते हैं।

अक्सर लोग मानते हैं कि समस्या बुरी होती है। जबकि इसके विपरीत, समस्या अच्छी हो सकती है और आम तौर पर अच्छी ही होती है।

जब ईश्वर आपको कोई क़ीमती चीज़ देना चाहता है, तो वह कैसे देता है? क्या वह इसे सुंदर से पैकेट में लपेटकर चाँदी की तश्तरी में रखकर आपको देता है? नहीं। वह इससे ज़्यादा चतुर है। अक्सर वह उस क़ीमती चीज़ को किसी बड़ी, सख़्त समस्या के बीचोंबीच छिपा देगा और फिर देखेगा कि क्या आपमें उस समस्या को तोड़ने और उसके बीच में छिपे बेशक़ीमती मोती को पाने का माद्दा है।

कुछ लोग महसूस करते हैं, "जीवन सचमुच कितना सुखद हो जाएगा, अगर हमारे सामने ज़्यादा आसान समस्याएँ हों या कम समस्याएँ हों या इससे भी अच्छा यह रहेगा कि समस्याएँ ही न हों!" लेकिन क्या यह सच है? ऐसा होने पर क्या हमारी हालत बेहतर होगी? इस सवाल का जवाब मैं आपको एक घटना सुनाकर देता हूँ।

एक दिन फ़िफ़्थ एवेन्यू में मैंने जॉर्ज नाम के एक दोस्त को देखा। जॉर्ज के उदास और असंतुष्ट चेहरे से साफ़ ज़ाहिर था कि वह जीवन के आनंद से

भरपूर नहीं था। अगर सीधे-सीधे कहा जाए, तो वह "उदासी के रसातल में डूबा हुआ था।"

इससे मेरी स्वाभाविक सहानुभूति जाग्रत हो गई और मैं उससे पूछ बैठा, "कैसे हो, जॉर्ज ?" यह एक सामान्य सवाल था, लेकिन इसे पूछना मेरी बहुत बड़ी ग़लती साबित हुई, क्योंकि जॉर्ज ने मेरे सवाल को गंभीरता से ले लिया। उसने पंद्रह मिनट तक पूरे विस्तार से बताया कि वह कितना बुरा महसूस कर रहा था। उसने जितनी ज़्यादा बातें बताईं, मुझे उतना ही ज़्यादा बुरा महसूस हुआ।

मैंने उससे पूछा, "जॉर्ज, तुम्हें कौन सी चीज़ परेशान कर रही है ? तुम्हें कौन सी चीज़ खाए जा रही है ? तुम्हें किस चीज़ से कष्ट है ?" इस पर वह फिर शुरू हो गया। "ओह," उसने तेज़ी से जवाब दिया, "समस्याएँ, समस्याएँ ... समस्याओं के अलावा कुछ नहीं है! मैं समस्याओं से तंग आ गया हूँ और यह बिलकुल सच है। मैं इन अनंत समस्याओं से निजात पाना चाहता हूँ।" वह इतना उत्तेजित हो गया कि यह भूल ही गया कि वह किससे बात कर रहा था। वह अपनी समस्याओं के बारे में बहुत से अपशब्द बोलने लगा, जिन्हें निश्चित रूप से धार्मिक शब्दावली का हिस्सा नहीं कहा जा सकता।

नहीं चाहिए : अब और समस्याएँ

"नॉर्मन," उसने आगे कहा, "इन समस्याओं से मुझे मुक्ति दिला दो। यह काम कर दोगे, तो मैं तुम्हें एक हज़ार डॉलर नक़द दूँगा, जिनका तुम परोपकारी कार्यों में उपयोग कर सकते हो।" मैं ऐसे सुनहरे प्रस्ताव को कैसे ठुकराता ? इसलिए मैंने अच्छी तरह सोचा। सोचने और चिंतन करने के बाद मैंने एक समाधान निकाला, जो मुझे ठीक लगा, कम से कम यह यथार्थवादी था। लेकिन स्पष्ट रूप से यह जॉर्ज को पसंद नहीं आया, इसलिए मुझे एक हज़ार डॉलर मिलने की आशा पर पानी फिर गया।

"देखो जॉर्ज," मैंने कहा। "मैं निश्चित रूप से तुम्हारी मदद करना पसंद करूँगा, लेकिन पहले मैं इस मामले को पूरा समझना चाहता हूँ। क्या तुम अपनी सभी समस्याओं से मुक्ति पाना चाहते हो ? एक भी समस्या नहीं चाहते हो ?"

"तुमने सही कहा!" उसने जवाब दिया। "मैं अपनी हर समस्या से मुक्ति पाना चाहता हूँ। मेरा यक़ीन करो, मैंने बहुत समस्याएँ झेली हैं। अब मैं तंग

आ चुका हूँ। मैं अब कभी कोई समस्या नहीं चाहता।"

"ठीक है, जॉर्ज, मेरे पास इसका समाधान है, लेकिन मुझे नहीं लगता कि यह तुम्हें पसंद आएगा। बहरहाल, समाधान यह है : कुछ समय पहले मैं काम के सिलसिले में एक जगह गया था, जहाँ के अधिकारी ने मुझे बताया कि वहाँ पर एक लाख लोग हैं और उनमें से किसी के पास एक भी समस्या नहीं है।" मैंने पहली बार जॉर्ज के चेहरे पर जोश की झलक और आँखों में उत्सुकता की चमक देखी, जब उसने उल्लास से कहा, "मुझे वही जगह चाहिए! मुझे उस जगह ले चलो!"

"ठीक है," मैंने जवाब दिया। "वह जगह क़ब्रिस्तान है।"

और यह सच है – क़ब्रिस्तान में किसी को कोई समस्या नहीं है। उनके लिए ज़िंदगी के संघर्ष ख़त्म हो चुके हैं। अब वे आराम कर रहे हैं। उन्हें इस बात की ज़रा भी परवाह नहीं है कि आप और मैं अख़बार में क्या पढ़ते हैं, रेडियो पर क्या सुनते हैं या टी.वी. पर क्या देखते हैं। उनके पास एक भी समस्या नहीं है; लेकिन वे *मुर्दा* हैं।

समस्याएँ जीवन का चिन्ह हैं

तब तो तर्क की बात यह है कि समस्याएँ *जीवन* का चिन्ह हैं। मैं तो यह सुझाव भी देना चाहूँगा कि आपके पास जितनी ज़्यादा समस्याएँ हैं, आप उतने ही ज़्यादा जीवित हैं। मान लें, किसी व्यक्ति के पास दस बड़ी समस्याएँ हैं। इस आधार पर वह उस ग़रीब, दुखी व्यक्ति से दोगुना ज़िंदा है, जिसके पास सिर्फ़ पाँच समस्याएँ हैं। अगर आपके पास एक भी समस्या नहीं है, तो मैं आपको चेतावनी देता हूँ : आप बहुत बड़े संकट में हैं। आप ज़िंदगी से दूर होते जा रहे हैं और आपको इसका पता तक नहीं है। शायद अच्छा यही रहेगा कि आप तत्काल अपने कमरे में जाकर दरवाज़ा बंद कर लें और घुटने टेककर ईश्वर से प्रार्थना करें, "ईश्वर, कृपा करें। क्या आपको अब मुझ पर भरोसा नहीं रहा? मुझे कुछ समस्याएँ दें!"

यह देखकर हैरानी होती है कि इस महान, स्वतंत्र देश को क्या होता जा रहा है। हम उन महान लोगों के वंशज हैं, जिनके पास समस्याएँ थीं और ढेर सारी थीं। लेकिन क्या उन्होंने शिकायत की, क्या वे रोए, क्या वे ज़िंदगी में अपने हाथों और घुटनों के बल रेंगे और क्या उन्होंने तथाकथित दयालु सरकार के सामने मदद के लिए हाथ फैलाए! नहीं, कभी नहीं! वे सीना तानकर खड़े रहे और उन्होंने अपनी मदद ख़ुद की। उन्होंने दुनिया के इतिहास में

महानतम अर्थव्यवस्था बनाई - जिसने मानव जाति के लंबे इतिहास में लोगों को जितनी वस्तुएँ और सेवाएँ उपलब्ध करवाईं, उतनी इससे पहले किसी अर्थव्यवस्था में नहीं देखी गई थीं।

या फिर महान लोगों की वह प्रजाति अब ख़त्म हो गई है? क्या हमारा चिंतन इतना सतही हो गया है कि समस्याओं के साथ जूझते समय हम दरअसल यह मानने लगे हैं कि हमारी क़िस्मत ख़राब है और बेरहम भाग्य हमारे पीछे पड़ा है?

हमारे पूर्वज दार्शनिक थे। वे जानते थे कि समस्याएँ ब्रह्मांड की संरचना में रची-बसी हैं। ब्रह्मांड की रचना इसी तरह की गई है। उन्हें एहसास था कि ईश्वर का मक़सद ऐसे इंसान बनाना था, जो मज़बूत हों, जिनका क़द ऊँचा हो, जो मानवीय अस्तित्व के उतार-चढ़ाव झेल सकें, जो धरती पर जीवन की कटु सच्चाइयों का मुक़ाबला कर सकें और जो पीछे नहीं हटें या घुटने नहीं टेकें, बल्कि रचनात्मकता और साहस के साथ इन सबसे डटकर जूझें।

हमारे पूर्वज दार्शनिक चिंतक थे, इसलिए वे यह बात जानते थे कि लोगों को सशक्त बनाने का सिर्फ़ एक ही तरीक़ा है - संघर्ष द्वारा। इंसान मुश्किलों, बाधाओं और कष्टों का प्रबल प्रतिरोध करके ही मानसिक व आत्मिक रूप से मज़बूत बनता है। व्यक्ति के विकास में समस्याओं का यही अनुशासनात्मक महत्व है। ये उसकी अंतर्दृष्टि, शक्तियों और सृजनात्मक रूप से जीने की क्षमता को बढ़ाती हैं। मशहूर शोध वैज्ञानिक स्वर्गीय चार्ल्स एफ़. ("बॉस") केटरिंग यह सच्चाई जानते थे। उन्होंने जनरल मोटर्स की अपनी प्रयोगशाला की दीवार पर एक साइनबोर्ड लगा रखा था, ताकि उनके साथियों और उन्हें लाभ हो सके : "मेरे पास अपनी सफलताएँ न लाएँ; उनसे मैं कमज़ोर होता हूँ। मेरे पास अपनी समस्याएँ लाएँ; उनसे मुझे शक्ति मिलती है।"

दरअसल, व्यक्ति समस्याओं पर अपनी प्रतिक्रिया देखकर अपनी मानसिक सेहत के बारे में काफ़ी कुछ सीख सकता है। अगर वह "अन्यायपूर्ण" व्यवहार के बारे में शिकायत करता है, कटुता रखता है या झींकता है, "मैं ही क्यों?" वाला नज़रिया रखता है, तो यह स्पष्ट है कि उसे मदद की ज़रूरत है। बहरहाल, अगर वह समस्या को जीवन का हिस्सा मानता है और सोचता है कि शायद इससे लाभ उठाया जा सकता है और साथ ही उसे यह विश्वास है कि वह इसका सामना कर सकता है, तो इससे स्वस्थ मानसिक स्थिति का पता चलता है। इसलिए हम इस सिद्धांत पर ज़ोर देते हैं - अगर ठान लें, तो आप कुछ

भी कर सकते हैं।

एक बार मैं एक क्लीनिक से जुड़ा था, जिसमें सभी धार्मिक आस्थाओं के धर्मगुरु, मनोविश्लेषक और मनोवैज्ञानिक थे। ये सभी दिग्गज समस्याग्रस्त लोगों को सलाह और उपचार देने के लिए एक साथ एकत्रित हुए थे। पच्चीस साल से भी अधिक समय पहले मैंने मशहूर मनोविश्लेषक डॉ. स्माइली ब्लैंटन के साथ यह संस्था बनाई थी। इसलिए मनोविश्लेषकों के प्रति मेरे मन में काफ़ी सम्मान और प्रेम है। ये समर्पित लोग मानवीय ज़रूरतों के प्रति बहुत संवेदनशील हैं और व्यक्तिगत समस्याओं में मदद करने के रचनात्मक तरीक़े खोजते हैं।

मनोविश्लेषकों के प्रति मेरे सम्मान को देखते हुए मुझे इस मज़ेदार कहानी को सुनाने के लिए माफ़ करें, जो न्यूयॉर्क के एक अख़बार में छपी थी। द अमेरिकन एसोसिएशन ऑफ़ साइकिएट्रिस्ट्स ने न्यूयॉर्क सिटी में सेवन्थ एवेन्यू के एक होटल में चार दिन का सम्मेलन आयोजित किया। होटल मनोविश्लेषकों से भरा था। लॉबी भी पूरी भरी हुई थी।

होटल के सामने सड़क के पार पेन सेंट्रल रेलवे स्टेशन था, जिसके आस-पास सदियों से कबूतरों ने डेरा जमा रखा था। जहाँ तक नज़र आता था, ये कबूतर बहुत सुव्यवस्थित थे, भावनात्मक रूप से संतुलित थे और बेहद अनुशासित रूप से अपने दैनिक कार्य करते थे। लेकिन लगता था, स्टेशन में आने-जाने वाले लोगों की भावनात्मक अस्थिरता एक कबूतर पर हावी हो गई और उसका मानसिक संतुलन गड़बड़ा गया। किसी कारण यह कबूतर होटल की लॉबी में पहुँच गया और मनोविश्लेषकों के बीच उड़ने लगा। विश्वसनीय जानकारी के अनुसार कबूतर लॉबी में पूरे दो दिन तक उड़ता रहा, लेकिन किसी मनोविश्लेषक ने दूसरे मनोविश्लेषक के सामने कबूतर दिखने का ज़िक्र तक नहीं किया।

इस क्लीनिक में हमारे सामने लगभग हर मानवीय समस्या आ चुकी है। आप जिस भी समस्या का नाम लेंगे, वह हमारे यहाँ आ चुकी है। चिंता की समस्या भी। (एक उल्लेखनीय बात, चिंता के लिए अँग्रेजी शब्द “वरी” (worry) जिस पुराने एंग्लो-सैक्सन शब्द से लिया गया है, उसका मतलब है गला घोंटना। अगर कोई आपका गला कसकर दबाए और आप साँस न ले पाएँ, तो वह नाटकीय रूप से वही काम कर रहा है, जो आप लंबे वक़्त तक चिंता करते वक़्त करते हैं।)

मुख्य समस्या यह है कि मुक़ाबला कैसे करें

डर और अवसाद अन्य समस्याएँ थीं, जो सामने आईं। अवसाद का मतलब हमेशा यह डर रहना है कि कोई बुरी चीज़ होने वाली है। स्वर्गीय डॉ. ब्लैंटन अवसाद को "आधुनिक महामारी" कहते थे। अपराधबोध और द्वेष की समस्याएँ भी थीं। इनके अलावा नशे, शराब, वैवाहिक और युवावस्था की समस्याएँ भी थीं। इनके अलावा और भी बहुत सारी समस्याएँ हमने अपने क्लीनिक में देखी हैं। लेकिन डॉ. ब्लैंटन के अनुसार सबसे प्रमुख समस्या एक गहरा आंतरिक संघर्ष था, अक्षमता और हीनभावना का एहसास था, यह व्यक्तिगत भावना थी कि व्यक्ति में जीवन की आम समस्याओं से जूझने की क्षमता नहीं है।

इस परामर्शदात्री संस्था से जुड़कर मैंने जाना कि समस्याओं पर विजय पाने के लिए कम से कम तीन तकनीकें ज़रूरी थीं : (1) ज्ञान, (2) विचार, और (3) विश्वास। इसे दूसरे तरीक़े से कहें तो जानना, सोचना, विश्वास करना। बाद में लोगों के साथ मेरे अधिक व्यापक अनुभव में इस बात की पुष्टि हुई।

जब आप अपनी समस्याओं की जड़ों को जान लेते हैं, तो आप इसे सुलझाने की दिशा में एक लंबा क़दम आगे बढ़ा लेते हैं। लगभग हर समस्या ज्ञान और समझ के सामने घुटने टेक देगी। बहरहाल, अगर आप समस्या की जाँच नहीं करेंगे, तो यह तथ्यों के मुक़ाबले बहुत बड़ी दिखेगी। मानवीय बुद्धि बहुत सशक्त है, क्योंकि यह समस्या के हर पहलू का अध्ययन और विश्लेषण करती है। इसके बाद बुद्धि निर्णय के लिए समस्या के तत्वों को व्यवस्थित तरीक़े से जमा भी लेती है। फिर आम तौर पर यह पता चलता है कि जो समस्या बहुत जटिल और विनाशकारी लग रही थी, उसमें समाधान की कई रचनात्मक संभावनाएँ छिपी हैं।

समस्या है? बधाइयाँ!

मुझे कंबाइंड इंश्योरेंस कंपनी के चेयरमैन डब्ल्यू. क्लीमेंट स्टोन के साथ हुई एक बातचीत याद आती है, जब हम एक प्रोजेक्ट पर एक साथ काम कर रहे थे। प्रोजेक्ट में एक बड़ी समस्या आ गई। मैंने मि. स्टोन को फ़ोन करके बताया, "हमारे सामने एक समस्या आ गई है," जिस पर उन्होंने यह आश्चर्यजनक जवाब दिया, "बधाइयाँ!"

मैंने स्पष्ट किया, "मैं मज़ाक़ नहीं कर रहा हूँ, समस्या सचमुच बहुत

बड़ी है।"

लेकिन मि. स्टोन पर इस बात से कोई फ़र्क़ नहीं पड़ा। उन्होंने चहकते हुए कहा, "अगर ऐसी बात है, तो दोगुनी बधाइयाँ!" फिर उन्होंने आगे कहा, "हमेशा याद रखें, हर नुक़सान में समान लाभ का तत्व छिपा होता है।"

उन्होंने पूछा कि क्या समस्या का पूर्ण और गहन अध्ययन तथा विश्लेषण किया गया है। क्या हमने वैज्ञानिक तरीक़े से इससे मुक़ाबला किया है? क्या हमने सुयोग्य विशेषज्ञों से सलाह ली है? संक्षेप में, क्या हम समस्या के बारे में सब कुछ जानते हैं या फिर हम सिर्फ़ सतह पर दिखने वाली असामान्य मुश्किलों से ही घबरा गए हैं? उन्होंने कहा, "हम इस समस्या की तह तक पहुँचते हैं। हम इसके पुर्ज़े-पुर्ज़े अलग करके देखते हैं कि क्या गड़बड़ है, फिर हम इसे सही तरीक़े से दोबारा जोड़ लेंगे।"

हमने उस समस्या का तब तक विश्लेषण किया, जब तक कि हम उस समस्या के पार नहीं पहुँच गए। उस मामले का आख़िरी परिणाम, जो पहले बहुत निराशाजनक लग रहा था, बाद में बहुत अच्छा साबित हुआ। दरअसल, समस्या के पुर्ज़े-पुर्ज़े अलग करने पर ऐसी बेशक़ीमती चीज़ें हासिल होती हैं, जो इसके बिना हासिल नहीं हो सकती थीं। तो अपनी समस्या के बारे में ज़्यादा से ज़्यादा जानकारी हासिल करें। इस बात की काफ़ी संभावना है कि यह आपकी दुश्मन नहीं - बल्कि दोस्त हो।

मैं सौभाग्यशाली हूँ कि इतने वर्षों में कई सफल लोगों से मिल चुका हूँ, जिनकी सफलता का कम से कम आंशिक कारण यह था कि उन्होंने समस्याओं के बारे में जानकारी हासिल करना और उनकी जाँच करना सीख लिया। वे समस्याओं से न तो घबराए, न ही डरे। इसके बजाय, उन्होंने ठंडे दिमाग़ और तथ्यात्मक ढंग से हर पहलू का गहराई से अध्ययन किया। उन्होंने विशेषज्ञों से सलाह ली और उन लोगों से भी, जो उसी तरह की समस्याओं का सामना कर चुके थे। उन्होंने तब तक जाँच की और समस्या के पुर्ज़े-पुर्ज़े अलग किए, जब तक कि वे उसके बारे में सब कुछ नहीं जान गए। उन्होंने बुद्धि का इस्तेमाल करके इस काम में सफलता पाई। इससे हमेशा समझ हासिल होती है। और समझ किसी भी स्थिति पर विजय पा सकती है, चाहे वह कितनी ही रहस्यमयी या अपारगम्य लग रही हो।

साइरेकस, न्यूयॉर्क के बेहतरीन बिज़नेसमैन हार्लो बी. एंड्रूज़ एक अविस्मरणीय मित्र थे। मि. एंड्रूज़ बेहद समझदार व्यक्ति थे, जिनका दिमाग़ बहुत पैना और

तेज़ था। लोगों के बारे में उन्हें बहुत ज्ञान था, जो बहुत तीक्ष्ण तथा सहज बुद्धि पर आधारित था। युवावस्था में जब मुझे समस्याओं के बारे में सलाह की ज़रूरत होती थी, तो मैं जानता था कि सही जवाब पाने के लिए कहाँ जाना है। हालाँकि उनकी औपचारिक शिक्षा सीमित थी, लेकिन उन्होंने जीवन के बारे में सीखने में कोई कसर नहीं छोड़ी थी। एक बार मेरे सामने विश्वविद्यालय के एक प्रोफ़ेसर ने उनकी शिक्षा की कमी पर बधाई देते हुए कहा, "यह बहुत अच्छा हुआ कि आप कॉलेज नहीं आए। हम लोग आपकी अद्‌भुत इंसानी समझ को बाहर निकाल देते और आपको एक औसत स्नातक में बदल देते।" शायद इस बात में काफ़ी सच्चाई थी। चाहे जो हो, हार्लो एंड्रूज़ जानते थे कि समस्याओं को कैसे सुलझाया जाता है।

इसका प्रमाण मैंने तब देखा, जब मैं एक ऐसी समस्या लेकर उनके पास गया, जिससे मैं काफ़ी चकरा गया था। जब मैंने उन्हें पूरी स्थिति बताई, तो उन्होंने ग़ौर से मेरी बात सुनी। उनका पैना दिमाग़ मेरे बोलते समय विषय पर केंद्रित था और उसे व्यवस्थित कर रहा था। वे तत्काल समस्या की तह तक पहुँच गए और विशेषज्ञ के रूप में इससे निबटने लगे, जैसा उनके सवालों से ज़ाहिर है। (1) "क्या तुमने सभी शामिल तत्वों का पूर्ण और विस्तृत अध्ययन किया है? क्या तुम सचमुच महसूस करते हो कि तुम्हें ज्ञान है?" फिर उस समस्या के बारे में मेरे ज्ञान की जाँच करने के लिए उन्होंने कुछ सवाल पूछे। (2) "क्या इस सामग्री का तुम्हारा संयोजन इतना स्पष्ट और संक्षिप्त है, जितना होना चाहिए?" बाद में उन्होंने यह भी जोड़ दिया, "चलो, इसे दोबारा जमाते हैं।"

फिर वे एक अजीब काम करने लगे, जो बहुत ही कारगर साबित हुआ। मैं इस तरीक़े को कई समस्याओं पर रचनात्मक तरीक़े से आज़मा चुका हूँ। वे टेबल के चारों तरफ़ घूमे और अपने हाथों से बटोरने की मुद्रा बनाने लगे, जैसे समस्या के सभी तत्वों को इकट्‌ठा कर रहे हों।

फिर वे कल्पना में समस्या को एक लंबी, गाँठदार उँगली से दबाने लगे। मि. एंड्रूज़ को गठिया रोग था, जिससे उनकी उँगली मुड़ गई थी और जोड़ों पर गाँठें पड़ गई थीं। लेकिन वे अपनी मुड़ी हुई उँगली को आम लोगों से ज़्यादा सीधी कर सकते थे।

आख़िर में उन्होंने कहा, "देखो। हर समस्या में एक नरम जगह होती है। तुम्हें तो बस इसकी तलाश करना है, जब तक कि यह मिल न जाए। मैंने इस

समस्या में नरम जगह खोज ली है।" फिर उन्होंने उस समस्या में "अपनी उँगली घुसाई", जिस तरह कुत्ता किसी हड्डी में अपने दाँत गड़ाता है, जब तक कि वह टुकड़े-टुकड़े नहीं हो जाती। अब समस्या के टुकड़ों में एक क्रमबद्धता थी। और उन्हें जवाब मिल गया। बाद में यह एक अच्छा समाधान साबित हुआ।

"बेटे, समस्या सामने आने पर बस अपने दिमाग़ का इस्तेमाल करो," उन्होंने सलाह दी। "इसका तब तक अध्ययन करो, जब तक कि तुम्हें पूरा ज्ञान न हो जाए। फिर कमज़ोर जगह को खोजो। समस्या के पुर्ज़े-पुर्ज़े अलग कर दो। बाक़ी का काम आसान हो जाएगा।"

आप किसी भी मुश्किल में रास्ता सोच सकते हैं

दूसरी तकनीक विचार है। सोचें। बस सोचें। अगर आप इच्छाशक्ति, लगन और मानसिक शांति का प्रयोग करेंगे, तो किसी भी मुश्किल से बाहर निकलने का रास्ता सोच सकते हैं। मस्तिष्क आपका महानतम औज़ार है। मस्तिष्क से आप सभी स्थितियों और परिस्थितियों पर विजय पा सकते हैं ... मुश्किल से मुश्किल समस्याओं पर भी। अगर आप ठान लें और सोचें, तो आप कुछ भी कर सकते हैं।

थॉमस ए. एडिसन ने कहा था कि हमें बाक़ी शरीर की ज़रूरत सिर्फ़ मस्तिष्क को इधर-उधर ले जाने के लिए है। मस्तिष्क सबसे महत्वपूर्ण अंग है। शायद इसीलिए इसे शरीर में सबसे ऊपर रखा गया है। ज़ाहिर है, एडिसन यह कह रहे थे कि सभी चीज़ें - हमारा दैनिक अस्तित्व, हमारी सफलता, हमारी ख़ुशी, हमारा भविष्य - मस्तिष्क से तय होती हैं। मस्तिष्क ही वह जगह है, जहाँ हम याद रखते हैं, समझते हैं, सपने देखते हैं और सोचते हैं। काव्यात्मक रूप से हमने ये काम दिल को सौंप रखे हैं, लेकिन वास्तविकता में दिल शरीर का एक अंग मात्र है, जो ख़ून साफ़ करता है। मस्तिष्क में सोचने की योग्यता होती है और वही मनुष्य की असली पहचान है। दरअसल मस्तिष्क आपका निर्माण करता है और इसी में मनुष्य का वह हिस्सा वास करता है, जिसे आत्मा कहा जाता है।

बहरहाल, जब कोई समस्या प्रहार करती है, तो आम तौर पर प्रवृत्ति यह होती है कि सोचने के बजाय भावनात्मक प्रतिक्रिया की जाए। जो मस्तिष्क ठंडा न हो और तार्किक नियंत्रण में न हो, वह तंत्रिकाओं को नकारात्मक भावनात्मक संदेश भेजता है - पेट को भी, जो दहशत की प्रतिक्रिया में बीमार महसूस करने लगता है। व्यक्ति घबरा जाता है और आधी रात को उठकर

गर्म या ठंडा महसूस करने लगता है, उसका मुँह सूख जाता है, उसका दिल तेज़ी से धड़कने लगता है। वह चिल्लाता है, "मैं ही क्यों? मैं इस स्थिति में क्यों आ गया? मैं नहीं जानता कि कहाँ मुड़ूँ।"

ज़ाहिर है, जवाब है, अपने सशक्त मस्तिष्क की ओर मुड़ें - सोचें। बस सोचें। आपकी सभी समस्याओं के जवाब आपके दिमाग़ में मौजूद हैं, लेकिन आपकी प्रबल भावनात्मक प्रतिक्रियाओं और दहशत के कारण आप उन तक नहीं पहुँच पा रहे हैं। एक चीज़ तय है, गर्म होने पर इंसान का मस्तिष्क रचनात्मक तरीक़े से काम नहीं कर सकता। सिर्फ़ ठंडा - पूरी तरह ठंडा - मस्तिष्क ही वह तथ्यात्मक, तार्किक और बौद्धिक अंतर्ज्ञान दे सकता है, जिससे समाधान मिलता है।

समस्या सुलझाने की प्रक्रिया पूरे समय अवचेतन की गहराई में चलती रहती है। स्थिति से निबटने वाले विचार तैरकर सतह पर आने की कोशिश करते रहते हैं। याद रखें, आपका मस्तिष्क हमेशा आपकी मदद करना चाहता है और करेगा, बशर्ते आप उसे करने दें। लेकिन दहशत, घबराहट, यहाँ तक कि छुटपुट भाव भी मस्तिष्क की सतह को विचलित कर सकते हैं। विचलित अवस्था में यह असंभव हो जाता है कि अंतर्ज्ञान चेतना के गहरे स्तरों से ऊपर उठकर सतह तक आ जाए।

जब आपके सामने समस्या आए, तो पहला क़दम होता है शांति पाना। इसमें अनुशासन के अभ्यास की ज़रूरत होगी, लेकिन अनुशासन में ग़लत क्या है? यह आजकल व्यक्तित्व विकास में काफ़ी महत्वपूर्ण है। ख़ुद को दृढ़ता से क़ाबू में रखें और शांत प्रतिक्रिया पर ज़ोर दें। भावनात्मक संतुलन हासिल करें और दृढ़ता से इसे बनाए रखें।

समस्या सामने आने पर ठंडक रखें

आजकल के युवा आश्चर्यजनक भाषा का इस्तेमाल कर रहे हैं। एक वाक्यांश इतना समझदारीपूर्ण है कि इसे लोकप्रिय बन जाना चाहिए। अगर हर व्यक्ति, राष्ट्र भी, इसका अभ्यास करे, तो इससे बहुत फ़ायदा हो सकता है। इस वाक्यांश में दो शब्द हैं - ठंडक रखो। तो जब आपके जीवन में कोई मुश्किल समस्या आए और आप तनावग्रस्त होने लगें, तो आप मानसिक रूप से अधिकतम ठंडक रखने का अभ्यास करें। ख़ुद से कहें, "ठीक है, यह समस्या है। इसकी जाँच करते हैं और इसके तत्वों का सावधानी से अध्ययन करते हैं। हम शांति से इसके प्रभावों पर विचार करते हैं। हम सोचते हैं, सचमुच सोचते

हैं और सिर्फ़ सोचते हैं। किसी भी मामले में मैं भावनात्मक प्रतिक्रिया नहीं करूँगा।"

जब आप इस तरीक़े से समस्या का सामना करते हैं, तो आपका दिमाग़ तुरंत सक्रिय हो जाएगा। आपकी सारी मानसिक और आध्यात्मिक शक्तियाँ सक्रिय हो जाएँगी। आपका मस्तिष्क समस्या को जकड़ लेगा और उसे झकझोरकर उसमें से विचार टपका देगा। ठंडे, तार्किक चिंतन के अलावा मैं प्रार्थना के प्रयोग का सुझाव भी देना चाहूँगा। प्रार्थना विचारों के संप्रेषण का ही रूप है। इसके द्वारा आप दैवी मस्तिष्क की शक्ति हासिल कर सकते हैं, जिसमें समूची बुद्धिमत्ता का वास होता है। प्रार्थना दरअसल संप्रेषण का तार है, जिसमें से होकर ज्ञान, अतीन्द्रिय संकेत, नई समझ मिलती है। दो शांत मस्तिष्क - ईश्वर का मस्तिष्क और आपका मस्तिष्क - आपकी समस्या पर काम करते हैं। और ज़ाहिर है, इससे समस्या सुलझ जाती है।

यह बात याद रखें : अगर आप सोचते हैं कि आप किसी काम को कर सकते हैं, तो आप उसे सचमुच कर सकते हैं। आपको किसी समस्या से निबटने के लिए जिन विचारों की ज़रूरत है, वे सभी आपके आस-पास होते हैं, आपके मस्तिष्क के भीतर भी और बाहर भी। शांत प्रतिक्रियाओं से संप्रेषण के तार जुड़ जाएँगे, जिनसे आपकी ओर विचार प्रवाहित होंगे।

हेनरी फ़ोर्ड आधुनिक अमेरिकी इतिहास के सबसे महान विचारशील और प्रगतिशील व्यक्तियों में से एक थे, जिन्होंने सस्ती कार का युग शुरू किया। उनके जीवनी-लेखक गेरेट गैरेट ने फ़ोर्ड को चिंतक बताते हुए लिखा है : "मैंने एक बार फ़ोर्ड से पूछा था कि विचार कहाँ से आते हैं। उनके सामने डेस्क पर एक प्याली रखी थी। उन्होंने उसे उल्टा किया और अपनी उँगलियों से उसकी तली ठोंककर बोले : "आप जानते हैं कि वातावरण इस चीज़ पर चौदह पौंड प्रति वर्ग इंच दबाव डाल रहा है। आप इसे देख नहीं सकते हैं, न ही महसूस कर सकते हैं, लेकिन आप जानते हैं कि यह हो रहा है। यही विचारों के साथ होता है। वे हवा में तैर रहे हैं। वे आपके सिर पर दस्तक दे रहे हैं। आपको तो सिर्फ़ यह पता लगाना है कि आप क्या चाहते हैं, फिर इसके बारे में भूल जाएँ और अपना काम करते रहें। अचानक आपका चाहा गया विचार आपके दिमाग़ में आ जाएगा। यह पहले से वहाँ मौजूद था।"

"एक दिन मैंने इसे होते देखा। लंच पर फ़ोर्ड मुझसे और विलियम जे. कैमरॉन से बातें कर रहे थे, जो कंपनी के लिए रेडियो प्रसारण करते थे।

अचानक फ़ोर्ड का शरीर सख़्त हो गया। उनके चेहरे का जीवंत भाव अचानक नींद में चलने वालों जैसा हो गया और वे बड़बड़ाए, "ओह! मैं तो इसके बारे में बिलकुल भी नहीं सोच रहा था!"

"इसके बाद कुछ भी बोले बिना वे उठे और तेज़ी से चले गए। उनका चाहा गया विचार अचानक आ गया था और वे उसके बारे में कुछ करने चले गए। कैमरॉन ने कहा, 'यह अक्सर होता है। हो सकता है, वे अब हमें एक सप्ताह तक न दिखें।'"

हेनरी फ़ोर्ड ठंडी चिंतन मशीन थे, हालाँकि वे गर्मजोश इंसान थे। डेट्रॉयट में मि. और मिसेज़ फ़ोर्ड की जोड़ी को दुर्लभ कहा जाता है- वे आस्थावान थीं और वे चिंतक थे। क्या संयोग है - सोचो और यक़ीन करो। और यह अजेय संयोग है, बशर्ते आप समस्या को ठंडा करें, ठंडा करें और इस बारे में सोचें और सोचें।

फ़्रेडी नामक चिंतक

तार्किक चिंतन से आप समस्याओं से सफलतापूर्वक निबट सकते हैं, इस बात का उदाहरण मेरे सोलह वर्षीय दोस्त फ़्रेडी की इस कहानी में मिलता है। गर्मी की छुट्टियाँ आने पर उसने अपने पिता से कहा, "डैडी, मैं गर्मियों में आप पर बोझ नहीं बनना चाहता हूँ। मैं कोई नौकरी करना चाहता हूँ।"

सदमे से उबरने पर पिता ने कहा, "ठीक है फ़्रेडी, मैं तुम्हें कोई नौकरी दिलवाने की कोशिश करूँगा, लेकिन हो सकता है यह संभव न हो, क्योंकि इस वक़्त नौकरियाँ काफ़ी कम हैं।"

"आप मेरी बात नहीं समझे, डैडी। मैं यह नहीं चाहता हूँ कि आप मुझे कोई नौकरी दिलवाएँ। मैं ख़ुद नौकरी खोज लूँगा। इसके अलावा, इतना नकारात्मक न सोचें। भले ही नौकरियाँ काफ़ी कम हों, लेकिन मुझे ज़रूर मिल जाएगी। एक ख़ास तरह के लोगों को नौकरी हमेशा मिल जाती है।"

पिता ने शंका से पूछा, "किस तरह के लोगों को?"

"सोचने वाले लोगों को," बेटे ने जवाब दिया। "आपको तो बस सोचना है - सचमुच सोचना है। विचलित न हों, नकारात्मक न हों, बस सोचें; और सकारात्मक सोचें।"

अगर आप मुझसे पूछें, तो यह लड़का नायाब था।

फ्रेड ने नौकरियों के इश्तिहार देखे। उसे अपनी योग्यताओं के अनुरूप एक नौकरी दिख गई। आवेदकों को अगली सुबह आठ बजे 42वीं सड़क के एक पते पर पहुँचना था। फ्रेडी वहाँ आठ बजे नहीं, बल्कि पौने आठ बजे पहुँच गया, लेकिन उसने देखा कि बीस लड़के वहाँ लाइन में पहले से ही खड़े थे। उनके सामने नियुक्ति करने वाले व्यक्ति की सेक्रेटरी थी। फ्रेड लाइन में इक्कीसवाँ था।

फ्रेड ने जब अपने प्रतिस्पर्धियों को देखा, तो उसे यह स्वीकार करना पड़ा कि वे भी योग्य दिख रहे थे। उसने सोचा, "अगर मैं बॉस होता, तो इनमें से किसी को भी नौकरी पर रख लेता।" लेकिन वह नहीं चाहता था कि उनमें से किसी को नौकरी मिले। वह यह नौकरी ख़ुद पाना चाहता था। उसमें प्रतिस्पर्धी भावना थी। मुश्किल यह थी कि सफलतापूर्वक प्रतिस्पर्धा करने के लिए वह नियोक्ता के ध्यान को कैसे आकर्षित कर सकता था?

यह समस्या थी। इससे कैसे निबटना चाहिए? फ्रेडी के अनुसार उसे बस एक ही काम करना था; और वह था सोचना। वह इस सबसे कष्टकारी लेकिन आनंददायक प्रक्रिया में डूब गया। वह सोचने लगा। जब आप सचमुच सोचते हैं, तो आपको हमेशा कोई न कोई बढ़िया विचार मिल जाता है। और फ्रेडी को भी मिल गया। उसने एक काग़ज़ पर कुछ लिखा। उसे अच्छी तरह तह करके वह सेक्रेटरी के पास गया और सम्मान से सिर झुकाकर बोला, "मैडम, आपके बॉस का इसे तत्काल पढ़ना बहुत ज़रूरी है।"

सेक्रेटरी काफ़ी अनुभवी थी और अगर कोई साधारण लड़का ऐसी हरकत करता, तो वह उससे साफ़ कह देती, "रहने दो, लड़के। लाइन में जाकर इक्कीसवीं जगह पर खड़े हो जाओ।" लेकिन वह साधारण लड़का नहीं था, वह उसे देखते ही यह बात समझ गई। उसमें एक्ज़ीक्यूटिव के गुण झलक रहे थे और सेक्रेटरी को यह बात दिख गई।

"ठीक है," उसने कहा, "मुझे वह चिट्ठी पढ़ लेने दो।" चिट्ठी पढ़ने के बाद वह मुस्कराई। वह तत्काल अपनी कुर्सी से उठी और बॉस के ऑफ़िस में जाकर डेस्क पर चिट्ठी रख दी। बॉस उसे पढ़कर ज़ोर से हँसा, क्योंकि चिट्ठी में लिखा था : "सर, मैं लाइन में इक्कीसवाँ लड़का हूँ। जब तक आप मुझसे न मिल लें, तब तक कोई फ़ैसला न करें।"

क्या उसे नौकरी मिली? क्या वह ज़िंदगी में अपने सामने आने वाली समस्याओं का सामना भी कर पाएगा? ज़ाहिर है, उसे नौकरी मिल गई और

ज़ाहिर है, वह समस्याओं का सामना भी कर पाएगा, क्योंकि अपने कैरियर की शुरुआत में ही उसने सोचना सीख लिया था। विचार करने वाला व्यक्ति हमेशा किसी भी समस्या पर विजय पा सकता है। वह या तो इसे सुलझा सकता है या फिर इसे ख़त्म कर सकता है या फिर एक विचार प्रणाली विकसित कर सकता है, जिससे वह उस समस्या के साथ जीने में समर्थ बन सकता है।

तो आसान सिद्धांत यह है, भावनात्मक प्रतिक्रिया न करें - सोचें, सोचें, सोचें। और इसके साथ प्रार्थना करें, प्रार्थना करें, प्रार्थना करें। क्योंकि जब आप प्रार्थना करते हैं, तो सर्वशक्तिमान ईश्वर आपके साथ सोचता है। और ज़ाहिर है, वह काफ़ी अच्छा विचारक है।

लेकिन प्रिय पाठक, आप यह आपत्ति उठा सकते हैं कि यह सब बहुत अच्छा है, लेकिन "आप मेरी समस्या नहीं जानते हैं। मेरी समस्या सचमुच मुश्किल है और उसमें से बाहर निकलने का कोई रास्ता, कोई जवाब, कोई समाधान नहीं है। मैं कितना भी सोच लूँ, उससे बाहर नहीं निकल पाऊँगा, और मुझे यह बात इसलिए पता है, क्योंकि मैंने तब तक सोचा है, तब तक प्रार्थना की है, जब तक कि मेरा चेहरा नीला नहीं पड़ गया। लेकिन इस सबसे कोई परिणाम नहीं मिला।"

देखिए, यह लेखक लोगों के साथ इतने सालों से यूँ ही काम नहीं कर रहा है। वह लोगों के सामने आने वाली कठोर, पीड़ादायी और हताशापूर्ण समस्याओं के बारे में जानता है। समस्याएँ सचमुच गहरी, अंधकारमय और दुखद होती हैं। जीवन में कुछ अपरिहार्य चीज़ें होती हैं, जिनके कोई विकल्प नज़र नहीं आते हैं और हमें कुछ चीज़ों के साथ ज़िंदा रहना तथा उन्हें सहन करना सीखना होता है।

महान मनोविश्लेषक सिगमंड फ्रॉयड ने कहा था, "मनुष्य का प्रमुख कर्तव्य जीवन को सहन करना है।" पहली नज़र में तो यह वाक्य साहसिक लगता है; और यह है भी। इसके अलावा इसमें गहरी सच्चाई की झलक भी दिखती है। लेकिन अगर यह पूरी तरह सही होता, तो ज़िंदगी सचमुच बहुत स्याह होती। मैं तो यह कहना चाहूँगा कि मनुष्य का प्रमुख कर्तव्य जीवन पर विजय पाना है। जीवन के तमाम दर्द और सारी मुश्किलों के बावजूद वह ऐसा कर सकता है, बशर्ते वह प्रार्थना करे और सोचे, काम करे, अध्ययन करे और विश्वास करे। क्योंकि यह सच है - पूरी तरह सच है।

मुफ़्त बर्फ़ीला पानी

सकारात्मक चिंतक और आस्थावान व्यक्ति जानता है कि कोई न कोई विचार हमेशा मौजूद है, जो समस्या के समाधान की ओर ले जाएगा। वह उस रचनात्मक और प्रगतिशील विचार का पता लगाने की ठान लेता है। यह हमारा तीसरा तत्व है : विश्वास। मिसाल के तौर पर, टेड और डोरोथी ह्यूस्टेड को ही लें। दिसंबर 1931 में टेड नामक फ़ार्मासिस्ट और उसकी पूर्व-टीचर पत्नी डोरोथी ने साउथ डकोटा के वॉल नामक क़स्बे में दवाई की दुकान ख़रीदी। उस वक़्त इस क़स्बे की जनसंख्या तीन सौ थी। वे एक ऐसे क़स्बे में रहना चाहते थे, जहाँ स्कूल और कैथोलिक चर्च हो, जिसमें वे नियमित प्रार्थना कर सकें। वॉल में ये दोनो चीज़ें थीं इसके अलावा, वहाँ एक डॉक्टर भी था।

बहरहाल, साउथ डकोटा के वॉल के उस वक़्त ऐसे कई पहलू थे, जिनकी वजह से कोई भी उस जगह रहने में हिचकता था। बहुत हिम्मती लोग ही वहाँ रहने की बात सोच सकते थे। ब्लैक हिल्स और बैडलैंड्स के बीच यात्रा कर रहे पर्यटक वॉल में सिर्फ़ संयोग से आते थे और इसे "कहीं नहीं का भौगोलिक केंद्र" कहते थे। यहाँ की अर्थव्यवस्था कृषि पर आधारित थी। इस इलाक़े में वैसे तो सभी तरह की प्राकृतिक विपत्तियाँ आती रहती थीं - सूखा, टिड्डियों, का प्रकोप, फ़सल न होना आदि - लेकिन बड़ी मंदी ने हालत बहुत ख़राब कर दी।

जैसा आप समझ सकते हैं, 1932 का साल किसी नए व्यवसाय को शुरू करने के लिए बहुत उपयुक्त समय नहीं था। लेकिन अगर आप उपयुक्त समय का इंतज़ार करेंगे, तो हो सकता है आपको बहुत लंबे समय तक इंतज़ार करना पड़े।

उस गर्मी में बहुत तेज़ धूप पड़ी और तड़की हुई ज़मीन पर कई इंच ऊँची धूल की परत जमा हो गई। हवाएँ बैडलैंड्स के ऊपर से टनों धूल हवा में उठाकर आसमान तक ले जाती थीं, जिससे सूरज धुँधला दिखने लगता था। जो गिने-चुने पर्यटक उस क़स्बे की धूल भरी सड़कों पर बिना एयरकंडीशन्ड कारों में गुज़रते थे, तेज़ गर्मी और दमघोंटू धूल से उनका गला सूख जाता था और जीभ बाहर लटक जाती थी। उनमें से कोई भी दवा की दुकान में दाख़िल नहीं होता था, इसलिए टेड और डोरोथी ह्यूस्टेड के पास सोचने और प्रार्थना करने के लिए काफ़ी समय रहता था। और यह अच्छी बात थी, वरना वे उस ज़बर्दस्त विचार को नहीं खोज पाते, जिसने उन्हें इतनी अद्भुत सफलता दिलाई।

समस्या यह थी कि उन परेशनहाल राहगीरों को मुख्य राजमार्ग से क़स्बे में और फिर स्टोर तक आने के लिए कैसे आकर्षित किया जाए। ये पति-पत्नी सोचने में जुट गए। उन्होंने ईश्वर से ज्ञान देने की प्रार्थना की। जब आप ऐसा करते हैं, तो कोई न कोई विचार ज़रूर आता है। और यह आया। यह एक सवाल के रूप में आया। थके हुए, धूल से सने, गर्मी से बेहाल यात्री उस पल दुनिया में सबसे ज़्यादा कौन सी चीज़ चाहते थे? जवाब था - बर्फ़ीले ठंडे पानी का बड़ा गिलास! वॉल ड्रगस्टोर में मुफ़्त बर्फ़ीला पानी!

पति-पत्नी ने क़स्बे के बाहर कुछ साइनबोर्ड लगा दिए। और फिर घटनाएँ होने लगीं। संभावित ग्राहक वॉल ड्रगस्टोर का रास्ता खोजकर वहाँ आने लगे! उत्साहित होकर पति-पत्नी हर हफ़्ते नए साइनबोर्ड लगाने लगे। गर्मी ख़त्म होने से पहले उन्होंने हर दिशा में राजमार्ग पर पंद्रह से बीस मील तक साइनबोर्ड लगा दिए। मुफ़्त बर्फ़ीला पानी, वॉल ड्रगस्टोर, वॉल, साउथ डकोटा।

अंततः ह्यूस्टेड दंपति की मेहनत और दोस्तों तथा पर्यटकों के उत्साह की बदौलत वॉल ड्रगस्टोर के साइनबोर्ड पूरे देश में फैल गए। वे यूरोप की राजधानियों और दुनिया भर के दूर-दराज़ के इलाक़ों में भी लग गए। स्टोर की दीवारों पर उन साइनबोर्डों की तस्वीरें लगी हैं, जो ग्रेट पिरामिड, उत्तरी ध्रुव और कोरिया में थर्टी-एट्थ पैरेलल जैसी अनूठी जगहों पर लगे हैं। भारत में ताजमहल के सामने लगे साइनबोर्ड पर लिखा है, "टेड ह्यूस्टेड्स वॉल ड्रग स्टोर, 10,728 मील," जिसका तीर उस दिशा में संकेत कर रहा है।

काफ़ी समय से दवा की दुकान वाले मुफ़्त बर्फ़ीला पानी देने लगे हैं, लेकिन टेड और डोरोथी ह्यूस्टेड ने सबसे पहले इसका प्रचार किया था। परिणाम - हर दिन चार से छह हज़ार ग्राहक इस छोटे क़स्बे में आकर उनके स्टोर में भीड़ लगाते हैं। इस वजह से यह सबसे लोकप्रिय और सफल ड्रगस्टोर्स में से एक बन गया है। और यह उल्लेखनीय परिणाम किसने हासिल किया? दो ऐसे लोगों ने, जिन्होंने एक मुश्किल समस्या पर भावनात्मक प्रतिक्रिया नहीं की, जो हताश नहीं हुए और जिन्होंने हार नहीं मानी। इसके बजाय, उन्होंने विचार किया, प्रार्थना की और विश्वास किया। इससे वह महान विचार आया, जिसने उनकी समस्या सुलझा दी। तो समस्या को सुलझाने के लिए आपको विचार की ज़रूरत है और उसमें विश्वास भी जोड़ दें।

विश्वास करें कि समस्याओं के समाधान होते हैं। विश्वास करें कि उन्हें पार किया जा सकता है। विश्वास करें कि उनसे निबटा जा सकता है और

अंत में विश्वास करें कि आप उन्हें सुलझा सकते हैं। विश्वास की शक्ति असाधारण है। सकारात्मक विश्वास के विचार सोचेंगे, तो सकारात्मक परिणाम मिलेंगे। जिस तरह अविश्वास के विचार असफलता की ओर ले जाते हैं, उसी तरह सच्चे विश्वास से भरे विचार सफल उपलब्धि की ओर ले जाते हैं।

सफलता का कारगर फ़ॉर्मूला

हाँगकाँग में मैं एक सफल चीनी व्यवसायी से मिला, जो एक अच्छे घर में रहता है और सामुदायिक हित के कई रचनात्मक कामों में सक्रिय रहता है। लेकिन ऐसा हमेशा नहीं था। लगभग बीस साल पहले वह अपनी पत्नी और दो छोटे बच्चों को लेकर साम्यवादी चीन से सैकड़ों मील चलकर हाँगकाँग आया था और उसके शब्दों में उसने "स्वतंत्रता की ख़ातिर अपने पैरों से मतदान किया था।"

लाखों अन्य लोग भी यही कर रहे थे। जल्दी ही हाँगकाँग में बीस लाख शरणार्थी आ पहुँचे। इससे वहाँ उन लोगों को खिलाने-पिलाने की समस्या खड़ी हो गई। इन स्वतंत्रताप्रेमी लोगों को घर उपलब्ध कराने की बात तो असंभव ही थी। हममें से जो लोग उन दिनों हाँगकाँग गए हों, उन्हें याद होगा कि उस वक़्त शरणार्थी बहुत कठोर परिस्थितियों में रह रहे थे। वे किसी भी जगह पर रह लेते थे, पैकिंग के पुराने बक्से, टिन के टुकड़े, यहाँ तक कि काग़ज़ के डिब्बे जोड़कर वे हवा-पानी से अपनी रक्षा का इंतज़ाम करते थे। बाद में सरकार ने बहुत बढ़िया आवास योजना बनाई और मेरी पिछली यात्रा में मुझे झुग्गियाँ कहीं नहीं दिखीं।

यह आदमी दिन भर काम की तलाश में सड़कों पर भटकता रहता था और शाम को अपनी कामचलाऊ झुग्गी में निराश होकर बैठ जाता था। उसका परिवार हर दिन सूप किचन में मुफ़्त भोजन करने जाता था। यह सब झेलते समय वह दुख से सोचता था कि ज़िंदगी में उसकी पत्नी, उसके बच्चों और उसका न जाने क्या होगा। क्या भविष्य कभी सुखद होगा? वह अपने परिवार की स्थिति को कैसे सुधार सकता है? यह उसकी समस्या थी और निश्चित रूप से यह बहुत बड़ी समस्या थी।

साम्यवादी चीन से भागते समय सिर्फ़ शरीर के कपड़ों के साथ आने के बावजूद वह अपनी छोटी न्यू टेस्टामेंट साथ लाया था। वह हर दिन इसे पढ़ता था। एक दिन उसने यह वाक्य पढ़ा, "मैं ईसा मसीह के माध्यम से सारे काम कर सकता हूँ, क्योंकि वे मुझे शक्ति देते हैं।" (फिलिपियन्स 4:13) इसे

पढ़कर उसे जैसे बिजली का झटका लगा। "सारे काम" उसे अविश्वसनीय लग रहा था, लेकिन बिजली की कौंध जैसे उस पल में वह आस्थावान बन गया। वह बेहतर भविष्य बना सकता था। वह जानता था कि वह बेहतर भविष्य बना सकता है।

लेकिन समस्या बहुत गंभीर थी! वह कैसे शुरू करे ? वह कहाँ से शुरू करे ? उसने प्रार्थना की, उसने विचार किया, उसने अध्ययन किया, उसने विश्वास किया। "फिर," उसने कहा, "मुझे फ़ॉर्मूला मिल गया, वह फ़ॉर्मूला, जिसने मुझे आत्मनिर्भर और थोड़ा सफल बनाया। एक दिन मैंने बस यह विश्वास करने का फ़ैसला किया कि मैं कर सकता हूँ। मैंने ज़ोर से कहा, 'क्यों नहीं ?' यह बहुत दुस्साहसी लग रहा था। लेकिन फिर भी, क्यों नहीं ?

"मैंने अवसरों की तलाश शुरू की, लेकिन इस बार मेरे मन में नया विश्वास था कि मैं उन्हें खोज लूँगा। अब मेरे पास आगे बढ़ने, सोचने, देखने की प्रेरणा थी। और जब पहला काम मिला, तो मैंने उसे इस तरह किया, जैसे वह दुनिया का सबसे महत्वपूर्ण काम हो। फिर मैंने कुछ और ज़बर्दस्त शब्द जोड़ दिए : 'मैं कर सकता हूँ - मैं करूँगा।' और आख़िरकार ये दोनों वाक्य 'मैंने किया!' में बदल गए। यही वह फ़ॉर्मूला है, जिसने मेरी समस्या सुलझा दी। यह फ़ॉर्मूला हर एक के लिए काम कर सकता है : 'क्यों नहीं ?' + 'मैं कर सकता हूँ, मैं करूँगा' = 'मैंने किया!'"

अब स्थिति आपके सामने है - ज्ञान, विचार, विश्वास। आपकी समस्या जो भी हो, आप उससे निश्चित रूप से निबट सकते हैं। अगर आप ठान लें, तो कुछ भी कर सकते हैं।

और अब दोहराने का समय है। इस अध्याय में समस्या सुलझाने के कौन से कारगर सिद्धांत बताए गए हैं ?

1. *समस्या मूलतः अच्छी होती है, बुरी नहीं होती है, जैसा कि आम तौर पर समझा जाता है।*
2. *सिर्फ़ जीवित लोगों के पास ही समस्याएँ होती हैं। आपके पास जितनी ज़्यादा समस्याएँ हैं, आप उतने ही ज़्यादा जीवित हैं। इसलिए ख़ुश हों कि आपके सामने समस्याएँ हैं।*
3. *अपनी समस्या के बारे में अधिकतम संभव जानकारी बटोरें। समस्या का अधिकतम ज्ञान सफल समाधान की कुंजी है।*
4. *जब कोई समस्या आए, तो भावनात्मक प्रतिक्रिया न करें -*

ठंडक रखें।

5. गर्म होने पर मस्तिष्क काम नहीं करेगा। यह सिर्फ़ तभी काम करेगा, जब यह ठंडा और तथ्यात्मक होगा।
6. सोचें - सफल विचार आपके मस्तिष्क में हमेशा मौजूद है। बस इसे खोजना भर होता है।
7. यह यक़ीन करें कि अगर आप ठान लें, तो कुछ भी कर सकते हैं। यक़ीन करें कि आपकी समस्या को सुलझाना संभव है। आस्थावान व्यक्ति के साथ बहुत ज़बर्दस्त चीज़ें होती हैं। इसलिए यक़ीन करें कि जवाब मिलेगा। यह ज़रूर मिलेगा।

तीन

तनावग्रस्त हैं? इससे छुटकारा कैसे पाएँ

तनावग्रस्त! यह शब्द हर जगह सुना जाता है। और यह आज के बहुत से लोगों का सशक्त चित्रण करता है।

शायद वर्तमान युग इतिहास के किसी भी युग से ज़्यादा तनावपूर्ण है। दरअसल, हमारी पीढ़ी को तनावग्रस्त पीढ़ी कहना अतिशयोक्ति नहीं होगी। मेरा एक दोस्त वॉल स्ट्रीट के एक ब्रोकरेज हाउस में काम करता है। उसने मुझे अपनी कंपनी के न्यूज़लेटर की कुछ पंक्तियाँ दिखाईं, जो वर्तमान तनाव की ओर इशारा करती हैं :

आधे पढ़े हुए पेज का युग
और जल्दी से भागने-दौड़ने का
चमकीली रात तनी हुई तंत्रिकाओं के साथ
हवाई जहाज़ उछलता है – संक्षिप्त विराम
मस्तिष्क बौखला रहा है, दिल दर्द से भरा है
बिल्ली ऊँघती है, जब तक फंदा नहीं कसता
और आनंद ख़त्म हो जाता है।

(वर्जीनिया ब्राज़िए, टाइम ऑफ़ द मैड एटम)

क्या यह हमारे दौर का सटीक चित्रण है? शायद स्थिति इतनी बुरी न हो, लेकिन इस बात से कौन इंकार कर सकता है कि तनाव और दबाव हर जगह हैं? और लोग इसके लिए क्या कर रहे हैं? एक बात तो यह है कि वे पहले से ज़्यादा गोलियाँ खा रहे हैं। कहीं पर मैंने पढ़ा था कि हर साल हमारे

देश में आठ बिलियन एम्फ़ीटेमाइन गोलियाँ बनती हैं। हमारी थकान दूर करने वाली गोलियाँ हैं, हमें नींद में सुलाने वाली गोलियाँ हैं, हमें जगाए रखने वाली गोलियाँ हैं, हमारा वज़न घटाने वाली गोलियाँ हैं।

एक वक़्त था, जब लोग बीमार होने पर सिर्फ़ एस्पिरिन की गोली खाते थे। अब ज़्यादा शक्तिशाली दवाएँ आ गई हैं; ऐसी दवाएँ, जिनके आप आदी हो सकते हैं। इस तरह की गोलियाँ आसानी से बैसाखी बन जाती हैं, जिनके सहारे आप अस्थायी रूप से अपनी समस्याओं से निबटने या उनसे उबरने के संघर्ष से बच जाते हैं। गोलियाँ कुछ समय तक समस्याएँ भुलाने में हमारी मदद करती हैं। और लोग उन्हें इस उम्मीद में लेते रहते हैं कि उनकी समस्याएँ दूर चली जाएँगी। वे गोलियाँ लेते रहते हैं, बजाय इसके कि वे शांत, तीक्ष्ण मस्तिष्क से अपनी समस्याओं का तार्किक ढंग से सामना करें और उन्हें रचनात्मक तरीक़े से सुलझाएँ।

हम तनावग्रस्त क्यों हैं ?

इतना सारा तनाव आख़िर क्यों है ? जहाँ तक मुझे याद है, स्थितियाँ हमेशा ऐसी नहीं थीं। "तनावग्रस्त" शब्द का इतना ज़्यादा प्रयोग अभी-अभी होने लगा है। इससे यह पता चलता है कि यह बीमारी हाल ही में बहुत बढ़ गई है, शायद पिछले तीन-चार दशकों में। यह सच है कि अमेरिकी लोग हमेशा से बेचैन और आक्रामक मानसिकता के रहे हैं, जिस वजह से हमने हर क्षेत्र में अद्‌भुत उपलब्धियाँ हासिल की हैं। लेकिन कुछ समय पहले हमने शक्ति के शांत नियंत्रण को खो दिया और भावनात्मक रूप से तनावग्रस्त होने लगे।

इतने बड़े पैमाने पर भावनात्मक नियंत्रण का ह्रास आख़िर क्यों हुआ ? तत्काल हम कई युद्धों को दोष देने लगते हैं - दो विश्वयुद्ध, कोरिया और वियतनाम के संघर्ष। और इसमें 1930 के दशक की भारी मंदी को जोड़ दें, सामाजिक परिवर्तन की व्यापक उथल-पुथल को शामिल कर दें, व्यक्तिगत जीवन में धर्म के ह्रास को जोड़ दें और शोर में हुई भारी वृद्धि को भी न भूलें- हर जगह लगातार होने वाले शोर को। आप हमेशा गाड़ियों की आवाज़ या टेलीविज़न सेट या रेडियो की तेज़ आवाज़ सुनते हैं। निश्चित रूप से तनाव बढ़ने का एक प्रमुख कारण शोर के स्तर का बढ़ना भी है।

वास्तव में शोर बहुत बड़ा प्रदूषण है! चिढ़ उत्पन्न करने के अलावा यह निश्चित रूप से स्वास्थ्य के लिए ख़तरा है। *यू.एस. न्यूज़ एंड वर्ल्ड रिपोर्ट* के एक इंटरव्यू में प्रेसिडेंट्स काउंसिल ऑन एनवायरनमेंट क्वालिटी के चेयरमैन

ने इस तथ्य की ओर ध्यान दिलाया था कि शोर भरे माहौल में लगातार रहने से तनाव के गंभीर लक्षण उत्पन्न हो सकते हैं। कुछ डॉक्टरों का मानना है कि इसके दीर्घकालीन प्रभाव से ब्लड प्रेशर और अल्सर जैसे रोग भी हो सकते हैं। बढ़ते हुए शोर की समस्या की रोकथाम के लिए क़ानून बनाने की कोशिशें की जा रही हैं। संघीय सरकार कुछ उपकरणों और वस्तुओं में शोर के स्तर निर्धारित करने के बारे में विचार कर रही है।

वर्तमान दुनिया के शोर के साथ समस्या यह है कि यह लगातार होता है, तीखा और मशीनी होता है। मैंने एक महिला के बारे में पढ़ा था, जिसे एक दिन एहसास हुआ कि उसके घर की हर मशीन चालू थी। अचानक उसे कर्कश कोलाहल सुनाई देने लगा। डिशवॉशर घर्र-घर्र कर रहा था, वॉशिंग मशीन गरज रही थी, किचन का रेडियो तेज़ आवाज़ में चिख़ रहा था। लिविंग रूम में रखा टीवी दीवारों पर चलती गोलियों की तरह शोर मचा रहा था और ऊपर से उसके तीन छोटे बेटे शोर मचा रहे थे! जब दरवाज़े की घंटी बजने लगी, तो कुत्ता भौंकने लगा और बाहर एक जेट एयरलाइनर सिर के ऊपर चिंघाड़ा, एक मोटरसाइकल पास से गरजती हुई गुज़री और लॉनमोअर खड़खड़ करने लगा! शोर इतना ज़्यादा और लगातार होता है कि शायद यह हमारे गहरे अवचेतन में बैठ चुका है और हमें भावनात्मक तथा शारीरिक रूप से परेशान करता है।

सुखी लोगों का देश

समस्या के बारे में काफ़ी बातें हो गईं। हमें यह विश्वास दिलाने की ज़रूरत नहीं है कि नर्वस ब्रेकडाउन का शिकार होने से पहले ही हमें तनाव से निबट लेना चाहिए। सवाल यह है कि इसे हमारी जीवनशैली से दूर कैसे किया जा सकता है? हम तनाव पर प्रभावकारी नियंत्रण कैसे पा सकते हैं? और यह किया जा सकता है, बशर्ते आप ठान लें।

ज़ाहिर है, हम सभी जावा के नीले समुद्र में बाली के मशहूर टापू पर जा सकते हैं। मैंने बाली का ज़िक्र इसलिए किया है, क्योंकि मैं कुछ समय पहले ही वहाँ गया था। यह मुझे उथल-पुथल भरी दुनिया की सबसे शांत और तनावरहित जगहों में से एक लगी।

कितनी सुंदर जगह है! नरम सफ़ेद धूल, नीले लैगून और ताड़ के ऊँचे पेड़। इस शांति के बीच रहने पर तनाव ग़ायब हो जाता है।

किसी दिन - शायद किसी सुखद दिन - मैं छह महीने की छुट्टियाँ लूँगा (मुझे उम्मीद है) और उनका ज़्यादातर हिस्सा बाली में बिताऊँगा। हालाँकि इस जगह पर भी मुश्किलें रही हैं, लेकिन मेरे हिसाब से इस धरती पर इतनी सुखद जगह दूसरी नहीं है। बाली के निवासी सुखी और तनावरहित लगते हैं। मैंने इसका कारण खोजने की कोशिश की और आम तौर पर मुझे पाँच जवाब मिले : (1) "हमारे पास कुछ नहीं है," (2) "हमारा जीवन बहुत सरल है," (3) "हम एक-दूसरे को पसंद करते हैं," (4) "हमारे पास खाने-पीने को पर्याप्त है," (5) "हम एक सुंदर टापू पर रहते हैं।" शायद ऐसा ही होगा, क्योंकि शांत रात में टहलते वक़्त ख़ुश, खिलखिलाती हँसी की आवाज़ें हवा में तैरती सुनाई देती हैं।

यहाँ का मुख्य मनोरंजन लोकनृत्य है, जिसमें गाँव वाले बड़ी संख्या में हिस्सा लेते हैं। नृत्य गाँव के मंदिर के अहाते में होते हैं। नौ बजे तक हर गतिविधि ख़त्म हो जाती है और जल्दी ही टापू नींद में डूब जाता है, जबकि प्राचीन समुद्र हौले-हौले मूँगे की चट्टानों से टकराता है और चाँद चमकता रहता है।

यह उन चुनिंदा जगहों में से एक है, जहाँ "सभ्यता" का अभिशाप बहुत ज़्यादा दिखाई नहीं देता है। यहाँ एक डीलक्स होटल है, लेकिन बाली मियामी बीच जैसा नहीं है। स्थिति बिलकुल विपरीत है। यह तो धरती पर स्वर्ग का अंश है, जहाँ तनाव फटकता तक नहीं है।

लेकिन चूँकि हम सभी बाली जाकर नहीं रह सकते (और अगर हमने ऐसा किया, तो भगवान हमारी और बाली वालों की रक्षा करे, क्योंकि हम अपना तनाव साथ ले जाएँगे और बाली को भी न्यूयॉर्क या लॉस एंजेलिस की तरह बना देंगे), इसलिए हम जहाँ हैं, हमें वहीं तनावरहित जीवन जीने के तरीक़े खोजने होंगे। लेकिन सबसे पहले तो हमें ख़ुद को याद दिलाना होगा कि हम तनावरहित जीवन जी सकते हैं, बशर्ते हम ठान लें कि हम ऐसा कर सकते हैं।

मैं यह सुझाव दे सकता हूँ कि हम शोर-शराबे के साथ जीना सीख सकते हैं। बाक़ी लोग रहते हैं, तो फिर आप और मैं क्यों नहीं ? लेकिन यह समस्या के साथ बुद्धिमानी और गहराई से जूझने का तरीक़ा नहीं है। दरअसल, मैंने यह सुझाव हाल ही में एक तनावग्रस्त व्यक्ति को दिया था, जो केनेडी एयरपोर्ट के पास रहता है और वहाँ आने वाले हवाई जहाज़ों की गड़गड़ाहट

से बहुत परेशान रहता है।

उसने मुझसे कहा, "मैं इस भीषण शोरगुल को बंद करने के लिए हर मानसिक युक्ति आज़मा चुका हूँ, लेकिन जब भी मैं सोने की कोशिश करता हूँ, एक बड़ा हवाई जहाज़ सीधे मेरे पलंग के ऊपर चीख़ने लगता है। मानसिक शांति पाने के लिए मैं आपके विचारों का अनुसरण करने की कोशिश करता हूँ, लेकिन इस स्थिति में मैं ऐसा कैसे कर सकता हूँ?"

उसकी मदद करने की कोशिश में मैंने उसे महारानी एलिजाबेथ द्वितीय के बारे में बताया। मैंने सोचा कि इससे कम से कम उसका ज्ञान बढ़ेगा और शायद उसे दुख में साथी मिलने का एहसास भी होगा। कुछ समय पहले मैं एक बड़े जेट में बैठकर एमस्टर्डम से लंदन गया। हवाई जहाज़ लंदन के हीथ्रो हवाई अड्डे पर उतरने के लिए नीचे हो रहा था, तभी अचानक खिड़की से बाहर झाँकने पर मुझे ठीक नीचे विंडसर महल की ऐतिहासिक मीनारें और कंगूरे दिखे, जो अँग्रेज सम्राटों का पुराना महल है।

हम महल के बहुत क़रीब थे। मैंने सोचा कि हेनरी अष्टम इन विशाल हवाई जहाज़ों के गुज़रते समय कैसा महसूस करते! जहाँ तक मुझे इतिहास की समझ है, वे वैसे भी काफ़ी तनाव में रहते थे। उस वक़्त हवाई जहाज़ तो नहीं चलते थे, लेकिन उनके पास दूसरे क़िस्म की बहुत सी समस्याएँ थीं! फिर मैंने ख़ुद से पूछा, "क्या महारानी एलिजाबेथ को इस हवाई जहाज़ के शोर से कष्ट नहीं होता होगा?" मैंने अपने दोस्त को बताया, "तुम अकेले ही नहीं हो। जब महारानी एलिजाबेथ विंडसर में सोती हैं, तो उनके ठीक ऊपर जेट उतरने का शोर होता है।" उसने इस उदाहरण में दिलचस्पी तो ली, लेकिन इससे उसे कोई राहत नहीं मिली!

तनाव ज़रूरी नहीं है

हर चीज़ के बावजूद आपको तनावग्रस्त होने की ज़रूरत नहीं है। मैं यह बात इसलिए ज़ोर देकर कह सकता हूँ, क्योंकि मैं कुछ लोगों से मिल चुका हूँ, जो बेहद तनाव के बीच भी तनावमुक्त तरीक़े से जीना सीख चुके हैं। उनका अनुभव बताता है कि आप तनाव से मुक्ति पा सकते हैं, बशर्ते आप सोच लें कि आप ऐसा कर सकते हैं।

मैं अमेरिका के राष्ट्रपति निक्सन के ओवल ऑफ़िस में बैठा था। उस दिन व्हाइट हाउस के बाहर कोई प्रदर्शन हो रहा था। लोग आलोचना भरे

वाक्यों की तख़्तियाँ उठाकर भद्दे नारे लगा रहे थे। मेरा मानना है कि आजकल उस तरह के नारों को *अश्लील* कहा जाएगा, लेकिन मैं उन्हें *भद्दा* कहना ही पसंद करूँगा। वे ताबूत लिए थे और राष्ट्रपति को हत्यारा कह रहे थे। यह शोर व्हाइट हाउस के अंदरूनी ऑफ़िस यानी ओवल ऑफ़िस में भी हल्का-हल्का सुनाई दे रहा था। मैं बैठकर राष्ट्रपति को देखता रहा। दोपहर के साढ़े चार बजे थे और वे दिन भर से सभी तरह के अंतर्राष्ट्रीय मामलों से जूझ रहे थे। मैंने उनके हाथों पर ध्यान दिया। आप किसी के हाथ देखकर बहुत कुछ समझ सकते हैं। उनके हाथ बिलकुल स्थिर थे और ज़रा भी काँप नहीं रहे थे। वे पूरी तरह शांत थे और उनकी आवाज़ भी धीमी तथा शांत थी। उनके चेहरे पर शांति का भाव था। इस बात से मेरी दिलचस्पी जाग गई और मैंने पूछा, "राष्ट्रपति महोदय, दुनिया की सारी समस्याओं के बावजूद और आपके ऑफ़िस के बाहर हो रहे इतने शोरगुल के बावजूद आप इतना शांत व्यवहार कैसे कर लेते हैं?"

"क्योंकि मैं शांत हूँ," उन्होंने जवाब दिया।

"लेकिन आप तनावग्रस्त होने से कैसे बचते हैं?"

उन्होंने कहा, "देखिए। उन्हें मेरे ऑफ़िस के बाहर रैली निकालने और चिल्लाने का अधिकार है, जिसमें वे जो चाहे कह सकते हैं। यह एक आज़ाद देश है और वे इस देश के नागरिक हैं। और मैं वह कर रहा हूँ, जिसे मैं सही समझता हूँ। अगर आप अपनी समझ से सही काम करते हैं, तो आपको तनाव में रहने की कोई ज़रूरत नहीं होती है।"

मैं आपको उसी ऑफ़िस में स्वर्गीय राष्ट्रपति हैरी ट्रूमैन के साथ हुई एक मुलाक़ात के बारे में बताता हूँ! मुझे मि. ट्रूमैन हमेशा से पसंद थे, क्योंकि वे सहज थे। इतने बड़े पद पर रहने के बावजूद उन्होंने कभी ख़ुद को ज़्यादा गंभीरता से नहीं लिया। वे तो अपनी समझ के हिसाब से सबसे अच्छा काम करते थे और काम अच्छी तरह से हो जाता था। मैं एक दिन उनके ऑफ़िस में था, जब देश और संसार बहुत सी मुश्किलों से गुज़र रहे थे। मीडिया की ख़बरों से ऐसा लग रहा था, जैसे सभ्यता ख़त्म होने वाली हो। लोग हमेशा कहते रहते हैं कि सभ्यता ख़त्म होने वाली है और हर व्यक्ति इस बारे में तनावग्रस्त हो जाता है। अजीब बात यह है कि सभ्यता आज तक कभी ख़त्म नहीं हुई।

मैंने पूछा, "राष्ट्रपति जी, आप हमेशा बहुत शांत दिखते हैं। क्या आप

कभी तनाव में नहीं आते हैं?"

"देखिए," राष्ट्रपति ट्रूमैन ने जवाब दिया। "मैं इतिहास का कोई महान व्यक्ति नहीं हूँ। मुझे इस काम को करने के लिए चुना गया है और मैं अपनी सर्वश्रेष्ठ क्षमता के हिसाब से इसे करना चाहता हूँ। मैं हर सुबह इस ऑफ़िस में आता हूँ और बहुत लंबे समय तक अपनी सर्वश्रेष्ठ क्षमता के हिसाब से काम करता हूँ। जब आप अपनी सर्वश्रेष्ठ क्षमता के हिसाब से काम करते हैं, तो आप उससे अच्छा नहीं कर सकते। इसलिए जब मैं रात को बिस्तर पर जाता हूँ, तो सारे मामले ईश्वर को सौंपकर उनके बारे में भूल जाता हूँ। मैं कहता हूँ, 'ईश्वर, मैंने आज अपना सर्वश्रेष्ठ प्रयास किया है। अब कृपया यहाँ से आगे का काम आप सँभालें।' और फिर मैं सोने चला जाता हूँ। ज़ाहिर है," उन्होंने मुस्कराते हुए आगे कहा, "ईश्वर जब काम पूरा कर देता है, तो मतदाता इसके बावजूद दोष मुझे ही देते हैं। मैं यह बात जानता हूँ।" राष्ट्रपति ट्रूमैन का भी मानना था कि आपको तनावग्रस्त होने की कोई ज़रूरत नहीं है।

दोनों मौक़ों पर व्हाइट हाउस से निकलते हुए मैंने ख़ुद से कहा, "अमेरिका के राष्ट्रपति को बहुत सारी चीज़ें झेलनी पड़ती हैं। अगर वह कह सकता है कि आपको तनावग्रस्त होने की ज़रूरत नहीं है, तो फिर अपने सामने आने वाली छोटी-छोटी चीज़ों के बारे में मुझे तनावग्रस्त क्यों होना चाहिए?"

तनाव की दवा

सच तो यह है कि आपको तनावग्रस्त होने या घबराने की ज़रूरत नहीं है। लेकिन अगर आप ऐसी स्थिति में हों, तो तसल्ली रखें, क्योंकि एक उपचार है। यह तनाव की प्रभावकारी दवा है। आप दवा की दुकान में बहुत सी दवाएँ ख़रीद सकते हैं, लेकिन इसमें बहुत संदेह है कि दुकान की सारी दवाएँ मिलकर भी तनाव का उस तरह इलाज कर पाएँगी, जिस तरह मेरी सुझाई दवा करेगी। यह दवा मुँह से नहीं ली जाती है, बल्कि दिमाग़ से ली जाती है और यह दवा है : "मैं तुम्हारे पास शांति छोड़े जाता हूँ, मैं अपनी शांति तुम्हें सौंपे जाता हूँ : उस तरह नहीं, जिस तरह दुनिया देती है, बल्कि उस तरह, जिस तरह सिर्फ़ मैं देता हूँ ..." (जॉन,14:27) प्रकृति अक्सर शांति प्रदान करती है। आप सूर्यास्त देखते हैं, चाँदनी रात में झील देखते हैं और शांति का एहसास आ जाता है। लेकिन सूर्यास्त या चाँदनी के चले जाने के बाद जब आप अपनी समस्याओं की ओर मुड़ते हैं, तो शांति का एहसास अक्सर ख़त्म हो जाता है। दुनिया की शांति गुज़र जाती है, लेकिन ईश्वर की शांति क़ायम

रहती है। यह बहुत गहरी होती है।

यह धार्मिक पंक्ति न सिर्फ़ सुंदर है, बल्कि उपचारक भी है। मेरा मानना है कि जो भी इसे याद करेगा और इसे तब तक दोहराएगा, जब तक कि यह उसके गहरे अवचेतन में न उतर जाए, तो उसे समय के साथ हर तनावकारी स्थिति का कारगर उपचार मिलेगा। शब्दों में उल्लेखनीय उपचारक शक्ति है, ख़ास तौर पर उन शब्दों में, जो मैंने अभी-अभी बताए हैं। यह दुखद है कि इतनी पक्की दवा उपलब्ध होने के बावजूद हम तनाव में गले तक डूबे रहें या इसका शिकार बनें।

तेईसवाँ भजन कई लोगों के तनाव को कम करने में काफ़ी मददगार साबित हुआ है। किसी ने मुझे उस भजन का आधुनिक संस्करण दिया था, जिसने अति-सक्रिय मानसिक प्रक्रियाओं पर उपचारक प्रभाव डाला है। यह इस तरह है :

ईश्वर मेरा गति-निर्धारक है, मैं भाग-दौड़ नहीं करूँगा।
वह मुझे बीच-बीच में रोककर आराम देता है।
वह स्थिरता की छवियाँ प्रदान करता है,
जो मेरी शांति को पुनः स्थापित करती हैं।
वह मुझे कार्यकुशलता के तरीक़े की ओर ले जाता है
मस्तिष्क की शांति द्वारा,
और उसका मार्गदर्शन शांति है।
हालाँकि मेरे पास हर दिन हासिल करने के लिए
बहुत सारी चीज़ें होती हैं,
लेकिन मैं चिंता नहीं करूँगा, क्योंकि उसकी उपस्थिति यहाँ है,
उसकी अमरता, उसका महत्व,
मुझे संतुलन में बनाए रखेगा,
वह मेरे काम के बीच में
ताज़गी और नवीनीकरण प्रदान करता है
मेरे मस्तिष्क पर अपनी शांति का तेल लगाकर,
सुखद ऊर्जा का मेरा प्याला ऊपर तक भर जाता है,
निश्चित रूप से सद्भाव और प्रभावीपन
मेरे काम के फल होंगे,
क्योंकि मैं चलूँगा, अपने ईश्वर की गति में

और उसके निवास में चिरकाल तक रहूँगा।
(टोकी मियाशिना)

लेकिन शायद यह कविता और पहले बताए गए विचार आपको थोड़े ज़्यादा धार्मिक लगें। उस महिला की तरह, जिसने चिट्ठी में लिखा था, "मुझे आपकी पुस्तकें पसंद हैं। उनसे मुझे फ़ायदा होता है, लेकिन मैं धार्मिक अंश छोड़ देती हूँ।" लेकिन फिर वह कहती है, "मैं अपने और अपनी स्थिति के बारे में सकारात्मक चिंतन का अभ्यास करने की कोशिश कर रही हूँ, लेकिन मैं नरक जितने तनाव में हूँ। आप क्या सुझाव दे सकते हैं?"

आप चैन से रह सकते हैं

हम उस महिला को यह सुझाव दे सकते हैं कि वह नीचे दिया पत्र पढ़ ले। यह पत्र मुझे एक और उतनी ही तनावग्रस्त महिला ने लिखा था, जिसने धार्मिक अंश नहीं छोड़े थे। उसने लिखा था :

> जब तक मैंने आपकी बुकलेट "यू कैन रिलैक्स" नहीं पढ़ी थी, तब तक मैं कभी शांत नहीं रह पाई थी। मैं शारीरिक जाँच करवाती थी और डॉक्टर मुझसे "शांति से, आराम से रहने" को कहता था। वह कहता था, "आप तो उतनी ही तनाव में हैं, जैसे किसी ईंट की दीवार से टकराने वाली हों।" मैं कहती थी, "मैं इसे कम नहीं कर सकती!" ज़ाहिर है, मैं कभी-कभार तनाव कम करने की गोलियाँ लेने लगी।
>
> फिर मेरे जीवन का निर्णायक मोड़ आया। ऑपरेशन करके मेरे पूरे यूटेरस को निकाल दिया गया। इसके बाद मैं तंत्रिकाओं का तनाव कम करने के लिए गोलियाँ लेने लगी। मैं रात को नींद की दो गोलियाँ भी लेने लगी। मैं मानसिक रूप से टूट गई थी। अगर कोई मेरी तरफ़ देखता भी था, तो मेरा रोने का मन करता था - मैं बहुत ही बुरा महसूस कर रही थी! मैं परिवार के बाहर किसी व्यक्ति से बात नहीं करना चाहती थी। चैन से रहने के लिए मैं ढेर सारी नर्व पिल्स बदल-बदलकर खाने लगी, लेकिन कोई फ़ायदा नहीं हुआ। मेरे पास जीने के लिए सब कुछ था - बहुत समझदार पति और तीन प्यारे बच्चे। मैं अक्सर डॉक्टर के क्लीनिक जाती रहती थी। मैं इतनी दवाएँ ले रही थी कि लाश जैसी दिखने लगी। इससे मुझे एक सप्ताह तक एक बार फिर अस्पताल में रहना पड़ा। बहुत ज़्यादा दवाएँ और नर्वस ब्रेकडाउन

जैसी हालत।

डॉक्टर ने मुझे बताया कि मैं अगर सही वक़्त पर ठीक नहीं होती, तो शॉक ट्रीटमेंट का इस्तेमाल करना पड़ता, लेकिन ईश्वर का शुक्र है- मुझे उसकी ज़रूरत नहीं पड़ी। अस्पताल में रहने के दौरान मुझे तनाव कम करने के 40 इंजेक्शन दिए गए (मैंने उन्हें गिना था) और हर दिन चार गोलियाँ दी गईं। घर लौटने पर मुझे दिन में दो इंजेक्शन, तनाव कम करने की चार गोलियाँ और नींद की दो गोलियाँ दी गईं। फिर इंजेक्शन ख़त्म हो गए और सिर्फ़ तनाव कम करने की गोलियाँ चलने लगीं।

घर लौटने के एक हफ़्ते बाद मैं बिस्तर पर लेटी-लेटी आराम करने की कोशिश कर रही थी, तभी मेरे मन में एक निराशाजनक विचार आया - क्यों न मैं उठकर आत्महत्या कर लूँ! मेरे मन में कितने भयानक विचार आ रहे थे। मुझे याद है, मैंने कहा था, "ओह, मेरे भगवान, दोबारा ऐसे विचार मत भेजना!" मैं जानती थी कि अगली बार शायद मैं सचमुच अपनी जान ले लूँगी। मैं इतनी दवाइयाँ खा चुकी थी कि उनसे दवा की पूरी दुकान भर जाती। मैं बहुत दुखी थी, लेकिन उसी दिन मेरे दामाद की माँ ने मुझे आपकी बुकलेट भेज दी! डॉ. पील, तब मैंने दोबारा जीना शुरू किया। इसमें कई हफ़्तों तक संघर्ष करना पड़ा, लेकिन भगवान का शुक्र है, आज मुझे तनाव कम करने की गोलियों की ज़रूरत नहीं पड़ती है।

निश्चित रूप से, अब भी मैं कभी-कभार तनावग्रस्त हो जाती हूँ, लेकिन इसके बारे में सबसे अच्छी बात यह है कि **मैं शांत हो सकती हूँ!** मैंने दूसरों को आपके सुझाव बताने की कोशिश की है, लेकिन उनका कहना है कि आज़माने के बाद भी उन्हें फ़ायदा नहीं हुआ। मेरे ख़्याल से उन्होंने इस बारे में ज़्यादा कोशिश नहीं की है। और आप जानते हैं! जब डॉक्टर को यह यक़ीन हो गया कि इस बुकलेट से मुझे फ़ायदा हो गया था, तो उसने अपनी नर्स से फ़ोन करवाकर इसके प्रकाशक और लेखक के बारे में पूछा। वह आपकी बुकलेट से अपने बाक़ी रोगियों की भी मदद करना चाहता था!

अगर आप तनाव से मुक्ति पाना और शांत रहना सीखना चाहते हों, तो हो सकता है कि "धार्मिक अंश छोड़ना" बुद्धिमानी की बात न हो।

न्यूयॉर्क सिटी के शीर्षस्थ हृदय रोग विशेषज्ञ का भी यही मानना है। उन्होंने मुझे तीन रोगियों के एक्सरे दिखाए (ज़ाहिर है, उन्होंने उनके नाम गोपनीय रखे) और कहा, "ये दो पुरुषों और एक महिला के हृदय के एक्सरे हैं, जिनकी उम्र उस समय पचास से साठ के बीच थी।" उन्होंने हृदय के क्षतिग्रस्त हिस्सों की तरफ़ इशारा किया।

मैंने टिप्पणी की, "वे अब तक मर चुके होंगे।"

"बिलकुल नहीं। उनकी उम्र अब पैंसठ साल से अधिक है। वे पूरी तरह से सक्रिय हैं और ज़िंदगी का भरपूर मज़ा ले रहे हैं।"

"तब तो आप डॉक्टर नहीं, जादूगर हैं," मैंने प्रशंसा से कहा।

"बिलकुल नहीं," उन्होंने कहा। "मैंने तो बस उनसे इतना कहा था कि वे अपने धर्म का अभ्यास करें। उनमें से एक यहूदी था, बाक़ी दोनों ईसाई थे। उन्होंने मेरी बात मान ली और समय के साथ अपने जीवन से मानसिक तथा भावनात्मक तनाव को बाहर निकाल फेंका। वे ठीक हो गए और अब तक ठीक हैं।" आप भी ठीक हो सकते हैं, बशर्ते आप सोच लें कि आप ठीक हो सकते हैं और इन लोगों द्वारा अपनाए गए उपचार का अनुसरण कर लें।

ख़ुद प्रबंधन करना सीखें

तनाव के उपचार का एक और तरीक़ा भावनात्मक नियंत्रण के चिंतन पर आधारित है, जो मैनेजमेंट इंजीनियर्स की एक कंपनी के प्रमुख ने बताया था। वे लिखते हैं :

> आपकी पुस्तक "द पॉवर ऑफ़ पॉज़िटिव थिंकिंग*" से हमारे उद्योग के एक बहुत महत्त्वपूर्ण व्यक्ति में बेहद आश्चर्यजनक परिवर्तन हुआ। फिल हमारी एक कंपनी में बहुत से कर्मचारियों का सुपरवाइज़र है। काम करवाने के लिए वह बरसों से कर्मचारियों पर दबाव डालता था, आक्रामक शैली अपनाता था और इस बारे में ज़रा भी नहीं सोचता था कि इससे उसके अधीनस्थ कर्मचारियों या उसके अपने नर्वस सिस्टम पर क्या प्रभाव पड़ रहा है। फिल को बस यही तरीक़ा आता था।
>
> फिर कंपनी ने कुछ गड़बड़ियों को ठीक करने के लिए उसे एक नए इलाक़े में भेज दिया। स्थिति को क़ाबू में करने की कोशिश में वह नर्वस ब्रेकडाउन के क़रीब पहुँच गया। वह सही काम करने की कोशिश कर

* हिन्दी अनुवाद, *सकारात्मक सोच की शक्ति* मंजुल पब्लिशिंग हाऊस, 2003

रहा था, लेकिन आप चिल्लाकर लोगों से नए विचार स्वीकार नहीं करवा सकते। फिल के अथक प्रयासों की सज़ा थी लगातार सिरदर्द।

मेरे बेटे ने आख़िरी उम्मीद के साथ उसे तीन पुस्तकें दीं। उसने सोचा कि वह उनमें से किसी एक पर तो नज़र डालेगा। उनमें से एक आपकी थी। एक सुबह तीन बजे फिल जागा और उसका सिर इतनी तेज़ी से दुख रहा था, जैसे फट ही जाएगा। यह हर रात को होता था। कई हफ़्तों तक वह पूरी रात नहीं सो पाता था। वह उठकर बैठ गया। एक पल के लिए तो उसने सोचा कि वह उठे, शराब पिए, अपनी नौकरी छोड़े और दोबारा कहीं शुरुआत करे। यह पैटर्न बरसों से चला आ रहा था।

लेकिन फिर उसे पुस्तकें दिख गईं। उसने एक पुस्तक उठाई और सरसरी नज़र डालकर फ़र्श पर फेंक दी। फिर उसने दूसरी पुस्तक उठाई और उसे भी पहली पुस्तक के पास फेंक दिया। फिर उसने आपकी पुस्तक उठाई और उसे भी फेंकने लगा, लेकिन किसी कारण से वह रुक गया, शायद इसलिए क्योंकि वह आख़िरी पुस्तक थी। वह इसे यूँ ही कहीं से खोलकर पढ़ने लगा। उसने अध्याय के अंत तक पढ़ा और उसमें दिए शांतिदायक फ़ॉर्मूले को दोहराया। वह लेट गया और इससे पहले कि उसे पता चल पाता, वह गहरी नींद में सो चुका था।

अगली सुबह फिल जब जागा, तो तरोताज़ा था, लेकिन उसने अब भी सबक़ नहीं सीखा था। एक रात में वह कैसे सीख सकता था? वह उसी ख़ूँख़ार जोश से अपना काम करने लगा और उसे वही पुराने परिणाम मिले : बढ़ता तनाव और भयंकर सिरदर्द। अगली सुबह वह तीन बजे के क़रीब एक बार फिर जाग गया और उसे लगा कि उसके सिर में हथौड़े पड़ रहे थे। वह उठकर बैठ गया और उसे तत्काल उस पुस्तक की याद आई। उसकी पत्नी सुघड़ गृहिणी थी और उसने उसका कमरा साफ़ कर दिया था। पुस्तक कहीं नहीं दिख रही थी। इसलिए वह पूरे घर में छानबीन करने लगा, जब तक कि उसे वह नहीं मिल गई। पुस्तक को पलटकर वह पिछली रात वाले अध्याय तक पहुँच गया। उसने बैठकर उसे पढ़ा, लेकिन इस बार उम्मीद से। जब उसने अध्याय पूरा कर लिया, तो नींद स्वाभाविक और आसान तरीक़े से आ गई।

ऐसा लगता है कि इस दूसरे अनुभव के बाद फिल को एहसास हुआ कि उसे ख़ुद के और अपनी समस्याओं के बारे में एक नए दृष्टिकोण की ज़रूरत थी। फिर उसने पूरी गंभीरता से पढ़ना और सोचना शुरू किया।

इसका उस पर बहुत ज़्यादा प्रभाव पड़ा। अब वह बदल चुका है और काफ़ी परिपक्व हो चुका है। वह सफल मैनेजर बन चुका है, क्योंकि उसने ख़ुद का प्रबंधन करना सीख लिया है।

तनाव नियंत्रण का एक और महत्वपूर्ण रहस्य यह है कि तनाव के सभी संभावित कारणों और स्रोतों के बारे में जागरूक रहें। नेशनल एसोसिएशन फ़ॉर मेन्टल हेल्थ के स्टीवेंसन और मिल्ट लिखते हैं कि "शुद्ध तनाव यानी धनुष की डोर की तरह तने रहना शायद ही कभी अकारण होता है। यह तो भावनात्मक विचलन का हिस्सा होता है। आप कह सकते हैं, 'मैं तनाव महसूस करता हूँ,' लेकिन अगर आप ज़्यादा ग़ौर से देखेंगे, तो आप पाएँगे कि आपका दरअसल मतलब है : 'मैं दुखी, परेशान, उदास, चिंतित, चिड़चिड़ा महसूस करता हूँ।' इसी तरह की विचलित करने वाली भावनाएँ तनाव उत्पन्न करती हैं। इसलिए तनाव की व्यावहारिक जाँच में उन तमाम भावनात्मक उलझनों व परेशानियों पर ध्यान दिया जाना चाहिए, जिनका तनाव एक महत्वपूर्ण हिस्सा है।"

भीतर देखें

अपने मानसिक नज़रियों और जीवनशैली की सावधानी से जाँच करें। क्या आपको नई स्थितियों से डर लगता है? क्या आप अक्षम महसूस करते हैं? क्या आप अकारण उदास रहते हैं? क्या आप जीवन की सामान्य ख़ुशियों का स्वाद लेते हैं या फिर आपको हमेशा अपने आस-पास "रोमांचक" लोग चाहिए या ख़ुश होने के लिए अनोखे काम ज़रूरी होते हैं? अपने भीतर गहराई में झाँकें। शायद ऐसा कुछ है जिसे आप भूलना चाहते हैं, लेकिन भूल नहीं सकते हैं।

एक दिन मेरे ऑफ़िस में एक बहुत तनावग्रस्त आदमी ने एक रबड़ बैंड उठाया और उसे पूरा तान दिया। फिर वह बोला, "यह मैं हूँ। मैं इतना ही तनावग्रस्त हूँ।"

"इस रबड़ बैंड में इतना ही लचीलापन है," मैंने जवाब दिया। "यह इतना ही तनाव झेल सकता है, इससे ज़्यादा नहीं झेल सकता। और यह आपके बारे में भी सही है। आपकी यह हालत कैसे हुई?"

"ओह, आधुनिक जीवन की जटिलताएँ," उसने आह भरते हुए कहा।

"मैं जानता हूँ, लेकिन कोई ख़ास बात तो रही होगी!" मैंने कुरेदा।

"मेरे ऑफ़िस में एक आदमी को प्रमोशन मिल गया, जबकि वह प्रमोशन

मुझे मिलना चाहिए था। मैं उसे बर्दाश्त नहीं कर सकता," उसने स्वीकार किया। "मैं उससे नफ़रत करता हूँ।"

"मेरी पत्नी भी मुझे नहीं समझती है?" उसने बाद में कहा।

"लेकिन दूसरी औरत समझती है?" मैंने तुक्का लगाते हुए पूछा।

"आप उसके बारे में कैसे जानते हैं?" उसने हैरानी से पूछा।

"बस अंदाज़ा लगा लिया," मैंने उससे कहा।

मुझे हैरानी हुई कि अचानक उसकी आँखों में आँसू आ गए और वह तेज़ी से बोलने लगा। "मेरी हालत बहुत ख़राब है। मैं इस तरह जीना बर्दाश्त नहीं कर सकता। मैं पागल हो रहा हूँ।"

"आप जानते हैं, इसकी कोई ज़रूरत नहीं है," मैंने जवाब दिया। "आप दो काम तत्काल कर सकते हैं : ऑफ़िस के उस कर्मचारी से नफ़रत करना छोड़ दें और उस दूसरी औरत से संबंध ख़त्म कर दें। आप इतने ज़्यादा उलझे हुए हैं कि आप यह भी नहीं जानते हैं कि आराम कैसे करना है। आपको ख़ुद को इस तरह सँभालना होगा कि आप तनाव उत्पन्न करने वाली समस्याओं को इकट्ठा न होने दें। एक समय में एक चीज़ लें। शांति और निष्पक्षता से स्थितियों से बाहर निकलें। अपनी पत्नी को समझने का एक मौक़ा और दें। आप एक और काम कर सकते हैं," मैंने अंत में कहा, "आध्यात्मिक शांति खोजने की कोशिश करें।"

वह ख़ामोश बैठा रहा। उस पर शांति का एहसास छाता हुआ दिख रहा था। उसने उस रबड़ बैंड को उठाया और अपनी उँगली में लटका दिया। बाद में, आप मानें या न मानें, उसने सचमुच इसे फ्रेम करवाकर अपने ऑफ़िस में लगवा लिया। इसके नीचे उसने ये शब्द लिखवाए थे : "जिसका मस्तिष्क आप पर केंद्रित है, उसे आप पूर्ण शांति देंगे।"(इसाइया 26:3)।

जल्दबाज़ी में न आएँ

तनाव कम करने का एक और तरीक़ा बहुत प्रभावी साबित हुआ है। यह है ख़ुद को "जल्दबाज़ी से बाहर निकालने" की तकनीक। कभी भी किसी व्यक्ति या स्थिति के कारण दबाव में न आएँ। आगे बढ़ते समय लयबद्ध और सहज चाल रखें। अधीरता छोड़ दें और "आराम से काम अच्छी तरह होता है" मानसिकता का लगातार अभ्यास करें।

कनेक्टिकट के स्टैमफ़ोर्ड के रैब्बी सैम सिल्वर ने जल्दबाज़ी में न आने

की तकनीक के बारे में एक कहानी बताई। यह न्यूयॉर्क यांकीज़ के मशहूर बेसबॉल खिलाड़ी रॉन ब्लोमबर्ग के बारे में है। ऐसा लगता है कि इसने ब्लोमबर्ग का कैरियर बचा दिया।

"उसका कैरियर लगभग ख़त्म हो गया था, जब वह माइनर लीग में रहते-रहते तंग आ गया," रैब्बी सिल्वर लिखते हैं। "ब्लोमबर्ग कहता है कि उसने बेसबॉल लगभग छोड़ ही दी थी, क्योंकि वह इस बात पर चिंता कर रहा था कि यांकीज़ उसे अपने रोस्टर पर नहीं रख रहे हैं। वह बहुत अच्छा खेल सकता है, इस बात को साबित करने के तनाव में ब्लोमबर्ग माइनर लीग में भी बहुत ख़राब खेला।

"फिर क्या हुआ? वह अपने गृहनगर अटलांटा चला गया और अपने रैब्बी डॉ. हैरी एप्स्टीन से बातचीत की। रैब्बी ने कहा, 'रॉन, जल्दबाज़ी से बाहर निकलो। शांत रहो। चीज़ों को सहजता से लो। इतने अधीर मत बनो।' ब्लोमबर्ग ने उनकी सलाह मान ली। उसने अपनी गति बदल ली। वह आराम से काम करने लगा। परिणाम? उसे यांकीज़ की टीम में बुलाया गया। बाद में वह एक ख़तरनाक हिटर बना और किसी दिन वह 'यहूदी बेबी रूथ' भी बन सकता है।"

जल्दबाज़ी से बाहर निकलने की क्षमता तनाव के उपचार में महत्वपूर्ण है। इसे मानसिक अभ्यास से विकसित किया जा सकता है। "आराम से काम अच्छी तरह होता है" के अनुरूप मानसिक और शारीरिक गति अपनाने से यह काम हो सकता है।

जल्दबाज़ी छोड़ने में निपुण बनने का एक तरीक़ा यह है कि आप अपने मस्तिष्क में जीवन और इंसान के बारे में कुछ गहन दार्शनिक विचार भर लें। व्यक्तिगत रूप से मुझे इमर्सन, मार्कस ऑरेलियस और मानवीय प्रकृति की समझ रखने वाले अन्य दार्शनिकों के ऐसे कई विचार मिले हैं। मैं इस तरीक़े को "शांति पाना" कहना पसंद करता हूँ। उदाहरण के लिए, इसका अभ्यास महान रोमन चिंतक मार्कस ऑरेलियस के निम्न वाक्यों पर मनन करके किया जा सकता है :

> पहला नियम है, परेशानीरहित आत्मा रखें। दूसरा है, स्थिति का सामना करते हुए उसे ग़ौर से देखें और जान लें कि वह सचमुच क्या है।
>
> परिस्थितियों से परेशान न हों। परिस्थितियाँ आपकी परेशानी की परवाह नहीं करती हैं।

जीवन में होने वाली किसी भी चीज़ पर हैरान होना कितना मूर्खतापूर्ण है।

इमर्सन का सूक्ष्म अवलोकन भी स्मरणीय है : "शांत रहें : सौ साल बाद सब कुछ एक हो जाएगा।"

हाँगकाँग में मैंने एक पुरानी चीनी कहावत सुनी, जिसने अक्सर तनाव बाहर निकालने में मेरी मदद की है। यह ख़ास तौर पर संकट में या अकस्मात आपातकालीन स्थिति उत्पन्न होने पर उपयोगी है, जिसके परिणामस्वरूप तनावपूर्ण रोमांच होता है। इस पर ग़ौर से सोचें। यह कहावत है, "आपातकालीन स्थिति को आराम से लें।" इसका मतलब है, किसी भी चीज़ से अपने दिमाग़ को गर्म और परेशान न होने दें। इसे ठंडा कर दें, हमेशा ठंडा कर दें। सोचें और धीरे तथा आराम से प्रतिक्रिया करें। त्वरित प्रतिक्रिया अक्सर ग़लत कामों की ओर ले जाती है। आराम के तरीक़े से समय मिल जाता है, जिसमें भावनाएँ ठंडी हो जाती हैं और तार्किक ज्ञान उभर आता है।

फिर थॉमस कार्लायल का अद्भुत वाक्य है, "ख़ामोशी में ही महान चीज़ें आकार लेती हैं।" इस गहन विचार पर चिंतन करके आप रचनात्मक शांति के सार तक पहुँच सकते हैं।

कविताओं में भी मस्तिष्क को गहरी शांति देने की यही शक्ति होती है, जिससे तनाव कम हो जाता है। ऐसी ही पंक्तियाँ रॉबर्ट डब्ल्यू. सर्विस ने 'द स्पेल ऑफ़ द यूकॉन' में लिखी हैं, जो नीचे दी गई हैं। बरसों से इन्होंने मेरी मदद की है :

मैं चौड़े मुँह की गुफा में खड़ा हूँ,
जो पूरी तरह शांति से भरी है। मैंने बड़े सूरज को
लाल और सुनहरा चमकते और धुँधला होते देखा है,
जब तक कि चाँद ने शिखरों को दूधिया नहीं कर दिया,
और सितारे झटपट बाहर नहीं निकल आए,
और मैंने सोचा कि मैं निश्चित रूप से सपना देख रहा था
दुनिया की शांति इतनी ज़्यादा थी।

दरअसल, आराम से रहने और तनावग्रस्त न होने की क्षमता बहुत महत्वपूर्ण है। परिस्थिति चाहे कितनी ही गंभीर क्यों न हो, शांति से सोचने की महान योग्यता लंबे अभ्यास और संकल्प से विकसित होती है। यह योग्यता आम तौर पर आसानी से नहीं आती है। यह तभी आती है, जब आप लगन से इस काम में जुटे रहें। इस विचार से बचें कि सिर्फ़ इस पुस्तक को पढ़कर या

दस आसान सिद्धांत सीखकर आप सशक्त भावनात्मक नियंत्रण हासिल कर सकते हैं। अगर भावनाओं को अब तक काफ़ी ढील दी गई है, तो वे आसानी से क़ाबू में नहीं आएँगी। लेकिन यह भी सच है कि अगर कोई व्यक्ति ठान ले, तो वह किसी भी विचार प्रक्रिया को अपना सकता है, बशर्ते वह दृढ़ता से इसके पीछे पड़ जाए।

शांति विकसित करें

अमेरिकी नौसेना के एक एडमिरल से मैंने ज्ञान का एक मोती प्राप्त किया। यह प्रसंग बताता है कि भावनात्मक रूप से शांत बने रहने के लिए किस चीज़ की ज़रूरत होती है। पेन्साकोला, फ़्लोरिडा के नैवल एविएशन स्टेशन में प्रशिक्षण प्राप्त कर रहे 1,८०० युवाओं के सामने भाषण देने के बाद मैं वहाँ पर एक डिनर पार्टी में गया। उसमें एक अफ़सर ने एक एडमिरल का एक रोचक प्रसंग सुनाया, जो द्वितीय विश्वयुद्ध में एयरक्राफ़्ट कैरियर का कमांडर था।

युद्ध में एडमिरल की कमान वाला जहाज़ (तब वह कप्तान था) सैन फ्रांसिस्को से पर्ल हार्बर जा रहा था। उसमें ईंधन से भरे हवाई जहाज़ थे, जो आक्रमण के लिए तैयार थे। हैंगर के डेक पर गैसोलिन का अतिरिक्त संग्रह भी था। जब कप्तान विशाल जहाज़ को बंदरगाह के अंदर ले जा रहा था, तो एक व्यापारी जहाज़ भी उसी सँकरे मार्ग से बाहर निकलने लगा।

दो बड़े जहाज़ों के इतनी सँकरी जगह से गुज़रने के लिए जहाज़ खेने की काफ़ी योग्यता और सावधानी की ज़रूरत थी। न सिर्फ़ लहरों और हवा के सही रुख़ की ज़रूरत थी, बल्कि बाक़ी सभी चीज़ों का भी सही होना ज़रूरी था। कप्तान जहाज़ को धीरे-धीरे आगे बढ़ा रहा था और उसका पूरा ध्यान इसी बात पर केंद्रित था, ताकि ज़रा सी भी गड़बड़ या अप्रत्याशित घटना न हो। तभी एक एक्ज़ीक्यूटिव ऑफ़िसर उसके पास आकर उत्तेजना भरे स्वर में चिल्लाया, "कप्तान, हैंगर के डेक पर आग लग गई है!"

एयरक्राफ़्ट कैरियर में हैंगर डेक पर आग लगने से ज़्यादा गंभीर शायद कुछ नहीं हो सकता। अगर आग बेक़ाबू हो जाए, तो भयंकर अग्निकांड हो सकता है। लेकिन कप्तान ने अपनी निगाह उस व्यापारी जहाज़ पर जमाए रखी, जो बाहर निकलकर आ रहा था और उसी पर पूरा ध्यान देता रहा। एक्ज़ीक्यूटिव ऑफ़िसर ने सोचा कि शायद कप्तान ने उसकी बात नहीं सुनी है। इसलिए उसने और ज़ोर से चिल्लाकर कहा, "कप्तान! हैंगर डेक पर आग लग गई है!"

अपनी आवाज़ ऊँची किए बिना और अपना सिर मोड़े बिना कप्तान बोला, "मैंने तुम्हारी बात पहली बार में ही सुन ली थी। आग बुझा दो," और वह बंदरगाह में जहाज़ को धीरे-धीरे अंदर ले जाता रहा।

इस घटना को सुनने के बाद मेरी दिलचस्पी जाग गई और मैंने एडमिरल से पूछा, "मुझे बताएँ, आप इतने शांत रहने में कैसे कामयाब हुए ? इस तरह की स्थिति से कोई भी विचलित हो जाता - हैंगर डेक पर आग! यहाँ तक कि मैं भी हो जाता। आपने इसे इतनी शांति से कैसे लिया ?"

एडमिरल ने जवाब दिया, "देखिए, मुझे अपने जहाज़ को उस व्यापारी जहाज़ के पास से निकालकर सुरक्षित बंदरगाह तक ले जाना *था*। इसके अलावा, मैं जानता था कि मेरा एक्ज़ीक्यूटिव ऑफ़िसर उस आग को बुझाने में पूरी तरह सक्षम था। इसलिए मैंने उसे वह काम करने दिया। कुछ लोग तब तक ज़िम्मेदारी नहीं लेते हैं, जब तक कि आप उन्हें ज़िम्मेदारी दे न दें। इसलिए मैंने उसे ज़िम्मेदारी दे दी।"

इसके बावजूद मैंने कहा, "लेकिन आपमें इतनी अंदरूनी शांति कैसे आई ?"

उसने जवाब दिया, "मैंने इसका विकास किया। अंदरूनी शांति और कैसे आ सकती थी ? अफ़सर बनते समय ही मैंने समझ लिया था कि जब तक कोई व्यक्ति संकट की घड़ी में अपना दिमाग़ ठंडा नहीं रख सकता, तब तक वह लोगों का अच्छा कमांडर नहीं बन सकता। इसलिए मैंने यह क्षमता विकसित की। बस इतनी सी बात है।"

तनावरहित व्यक्ति समझदार होता है। उसका जीवन में उद्‌देश्य होता है। वह जानता है कि वह क्या पाना चाहता है और वह उसी काम को करता रहता है। वह किसी भी चीज़ से ख़ामख़्वाह चिंतित या परेशान नहीं होता है। उसका ख़ुद पर पूरा मानसिक और भावनात्मक नियंत्रण होता है। वह बिना जल्दबाज़ी के सटीक क़दमों से अपनी राह पर चलता रहता है।

स्वर्गीय पर्ल बक को काफ़ी समय तक हमारी महानतम लेखिकाओं में से एक के रूप में याद किया जाएगा। अमेरिकी जनता उनकी दीवानी थी। और वे एक दार्शनिक भी थीं।

मृत्यु से कुछ समय पहले एक इंटरव्यू में उनसे उनके असाधारण सृजनात्मक जीवन का रहस्य पूछा गया। उनका जवाब आश्चर्यजनक, लेकिन निश्चित रूप से बुद्धिमानी भरा था। उन्होंने एक पारिवारिक प्रसंग सुनाकर इसका जवाब दिया।

जब उनके पिता चीन में मिशनरी थे, तो उन्हें अमेरिका से गिरजाघर बनाने के लिए पैसे भेजे गए। डॉ. बक व्यावहारिक क़िस्म के आदमी थे। उन्होंने फ़ैसला किया कि ग़रीबों को गिरजाघर की उतनी ज़रूरत नहीं है, जितनी कि भोजन लाने-ले जाने के लिए नाव की है। इससे अमेरिका में तूफ़ान मच गया और उनकी काफ़ी आलोचना हुई। पर्ल बक ने कहा, "लेकिन इससे मेरे पिता ज़रा भी परेशान नहीं हुए। वे बस शांति से अपनी राह पर चलते रहे। और," उन्होंने आगे कहा, "यही मैं भी पूरे जीवन करती रही हूँ। और क्या? मैं शांति से अपनी राह पर चलती रही।"

तनाव है? तो उसे ठंडा करें और आराम से रहें। बस शांति से अपनी राह पर चलते रहें। आप ऐसा कर सकते हैं, बशर्ते आप ठान लें।

इस अध्याय के अंत में उन लोगों के लिए कुछ बातें दोहरा दूँ, जो अपनी जीवनशैली से तनाव दूर करना चाहते हैं और आराम से रहना चाहते हैं :

1. *आपको तनावपूर्ण होने की ज़रूरत नहीं है। आप तनाव को नियंत्रित कर सकते हैं, बशर्ते आप सोच लें कि आप ऐसा कर सकते हैं।*
2. *याद रखें, चिंतारहित लेकिन सशक्त जीवन आसानी से हासिल नहीं होता है। इसे विकसित करना पड़ता है। इसलिए इस पर अभी से काम शुरू कर दें। अभ्यास करें और करते रहें।*
3. *दिन-रात अपने मस्तिष्क में शांतिदायक शब्द और विचार भरकर शांति प्राप्त करने की आदत डालें। उनमें अद्भुत उपचारक गुण होता है।*
4. *अपने आस-पास के माहौल से शोर को जितना कम कर सकते हों, कर दें।*
5. *अपने धर्म में मानसिक शांति खोजें। वह वहाँ अवश्य मिलेगी।*
6. *अपने भीतर देखें और अपनी घबराहट या तनाव के अधिक गहरे कारण तक पहुँचें।*
7. *हर हानिकारक नज़रिए का समूल नाश कर दें, जो गहरे अवचेतन में आपको परेशान कर रहा हो।*
8. *जल्दबाज़ी छोड़ दें।*
9. *ईश्वर पर भरोसा रखें और शांति से अपनी राह पर चलते रहें।*

चार

सचमुच प्रेरित करने वाली प्रेरणा

एक चिड़चिड़े मालिक ने अपने एक सेल्समैन के बारे में कहा, "मैं उसे नौकरी से निकालने वाला हूँ। वह बहुत ढीला है। उसमें रुचि नाम की तो चीज़ ही नहीं है। उसे ज़रा भी परवाह नहीं है। वह उत्साहहीन और नीरस है। वह तो जैसे ऊँघता रहता है।"

मैंने एक सुझाव दिया, जिससे काम बन गया, "उसे नौकरी से निकालने के बजाय आप उसके भीतर आग क्यों नहीं भरते हैं?"

उसने पूछा "आग भरने से आपका क्या मतलब है? उसे आग की भट्‌टी में झोंक दूँ?"

"नहीं," मैंने कहा, "मेरा मतलब है उसके *भीतर* आग भर दो। उसे अपने काम के बारे में उत्साहित कर दो। उसमें प्रेरणा भरो। प्रगति करने का सच्चा नज़रिया भरो।"

यह सलाह कारगर साबित हुई और अब मेरा दोस्त उसी सेल्समैन की प्रशंसा में कहता है, "वह अब सचमुच बदल गया है। अब तो वह आग का गोला बन गया है। मुझे इस पर यक़ीन नहीं हो रहा है। मुझे सचमुच यक़ीन नहीं हो रहा है कि उसके भीतर इतनी क्षमता थी।"

सच्चाई यह है कि आप कभी नहीं जानते हैं कि किसी व्यक्ति में कितनी क्षमता है, जब तक कि आप उसे प्रगतिशील और रचनात्मक प्रेरणा न दे दें। हर व्यक्ति का ट्रिगर दबाया जा सकता है। हर व्यक्ति को प्रेरित किया जा सकता है। हर व्यक्ति से ज़्यादा अच्छा काम करवाया जा सकता है, बशर्ते उसके सच्चे व्यक्तित्व के दरवाज़े को खोलने की चाबी ढूँढ़ ली जाए।

आग भरने का यह तरीक़ा हालाँकि कठोर था, लेकिन यह मनोवैज्ञानिक दृष्टि से अच्छा साबित हुआ। मालिक ने सेल्समैन को अपने ऑफ़िस में बुलाया। उन्होंने कहा, "जिम, बैठ जाओ। मैं तुम्हारा विश्लेषण करना चाहता हूँ। मुझे उम्मीद है कि तुम इसे झेल लोगे, क्योंकि मैं खरी-खरी सुनाने वाला हूँ। मुझे यह कहते हुए बहुत बुरा लग रहा है, लेकिन मैंने आज तक तुमसे घटिया सेल्समैन नहीं देखा। तुम आलसी हो। तुममें ज़रा भी महत्वाकांक्षा, ऊर्जा या कल्पनाशक्ति नहीं है। तुम्हें रत्ती भर भी परवाह या दिलचस्पी नहीं है। तुम तो बस यह चाहते हो कि मैं तुम्हें ढेर सारा कमीशन एडवांस में देता रहूँ। हालाँकि ऑर्डर लाने के मामले में तुम्हारा रिकॉर्ड बहुत कमज़ोर है।

"तुम्हारी असली कमी यह है, तुम्हें सम्मान नहीं मिलने का असली कारण यह है कि तुम स्टार सेल्समैन बन सकते हो। तुम यह काम कर सकते हो। तुम्हारे भीतर क्षमता है, लेकिन तुम अपनी क्षमता का उपयोग नहीं कर रहे हो। लगता है, तुम किसी काम के लायक़ नहीं हो।"

सेल्समैन का चेहरा और आँखें ग़ुस्से से लाल हो गईं। वह उछलकर खड़ा हुआ और अपने बॉस की टेबल पर मुक्का मारते हुए चिल्लाकर बोला, "आप मुझसे इस तरह बात नहीं कर सकते! आप मेरे बारे में जानते ही क्या हैं ?" वह दरवाज़े की तरफ़ जाने लगा। "अपनी नौकरी वापस ले लो! भाड़ में गई तुम्हारी नौकरी!"

हैरान मालिक ने युवक का हाथ पकड़कर उसे गले लगा लिया। "यह बहुत बढ़िया है - बहुत ही बढ़िया! तुममें आग है, तुममें आग है। तुम्हारे अंदर सच्चा मर्द है। मैं हमेशा जानता था कि तुम एक ज़बर्दस्त इंसान बन सकते हो - बशर्ते तुम एक बार प्रेरित हो जाओ। बस आगे भी ऐसे ही रहना - जैसे इस पल हो - और हम प्रगति कर सकते हैं। तुम नौकरी से बाहर नहीं निकल रहे हो, बल्कि सफलता के द्वार के भीतर जा रहे हो।"

ज़ाहिर है, यह पूरी कहानी नहीं है। बॉस जिम को आत्म-सुधार की प्रेरक पुस्तकें देते रहे। उन्होंने उसे सेल्स रैलियों और वार्षिक उद्योग सम्मेलन में भेजा, जहाँ जिम की मुलाक़ात उसके क्षेत्र के सर्वश्रेष्ठ सेल्समैनों से हुई।

बॉस ने जिम का रुझान एक चर्च की तरफ़ भी मोड़ा, जहाँ के पादरी समर्पित और प्रगतिशील थे। इससे उसकी अंदरूनी आग ज़्यादा प्रबलता से जलने लगी। बॉस ने एक और रोचक तथा असामान्य काम किया। उन्होंने उस युवक को गोल्फ़ क्लब में शामिल होने की प्रेरणा भी दी। उन्होंने उसे बताया

कि इससे वह महत्वपूर्ण बिज़नेसमैनों के संपर्क में आएगा। यही नहीं, उन्होंने इसकी फ़ीस भी उसी से दिलवाई।

ज़ाहिर है, इसके पीछे असली कारण यह था कि बॉस अपने इस तथाकथित आलसी सेल्समैन को प्रतिस्पर्धा के माहौल से परिचित कराना चाहता था। वह सेल्समैन गोल्फ़ का अच्छा खिलाड़ी नहीं था, लेकिन बॉस को लगा कि उसमें क्षमता है और उन्होंने यह सुनिश्चित किया कि वह क्लब के सबसे अच्छे खिलाड़ियों के साथ खेले। बॉस उससे कहता रहता था, "इन लोगों को मज़ा चखा दो।" इस तरह की चुनौती और प्रेरणा के चलते सेल्समैन ने उस साल क्लब के रोस्टर में काफ़ी ऊँचा स्थान प्राप्त किया।

यह रणनीति कामयाब हुई। उसे प्रतिस्पर्धी रोमांच का एहसास हुआ और यह भाव किसी के जीवन को भी बदल सकता है। उसे अपने भीतर ऐसे गुणों का एहसास हुआ, जो पहले कभी बाहर प्रकट नहीं हुए थे - दरअसल, उसे तो यह पता ही नहीं था कि वे गुण उसमें हैं। बढ़ती दिलचस्पी रोमांच में बदल गई। वह सचमुच तरक़्क़ी करने लगा - अपनी नौकरी और लोक-व्यवहार में। वह सचमुच प्रेरित करने वाली प्रेरणा की शक्ति के साथ आगे बढ़ा। उसे यह संदेश मिल गया कि अगर वह ठान ले, तो कुछ भी कर सकता है।

इस तरह का अनुभव मानवीय क्षमता में उत्साहपूर्ण विश्वास जगाता है। कभी किसी को कम न आँकें। यह आशावादी संभावना हमेशा रहती है कि किसी भी व्यक्ति के दिल तक पहुँचा जा सकता है और ख़ुद को जानने का बहुत महान अनुभव पाया जा सकता है। और इसके अलावा, वह व्यक्ति बदलकर नया इंसान बन सकता है, जिसकी पुरानी चीज़ें बदल चुकी हैं, जिसमें सब कुछ नया और जीवंत बन गया है।

पूरी कोशिश करें, रोककर न रखें

किसी इंसान को हार नहीं माननी चाहिए या अपनी क्षमता के बारे में पराजयवादी नज़रिया नहीं रखना चाहिए। उसके व्यक्तित्व में हमेशा सफल गुणवत्ता निहित होती है, जो सच्ची प्रेरणा से पूर्णता तक पहुँचने का इंतज़ार करती है।

लेकिन ऐसा क्यों है कि बहुत योग्य होने के बावजूद कुछ लोग कभी शुरू नहीं कर पाते हैं ? क्या इसलिए, क्योंकि वे *रोककर* रखते हैं और *पूरी कोशिश* नहीं करते हैं। इसका मतलब यह है कि वे कभी ख़ुद को पूरी तरह से नहीं झोंकते हैं, बल्कि अपनी क्षमता का कुछ हिस्सा हमेशा रोके रखते हैं, जैसे उन्हें

ख़ुद को मुक्त करने और पूरे दिल से अपना सब कुछ झोंकने में डर लगता हो। जीवन के किसी भी क्षेत्र में सचमुच सफल होने वाले लोग ख़ुद को रोककर नहीं रखते हैं। वे तो उत्साही और पूरी तरह जुटने वाले होते हैं।

मैं बार-बार एक प्रेरक मानवीय घटना के बारे में बताता हूँ। इसमें ख़ुद को रोककर रखने वाला व्यक्ति सशक्त प्रेरणा मिलने के बाद काम में जुट गया। यह प्रेरणा एक बड़े लक्ष्य तक पहुँचने की इच्छा थी। पहले उसे यह दूर-दराज़ की संभावना लगती थी, लेकिन प्रेरणा मिलने के बाद यह बलवती हो गई।

और ऐसा इस तरह से हुआ। शिकागो में एक बिज़नेस सम्मेलन में भाषण देने के बाद मैं चार्ली से मिला। भाषण के बाद मेरे होटल के कमरे में फ़ोन की घंटी बजी और एक महिला ने थोड़ी दबंग आवाज़ में घोषणा की, "मैं अपने पति को आपसे मिलवाने ला रही हूँ।"

"लेकिन मेरे पास हवाई जहाज़ पकड़ने के लिए कुछ ही मिनट बचे हैं," मैंने प्रतिरोध किया।

"कुछ मिनट काफ़ी होंगे," उसने दृढ़ता से कहा। "हमने आपका भाषण सुना है। मैं उसे आपसे मिलवाने ला रही हूँ।" और इसके साथ उसने फ़ोन रख दिया।

जल्दी ही एक दृढ़ दिखने वाली नाटी औरत एक मोटे आदमी के साथ प्रकट हुई, जिसके चेहरे पर हल्की सी, संकोच भरी मुस्कान थी। "मैं मेबल हूँ," महिला ने कहा। "यह मेरा पति चार्ली है। और समस्या चार्ली से ही संबंधित है।"

"वह बहुत अच्छा इंसान दिखता है," मैंने टिप्पणी की।

उसने कहा, "वह अच्छा है, यही तो समस्या है। वह कुछ ज़्यादा ही अच्छा है! उसमें जैसे कोई शक्ति ही नहीं है; आगे बढ़ने और ऊपर जाने की कोई इच्छा ही नहीं है। बस आप उससे बात करें," उसने आदेश दिया। इसके बाद वे बैठ गए।

मैंने पूछा, "आपको क्या लगता है, चार्ली ?"

"लगता है, मेबल सही कह रही है," उसने जवाब दिया। "शायद मुझे थोड़ी मदद की ज़रूरत है।"

"चार्ली अच्छा आदमी है," उसकी पत्नी बीच में बोली। "उसमें दिमाग़ और योग्यता तो है, लेकिन वह ख़ुद को व्यवस्थित नहीं कर पाता है। वह सपनों की दुनिया में खोया रहता है। वह आगे नहीं बढ़ पा रहा है। मैंने उसे

प्रेरित करने की कोशिश की है, बार-बार कोशिश की है, लेकिन कोई फ़ायदा नहीं हुआ। आपका भाषण सुनकर मैंने सोचा कि शायद आप उसे ठीक कर सकें।"

मुझे चार्ली पसंद आया; और मुझे मेबल भी पसंद आई। उसका व्यवहार आक्रामक इसलिए था, क्योंकि वह अपने पति से प्यार करती थी। उसे उस पर भरोसा था और वह उसकी तरक्क़ी चाहती थी। मैं बीच-बीच में उसके साथ काम करने और उसकी मदद करने के लिए तैयार हो गया। बाद के महीनों में हमने कई बार बातचीत की।

मेरा ध्यान इस बात पर गया कि वह बार-बार कहता था कि उसने अपने काम को ज़्यादा प्रभावी बनाने के लिए कोई विचार सोचा था। उदाहरण के लिए, वह कहता था, "मेरा ऐसा करने का आधा मन हुआ था," या "इसकी कोशिश करने का मेरा आधा मन है।" बाद में जब मैंने पूछा कि उसके नवीनतम विचार का क्या परिणाम निकला, तो उसका जवाब हमेशा वही होता था : "ओह, वह वाला। देखिए, मैंने उसके बारे में दोबारा सोचा और उसे छोड़ दिया।" लेकिन फिर वह आश्चर्य से कहता था : "लेकिन अब मेरे दिमाग़ में एक सचमुच अच्छा विचार आया है! मैं आपको इसके बारे में बता दूँ ... मेरा आधा मन है कि मैं इसे कर दूँ।"

एक बार जब स्थिति स्पष्ट हो गई, तो मुझे उसकी मुश्किल का एहसास हो गया। मैंने कहा, "चार्ली, तुम्हारे साथ समस्या यह है कि तुम आधे-मन-के-आदमी हो।" उसने घूरकर देखा। वह स्पष्ट रूप से हैरान था। मैंने दोहराया, "हाँ, इसीलिए तुम सफल नहीं हो पा रहे हो। तुम आधे-मन-के-आदमी हो।"

"मैं आपकी बात नहीं समझा," चार्ली ने हैरानी से जवाब दिया।

आधे-मन-का-आदमी चार्ली

"ठीक है, मुझे स्पष्ट करने दें। देखिए, बहुत से लोगों के साथ यह समस्या होती है। दरअसल यह विभाजित व्यक्तित्व की समस्या है। जब आप व्यक्तित्व के विभाजन को समझ लेते हैं, तो फिर आप इसे सुधारने के लिए क़दम उठा सकते हैं। आपके व्यक्तित्व का एक हिस्सा बहिर्मुखी और कर्मशील है। इसमें महत्वाकांक्षा है, यह प्रगतिशील विचार सोचता है। लेकिन दूसरा हिस्सा डर से ग्रस्त है और आपको साहसिक क़दम उठाने से रोकता है। अवचेतन रूप से आपको यह आशंका रहती है कि अगर आप कोई नया काम करेंगे, तो आप उसे गड़बड़ कर देंगे। आपमें आत्मविश्वास की कमी है। आप जोखिम लेने से

डरते हैं, जबकि दुनिया में आगे बढ़ने के लिए जोखिम लेना ज़रूरी है। आप आधे-मन से कभी आगे नहीं बढ़ सकते। इसीलिए आप सफल नहीं हो पाते हैं।"

मैंने आगे कहा, "चार्ली, आपका वह हिस्सा जो रचनात्मक विचार उत्पन्न करता है, वह आपका सच्चा स्वरूप है, आपका सशक्त स्वरूप। जो हिस्सा काम करने से डरता है, वह आपका पराजयवादी स्वरूप है। इस तरह के अंदरूनी संघर्ष में पराजयवादी स्वरूप असफलता को तर्कसंगत साबित करने की कोशिश करता है और विचारों पर काम न करने के आरामदेह बहाने खोज लेता है।

"आप ख़ुद को बहलाते हैं, यह सही समय नहीं है, या शायद इसमें पेंच होगा या ऐसा ही कुछ। बहरहाल, असली कारण यह है कि आपकी प्रेरणा प्रेरित नहीं है।"

मैंने आगे कहा, "जहाँ तक मैं देख सकता हूँ, आपकी मुश्किल का इलाज आधे-मन-के नज़रिए को दूर करना है और पूरे मन से विचारों पर काम करना है।" मैंने उसे एक दिलचस्प प्रोजेक्ट की याद दिलाई, जिसके बारे में वह बार-बार बातें करता रहा था। मैंने कहा, "इतने समय तक आपने आधे-मन के नज़रिए से ख़ुद का रास्ता रोका है। ठीक है, उस प्रोजेक्ट को तत्काल शुरू कर दें! निश्चित रूप से, इसमें साहस और आस्था की ज़रूरत होगी। लेकिन अगर आपने जोखिम नहीं लिया, तो आपको कुछ मिलेगा भी नहीं। अंतहीन झिझक की ज़ंजीरों को तोड़ दें। अभी! और मेरा मतलब है अभी। तत्काल। अगर आप ऐसा नहीं करते हैं, तो आप ज़िंदगी भर दूसरे दर्ज़े के ही रहेंगे, हालाँकि आपको दूसरे दर्ज़े के रहने की ज़रूरत नहीं है। ख़ुद को बदल लें ईश्वर से प्रार्थना करते रहें कि वह ख़ुद को व्यवस्थित करने और प्रगति करने में आपकी मदद करे।"

यह सुनकर चार्ली प्रेरित हो गया और उसने कोशिश की। परिणाम उसकी कल्पना से ज़्यादा अच्छे मिले। यह उसके जीवन का बहुत बड़ा मोड़ था। वह जल्दी ही एक और रचनात्मक विचार से कर्म में जुट गया। जल्दी ही चार्ली का ढुलमुलपन अतीत की बात हो गया। आज वह सफल है। इस प्रगतिशील सिद्धांत से उसका लक्ष्यहीन जीवन बदल गया है, अगर आप ठान लें, तो कुछ भी कर सकते हैं।

मनोवैज्ञानिक विलियम जेम्स ने लिखा है, "दुनिया में उससे दुखद इंसान नहीं है, जिसमें अनिर्णय की आदत के सिवा दूसरी आदत न हो।" आधे-मन-के

न बनें। अपने रचनात्मक विचारों पर पूरे मन से अमल करें। बाहर निकलें और चीज़ों को सचमुच पूरा होते देखें।

सशक्त प्रेरक अनुभव का आपके भविष्य पर बहुत ज़्यादा और दूरगामी प्रभाव पड़ सकता है। सशक्त प्रेरक अनुभव का अर्थ है ऐसा अनुभव, जो आपके भीतर गहराई तक पहुँचे और जिसमें आपके व्यक्तित्व प्रतिक्रिया तंत्र के केंद्र तक पहुँचने का रोमांच व प्रेरणा हो।

इसी कारण हमें संभावित प्रेरक अनुभव के प्रति अपनी आँखें हमेशा खुली रखनी चाहिए। सच तो यह है कि मनोबल बढ़ाने वाली प्रेरणा ख़ुद को बार-बार देते रहना चाहिए। ऐसी प्रेरणा, जो मस्तिष्क को भावनात्मक और बौद्धिक प्रगति करने के लिए ऊपर उठाए। इस रचनात्मक लक्ष्य को हासिल करने के लिए प्रेरक सामग्री पढ़ना सबसे महत्वपूर्ण है, जैसे महान लोगों की जीवनी, जिन्होंने अपनी प्रतिभा का अधिकतम विकास किया, जिन्होंने समस्याएँ सुलझाईं और जिनके कैरियर सफलता के सिद्धांत प्रदर्शित करते हैं। पुस्तकें बहुत महत्वपूर्ण हैं, क्योंकि वे बौद्धिक प्रक्रिया में जान डालती हैं और आपको सोचने - सचमुच सोचने - की योग्यता विकसित करने में समर्थ बनाती हैं। सफल लोगों से परिचय करें। उनसे बातचीत करें। उनके विचारों को सावधानी से सुनें। उनके तरीक़ों और अनुभव का अध्ययन करें। इसके अलावा आध्यात्मिक विकास को नज़रअंदाज़ न करें, क्योंकि इस क्षेत्र में ही प्रेरणा का शायद सबसे गहरा आवेग मिलता है।

एक व्यक्तिगत उदाहरण देना चाहूँगा। मुझे अच्छी तरह याद है कि कॉलेज के दिनों में मेरा कोई असली लक्ष्य, कोई निश्चित उद्‌देश्य नहीं था। मैंने कई कैरियरों के बारे में सोचा। सबसे आकर्षक कैरियर अख़बार में काम करने का लग रहा था, लेकिन मुझे इसकी सच्ची प्रेरणा नहीं मिल रही थी।

फिर एक दिन मैं कोलंबस, ओहियो के मेमोरियल हॉल में एक बड़ी मीटिंग में गया। यह मीटिंग स्टुडेन्ट वॉलंटियर्स नामक प्रतिष्ठित युवा संगठन ने आयोजित की थी। यह संगठन आध्यात्मिक रूप से प्रेरित था और इसमें कॉलेज के बहुत समर्पित तथा उत्साही विद्यार्थी थे। इसमें उस समय के विद्यार्थी लीडर्स शामिल थे। दरअसल, यह आंदोलन अमेरिका के कॉलेज कैंपसों में बहुत ही धार्मिक उत्साह के साथ फैला हुआ था।

बड़ा हॉल खचाखच भरा था। वहाँ प्रबल भावनाओं का माहौल था। जब मैं हॉल में दाख़िल हुआ, तो अचानक रुक गया, क्योंकि विशाल भीड़ के सामने

मंच पर एक बड़ा साइनबोर्ड ऊँचाई पर लगा था, ताकि लोग उसे दूर से पढ़ सकें। इस साइनबोर्ड पर लिखा था, "इस पीढ़ी में विश्व का धार्मिकीकरण।"

इस नारे ने मेरे दिमाग़ पर सशक्त प्रभाव डाला। उस पल एक आंतरिक प्रतिक्रिया हुई, जो बहुत गहरी थी। मैं तत्काल जान गया कि मुझे जीवन में क्या करना है और मैं गहराई से क्या करना चाहता हूँ। मैंने तत्काल अपना लक्ष्य बना लिया। अब मैं लोगों को ईश्वर की दी हुई अद्भुत शक्तियों के बारे में बताना चाहता था, जिन्हें पहचानकर वे अपने व्यक्तित्व की कायापलट कर सकते थे।

इसके बाद मैंने पुस्तकों, लेखों, अख़बार के कॉलमों, टी.वी., रेडियो, मंच, उपदेश, श्रोतासमूह के सामने भाषण और आमने-सामने की बातचीत - यानी हर संभावित तरीक़े से लोगों से वह बनने का आग्रह किया है, जो वे सचमुच बन सकते हैं। यानी ऐसी प्रेरणा से प्रेरित होना, जो सचमुच प्रेरित करती है।

जो भी इस दुनिया में कोई सचमुच महत्वपूर्ण काम करना चाहता है, उसे जीवंत और ऊर्ध्वगामी अनुभव पाने ही चाहिए, जो उसे उदासीन से उत्साही व्यक्ति में बदल दें।

आप आपत्ति कर सकते हैं, "मुझ पर यह सब करने का दबाव क्यों डाल रहे हैं? मैं तो साधारण आदमी हूँ।" (तो जान लें, साधारण तो मैं भी हूँ।) आप आगे कह सकते हैं, "इसके अलावा मेरे पास एक साधारण सी नौकरी है ... मुझे इसमें ऐसी कोई चीज़ नज़र नहीं आती है, जिसके बारे में उत्साहित हुआ जा सके ..." यहीं आपको अपने काम और ख़ुद के बारे में अपनी मानसिकता बदलने की ज़रूरत है। शुरू कर दें। अपने काम के बारे में उत्साहित हो जाएँ। इसके बाद आप मेहनत करके अपने काम में प्रगति कर सकेंगे। अपने काम के बारे में जोशीले बन जाएँगे तो वह काम अपने आप जोशीला बन जाएगा। जब आप विकास करेंगे, तो यह भी विकसित होगा। किसी भी काम, किसी भी नौकरी में रोमांच होता है, बशर्ते आपमें रोमांच हो।

पर्वत-शिखर प्रेरणा

मैंने एक युवा महिला से बातचीत की, जिसका काम डायरेक्ट मेल से प्रेरक आत्म-सुधार वाली पुस्तकें बेचना था। उसने कहा, "मुझमें निश्चित रूप से बहुत उत्साह है। मैं बहुत ही प्रेरित हूँ। मुझे पता चल गया है कि पर्वत-शिखर

(mountain top) आपके लिए क्या कर सकते हैं!"

"पर्वत-शिखर से आपका क्या मतलब है?"

उसने मुझे बताया। "मैं डायरेक्ट मेल से पुस्तकें बेचने के व्यवसाय में हूँ। और मैं अपनी पुस्तकों में यक़ीन करती हूँ। उनमें बहुत कुछ होता है और मैं सचमुच चाहती हूँ कि उन्हें ज़्यादा से ज़्यादा लोग पढ़ें। मेरे बॉस ने मुझे डायरेक्ट मेल सेलिंग पर होने वाले एक सप्ताह के सम्मेलन में भेजा था ..."

आप यह उम्मीद नहीं कर सकते हैं कि कोई व्यक्ति किसी डायरेक्ट मार्केटिंग सम्मेलन से इतना ज़्यादा प्रेरित और उत्साहित होकर लौटेगा, जितनी कि यह लड़की थी। लेकिन यह इतना अजीब नहीं है। कुछ व्यवसायिक सम्मेलनों में ज़बर्दस्त उत्साह का संचार होता है। इस सम्मेलन में भाग लेने के बाद इस लड़की को डायरेक्ट मेल सेलिंग की वृहद संभावनाओं का एहसास हुआ - आप इसे ज़्यादा कारगर ढंग से कैसे कर सकते हैं, आप लोगों तक सचमुच कैसे पहुँच सकते हैं और उनसे संप्रेषण कर सकते हैं, आप उन्हें कैसे प्रेरित कर सकते हैं? दरअसल, आप बिक्री की पूरी प्रक्रिया को रचनात्मक कैसे बना सकते हैं?

"मैं हवा में उड़ती हुई काम पर वापस लौटी," उसने कहा। "आप देखते जाइए, ज़िंदगी क्या से क्या बन सकती है! देखते जाइए, मैं बिक्री बढ़ाने के लिए कितना कुछ कर सकती हूँ!" उसका चेहरा चमक रहा था। किसी के भीतर आग सुलगते देखी है - उसके भीतर आग थी, जो धधक रही थी।

"पर्वत-शिखर!" उसने दोहराया। "आप पर्वत-शिखरों के बिना नहीं रह सकते हैं, लेकिन यह भी सच है कि आप हर समय पर्वत-शिखर पर नहीं रह सकते हैं। आपको नीचे उतरना होगा और सामान्य काम करने होंगे। सामान्य दिनचर्या में उस ऊपरी स्तर के अनुभव को भूल जाना आसान होता है। इसलिए मैं जब नकारात्मक और नीरस महसूस करती हूँ, तो अपने मन में मौजूद उस पर्वत-शिखर प्रेरणा पर पहुँच जाती हूँ, जिसने मुझे दिखाया कि मैं सचमुच क्या हूँ और क्या कर सकती हूँ।"

"आप स्मार्ट हैं," मैंने प्रशंसा करते हुए कहा। "आपके यह सोचने से बहुत पहले बाइबल ने एक बहुत ही प्रशंसनीय प्रसंग में यह बात कही है।"

मैंने बाइबल का वाक्य दोहराया : "जो लोग ईश्वर की सेवा करेंगे, उनकी शक्ति फिर से नई हो जाएगी। वे बाज जैसे पंखों के साथ ऊपर उठेंगे ..." यह पर्वत-शिखर है। लेकिन यह अंत नहीं है। यह थोड़ा नीचे आता है : "... वे

दौड़ेंगे, लेकिन थकेंगे नहीं..." यह भी अंत नहीं है; यह थोड़ा और नीचे आता है "... वे चलेंगे, लेकिन कमज़ोर नहीं होंगे।" (इसाइया, 40:31)

दुनिया की बोझिल दिनचर्या में चलते रहने के बाद भी आप कमज़ोर नहीं होंगे, क्योंकि आप प्रेरक अनुभव के पर्वत-शिखर पर रह चुके हैं।

इसीलिए व्यक्ति को नियमित रूप से प्रेरक नवीनीकरण करते रहना चाहिए। उत्साह की आग हमेशा नहीं जलेगी, जब तक कि आप इसमें नए लट्ठे नहीं डालते रहेंगे। आपकी प्रेरणा कमज़ोर हो सकती है और आपकी प्रगति को धीमा कर सकती है, जब तक कि आपकी नवीनीकरण की निश्चित योजना न हो। और यह कैसे होता है ? जैसा मैंने पहले कहा था, प्रेरक पुस्तकें पढ़ें। प्रेरक मीटिंगों में जाएँ। प्रेरक काम करने वाले लोगों से मिलें। सबसे बढ़कर, आलोचकों, शिकायत करने वालों और नकारात्मक लोगों से तेज़ी से दूर भागें। वे लोग कहीं नहीं जा रहे हैं; आप जा रहे हैं।

इसके अलावा, किसी भी समय एक जादुई शब्द प्रेरणा दे सकता है। कोई नहीं जानता कि यह शब्द कब आएगा। अपनी आँखें, कान और सबसे बढ़कर अपने दिमाग़ को खुला रखने में समझदारी है, क्योंकि वह जादुई शब्द आपमें सचमुच परिवर्तन ला सकता है और ऐसा करके आपकी ज़िंदगी बदल सकता है।

उदाहरण के लिए, स्टीव कार्लटन को लें। कार्लटन 1972 के बेसबॉल सीज़न में नेशनल लीग का शीर्षस्थ पिचर था। और वह भी द फ़िलीज़ टीम में।

दो साल पहले कार्लटन सेंट लुइस कार्डिनल्स के लिए पिचिंग करता था और आम तौर पर उसे पराजय का मुँह देखना पड़ रहा था। फिर प्रेरणा का जादुई शब्द आया। उसे एक प्रशंसक की चिट्ठी मिली और इसने वह चिंगारी पैदा कर दी, जिसकी वजह से एक सामान्य पिचर का सीज़न उत्कृष्ट बन गया। बात बहुत छोटी सी थी। प्रशंसक ने लिखा था कि उसमें प्रतिभा तो है, लेकिन वह खेल के मैदान में सकारात्मक तरीक़े से नहीं सोच रहा है।

"यह बड़ी सुंदर बात थी," स्टीव कार्लटन ने कहा। "इसने मेरा पूरा नज़रिया ही बदल दिया।" उस चिट्ठी ने इस उत्साहहीन पिचर को सचमुच प्रेरित कर दिया होगा, क्योंकि इसके मिलने के बाद उसने उस साल अपने आख़िरी पाँच मैचों में से चार जीते और अगले सीज़न में उनतीस का रिकॉर्ड बनाया।

"हार ? मैं अब उस बारे में कभी सोचता ही नहीं हूँ," उसने कहा।

ज़ाहिर है, मिस्टर कार्लटन उस सीज़न में इसलिए सफल हुए, क्योंकि सकारात्मक सोच के अलावा उनकी गेंद तेज़ थी, जो हिटर के पास से तेज़ी से निकल जाती थी; घुमावदार गेंद थी, जो हिटर को चकरा देती थी और स्लाइडर गेंद थी, जो होम प्लेट पर आते समय पूरे रास्ते लहराती थी! पिट्सबर्ग पाइरेट्स के फ़र्स्ट बेसमैन विली स्टारजेल ने दुख से कहा था, "कार्लटन की पिंचिंग को मारना काँटे से कॉफ़ी पीने जैसा है।" कार्लटन जब तक खेलता रहेगा, उसे अपनी गति, अपनी गहराई, अपनी नई विचार प्रक्रिया जारी रखनी होगी।

जब कार्लटन हार रहा था, उस वक़्त भी उसके पास चैंपियन पिचर की तकनीकी योग्यताएँ थीं। उसे तो बस वह प्रेरणा नहीं मिली थी, जो सचमुच प्रेरित करती है। लेकिन जब अचानक उसने अपने सच्चे स्वरूप को देखा, तो उसे बहुत आश्चर्यजनक सफलता मिल गई। जब आपको सचमुच प्रेरित करने वाली प्रेरणा मिल जाती है, तो आपको नई शक्ति भी मिल जाती है।

प्रेरित करने वाला जादुई शब्द

प्रेरित करने वाला जादुई शब्द रहस्यमय और सशक्त होता है। जो व्यक्ति इसके लिए अपना मस्तिष्क खुला रखता है, उसे राह में बहुत अच्छे अनुभव मिलते हैं। इसके लिए मस्तिष्क को खुला कैसे रखें ? जवाब है : सोचते रहें, दिलचस्पी लें, प्रार्थना करते रहें, सपने देखते रहें। मानसिक रूप से संवेदनशील रहें, ताकि जादुई शब्द किसी दिन आपके गहरे आंतरिक स्वरूप से संपर्क कर सके। संप्रेषण के सारे मार्ग खुले होने चाहिए।

मैरी बी. क्रोव का उदाहरण लें। वह एक छोटी लड़की थी, जो हर दिन अपने पिता की गंदी यूनिफ़ार्म धोती थी। मैरी के पिता खनिक थे और उनके कपड़े बहुत गंदे रहते थे। ग़रीब परिवार में रहने के कारण उसके पास कोई आधुनिक वॉशिंग मशीन या ड्रायर नहीं था। उसके पास तो बस एक टब और ब्रश था। कपड़ों को घिसना कड़ी मेहनत का काम था।

बहरहाल, एक दिन जब मैरी गंदे कपड़े धो रही थी, तो एक ज़बर्दस्त घटना हुई। उसके दिमाग़ में एक आश्चर्यजनक विचार आया। दिमाग़ वह अद्भुत जगह है, जहाँ आश्चर्यजनक विचार आते रहते हैं। जादुई शब्द बोल दिया गया। उसके तीक्ष्ण मस्तिष्क और विश्वास करने वाली संवेदनशील भावना ने यह शब्द सुन लिया। तत्काल एक विचार ने रूप लिया। उसकी आँखों के सामने एक तस्वीर आ गई। कपड़े पर ब्रश चलाते समय उसके दिमाग़ में एक तीखी और स्पष्ट तस्वीर उभरी। कॉलेज!

वह जादुई शब्द कहाँ से आया, यह एक रोचक सवाल है। हवा से, गहरे अचेतन से, ईश्वर से? कौन जानता है? लेकिन यह आया। एक विचार जो पहले नहीं था, लेकिन अब वहाँ था- वह प्रेरणा, जो सचमुच प्रेरित करती है।

मैरी क्रोव ने डिप्लोमा लेने के लिए ख़ुद को कैप और गाउन में मंच पर पहुँचते देखा। कॉलेज डिग्री? लेकिन उसने इतनी मूर्खतापूर्ण बात कैसे सोच ली? कोई पैसा, मदद, संपर्क नहीं था। ज़रा सा भी अवसर नहीं दिख रहा था। उसके परिवार में कोई भी कॉलेज नहीं गया था। यह तो सोचने का सवाल ही नहीं था। इसे भूल जाओ! लेकिन वह इसे नहीं भूल पाई, क्योंकि उसके मन में एक रचनात्मक तस्वीर आ गई थी। उत्साह पैदा हो गया था और इसके साथ उस तरह की प्रेरणा भी, जिससे बड़े-बड़े काम होते हैं।

वह हर दिन अपने पिता की यूनिफ़ॉर्म धोती रही और इस दौरान हाई स्कूल जाती रही। परीक्षा परिणाम आया और मैरी ने ऑनर्स के साथ परीक्षा पास कर ली। स्थानीय पादरी ने उसे अपने ऑफ़िस में बुलाया और अपनी डेस्क से एक लिफ़ाफ़ा बाहर निकाला, जो चार साल से वहाँ रखा हुआ था। इसमें सेंट मैरी स्प्रिंग्स कॉलेज की स्कॉलरशिप थी। पादरी को इस स्कॉलरशिप के असली हक़दार विद्यार्थी की तलाश थी। मैरी के मन की तस्वीर काम कर रही थी - उस लड़की के लिए स्कॉलरशिप जिसने तस्वीर देखी थी, सपना देखा था, मेहनत की थी, सकारात्मक सोच का अभ्यास किया था और मेहनत से पढ़ाई की थी, साथ ही गंदी यूनिफ़ॉर्म भी धोई थी।

बड़े उत्साह से वह कॉलेज गई। पैसे इकट्ठे करने के लिए उसने वेटर, हाउसमेड, कुक का काम किया। स्नातक होने के बाद उसने बीमे का कोर्स किया। एक दिन वह बीमा एजेंट बनने के लिए बीमा ऑफ़िस गई। मैनेजर ने व्यंग्य से कहा, "तुम जीवन बीमा या उसे बेचने के बारे में जानती ही क्या हो? तुम्हारी किसी से पहचान भी नहीं है। इसके अलावा," और यह निर्णायक बात थी, "तुम एक औरत हो। तुम्हे एजेंट बनाने का सवाल ही नहीं उठता है।" फिर भी वह मौक़े की तलाश में बार-बार वहाँ जाती रही और वह मैनेजर उसे बार-बार वापस भेजता रहा। हिम्मत हारे बिना वह हर दिन उसके ऑफ़िस के वेटिंग रूम में बैठी रहती थी, जब तक कि आख़िरकार उससे छुटकारा पाने की ख़ातिर मैनेजर ने यह नहीं कह दिया, "ठीक है। यह रही रेट बुक और डेस्क, लेकिन कोई एडवांस कमीशन नहीं और कोई मदद नहीं। अगर तुम यही चाहती हो, तो शौक़ से भूखे मर सकती हो।" उस लड़की का भूखे मरने का कोई इरादा नहीं था और कुछ दिनों में ही अपनी पहली पॉलिसी बेच दी।

इस तरह मन मारकर एजेंट बनाए जाने के पच्चीस साल बाद उस लड़की के सहयोगी एक डिनर में एकत्रित हुए। वहाँ देश के उत्कृष्ट बीमा सेल्स प्रोड्यूसर्स में से एक होने के लिए उसे सम्मानित किया। सफलता का उसका फ़ॉर्मूला? यह तस्वीर देखने, प्रार्थना करने, विश्वास रखने और सकारात्मक चिंतन की प्रक्रिया थी। इसके अलावा उत्साह और प्रबल प्रेरणा। इस प्रबल फ़ॉर्मूले ने अविश्वसनीय चीज़ों को संभव बना दिया। इस महिला ने विश्वास के साथ एक सशक्त प्रेरक शक्ति को प्रदर्शित किया, जो श्रेष्ठतम कार्यों की प्रेरणा देती है, हर संभावित पराजय को नकार देती है और बड़े-बड़े काम करवाती है। चूँकि पराजित होना उसकी योजना में नहीं था, इसलिए वह विजेता बन गई।

बदली हुई सोच आपके जीवन को बदल सकती है

मैरी क्रोव ने कहा, "आप अपनी सोच बदलकर अपनी ज़िंदगी बदल सकते हैं। आप अपने अवचेतन में जान-बूझकर नकारात्मक चीज़ों के बजाय सकारात्मक तस्वीरों की छवि डालें। लगातार कुछ बनने की दिशा में प्रगति करते रहें। और अंततः आप वह बन जाएँगे, जो आप सोचते हैं! ज़ाहिर है, इस फ़िलॉसफ़ी का यह मतलब नहीं है कि आपके जीवन में समस्याएँ नहीं रहेंगी। इसका यह मतलब है कि आप किसी भी समस्या का सामना इस सच्चे विश्वास के साथ करेंगे कि आपमें इसका सामना करने का साहस, शक्ति और ज्ञान है। आपको सिर्फ़ माँगना - और विश्वास करना है! तस्वीर देखें और यक़ीन करें; काम करें और यक़ीन करें।"

मिस क्रोव और उनकी पार्टनर मिस ग्लेडिस बोवेन तस्वीर देखने की तकनीक पर बहुत सफलता से अमल करती हैं। इस तकनीक ने इन सकारात्मक और प्रेरित महिलाओं को असाधारण सफलता दिलाई है। हाल की एक चिट्ठी में मिस क्रोव इस प्रक्रिया के बारे में आगे बताती हैं :

प्रिय डॉ. पील,

आपने "यक़ीन करना देखना है" की जो फ़िलॉसफ़ी बताई है, उस पर अमल करने से पिछले दस सालों में हमारे जीवन में "चमत्कार" हुए हैं।

शायद मुझे अपनी तकनीक स्पष्ट कर देनी चाहिए। सबसे पहले तो हमें जिस चीज़ की ज़रूरत या इच्छा होती है, हम उसकी "तस्वीर" या "विचार" को आकार देते हैं। फिर हम उसे काग़ज़ पर लिखकर किसी ऐसी जगह लगा देते हैं, जहाँ हम इसे हर दिन देख सकें। फिर हम इसे

"परमात्मा के हवाले कर देते हैं" - यानी हम आस्था रखने लगते हैं - या इस तरह काम करते हैं, जैसे वह चीज़ पहले ही हासिल हो चुकी हो। हम पूरी चीज़ के बारे में रोमांचित होने - यानी तरंगों को क़ायम रखने की कोशिश भी करते हैं। इन सारी चीज़ों को करने के बाद हम *काम में जुट जाते हैं*। हम वह हर तार्किक काम करते हैं, जो *हमें* लक्ष्य हासिल करने के लिए करना चाहिए।

उम्र के साथ हमारी सेहत हर साल सुधरती जा रही है। हम लोग साठ पार कर चुके हैं, सिर्फ़ इसी कारण एच.ई.डब्ल्यू. के स्वास्थ्य विशेषज्ञों को हमारी तरफ़ ध्यान देना चाहिए! फ्रिज के दरवाज़े पर लगे साइनबोर्ड में हम हर दिन अपने संपूर्ण स्वास्थ्य की छवि देखते हैं। हम लोग प्राकृतिक आहार के समर्थक हैं। हम अपनी सेहत और स्फूर्ति का श्रेय इस बात को देते हैं कि हम अपने मुँह और दिमाग़ में जाने वाली हर चीज़ पर बहुत सख़्त निगाह रखते हैं।

1957 में मुझे हाथ हिलाते समय पसलियों की मांसपेशियों में एक रहस्यमय दर्द होता था। डॉ. पील, उस वक़्त मेरी निगाह *लुक* मैग्ज़ीन में छपे आपके लेख पर पड़ी। उस लेख में तीन सेंट के पोस्ट कार्ड के बदले में *थॉट कंडीशनर्स* की मुफ़्त प्रति देने का प्रस्ताव था!

मैं उस वक़्त बिलकुल फक्कड़ थी और भविष्य पूरी तरह अंधकारमय लग रहा था! मैं काम करने में असमर्थ थी। कई व्यक्ति मुझ पर निर्भर थे, लेकिन मैं किसी पर निर्भर नहीं हो सकती थी।

वह तीन सेंट का पोस्टकार्ड मेरे सबसे अच्छे निवेशों में से एक था! *थॉट कंडीशनर्स* ने न सिर्फ़ मुझे मनोचिकित्सा में जाने से बचाया, बल्कि इसने मुझे सकारात्मक "छवि देखने" की जो कला सिखाई, उससे मैं ऐसे क्लीनिक पहुँच गई, जहाँ मेरी समस्या का निदान हो गया और मैं ठीक हो गई। हमारे बीमा व्यवसाय में हम "तस्वीर देखने" का प्रयोग करते हैं। हम अपनी प्रॉस्पेक्ट लिस्ट में मौजूद हर व्यक्ति को दुआएँ देते हैं (साथ ही - "उन सभी लोगों को भी, जिनके बारे में हम अब तक नहीं जानते हैं")। इसके अलावा एस्टेट प्लानिंग की विशेषज्ञता ने हमारे रिकॉर्ड को अद्‌भुत बना दिया। पिछले बारह सालों में हमने एक लाख डॉलर या इससे अधिक की इतनी पॉलिसियाँ बेची हैं (जिनमें छह, सात और दस लाख की एकमात्र पॉलिसियाँ हैं, जो हमारी कंपनी ने बेची हैं),

जितनी हमारी एजेंसी के पूरे 50 साल के इतिहास में बाक़ी सभी एजेंटों ने मिलकर भी नहीं बेची हैं। यह दो "बूढ़ी औरतों के लिए ज़्यादा बुरा नहीं है, जिनके पास टेनिस के जूते भी नहीं थे", जिन्हें मैनेजमेंट में बैठे दो पूर्व-फ़ुटबॉल कोच एजेंट नहीं बनाना चाहते थे, क्योंकि वे मानते थे कि हम पहले छह महीने भी नहीं बच पाएँगे।

ज़ाहिर है, "हम" का दूसरा हिस्सा मेरी बिज़नेस पार्टनर ग्लेडिस बोवेन है, जो पूर्व टीचर है। मैं बहुत सौभाग्यशाली हूँ कि मुझे ऐसी बिज़नेस पार्टनर मिली, जो "ख़ुद भी आंतरिक शक्ति के इतने अच्छे तालमेल" में है।

मैं आपके प्रति अपनी कृतज्ञता कभी पूरी तरह व्यक्त नहीं कर सकती, क्योंकि आपने मुझे अपना नज़रिया बदलने का तरीक़ा बताया, जिससे मेरी पूरी दुनिया ही बदल गई!

मैरी क्रोव की कहानी एक बार फिर साबित करती है कि विश्वास और उत्साह सशक्त व कारगर प्रेरणा देते हैं। और, ज़ाहिर है, अगर यह एक व्यक्ति के साथ हो सकता है, तो यह दूसरों के साथ भी हो सकता है; यह आपके साथ भी हो सकता है। प्रेरणा के जादुई शब्दों के लिए कान खुले रखेंगे, तो आप उन शब्दों को सुन लेंगे। और फिर ? फिर तो आप आसमान छूने लगेंगे!

जब राह कठिन हो

कई बार प्रेरणा सख़्त प्रहारों के रूप में आती है। आपकी राह में बाधाएँ आती हैं और कुछ सचमुच सख़्त अनुभवों से आपका सामना होता है। कुछ लोग इसके सामने घुटने टेक देते हैं और हार मान लेते हैं। लेकिन मुश्किलें दूसरे लोगों को ज़्यादा दृढ़ता से सोचने और काम करने के लिए प्रेरित करती हैं। विलियम ए. वार्ड ने इसे बख़ूबी कहा है : "विपत्ति कुछ लोगों को तोड़ देती है; बाक़ी लोग इसके कारण रिकॉर्ड तोड़ देते हैं।" शेक्सपियर ने कहा था, "विपत्ति के लाभ बहुत मधुर हैं," क्योंकि वे जानते थे कि यह एक प्रेरक शक्ति है, जो सशक्त लोगों को अधिक ऊँचे स्तर तक पहुँचा देती है। मैंने एक बार जे.सी. पेनी से उनकी सफलता का रहस्य पूछा था। बिना झिझके उन्होंने जवाब दिया, "विपत्ति।" बाद में उन्होंने कहा, "अगर मैं मुश्किल रास्ते से ऊपर आने के लिए मजबूर नहीं होता, तो कभी कुछ नहीं बन पाता।"

कुछ समय पहले काउलून, हाँगकाँग में नैथन रोड पर चलते समय मैंने एक विंडो में मेरे एक प्रिय मित्र की मूर्ति देखी। यह कर्नल हरलैन सैंडर्स की मूर्ति थी, जो केंटुकी फ़्राइड चिकन शॉप के संस्थापक थे।

मैंने कहा, "कॉर्बिन, केंटुकी की बहुत पहले की असफलता से आप काफ़ी दूर आ गए हैं, कर्नल। और यह दूरी सिर्फ़ भौगोलिक ही नहीं है। प्रेरणा की कितनी बढ़िया रोमांचक कहानी है, जो सचमुच प्रेरित करती है। पैंसठ साल की उम्र में असफल, जबकि अस्सी साल की उम्र में दुनिया भर में मशहूर और अमेरिका की जनता का चहेता।"

उनके पिता खनिक थे और उस वक़्त खनिक ज़्यादा पैसे नहीं कमाते थे। उनकी माँ एक शर्ट फ़ैक्ट्री में काम करती थीं। कई छोटे बच्चे थे इसलिए परिवार के लिए खाना बनाने का काम हरलैन को सौंप दिया गया। इससे उन्हें बाद में अपने फ़्राइड चिकन बिज़नेस में लाभ हुआ। वे हमेशा कड़ी मेहनत करते थे। उन्हें सिक्स्थ ग्रेड के अंत में स्कूल छोड़ना पड़ा। उन्होंने उस ग़रीबी का अनुभव झेला, जो उस वक़्त केंटुकी के पहाड़ों और टेनेसी के ग़रीब इलाक़ों में फैली हुई थी। वे बहुत ग़रीब थे। आख़िर उन्होंने एक छोटा रेस्तराँ खोला। उनका तर्क था, लोग खाना तो नहीं छोड़ सकते। उन्होंने कई सालों तक इसमें जमकर मेहनत की। धंधा अच्छा चल रहा था। तभी हाईवे का मार्ग बदल गया और उनका सब कुछ चला गया। उस वक़्त उनकी उम्र पैंसठ साल थी।

कर्नल सैंडर्स और केंटुकी फ़्राइड चिकन

कर्नल सैंडर्स कॉर्बिन, केंटुकी में एक सुबह जब अपने पोर्च में बैठे थे, तो डाकिए ने उन्हें सोशल सिक्युरिटी का पहला चेक थमाया। पैंसठ साल के बूढ़े, दिवालिया और पराजित हो चुके इस व्यक्ति ने चेक देखकर कहा, "सरकार मुझे हर महीने 105 डॉलर देने वाली है, ताकि मैं जैसे-तैसे ज़िंदा रह सकूँ। यक़ीनन कोई न कोई काम तो ऐसा होगा, जो मैं ख़ुद के और अन्य लोगों के लिए कर सकता हूँ।" प्रेरणा उन्हें धकेल रही थी। वे सोचने लगे और सोचने से हमेशा परिणाम मिलते हैं।

उनके मन में अपनी माँ की फ़्राइड चिकन रेसिपी का विचार आया। यह एक ख़ास फ़ॉर्मूला था। उन्होंने अपने फ़्राइड चिकन फ़ॉर्मूले के फ़्रैंचाइज़ी बनाने का फ़ैसला किया।

दर्जनों रेस्तराओं के ठुकराने के बाद उन्होंने साल्ट लेक सिटी में अपना पहला फ़्रैंचाइज़ी बनाया। यह तत्काल हिट हो गया। दस साल बाद पचहत्तर

साल की उम्र में उन्होंने कंपनी बेच दी और नई कंपनी के सद्भावना प्रचारक बन गए। कर्नल सैंडर्स के जीवन की कहानी उन्हें मिली वित्तीय सफलता के कारण महत्वपूर्ण नहीं है। उनका अनुभव मूलतः इस तथ्य को रेखांकित करता है कि कोई भी व्यक्ति उसकी सहमति या इच्छा के बिना पराजित नहीं होता है। इससे यह भी रेखांकित होता है कि जीवन संभावनाओं से भरपूर है, बशर्ते कोई प्रेरित हो जाए और काम करे और सोचे। फिर आप पाते हैं कि अगर आप ठान लें, तो कुछ भी कर सकते हैं।

नॉट्रे डेम में जब फ्रैंक लीही अपनी बेहतरीन फ़ुटबॉल टीमों को खिला रहे थे, तो मैंने लॉकर रूम की दीवार पर एक दिलचस्प वाक्य देखा। इसे खिलाड़ी फ़ुटबॉल के मैदान में जाते समय देखते थे। इस पर लिखा था, "जब राह मुश्किल हो जाती है, तो दृढ़ लोग ही आगे बढ़ते हैं।" इस विचार को अपनी चेतना में रख लें और परिस्थितियों के मुश्किल होने पर आपके भीतर का दृढ़ स्वरूप सचमुच आगे बढ़ने लगेगा। जब स्थितियाँ मुश्किल हो जाएँ, तो याद रखें कि शायद इसी स्थिति में आपके लिए सुनहरे अवसर के द्वार खुल सकते हैं। तो आगे बढ़ते रहें और वह प्रेरणा पाएँ, जो सचमुच प्रेरित करती है।

हम कुछ सुझाव दोहरा लेते हैं, जो बताते हैं कि प्रेरणा आपके लिए क्या कर सकती है :

1. *यह आपके भीतर आग जलाती है - वह आग, जो आंतरिक शक्ति को बढ़ाती है।*
2. *यह आपकी प्रतिभाओं को उजागर करती है। क्या आप सचमुच अपनी क्षमताओं को जानते हैं? इनकी तलाश करें, क्योंकि वे पहले से ही वहाँ है। फिर इन्हें मुक्त करें।*
3. *रुके न रहें, पूरी तरह जुटे रहें।*
4. *और आप चाहे जो करें, आधे-मन-के कभी न बनें।*
5. *याद रखें, सबसे सशक्त प्रेरणा आध्यात्मिक प्रेरणा है। इसलिए आध्यात्मिक प्रेरणा के लिए जागरूक रहें।*
6. *जादुई प्रेरक शब्द के प्रति चौकस रहें, जो आपको पुनः सक्रिय कर देगा और उदासीन से प्रगतिशील बना देगा।*
7. *प्रेरक लोगों के संपर्क में रहें।*
8. *प्रेरक विचार विकसित करें, जो शक्ति से भरे हों।*
9. *विपत्ति में प्रेरणा लेते रहें, क्योंकि अक्सर मुश्किलों में ही सर्वश्रेष्ठ अवसर मिलते हैं।*

10. *अपने लक्ष्य की तस्वीर बनाएँ। उस तस्वीर को चेतना में रखें। उस तस्वीर को हमेशा अपने सामने रखेंगे, तो आपका लक्ष्य प्रकट हो जाएगा।*

पाँच

ख़ुद पर यक़ीन करें - आत्मविश्वास रखें

"इंसान असफल होने के लिए नहीं, सफल होने के लिए पैदा होते हैं," हेनरी थोरो ने कहा था। राल्फ़ वॉल्डो इमर्सन ने यह घोषणा की थी, "आत्मविश्वास सफलता का पहला रहस्य है।"

लेकिन कितने सारे लोगों को ख़ुद पर भरोसा नहीं है! कितने सारे लोग कैरियर को तबाह करने वाले आत्म-शंका तथा आत्म-अविश्वास के मानसिक नज़रिए से पीड़ित हैं!

ख़ुद को अक्षम और अयोग्य मानने वालों की संख्या दरअसल लाखों - करोड़ों में होगी। ये दुखी व्यक्ति, ये "हममें वह नहीं है, जिसकी ज़रूरत है" क़िस्म के लोग, हर जगह अपनी ही प्रगति को रोक रहे हैं, ख़ुद को ही पराजित कर रहे हैं।

उस व्यक्ति की तरह, जिसने मुझे विदेश से हाल में ही फ़ोन किया था। एक युवक अँग्रेजी में थोड़े घबराए हुए और माफ़ी माँगने वाले अंदाज़ में बोल रहा था। "मेरे सामने एक ऐसी समस्या आ गई है, जिससे मैं निबट नहीं सकता। मैं बस इतना जानता हूँ कि मैं यह काम नहीं कर सकता। दरअसल मुझे पूरा भरोसा है कि यह मेरे लिए बहुत ज़्यादा है। मैं नहीं कर सकता..." उसकी आवाज़ हताशा में धीमी होते-होते खो गई।

मैंने कहा, "क्या आप ख़ुद को सामान्य आदमी मानते हैं?"

"आपका मतलब है कि क्या मैं मानसिक रूप से सामान्य हूँ? देखिए, मुझसे यह सवाल कभी नहीं पूछा गया है, लेकिन मैं पागल या सिरफिरा नहीं हूँ।"

"अच्छी बात है। क्या आप शारीरिक रूप से बीमार हैं ?"

"ओह नहीं। मैं युवा हूँ और मेरी सेहत बहुत अच्छी है।"

"बहुत बढ़िया! आपकी शिक्षा ?"

"देखिए, मैंने यूनिवर्सिटी से स्नातक की उपाधि ली है और मेरा शैक्षणिक रिकॉर्ड बहुत अच्छा है।"

"ठीक है, जवान, अब स्थिति की तरफ़ देखते हैं। तुम मानसिक और शारीरिक रूप से सामान्य हो। तुम्हारे पास अच्छी शिक्षा है। तो फिर तुम अटलांटिक महासागर के पार से फ़ोन पर कमज़ोर, घबराई हुई आवाज़ में यह बताने के लिए इतना पैसा क्यों ख़र्च कर रहे हो कि तुम बहुत बुरी स्थिति में हो ? तुम्हें यह विश्वास क्यों है कि यह इतनी बड़ी समस्या है कि तुम इसे नहीं सँभाल सकते हो ?"

"देखिए, मुश्किलों के बारे में सोचने से मैं दहशत में आ गया था। मैं मुसीबतों के भँवर में फँसा हुआ महसूस करने लगा था। तभी मैंने शेल्फ़ पर आपकी एक पुस्तक देखी। मैंने उसे उठाया, थोड़ा पढ़ा और आख़िर यह अंदाज़ा लगाया कि न्यूयॉर्क में दोपहर कब होगी। फिर मैंने आपको फ़ोन कर दिया। पाँच मिनट में आपने फ़ोन उठा लिया। क्या यह कुछ नहीं है ?"

मैंने जवाब दिया, "इससे यह पता चलता है कि आप काफ़ी सक्रिय और कर्मशील व्यक्ति हैं। और मुझे इसमें असामान्य एक्ज़ीक्यूटिव क्षमता की झलक भी मिलती है। आपने ख़ुद से यह नहीं कहा, 'क्या मुझे फ़ोन करना चाहिए ? शायद वे नहीं मिल पाएँ। और अगर मेरी उनसे बात हो भी गई, तो मैं उनसे क्या कहूँगा ? शायद वे सोचेंगे कि मेरा दिमाग़ सरक गया है, मैं पलायनवादी हूँ आदि।' नहीं, आपके मन में ऐसे नकारात्मक या आत्म-शंका के विचार नहीं आए। आपके अच्छे मस्तिष्क ने काम की एक योजना बनाई और आपने उस पर तत्काल अमल कर दिया।

"इससे मुझे आपके बारे में असल सच्चाई पता चलती है। आपका शुरुआती वाक्य कि समस्या आपके लिए बहुत ज़्यादा बड़ी है, कि आप उसका सामना नहीं कर सकते, नहीं कर सकते, नहीं कर सकते, आपके एक नक़ली, झूठे स्वरूप की ओर संकेत करता है। मैं यह तो नहीं कहूँगा कि आपकी समस्या मुश्किल नहीं होगी। हो सकता है, यह बहुत मुश्किल हो। हो सकता है, इसे सुलझाने में आपकी पूरी योग्यता लग जाए, लेकिन यह बात जान लें : इससे उबरने के लिए आपको जितनी चीज़ों की ज़रूरत है, वे सब आपके पास हैं।

"एक और सवाल। क्या आपको ईश्वर पर यक़ीन है?"

"डॉ. पील," उसने जवाब दिया, "अगर मुझे ईश्वर पर यक़ीन नहीं होता, तो मैं आपको यानी एक पादरी को कभी फ़ोन नहीं करता!"

"बहुत बढ़िया," मैंने कहा। "तो फिर अब हमें प्रार्थना करना चाहिए। हमें इसी समय फ़ोन पर प्रार्थना करना चाहिए। शायद यह आपके द्वारा सुनी गई सबसे महँगी प्रार्थना होगी, लेकिन यह लो!" मैंने फ़ोन पर प्रार्थना की कि वह अपनी अच्छी शारीरिक और मानसिक सेहत को पूरे आत्मविश्वास के साथ अपनी समस्या के ख़िलाफ़ लगाए। मैंने प्रार्थना की कि झिझक और डर से भरी उसकी आत्मा का नवीनीकरण हो जाए। मैंने उसकी आक्रामक, कर्म-प्रेरित योग्यता के लिए धन्यवाद भी दिया और यह सकारात्मक विचार व्यक्त किया कि उसका नज़रिया इसी समय बदल गया था।

"मुझे बाद में बताना कि आपने अपनी समस्या पर कैसे विजय पाई। बस इतना याद रखें कि अगर आप ठान लें, तो कुछ भी कर सकते हैं। और मैं महासागर के पार आपको सकारात्मक विचार भेजता रहूँगा।"

मुझे तब काफ़ी संतोष हुआ, जब बाद में उसने बताया कि वह तरक्क़ी कर रहा है। कम से कम उसका नया नज़रिया स्पष्ट दिख रहा था। उसने लिखा, "जब आपने मुझे ख़ुद पर भरोसा दिलाया, तो मेरा आत्मविश्वास दोबारा जाग गया। मैं आपके बताए तरीक़े से सोचता रहूँगा और मेरा मानना है कि मुझमें मुश्किलों पर विजय पाने की क्षमता आ जाएगी।"

ज़ाहिर है यह आ जाएगी। कोई भी अपनी मुश्किलों का सामना कर सकता है, बशर्ते वह वाक़ई ख़ुद पर भरोसा करना सीख ले। फिर उसके पास सफलता का पहला रहस्य होता है। ख़ुद पर यक़ीन करें। आत्मविश्वास रखें।

जब लोग मानने लगते हैं कि वे बहुत कुछ कर सकते हैं, तो वे वाक़ई बहुत उल्लेखनीय काम कर डालते हैं। जो लोग ख़ुद पर यथार्थवादी, विनम्र विश्वास करना सीख लेते हैं, उनमें एक गहरा और दृढ़ आत्मविश्वास होता है। वे मानव जाति के लिए वरदान होते हैं, क्योंकि वे अपने गुण उन लोगों तक संप्रेषित करते हैं, जिनमें ये गुण नहीं होते हैं।

जीवन का खुलकर मुक़ाबला करो

जब भी मैं आत्मविश्वास के बारे में सोचता हूँ, तो मेरा दिमाग़ विन्स लॉम्बार्डी की तरफ़ चला जाता है, जो अमेरिका के महानतम फ़ुटबॉल कोचों में से एक

थे। मैं उन्हें अच्छे से जानता था और वे बहुत कमाल के आदमी थे! वे मुझे भी "प्रेरित करते थे", जिस तरह सभी को करते थे - खिलाड़ियों और प्रशंसकों को। मैं विन्स लॉम्बार्डी का काफ़ी समय से प्रशंसक था और मैं जानता था कि वे अपने खिलाड़ियों के प्रति काफ़ी सख़्त रहते हैं। उनसे मिलने से पहले मैंने कल्पना की थी कि उनका व्यक्तित्व रूखा होगा। इसके बजाय मैंने पाया कि वे बहुत ही सौम्य, दोस्ताना और मिलनसार थे। बाद में मैंने उनकी टीम के एक खिलाड़ी को उनके दोस्ताना व्यक्तित्व के बारे में बताया। उसने कहा, "आपको तो ऐसा लगेगा ही! आप उनकी टीम में नहीं हैं!"

लॉम्बार्डी ने मुझे बताया, "मैं सबसे बढ़कर एक चीज़ हमेशा चाहता हूँ, वह चीज़ है जीतना। मैच खेलने का तब तक कोई मतलब नहीं है, जब तक कि आप उसे जीतने का लक्ष्य न बनाएँ। आपका सारा खेल, मेहनत, चिंतन - सब कुछ - जीतने के लिए समर्पित होना चाहिए।" कोच के काम के बारे में उन्होंने कहा, "बड़ा काम ऐसे लोग बनाना है - जो जीतना चाहें और जीत के लिए सब कुछ दाँव पर लगाने के इच्छुक हों। ऐसे लोग, जिन्हें ख़ुद पर और अपनी टीम पर भरोसा हो तथा जो हमेशा विश्वास भरे विचार रखते हों। आत्मविश्वास से पूर्ण लोग अपने सामने की हर चीज़ को धूल चटा देते हैं।"

विन्स लॉम्बार्डी मानते थे कि समर्पण के कठोर नियमों से दृढ़ व्यक्ति और उत्कृष्ट खिलाड़ी बनने में मदद मिलती है। वे अपने खिलाड़ियों से दृढ़ता से कहते थे, "जब तुम मेरे लिए खेलो, तो तुम्हें सिर्फ़ तीन चीज़ों - अपने ईश्वर, अपने परिवार और द ग्रीन बे पैकर्स - के बारे में सोचना है, इसी क्रम में।"

ग्रीन बे पैकर्स के गार्ड जेरी क्रेमर ने एक पुस्तक लिखी है, जिसका शीर्षक था *इंस्टेंट रिप्ले : द ग्रीन बे डायरी ऑफ़ जेरी क्रेमर।* वे बताते हैं कि लॉम्बार्डी ने एक दिन अपने खिलाड़ियों से कहा : "यह सब कुछ झोंक देने का खेल है। पूरी जान लगाकर दौड़ो। किसी व्यक्ति या चीज़ की परवाह मत करो। जब तुम गोल लाइन के क़रीब पहुँच जाओ, तो तुम जी-जान से जुट जाओ। सामने चाहे कुछ भी हो, टैंक हो, दीवार हो या ग्यारह खिलाड़ी हों, कोई भी चीज़ तुम्हें उस गोल की लाइन के पार जाने से नहीं रोक सकती।"

कोई हैरानी नहीं कि लॉम्बार्डी के प्रेरक नेतृत्व में ग्रीन बे पैकर्स फ़ुटबॉल के इतिहास की सबसे आश्चर्यजनक टीमों में से एक बन गई! इस बारे में सोचें, क्या आप अपने काम को भी इसी तरह से नहीं कर सकते ? शंका करने वाले

मूर्खों की तरह न घूमें। ज़रा सी भी झिझक न रखें। पूरी जान लड़ा दें। पूरी तरह जुट जाएँ, कुछ रोककर न रखें। जीतने का संकल्प कर लें, इससे कम कुछ भी स्वीकार न करें। और याद रखें - आत्मविश्वास से सफलता मिलती है। इसमें सशक्त चुंबक होता है।

एक सेल्स सम्मेलन में मुझे एक आदमी मिला। उसने बताया कि उसके साथ सबसे बड़ी घटना तब हुई, जब उसे जी-जान से जुटने का विचार समझ में आ गया - पूरी ताक़त से दौड़ना और जीतना। आज वह एक बड़ी कंपनी का शीर्षस्थ सेल्समैन है। उसने मुझे बताया कि उसकी पुरानी स्थिति बिलकुल विपरीत थी।

उसने कहा, "बरसों तक मैं बुरी तरह असफल था। मैं कटुता से भरा हुआ था और शिकायतें करता रहता था। मुझे लगता था कि ज़िंदगी मेरे साथ सही बर्ताव नहीं कर रही थी और मैं बेहतर मौक़ों की तलाश में इधर-उधर भटक रहा था, लेकिन मौक़े नहीं मिल रहे थे। मैंने ख़ुद में आस्था गँवा दी। मैं जानता था कि मेरा कोई भविष्य नहीं है। फिर मैंने एक व्यक्ति का भाषण सुना। उसने कहा कि इस बात का इंतज़ार करना बेकार है कि ज़िंदगी आपके लिए ज़्यादा कुछ करेगी - क्योंकि यह तब तक कुछ नहीं करेगी, जब तक कि आप व्यस्त न हो जाएँ और ज़िंदगी को कुछ ज़्यादा न देने लगें। ज़िंदगी आपको वही दे सकती है, जो आप इसे देते हैं। ज़िंदगी हममें से हर एक से यह बड़ा सवाल पूछती है : क्या आपमें दम है ? क्या आप ख़ुद पर सचमुच यक़ीन करते हैं ? सिर्फ़ यक़ीन करने वाले लोगों को ही जीवन में पुरस्कार मिलता है।

"मैं यह काम बिलकुल नहीं कर रहा था। मैं ख़ुद पर बिलकुल यक़ीन नहीं करता था और मैं निश्चित रूप से कोई पुरस्कार नहीं जीत रहा था। लेकिन अचानक मैंने ख़ुद को नए रूप में देखा। मैंने देखा कि मैं कितना असफल था। हालाँकि समाधान आसान नहीं था, लेकिन यह बिलकुल जटिल भी नहीं था। मैंने बस यह फ़ैसला कर लिया कि मैं सेल्स में अपना सब कुछ झोंक दूँगा। मैं इसमें और ख़ुद में यक़ीन करने लगा था। 'आस्था और कर्म' मेरा नारा बन गया।"

विश्वास और कर्म, का विजयी फ़ॉर्मूला

"बिना कर्म के विश्वास से कोई फ़ायदा नहीं है। इसलिए अगली सुबह मैंने कर्म करने का फ़ैसला किया और मैं एक घंटे जल्दी उठ गया। यही वह दिन है, जब मैं अपने काम को नया रूप दूँगा," मैंने ज़ोर से कहा। उस दिन मैं जिन ग्राहकों

की सूची पर काम करने वाला था, उसकी तरफ़ देखते हुए मैंने काम शुरू कर दिया। मैं जब पहले स्टोर पहुँचा, तो यह खुला भी नहीं था। दरअसल मैंने उसे खोलने में उसके मालिक की मदद की। इससे भी बड़ी बात यह है कि मैंने ऐसा करने में आनंद लिया। मैंने उसके बिज़नेस में काफ़ी उत्साह दिखाया - मेरे नहीं, बल्कि उसके। परिणाम यह हुआ कि मेरी पहली सेल हो गई, जबकि आम दिनों में मैं उस वक़्त तक सोया रहता था। मेरे कोशिश किए बिना ही सौदा हो गया। दरअसल, मैंने उसके और सिर्फ़ उसके बिज़नेस के बारे में बातें कीं।

"यही सिलसिला पूरे दिन चलता रहा। मेरी पूरी दुनिया अलग दिख रही थी। मैं हैरान था। ओह, मुझे स्वीकार करना होगा कि मुझे अपने पुराने नज़रिए से कई बार संघर्ष करना पड़ा, लेकिन पुराना नज़रिया मुझ पर हावी नहीं हो पाया। वर्तमान प्रगति ज़्यादा रोमांचक है। और इससे फ़ायदा भी होता है। मैं अब जानता हूँ कि उन सालों में मेरे साथ क्या गड़बड़ थी। मुझे ख़ुद पर यक़ीन नहीं था। अब जब मैं जान गया हूँ कि मैं क्या कर सकता हूँ, तो मैं सकारात्मक रूप से रोमांचित हूँ। हर चीज़ बदल गई है," उसने सोचते हुए आगे कहा, "शायद इसलिए, क्योंकि मैं बदल गया हूँ।"

और उसने कितनी सही बात कही है! अगर आप चाहते हैं कि परिस्थितियाँ बदल जाएँ, तो शायद जवाब यह है कि आप बदल जाएँ। ख़ुद पर यक़ीन करने वाले बनें। विश्वास के प्रगतिशील गुण को पुनः सक्रिय करने के लिए यह सोचें कि आपमें अपेक्षित काम करने का ज्ञान और योग्यता है।

इतने प्रबल आत्मविश्वास को पाने के लिए मस्तिष्क नियंत्रण के नियमों का कार्यकारी ज्ञान महत्वपूर्ण है। यह कहा जाता है कि मस्तिष्क ही सब कुछ है। अगर आप मस्तिष्क को सर्वशक्तिमान मानते हैं, तो इससे यह निष्कर्ष भी निकलता है कि मानसिक प्रक्रियाएँ भावी परिणामों को साकार करने में निर्णायक भूमिका निभाती हैं।

मेरे एक परिचित का उदाहरण देखें। उसके उदाहरण से पता चलता है कि रचनात्मक उपलब्धि की प्रक्रिया में मस्तिष्क की शक्ति कितनी महत्वपूर्ण होती है।

उसे ख़ुद पर ज़रा भी भरोसा नहीं था। उसका आत्मविश्वास ख़त्म हो गया था। और ऐसा अकारण नहीं हुआ था। उसने बरसों तक हर नौकरी में असफलता झेली थी। लेकिन वह बदल गया और कुछ समय में उसने अपने आत्म-पराजयी मानसिक नज़रिए को बदल लिया, जिससे अंततः वह व्यक्तिगत

और व्यवसायिक रूप से बेहद सफल हो गया। नाटकीय बदलाव तब आया, जब उसने मस्तिष्क के कार्य करने का एक महत्वपूर्ण नियम सीख लिया।

इस युवक के पिता जानना चाहते थे : "मेरे बेटे के बारे में क्या किया जा सकता है ? मैंने उसे कॉलेज भेजा। फिर मैंने उसे अच्छी नौकरी दिलाने के लिए अपने प्रभाव का इस्तेमाल किया। उसने नौकरी गँवा दी। मैंने उसे दूसरी नौकरी दिला दी। उसने वह नौकरी भी गँवा दी। उसे आधा दर्जन उत्कृष्ट अवसर दिए गए, लेकिन हमेशा वही दुखद कहानी दोहराई जाती है। वह हर काम में असफल हो जाता है और अब उसकी उम्र लगभग तीस साल हो चुकी है।"

हमने युवक का योग्यता परीक्षण किया। उसमें पता चला कि वह कर्मचारियों से संबंधित काम कर सकता है। इससे उसे हैरानी हुई, क्योंकि इस तरह के काम का उसे कभी सुझाव नहीं दिया गया था। बहरहाल, वह इसकी कोशिश करने का इच्छुक था। कम से कम उसका नज़रिया सहयोगपूर्ण था। मनोवैज्ञानिक ने कहा, "मेरी राय में इस मामले में अलग नौकरी पाने से ज़्यादा मूलभूत बात सफलता पाना है। इस आदमी को रचनात्मक आशा का नियम सीखने की ज़रूरत है। वरना उसकी असफलता का सिलसिला जारी रहेगा।"

रचनात्मक आशा का अभ्यास करें

रचनात्मक आशा ... मैंने यह वाक्यांश पहली बार सुना था। मनोवैज्ञानिक ने स्पष्ट किया, "इस युवक के साथ समस्या यह है कि अवचेतन मन में वह हमेशा बुरा होने की उम्मीद करता है, जिससे उसका दिमाग़ असफलता की तस्वीरें बनाता है और फिर असफलता की स्थिति उत्पन्न कर देता है। उसे आत्मविश्वास से तस्वीरें बनाना और सर्वश्रेष्ठ की उम्मीद करना सीखना चाहिए। रचनात्मक आशा के अभ्यास से उसे अपनी क्षमता में यक़ीन करना सीखना चाहिए।"

ज़ाहिर है, सच तो यह है कि आप अपने मन की गहराई में जो आशा करते हैं, वही आपको मिलता है। आदतन आशाएँ अपने अनुरूप परिस्थितियों और घटनाओं को आकर्षित करती हैं।

जब यह युवक रचनात्मक आशा की तकनीक का अभ्यास करने लगा, तो रचनात्मक चीज़ें होने लगीं। बहुत लंबे समय से वह हर दिन निराशा से सोचता आया था कि वह "चीज़ों को गड़बड़ कर देगा।" चूँकि वह नकारात्मक परिणामों की आशा कर रहा था, इसलिए उसे यही मिले। फिर यह नया विचार आया : रचनात्मक आशा। कुछ समय तक कोशिशों और ग़लतियों

का दौर चला, लेकिन अंततः उसने आत्मविश्वास से सोचना सीख लिया। वह अच्छे परिणामों की आशा करने लगा। और धीरे-धीरे यह एक मानसिक पैटर्न बन गया। उसने यह सच्चाई सीख ली कि अगर आप ठान लें, तो कुछ भी कर सकते हैं। इस सच्चाई को सीखने के बाद वह बिलकुल बदल गया।

इस युवक में यह मूलभूत परिवर्तन कई साल पहले हुआ था। आज वह अपने चुने हुए क्षेत्र में बहुत सफल है और बहुत से कर्मचारियों का प्रमुख है।

उसने स्वीकार किया, "रचनात्मक आशा का यह नियम बहुत दमदार है। निश्चित रूप से इसने मेरे कैरियर को बचा लिया। इसने मुझे खाई में गिरने से बचा लिया। रचनात्मक आशा के अभ्यास ने मुझे बदल दिया है। पहले मैं हर समय असफलता की उम्मीद करता रहता था, लेकिन अब मैं यह विश्वास करने लगा हूँ कि मैं प्रगति कर सकता हूँ, सफल हो सकता हूँ।"

गणित और भौतिक शास्त्र के सटीक नियमों की तरह ही चिंतन और कर्म के क्षेत्र में भी सभी चीज़ें कारण और परिणाम के नियम से होती हैं। किसी निश्चित काम को निश्चित तरीक़े से करेंगे, तो आपको निश्चित परिणाम मिलेगा। इस दुनिया में हर चीज़ नियम के अनुसार चलती है, जिसमें विचार भी शामिल है। हम जिन नियमों के प्रयोग से ख़ुद को सुधार सकते हैं, उनमें से एक रचनात्मक आशा या आत्मविश्वास का नियम है।

मनोवैज्ञानिक विलियम जेम्स ने कहा था, "मेरी पीढ़ी की महानतम खोज यह है कि इंसान अपने मानसिक नज़रिए को बदलकर अपनी ज़िंदगी बदल सकते हैं।"

"तस्वीर बनाने" की शक्ति

जो व्यक्ति ख़ुद की मानसिक कल्पना करते समय असफल होने के बजाय सफल होने की तस्वीर देखता है, वह अपने लक्ष्य को पा लेता है। और महत्वपूर्ण बात यह है कि वह व्यक्ति गहन अध्ययन और लगातार कोशिश की क़ीमत चुकाने का भी इच्छुक रहता है। मानसिक तस्वीर महत्वपूर्ण है, क्योंकि हमारे भविष्य का हमारी मूलभूत आत्म-छवि से गहरा संबंध होता है। हम अपने बारे में जो सोचते हैं, जो तस्वीर देखते हैं, जो कल्पना करते हैं, काफ़ी हद तक भविष्य में हम वैसे ही बन जाते हैं।

हर व्यक्ति किसी न किसी घटना या कहानी से प्रेरित होता है, जिसने उसकी मानसिकता पर अमिट प्रभाव डाला हो। बरसों पहले मैंने एक कहानी

सुनी थी, जो मुझे आज तक याद है, क्योंकि यह आत्म-छवि और रचनात्मक आशा के सिद्धांत की शक्ति साबित करती है।

एक मशहूर जिमनास्ट के कई युवा विद्यार्थी थे, जिनमें स्टार बनने की महत्वाकांक्षा थी। विद्यार्थियों ने कम ख़तरनाक करतब आराम से कर दिए। फिर ऊँची छड़ पर चलने की बारी आई। एक को छोड़कर बाक़ी सभी ने यह काम संतोषजनक ढंग से कर लिया। लेकिन छड़ की तरफ़ देखते ही आख़िरी उम्मीदवार के मन में नकारात्मक आत्म-छवि हावी हो गई। उसने सबसे बुरे परिणाम की कल्पना की : ज़रा सी ग़लती होने पर वह ज़मीन पर गिर पड़ेगा। वह बर्फ़ की तरह जम गया। वह एक भी मांसपेशी नहीं हिला सकता था। उसकी कल्पना उसे उसके ज्ञान पर अमल करने से रोक रही थी।

दहशत में लड़का बुदबुदाया, "मैं नहीं कर सकता। मैं यह काम नहीं कर सकता। मैं ख़ुद को गिरते हुए देख रहा हूँ। मैं यह काम हर्गिज़ नहीं कर सकता।"

उसके प्रशिक्षक ने कहा, "अगर तुम यह काम नहीं कर सकते, तो मैं तुमसे इसे करने को कभी नहीं कहता। देखो, मैं तुम्हें बताता हूँ कि इसे कैसे करना है। सबसे पहले अपने दिल को उस छड़ के ऊपर फेंको। फिर तुम्हारा शरीर अपने आप उसका अनुसरण करेगा।" ज़ाहिर है, इसका मतलब है अपनी आस्था, आत्मविश्वास और उपलब्धि की छवि को मुश्किल के ऊपर "फेंकना" - इसके बाद भौतिक हिस्सा अपने आप अनुसरण करेगा। यह बहुत समझदारी भरी सलाह थी। लड़के की बंद सोच के दरवाज़े खुल गए। मानसिक छवि बदल गई और उसने आख़िरकार बिना किसी दुर्घटना के यह काम कर लिया।

हर व्यक्ति के जीवन में संकट आते हैं! बुरे से बुरे की उम्मीद करके हम बर्फ़ की तरह जम जाते हैं और ठीक से काम नहीं कर पाते हैं। लेकिन अगर हम कल्पना की शक्ति को बदल दें और तस्वीर बनाएँ - अपने मस्तिष्क और दिल को बाधा के ऊपर "उछाल" दें - तो इसे पार किया जा सकता है। परिणाम हमेशा मस्तिष्क की सोच का अनुसरण करता है।

लोग ऊँची छड़ के अलावा भी बहुत सारी चीज़ों से बर्फ़ की तरह जम जाते हैं। अगर कोई एकाध बड़ी ग़लती कर देता है, एकाध मूर्खतापूर्ण काम कर देता है, तो इससे उसका आत्मविश्वास डगमगा जाता है। आत्म-निंदा और कठोर आत्म-मूल्यांकन का दौर शुरू होता है, "ओह, मैं यह क्यों नहीं कर पाया ?" या "यह मैंने क्यों नहीं किया ?" इस तरह का नज़रिया उस

आत्मविश्वास को नष्ट नहीं, तो कम ज़रूर कर सकता है, जिसकी हमें सीखने, सँभलने और आगे बढ़ने में ज़रूरत होगी - शायद थोड़े दुख से, लेकिन समझदारी से। कभी भी किसी ग़लती के कारण अपना आत्मविश्वास कम न होने दें, क्योंकि हर चीज़ गुज़र जाती है, बशर्ते आप इसे गुज़र जाने दें और मानसिक रूप से पकड़कर न रखें।

मैं आपको एक ऐसे ही व्यक्ति के बारे में बताता हूँ। उसका आत्मविश्वास बहुत कम था, लेकिन उसने इसे दोबारा हासिल करके सफलता की ओर क़दम बढ़ाए।

29 साल का यह युवक मेरे ऑफ़िस में बहुत निराश बैठा था। "मैंने यह क्यों किया ?" वह पूछता रहा। "मैं इतनी भयंकर ग़लती कैसे कर गया ? यह मूर्खता कैसे हुई ? मेरे पास ज़िंदगी का सुनहरा अवसर था और मैं क्या कर बैठा ? मैंने उसे गँवा दिया! मेरा भविष्य ख़त्म हो गया और अब कोई संभावना नहीं है। मैं किसी क़ाबिल नहीं हूँ ... किसी भी क़ाबिल नहीं हूँ!"

उसने मुझे बताया कि एक गंभीर ग़लती के कारण उसे एक अच्छी नौकरी से हटा दिया गया था। अजीब बात है कि कोई कंपनी किसी कर्मचारी को एक ग़लती के लिए निकाल दे। मैंने सोचा कि शायद उसने और भी ग़लतियाँ की होंगी। चाहे जो हो, निराश व्यक्ति को यह महसूस हो रहा था कि उसका कैरियर अब ख़त्म हो चुका है और कभी ठीक नहीं हो सकता। मैंने कहा, "सचमुच यह बहुत कठोर आघात था। लेकिन शायद चिंता करने के बजाय आपको ग़लतियों की अपनी फ़िलॉसफ़ी के बारे में दोबारा सोचना चाहिए।"

मैंने उसे याद दिलाया कि इंसान ग़लतियाँ करके ही सीखता और विकास करता है। यह संभव ही नहीं है कि कोई बिना ग़लतियाँ किए हमेशा आगे बढ़ता रहे, जिनमें से कुछ शायद सचमुच महँगी होंगी। लेकिन जो लोग सचमुच सफल होते हैं, वे ख़ुद को सँभालते हैं, अपनी ग़लती से कोई नया ज्ञान हासिल करते हैं, परिणाम स्वीकार करते हैं, टुकड़ों को जोड़ते हैं और आगे निकल जाते हैं।

ग़लतियों से बचने की बहुत ज़्यादा कोशिश दरअसल सफलता के ख़िलाफ़ काम कर सकती है। मैं एक मशहूर बॉस को जानता हूँ, जिनकी एक अजीब सी नीति है। वे अपने युवा कर्मचारियों को जान-बूझकर ऐसी स्थितियों में रखते हैं, जहाँ उन्हें अपरिचित समस्याओं का सामना करने के लिए विवश होना पड़ता है। इस काम में उन्हें अपने वरिष्ठ अधिकारियों के मार्गदर्शन या

निर्देश का लाभ नहीं मिलता है। बॉस यह जानना चाहते हैं कि क्या कर्मचारी में इतना साहस है कि वह ग़लती करने का जोखिम ले सकता है। अगर उसमें यह साहस नहीं है, तो ऊँचे एक्ज़ीक्यूटिव पद के लिए उसके नाम पर विचार नहीं किया जाएगा, क्योंकि उसकी अति-सावधानी से यह साबित हो चुका है कि उसमें निर्णय लेने की क्षमता नहीं है। आत्मविश्वासी और प्रभावी व्यक्तियों को विकसित करने का बहुत ही बढ़िया तरीक़ा है।

मैंने इस निराश युवक को बताया कि कुछ ग़लतियाँ इंसान की सोच की गड़बड़ी से उत्पन्न होती हैं, जबकि बाक़ी अनुभवहीनता के कारण। जब आप बार-बार एक ही ग़लती करते रहते हैं, तो यह अनुमान लगाना उचित है कि आप आदतन ग़लतियाँ करते हैं। इस स्थिति में आपके नज़रियों और प्रतिक्रियाओं का गहन मनोवैज्ञानिक अध्ययन ज़रूरी है।

महत्वपूर्ण बात ग़लतियों से लाभ लेना है। जिस तरह हम अपनी सफलताओं से सीख सकते हैं (काम कैसे करना है) उसी तरह हम अपनी ग़लतियों से भी सीख सकते हैं (काम कैसे नहीं करना है)।

मैंने युवक से कहा, "जब आप कोई ग़लती कर बैठें, तो देखें कि यह आपको क्या जानकारी देती है। फिर उसे अपने अनुभव में शामिल कर लें और दोबारा कोशिश करें।"

मैं एक संपादकीय के बारे में सोचने लगा, जो बरसों पहले ओहियो के एक अख़बार के संपादक ग्रव पैटरसन ने लिखा था। इसका शीर्षक था, "पुल के नीचे का पानी।" मुझे जाने क्यों आभास हुआ कि इससे उस युवक को मदद मिल सकती है, इसलिए मैंने उसे ज़ोर से पढ़ दिया। वह युवक प्रेरित हो गया। नीचे वह संपादकीय दिया गया है और यह टूटे हुए स्वाभिमान को दोबारा बनाने में बहुत ही सहायक है :

पुल के नीचे का पानी

काफ़ी समय पहले एक लड़का पुल की रेलिंग से टिककर नीचे बहती नदी के पानी को देख रहा था। एक लकड़ी का लट्ठा, एक टहनी, एक चिप पास से तैरती हुई गुज़र गई। फिर नदी की सतह चिकनी हो गई। लेकिन हमेशा, जैसा यह शायद सौ, शायद हज़ार, शायद लाख वर्षों से हो रहा था, पानी पुल के नीचे से बहता रहा। कई बार पानी ज़्यादा तेज़ी से बहता था, कई बार धीमे बहता था, लेकिन हमेशा पानी पुल के नीचे से बह जाता था।

उस दिन नदी को देखने के बाद लड़के ने एक खोज की। यह किसी भौतिक वस्तु की खोज नहीं थी, जिसे वह हाथ से छू सकता था। वह तो इसे देख भी नहीं सकता था। उसने एक विचार खोजा था। अचानक, और बहुत धीरे से, वह जान गया कि उस पानी की तरह उसके जीवन में हर चीज़ किसी दिन पुल के नीचे से गुज़र जाएगी और हमेशा के लिए चली जाएगी।

उस लड़के को *पुल के नीचे का पानी* शब्द पसंद आए। उसे इस विचार से जीवन भर लाभ हुआ। हालाँकि ऐसे दिन थे और ऐसी परिस्थितियाँ थीं, जो स्याह थीं और आसान नहीं थीं, लेकिन जब भी वह कोई ऐसी ग़लती कर देता था, जिसे सुधारा नहीं जा सकता था या ऐसी कोई चीज़ खो देता था, जिसे दोबारा पाया नहीं जा सकता था, तो हमेशा वह लड़का, जो अब आदमी बन गया था, कहता था, "यह तो पुल के नीचे का पानी है।"

और उसके बाद उसने अपनी ग़लतियों के बारे में अनावश्यक चिंता नहीं की और वह निश्चित रूप से उनके कारण निराश नहीं हुआ, क्योंकि यह तो *पुल के नीचे का पानी* था।

युवक ख़ामोशी से बैठा रहा। फिर वह उठकर खड़ा हो गया। मुझे लग रहा था कि संपादकीय उसके दिल को छू गया है। उसने कहा, "ठीक है। मैं समझ गया। यह पुल के नीचे का पानी है। मैं दोबारा कोशिश करूँगा।" उसने कोशिश की और सफल हुआ, क्योंकि वह यह महान सच्चाई जान गया था कि कोई भी असफलता अंतिम नहीं होती है। आप असफल हो गए हैं, आपने कोई ग़लती कर दी है, आपने मूर्खतापूर्ण व्यवहार कर दिया है, इससे यह साबित नहीं होता है कि आपमें दिमाग़ या योग्यता की कमी है। बात सिर्फ़ इतनी सी है कि कोई भी कभी-कभार लड़खड़ा सकता है या गिर सकता है। लेकिन इसका यह मतलब नहीं है कि आप गए-गुज़रे हैं। बस ख़ुद को मानसिक रूप से ऊपर उठाएँ। कहें, "ठीक है, यह हो गया, लेकिन अब यह गुज़र चुका है। मैं इसकी तरफ़ पीठ मोड़ लूँगा और भविष्य की ओर आत्मविश्वास से देखूँगा।" ख़ुद पर भरोसा रखें। आत्मविश्वास रखें।

ज़ाहिर है, महँगी ग़लती करने वाले इस व्यक्ति के मामले में जो महत्वपूर्ण चीज़ हुई, वह यह थी कि उसने ख़ुद को जान लिया था। जब आप ख़ुद को जान लेते हैं, तो फिर आप ख़ुद पर यक़ीन करने लगते हैं। ऐसा होने पर

आपके व्यक्तित्व में दबी संभावित योग्यताएँ रचनात्मक रूप से काम करने लगेंगी और आपको बदल देंगी। इसका यह भी मतलब है कि इस तरह का कायापलट हर चीज़ को बदल देगा।

आत्म-एहसास का जागरण एक महत्वपूर्ण और आवश्यक अनुभव है। एक ऐसा अनुभव, जिसमें दिमाग़ में एक विचार का विस्फोट होता है। वह विस्फोटक विचार यह है कि जब आप सोचते हैं कि आप किसी काम को कर सकते हैं, तो फिर आप उसे सचमुच कर सकते हैं। आत्मविश्वास द्वारा आत्म-एहसास का उदय किसी इंसान के जीवन की सबसे बड़ी घटनाओं में से एक है।

अगर आप सोच लें, तो आप कर सकते हैं

एक बार मैं ऑस्ट्रेलिया में इंटरनेशनल रोटरी कन्वेंशन में भाषण दे रहा था। एक रोचक दंपति (जो बाद में अच्छे दोस्त बन गए) ने मिसेज़ पील और मुझे डिनर दिया। इस दंपति की पूरे देश में स्टोर चेन है।

उनका बेहद सुंदर और अनूठा घर सिडनी बंदरगाह के किनारे पर है। यहाँ से शहर और समुद्र का बेहतरीन नज़ारा दिखता है। सड़क से उनके घर तक पहुँचने के लिए एक छोटी निजी केबल रेल है, जो फूलों की कई तरह की गंध के बीच नीचे उतरती है। हालाँकि ऑस्ट्रेलिया में तथाकथित "ठंड" का मौसम है, लेकिन हर चीज़ बहुत अच्छी तरह फल-फूल रही है।

मकान की चौड़ी खिड़कियों के बाहर एक टेरेस है, जो बंदरगाह के पास तक जाता है, जहाँ उनकी छोटी याट खड़ी है। हमारे मेज़बान बेहद आकर्षक लेकिन बेहद विनम्र थे। उनका कहना था कि वे सफलता के एक सरल सिद्धांत के कारण जीवन में इस मुक़ाम पर पहुँचे हैं। पति ने कहा, "अगर यह सिद्धांत मेरे लिए चमत्कार कर सकता है, तो यह हर उस व्यक्ति के लिए चमत्कार कर सकता है, जो इसे समझ लेगा और इस पर मेहनत करेगा।"

अगले दिन वे होटल में मुझसे मिलने आए। उन्होंने मुझे बताया, "मैं बहुत ही साधारण व्यक्ति हूँ। मेरे पास दूसरे दर्ज़े का दिमाग़ है। मेरे पिता ने मुझे अलग-अलग स्कूलों में डाला, लेकिन मैं हर स्कूल में फ़ेल हो गया। मेरा पूरा शैक्षणिक रिकॉर्ड असफलता का था। आख़िरकार, टीचर्स की लंबी मेहनत के बाद मैंने पढ़ाई पूरी कर ली, लेकिन मेरे पास आंशिक, अपूर्ण शिक्षा थी। फिर स्कूलों की तरह नौकरियों में भी यही हाल हुआ। मैं नौकरियाँ बदलता गया, मगर मेरा रिकॉर्ड वही रहा – मैं हर नौकरी में असफल हुआ, क्योंकि मैं

सचमुच बहुत साधारण था; मुझे ख़ुद पर भरोसा नहीं था।

"फिर मुझे नेशनल कैश रजिस्टर कंपनी, ऑस्ट्रेलिया में नौकरी मिल गई," उन्होंने आगे कहा। "लेकिन अब भी मैं असफलता तंत्र का शिकार था, जो मुझे बार-बार असफल करा रहा था। फिर अमेरिका के प्रधान कार्यालय से एक प्रेरक लीडर आया और उसने एक भाषण दिया।

"उसने हमें बताया कि सफलता की ओर ले जाने वाला मूलभूत सिद्धांत सकारात्मक सोच है। मैंने यह बात पहले कभी नहीं सुनी थी। उसने नए विचार को एक आसान वाक्य में रखा, 'अगर आप ठान लें, तो कुछ भी कर सकते हैं।' इसका मुझ पर बहुत प्रभाव पड़ा। यह मेरे दिमाग़ में किसी बम की तरह फट गया। उस प्रेरक लीडर ने हमें प्रेरित किया कि हम भविष्य में जो बनना चाहते हैं, उसकी मानसिक तस्वीर बना लें और उस तस्वीर को साकार करने की अपनी अंदरूनी शक्ति में यक़ीन करें। तत्काल मैंने सफल व्यक्ति बनने का संकल्प कर लिया और ख़ुद को नए दृष्टिकोण से देखने लगा।"

अपने प्रशिक्षण कार्यक्रम के हिस्से के रूप में वे अमेरिका आए और यहाँ न्यूयॉर्क सिटी में मार्बल कॉलेजिएट चर्च भी गए। चर्च के कैलेंडर पर उन्होंने "राई के दाने की यादगार" नामक की-रिंग के बारे में पढ़ा। यह एक प्लास्टिक की गेंद थी, जिसके बीच में राई का एक दाना था। उसने एक की-रिंग ख़रीद लिया (उन्होंने इसे अपनी जेब से बाहर निकालकर मुझे दिखाया) और तब से वे इसे हमेशा अपने साथ लेकर चलने लगे। मुझे प्लास्टिक पर बहुत खरोंचें दिख रही थीं, लेकिन राई का दाना साफ़ दिख रहा था।

"मैंने सीखा, 'अगर आपमें राई के दाने जितनी आस्था है ... तो तुम्हारे लिए कुछ भी असंभव नहीं होगा।' (मैथ्यू 17:20)। जब मैंने राई के दाने के विचार को स्वीकार कर लिया, तो मैं सकारात्मक आध्यात्मिक नसीहतों का अनुसरण करने लगा। मैं सचमुच उनका अभ्यास करने लगा। और मेरे जीवन में बहुत उल्लेखनीय घटनाएँ होने लगीं!" (एक उल्लेखनीय घटना यह थी कि उन्हें नेशनल कैश रजिस्टर कंपनी ऑफ़ ऑस्ट्रेलिया का जनरल मैनेजर बना दिया गया।)

"मैं अपने लिए लक्ष्य निर्धारित करने लगा और यह यक़ीन रखने लगा कि मैं उन्हें हासिल कर सकता हूँ। मैं, एक दोयम दर्ज़े का मस्तिष्क! बाद में मैं व्यापार करने लगा और आज इस देश में हमारे स्टोर्स की चेन है। हमने अपने बिज़नेस को इक्कीस गुना बढ़ा लिया है। ऐसा इसलिए है, क्योंकि अब मैं ख़ुद

पर यक़ीन करने लगा हूँ। मैं इससे पहले कुछ भी नहीं था – और अब मैं जैसे दोबारा नया बन गया हूँ।"

लगातार असफलता की प्रवृत्ति से सफल उपलब्धि तक पहुँचने की इस उल्लेखनीय कहानी को सुनने के बाद मैंने कहा, "बर्ट, आप कभी भी साधारण इंसान नहीं थे। आपका दिमाग़ कभी भी दोयम दर्ज़े का नहीं था। आपने तो सिर्फ़ ग़लती से ऐसा मान लिया था। यह तो वह तस्वीर थी, जो आप ख़ुद के बारे में देखते थे। दरअसल, सारे समय आपके व्यक्तित्व के भीतर एक पहले दर्ज़े का मस्तिष्क और एक असाधारण व्यक्ति छिपा हुआ था।

"नए विचार के कारण आपके जीवन में क्रांतिकारी मोड़ आया, जब वक्ता ने आपकी ओर वह शक्तिशाली वाक्य उछाला, 'अगर आप ठान लें, तो कुछ भी कर सकते हैं।' फिर आपकी प्रबल धार्मिक आस्था, जिसमें आप सचमुच यक़ीन करते थे और जिस पर आप सचमुच अमल करते थे, ने उन शक्तियों को प्रेरित किया, जिन्होंने सचमुच एक नए व्यक्ति को उत्पन्न किया।"

स्पष्ट रूप से महारानी एलिजाबेथ द्वितीय भी उनसे प्रभावित हुईं, क्योंकि उन्होंने हमारे पूर्व "साधारण आदमी" को सम्मानित करके नाइट की उपाधि दी, जो अब "सर" बन चुके हैं। और वे "सर" कहलाने के हक़दार भी हैं। और आप भी, सर या मैडम, इसके हक़दार होंगे, जब आप ख़ुद पर यक़ीन करेंगे और आत्मविश्वास रखेंगे।

एंड्रयू कारनेगी के शब्दों को याद रखें : "अपनी गोपनीय कल्पनाओं में ख़ुद से कहें, 'मुझे महत्वपूर्ण काम करने के लिए बनाया गया है।'"

और अब इस अध्याय के कुछ बिंदु दोहराते हैं, जिन पर आपको ध्यान केंद्रित करना चाहिए :

1. *याद रखें कि आत्मविश्वास सफलता का पहला रहस्य है। इसलिए ख़ुद पर भरोसा रखें।*
2. *ख़ुद पर यक़ीन करना सीखने के बाद लॉम्बार्डी के फ़ुटबॉल स्टार्स जैसे बन जाएँ : जीवन में पूरे उत्साह से कूद जाएँ, इसमें अपना सब कुछ झोंक दें। इसके बाद जीवन आपको सारी नियामतें दे देगा।*
3. *रचनात्मक आशा या सकारात्मक उम्मीद की शक्ति का अभ्यास करें। विश्वास रखें कि आप अपने सर्वश्रेष्ठ स्वरूप को बाहर निकाल सकते हैं।*

4. सही तस्वीर देखना सुनिश्चित करें, क्योंकि हममें वही बनने की प्रवृत्ति होती है, जैसा हम ख़ुद को देखते हैं। ख़ुद को विश्वास से भरा देखें।
5. कभी भी किसी ग़लती के कारण अपना आत्मविश्वास कम न होने दें। इससे सीखें और आगे बढ़ जाएँ।
6. अगर आपने कभी ख़ुद को सचमुच नहीं जाना है, तो ऐसा कर लें। फिर आप ख़ुद को पसंद करने लगेंगे और ऐसा अच्छे कारण से होगा।
7. अगर आप ठान लें, तो कुछ भी कर सकते हैं। इन दस शब्दों को अपने मन की गहराई में उकेर लें। इनमें शक्ति और सच्चाई भरी हुई है।

छह

अगर आप ठान लें, तो कुछ भी कर सकते हैं

जॉर्ज रीव्ज़ एक ज़बर्दस्त इंसान थे; और अविस्मरणीय भी। वे नॉरवुड, ओहियो के विलियम्स एवेन्यू स्कूल में फ़िफ़्थ ग्रेड के टीचर थे। मैं उन्हीं की क्लास में पढ़ता था।

मि. रीव्ज़ छह फ़ुट चार इंच के थे और उनका वज़न 240 पौंड था। उनका चेहरा किसी चट्टान जितना खुरदुरा था, जिस पर चट्टान जैसी ही धूप खिली हुई थी। उनके चेहरे पर अचानक चमक आ जाती थी और तब वे बहुत ही शानदार दिखते थे।

उनका व्यक्तित्व भी उनके क़द जितना ही प्रभावशाली था। पढ़ाने का उनका तरीक़ा सरल था, जिसमें कोई जटिलता नहीं थी। वे मानते थे कि उनका काम लड़कों और लड़कियों को सभ्य, सुसंस्कृत इंसान बनाना था : सशक्त और अजेय।

उनके हाथ भी लंबे-तगड़े थे। मैं यह बात अच्छे से जानता हूँ, क्योंकि अक्सर मेरी पीठ पर वे उनका प्रयोग करते थे और वह भी अच्छी ताक़त से। वे शारीरिक अनुशासन का समर्थन और प्रयोग करते थे, लेकिन इस बारे में वे न्यायपूर्ण थे। जब आप कोई गड़बड़ करते थे, तभी वह बड़ा हाथ अपनी पीठ पर पड़ता था। वे कभी लड़कियों पर हाथ नहीं उठाते थे। वे बेचारी तो उनकी ग़ुस्से भरी निगाह से ही दहल जाती थीं।

एक बार मैंने अपने अख़बार के कॉलम में मि. रीव्ज़ की कहानी बताई। मुझे देश भर से उनके पूर्व विद्यार्थियों के कोई सौ पत्र मिले, जिनमें उन्होंने डींगें हाँकी थीं कि उन्होंने भी इस महान शिक्षक के हाथ से "मार खाई थी।"

और वे सचमुच महान शिक्षक थे, यह इस बात से प्रमाणित होता है कि उनके द्वारा बरसों पहले सिखाए विचार और सिद्धांत आज भी याद किए जाते हैं और उन पर अमल किया जाता है। मैं यह बात उन लोगों के लाभ के लिए कह रहा हूँ, जो इस तरह सिखाने की आलोचना करते हैं।

कभी-कभार क्लास में मि. रीव्ज़ अचानक चिल्लाते थे, "ख़ामोश!" और जब वे ख़ामोश होने को कहते थे, तो सभी सचमुच ख़ामोश हो जाते थे। फिर वे ब्लैकबोर्ड पर बड़े-बड़े अक्षरों में लिख देते थे, "CAN'T" (नहीं कर सकता)। इसके बाद वे मुड़कर हम लोगों की तरफ़ उम्मीद से देखते थे। हम जानते थे कि वे क्या चाहते थे, इसलिए हम एक साथ कहते थे, "इसमें से T हटा दें।" तेज़ी से हाथ लहराकर मि. रीव्ज़ T मिटा देते थे और वहाँ पर "CAN" (कर सकता हूँ) शब्द बचता था।

"इस सबक़ को हमेशा याद रखना," वे अपनी उँगलियों से चॉक झाड़ते हुए कहते थे। "तुम्हें बड़े होकर सशक्त, योग्य व्यक्ति बनना है, जिन्हें ख़ुद पर, अपने देश पर और ईश्वर पर यक़ीन हो। तुम्हें कमज़ोर बौनों के रूप में नहीं बनाया गया है। तुम्हें सच्चे पुरुष और महिलाओं के रूप में विकसित होना है। मैं तुम्हें यह बात इसलिए बता रहा हूँ, ताकि तुम लोग सचमुच कुछ बन सको। और कुछ बनने के लिए सफलता के इस सिद्धांत को कभी मत भूलना : 'अगर तुम ठान लो, तो कुछ भी कर सकते हो।'"

कौन बच्चा इस तरह का दृष्टिकोण भूल सकता है, ख़ास तौर पर जब इसे बार-बार हमारी चेतना में भरा जाता था और वह भी ऐसे सशक्त प्रभावशाली व्यक्ति द्वारा, जो कर्म के सिद्धांत में यक़ीन करता था और प्रगतिशील प्रेरणा का समर्थक था?

इससे पहले वाले अध्याय में मैंने आपको ऑस्ट्रेलिया के एक व्यक्ति की कहानी बताई है, जिसने असफलता के चक्र को तोड़कर सफलता का चक्र बना लिया था, सिर्फ़ इसलिए क्योंकि उसने एक सेल्स मैनेजर के भाषण में यह पंक्ति सुन ली थी, "अगर आप ठान लें, तो कुछ भी कर सकते हैं।" जब यह विचार उसके दिमाग़ में जम गया, तो उसकी सोच में नाटकीय परिवर्तन हो गया। इस विचार के अवचेतन मन में उतरने के बाद एक प्रक्रिया शुरू हुई, जिससे वह आख़िरकार पूरी तरह बदल गया। फिर वह रचनात्मक और योग्य व्यक्ति बन गया। इस अध्याय में मैं "अगर आप ठान लें, तो कुछ भी कर सकते हैं," की अवधारणा में निहित प्रेरक तत्वों के बारे में गहराई में जाना चाहूँगा।

कभी ख़ुद को हैरान किया है?

ज़ाहिर है, इस सिद्धांत में यह माना गया है कि व्यक्ति में बहुत ज़्यादा संभावना छिपी होती है। और हम इसी अवधारणा पर ज़ोर देना चाहते हैं। लोगों में जितनी संभावना दिखती है, उनमें उससे ज़्यादा योग्यता, प्रतिभा, कार्यकुशलता होती है। थॉमस ए. एडिसन एक वैज्ञानिक थे और निश्चित रूप से वे अतार्किक बातें नहीं करते थे। एडिसन ने कहा था, "अगर हम वे सारे काम कर दें, जिन्हें करने में हम समर्थ हैं, तो हम दरअसल ख़ुद को ही हैरान कर देंगे।" इस टिप्पणी की रोशनी में एक महत्वपूर्ण सवाल यह हो सकता है, "क्या आपने जीवन में ख़ुद को कभी हैरान किया है?" आप ऐसा कर सकते हैं, बशर्ते आप ठान लें।

मैंने कहीं पर एक नाटकीय घटना पढ़ी थी। यह कोरिया के युद्ध में एक अमेरिकी नाविक के बारे में थी। इस अच्छी मानसिकता वाले युवक ने अपने आस-पास के सभी लोगों को हैरान कर दिया था। निस्संदेह वह ख़ुद भी संकट में उभरकर सामने आने वाले गुणों से हैरान हुआ था। क्या आपको सचमुच पता है कि आपके व्यक्तित्व में कितनी शक्ति है? यह पता लगाने से लाभ होता है, क्योंकि इससे आपके भविष्य पर प्रभाव पड़ सकता है, जैसा इस नाविक के साथ हुआ।

कहानी यह थी। एक अमेरिकी लड़ाकू जहाज़ कोरियाई युद्ध के दौरान वोन्सन हार्बर में लंगर डालकर खड़ा था। रात का आसमान साफ़ था, चाँदनी छिटकी हुई थी और सन्नाटा था। क्वार्टरमास्टर जहाज़ की सामान्य जाँच कर रहा था। अचानक वह किसी मूर्ति की तरह स्थिर खड़ा हो गया। उसने जहाज़ के पास एक बड़ी काली चीज़ को तैरते देखा। उसे यह देखकर झटका लगा कि यह एक तैरने वाली बारूदी सुरंग है, जो किसी माइन फ़ील्ड से टूट गई है और अब यह लहरों पर तैरती हुई धीरे-धीरे जहाज़ की तरफ़ आ रही है।

इंटरकॉम पर क्वार्टरमास्टर ने ड्यूटी ऑफ़िसर को बुलाया, जो भागता हुआ वहाँ आ गया। जल्दी ही कप्तान को ख़बर कर दी गई। ख़तरे की घंटी बज गई। पूरा जहाज़ सक्रिय हो गया।

अफ़सर और जहाज़ी धीरे-धीरे क़रीब आती बारूदी सुरंग को हैरानी से घूरने लगे। तत्काल स्थिति का मूल्यांकन किया गया। यह साफ़ था कि दुर्घटना होने वाली थी।

अफ़सरों ने तेज़ी से बहुत से सुझाव दिए। हमें लंगर उठा देना चाहिए?

नहीं, इतना समय नहीं था। इंजन चालू करके जहाज़ की स्थिति बदल देनी चाहिए ? नहीं, यह भी व्यावहारिक नहीं था, क्योंकि प्रोपेलर के कारण बारूदी सुरंग ज़्यादा तेज़ी से पास आने लगेगी। क्या गोली मारकर सुरंग में विस्फोट कर देना चाहिए ? नहीं, यह जहाज़ के बारूदख़ाने के बहुत क़रीब थी। तो फिर क्या किया जाना चाहिए ? नाव को पानी में उतारकर लंबे डंडों से इसे दूर धकाना चाहिए। इससे भी काम नहीं बनेगा, क्योंकि छूने से विस्फोट हो जाता और इसे बेअसर करने का समय नहीं था। यह साफ़ नज़र आ रहा था कि दुर्घटना को टालना संभव नहीं था।

साधारण जहाज़ी आगे आया

अचानक एक साधारण जहाज़ी ने अपने सभी वरिष्ठ अधिकारियों से ज़्यादा अच्छी तरह सोचा और चिल्लाया, "आग बुझाने वाले पाइप निकालो।" सबको तत्काल एहसास हो गया कि इस सुझाव में समझदारी थी। जहाज़ और तैरती बारूदी सुरंग के बीच में पानी की बौछार की गई, जिससे उठने वाली लहर के कारण बारूदी सुरंग दूर हो गई। सुरंग के दूर पहुँचने के बाद गोली मारकर इसमें सुरक्षित तरीक़े से विस्फोट कर दिया गया।

वह साधारण जहाज़ी कितना असाधारण व्यक्ति था! वह निश्चित रूप से साधारण नहीं था - लेकिन वह साधारण ही था। उसमें ठंडे दिमाग़ से सोचने की क्षमता थी, संकट में स्पष्ट सोचने की क्षमता। इस तरह की क्षमताएँ हम सबमें होती हैं, शायद कुछ में यह दूसरों से ज़्यादा होती हैं, लेकिन किसी सामान्य इंसान में भी रचनात्मक संभावना की कमी नहीं होती है। इसका मतलब यह है कि आपके सामने की मुश्किल या संकट चाहे जो हो, आप उससे निबट सकते हैं, बशर्ते आप सोच लें कि आप ऐसा कर सकते हैं। अपनी क्षमता के बारे में सकारात्मक तरीक़े से सोचने पर आप उन सकारात्मक मानसिक शक्तियों को सक्रिय कर देते हैं, जो प्रभावी कर्म को प्रेरित करती हैं।

उस युवा विदेशी का उदाहरण देखें, जो अमेरिका के कॉलेज में पढ़ना चाहता था। बहरहाल, हीन भावना के कारण वह कॉलेज जाने में झिझक रहा था। उसे अँग्रेजी भाषा की मुश्किलों का अंदेशा था। उसे डर था कि उसके सहपाठी उसकी हँसी उड़ाएँगे। उसे इस बात में भी संदेह था कि वह कॉलेज की पढ़ाई पूरी कर सकता है। उसमें महत्वाकांक्षा और प्रेरणा तो थी, लेकिन वह अपनी क्षमता के बारे में आशंकित था।

रुडयार्ड किपलिंग का एक वाक्य मेरे दिमाग़ में आया और मैंने उसे वह

बता दिया। "हमारे पास असफलता के चार करोड़ कारण हैं, लेकिन बहाना एक भी नहीं है।" मैंने उसे बताया कि उसे किसी व्यक्ति या वस्तु से हारने की ज़रूरत नहीं है, ख़ास तौर पर ख़ुद से तो बिलकुल भी नहीं। मैंने उसे बताया कि वह बुद्धिमान है और निश्चित रूप से सफल हो सकता है, बशर्ते वह सोच ले कि वह ऐसा कर सकता है।

"ख़ुद को कभी असफल मत मानो," मैंने सलाह दी। "यह सबसे ख़तरनाक बात है, क्योंकि दिमाग़ हमेशा उस चीज़ को पूरा करने की कोशिश करता है, जिसकी यह तस्वीर देखता है। इसके बजाय अपने दिमाग़ में अपनी सफलता की अमिट छवि डाल दो और यह मानसिक तस्वीर देखो कि तुम सफल हो रहे हो। कॉलेज ज़रूर जाओ। अपने सहपाठियों के साथ ख़ुद पर हँसो और जब तुम ऐसा करोगे, तो वे तुम्हें चाहने लगेंगे। कभी भी अपने लहज़े के कारण ख़ुद को अयोग्य मत समझो। कौन जाने, इसके बावजूद तुम अँग्रेजी भाषा के विशेषज्ञ बन जाओ! इस दौरान इस बारे में रक्षात्मक मत बनो। जब तुम अपना नज़रिया बदल लोगे, तो तुम यह देखकर हैरान रह जाओगे कि तुम्हारे सहपाठी कितने दोस्ताना हो सकते हैं, हालाँकि वे तुम्हारा थोड़ा-बहुत मज़ाक़ उड़ाएँगे।" हमने हैन्स को कॉलेज जाने के लिए राज़ी कर लिया। वह अपने साथी विद्यार्थियों में बहुत लोकप्रिय बन गया और उसका शैक्षणिक रिकॉर्ड बहुत ही बढ़िया है।

शायद इंसान को कोई और चीज़ उतना नहीं सताती है, जितना कि व्यक्तिगत अक्षमता की दुखद भावना। लेकिन आप इस मुश्किल से राहत पा सकते हैं, भले ही आप इससे कितने भी लंबे समय से पीड़ित हों। इलाज तब शुरू होता है, जब आप यह फ़ैसला करते हैं कि आप सचमुच बदलना चाहते हैं, जब आप सचमुच संकल्प कर लेते हैं। सच तो यह है कि आप क्या कर सकते हैं, यह बात आप तब तक नहीं जान सकते हैं, जब तक कि आप कोशिश न करें। अगर आप संकल्प के साथ आगे बढ़ते हैं और सारे समय सकारात्मक तरीक़े से सोचते और कोशिश करते रहते हैं, तो आप असफल नहीं होंगे।

जब भी अपने बारे में कोई नकारात्मक विचार मन में आए, तो कोई सकारात्मक विचार सोचकर उसे नकार दें। अपनी कल्पना में बाधाएँ खड़ी न करें। हर तथाकथित बाधा को तुच्छ समझें। उन्हें न्यूनतम कर दें। ज़ाहिर है, मुश्किलों को ख़त्म करने के लिए उनका अध्ययन करना होगा, लेकिन उन्हें यथार्थपूर्ण ढंग से देखें। कभी भी डर के विचारों से मुश्किलों को ज़्यादा

बड़ा न बनाएँ।

जब आप अपने भीतर छिपी संभावना की शक्ति के बारे में जागरूक बन जाएँगे, तो आपको एहसास होगा कि हीनता की पुरानी भावनाओं के कारण आपको हार मानने की ज़रूरत नहीं है।

बाज या मुर्गा ?

कभी उस बाज की नीतिकथा सुनी है, जिसने ख़ुद को मुर्गा मान लिया था?

कहानी यह है। एक दिन एक शरारती लड़का अपने पिता के खेत के पास वाले पहाड़ पर चढ़ गया। वहाँ उसे बाज का घोंसला दिखा। उसने घोंसले में से एक अंडा निकाला और उसे घर लाकर मुर्गियों के दड़बे में मुर्गी के अंडों के बीच रख दिया, जिन्हें मुर्गी से रही थी। मुर्गी अंडों पर तब तक बैठी, जब तक कि चूज़े बाहर नहीं निकल गए और मुर्गी के बच्चों के बीच ही बाज का बच्चा बाहर नहीं निकल आया। बाज का बच्चा भी चूज़ों के साथ बड़ा हुआ और उसे बिलकुल भी पता नहीं था कि वह मुर्गा नहीं बाज है। कुछ समय तक वह सामान्य मुर्गे की ज़िंदगी जीता रहा।

लेकिन जब बाज का बच्चा बड़ा होने लगा, तो उसे अपने भीतर अजीब हलचल महसूस हुई। कभी-कभार वह सोचता था, "मुझमें मुर्गे से ज़्यादा कुछ होना चाहिए!" लेकिन उसने इसके बारे में तब तक कुछ नहीं किया, जब तक कि एक विशाल बाज उड़कर दड़बे तक नहीं आ गया। बाज के बच्चे को अपने पंखों में अजीब सी नई शक्ति महसूस हुई। उसे अपने सीने में एक तेज़ धड़कन का एहसास हुआ। बाज को देखते ही उसके मन में यह विचार आया, "मैं उस जैसा हूँ। मैं मुर्गों के दड़बे तक सिमटकर नहीं रहूँगा। मैं आसमान में उड़ना चाहता हूँ और पहाड़ों की चोटी पर पहुँचना चाहता हूँ।"

वह कभी नहीं उड़ा था, लेकिन उसके भीतर उड़ने की शक्ति और नैसर्गिक एहसास था। उसने अपने पंख फैलाए और एक नीची पहाड़ी के ऊपर पहुँच गया। ख़ुश होकर वह और ऊँची पहाड़ी की चोटी तक उड़ा तथा आख़िरकार एक बहुत ऊँचे पर्वत शिखर पर पहुँच गया। उसने अपने सच्चे महान स्वरूप को जान लिया था।

याद रखें कि कोई भी आपके वास्तविक स्वरूप में उतनी कार्यकुशलता से काम नहीं कर *सकता*, जितना कि आप ख़ुद कर सकते हैं। लेकिन आपको अपना सच्चा महान स्वरूप खोजना होगा। तभी आप जान पाएँगे और सोच

पाएँगे कि आप सब कुछ कर सकते हैं। आप ख़ुद को जान लेंगे। बाज की छोटी नीतिकथा से हमें क्या संदेश मिलता है ? यही कि हम मुर्गे बनना छोड़ दें और बाज बन जाएँ, जो हमारे भीतर है! यह रोमांचक भी हो सकता है!

लेकिन ज़ाहिर है, कोई कह सकता है, "यह नीतिकथा बहुत अच्छी है, लेकिन मैं मुर्गा या बाज नहीं हूँ। मैं तो बस एक सामान्य आदमी हूँ और मैं ख़ुद से कभी ज़्यादा उम्मीद नहीं करता हूँ।" शायद यही समस्या है। आपने ख़ुद से कभी ज़्यादा उम्मीद ही नहीं की है। यह एक सच्चाई है, बहुत गंभीर सच्चाई कि हम अपनी आशाओं के स्तर पर पहुँच जाते हैं।

इसी समय यह मानने से इंकार कर दें कि आप कोई काम नहीं कर सकते। इस दुनिया में कई महान काम उन लोगों ने किए हैं, जिन्हें यह एहसास ही नहीं था कि वे उन्हें नहीं कर सकते थे। चूँकि उन्हें पता नहीं था, इसलिए उन्होंने बिना सोचे-समझे वह काम कर दिया।

सिर्फ़ आधे पैर वाला खिलाड़ी

इसका एक अच्छा उदाहरण टॉम डेम्पसी है, जिसने 63 गज़ का अविश्वसनीय मैदानी गोल करके कुछ साल पहले पूरे खेल जगत को हैरान कर दिया था।

पैदा होते वक़्त टॉम का आधा दाहिना पैर ग़ायब था और दाहिना हाथ विकृत था। उसके माता-पिता सचमुच महान थे, क्योंकि उन्होंने उसे कभी उसकी अपंगता का एहसास नहीं कराया। परिणामस्वरूप, उसने वह हर काम किया, जो बाक़ी लड़के करते थे। अगर स्काउट्स दस मील पैदल चलते थे, तो टॉम भी चलता था। क्यों नहीं ? उसके साथ कोई गड़बड़ नहीं थी। वह हर उस काम को कर सकता था, जो कोई दूसरा लड़का कर सकता था।

फिर वह फ़ुटबॉल खेलना चाहता था। उसके मन में एक ख़ास क्षेत्र में महारत हासिल करने की इच्छा थी। उसने पाया कि वह बाक़ी लोगों से ज़्यादा दूर तक फ़ुटबॉल किक कर सकता है। इस क्षमता का लाभ उठाने के लिए उसने एक ख़ास जूता तैयार करवाया। उसके मन में कभी भी उसके आधे दाएँ पैर या विकृत दाहिने हाथ का नकारात्मक विचार नहीं आया। वह किक करने के ट्रायल्स में गया और चार्जर्स के साथ उसे कॉन्ट्रैक्ट मिल गया।

कोच ने उसे बहुत नरमी से बताया कि "उसमें प्रोफ़ेशनल फ़ुटबॉल में सफल होने का माद्दा नहीं है।" कोच ने उसे किसी और जगह जाने के लिए प्रेरित किया। आख़िरकार टॉम ने न्यू ऑर्लिएन्स सेंट्स में आवेदन करके एक मौक़ा देने का आग्रह किया। कोच के मन में शंका तो थी, लेकिन वे लड़के के

आत्मविश्वास से प्रभावित थे, इसलिए उन्होंने उसे ले लिया।

दो सप्ताह बाद कोच और भी ज़्यादा प्रभावित हो गए, जब टॉम डेम्पसी ने एक प्रदर्शन मैच में 55 गज़ का मैदानी गोल मार दिया। इससे वह सेंट्स का नियमित किकर बन गया और उस सीज़न में उसने अपनी टीम के लिए 99 पॉइंट स्कोर कर लिए।

फिर बड़ा पल आया। स्टेडियम 66,000 प्रशंसकों से खचाखच भरा था। गेंद 28 गज़ की लाइन पर थी और सिर्फ़ कुछ सेकंड का खेल बचा था। गेंद 45 गज़ की लाइन तक पहुँच गई। अब सिर्फ़ एक मौक़ा बचा था। कोच चिल्लाकर बोले, "डेम्पसी, जाओ और जाकर शानदार किक मारो।"

जब टॉम मैदान में दौड़ता हुआ गया, तो वह जानता था कि उसकी टीम गोल लाइन से 55 गज़ दूर थी, यानी उस बिंदु से 63 गज़ दूर थी, जहाँ उसे किक करना था। नियमित मैच में अब तक की सबसे लंबी किक 55 गज़ की थी, जो बाल्टीमोर कोल्ट्स के बर्ट रेचिकार ने मारी थी।

गेंद आदर्श तरीक़े से रखी हुई थी। डेम्पसी ने पूरी ताक़त से गेंद पर प्रहार किया। यह सीधी उड़ चली, लेकिन क्या यह पर्याप्त दूरी तक जा पाएगी? 66,000 दर्शक साँस रोककर देखते रहे। फिर आख़िरी छोर के रेफ़री ने हाथ उठाकर संकेत किया कि यह सही था। गेंद बार को कुछ इंचों से पार कर गई थी। टीम 19-17 से जीत गई। दर्शक सबसे लंबे मैदानी गोल के नए कीर्तिमान से रोमांचित हो गए। जो एक ऐसे खिलाड़ी ने बनाया था, जिसका पैर आधा और हाथ विकृत था!

"अविश्वसनीय!" कोई चिल्लाया। लेकिन डेम्पसी बस मुस्करा दिया। उसे अपने माता-पिता याद आ गए। जिन्होंने हमेशा उसे बताया था कि वह क्या कर सकता है। उन्होंने उसे कभी यह नहीं बताया था कि वह क्या नहीं कर सकता। उसने यह अविश्वसनीय सफलता इसलिए हासिल की, क्योंकि जैसा उसने कहा, "उन्होंने मुझे कभी नहीं बताया कि मैं क्या नहीं कर सकता।"

कभी भी ख़ुद से यह न कहें कि आप यह या वह काम नहीं कर सकते। कभी भी नकारात्मक रूप से यह दावा न करें कि कोई काम संभव नहीं है। ख़ुद को बस इतना बताएँ कि आप कोई भी काम कर सकते हैं। सबसे पहले यह सोचें कि आप कर सकते हैं, फिर कोशिश करने में जुट जाएँ और तब आपको यह सचमुच पता लगेगा कि आप सचमुच कर सकते हैं। मुर्गे-बाज वाली कहानी याद है? आप सचमुच बाज हैं!

हो सकता है, आपको लगता हो कि हम इस विचार पर बहुत ज़्यादा ज़ोर दे रहे हैं कि "अगर आप ठान लें, तो कुछ भी कर सकते हैं," क्योंकि कुछ चीज़ें संभव ही नहीं हैं। यह मेरा अनुभव है कि कम प्रेरित लोग हमेशा इस बहाने का इस्तेमाल करते हैं, जैसे किसी भी मुश्किल स्थिति में असंभव शब्द ही आख़िरी शब्द हो।

अगर आप ठान लें, तो कुछ भी कर सकते हैं। यह सिद्धांत बेहद कष्टकारी और अविश्वसनीय रूप से मुश्किल स्थितियों में भी सही है। उदाहरण के लिए 22 फ़रवरी, 1971 को जॉन मैकवेथी सेंट लुइस के पास इंटरस्टेट रूट 70 पर सत्तर मील प्रति घंटे की रफ़्तार से गाड़ी चला रहे थे। वे ऊँघने लगे, जिससे उनकी कार का संतुलन गड़बड़ा गया। यह पलट गई और दुर्घटना हो गई। डॉ. जोएन एस. रोज़ेन के अनुसार, उस दुखद क्षण में जॉन मैकवेथी को "वह सबसे गंभीर चोट लगी, जिसे झेलने के बाद इंसान बच सकता है।"

मि. मैकवेथी को सीने के नीचे से लक़वा मार गया और उनके हाथ लगभग अपाहिज हो गए। आज भी वे लक़वे के शिकार हैं, व्हीलचेयर पर बैठते हैं और उनके ज़्यादातर शरीर का एहसास चला गया है।

शिकागो डेली न्यूज़ के बिज़नेस एडिटर डिक ग्रिफ़िन निराशा, डर और आत्म-करुणा की उस खाई का वर्णन करते हैं, जिसमें यह सक्रिय व्यक्ति पहुँच गया था। लेकिन अपने साहस और संकल्प के सहारे वे विजय की लंबी चढ़ाई पूरी कर पाए। मि. ग्रिफ़िन ने बताया कि 29 अक्टूबर 1971 को यानी दुर्घटना के सिर्फ़ पैंतीस हफ़्ते और पाँच दिन बाद जॉन मैकवेथी *वॉल स्ट्रीट जर्नल* के मिडवेस्ट मैनेजर के रूप में काम करने लगे। बीमा कंपनियों के लिहाज़ से वे पूरी तरह असमर्थ हैं, लेकिन वे अपने महत्वपूर्ण काम को काफ़ी अच्छी तरह करते हैं।

नकारात्मक लोग हमेशा किसी सकारात्मक दर्शन का अपवाद खोजने के लिए उत्सुक रहेंगे। जैसे, अगर आप ठान लें, तो कुछ भी कर सकते हैं दर्शन का। नकारात्मक लोग जीवन में अवसरों को नहीं खोज सकते। वे ग़रीबी से उबर नहीं सकते। वे शारीरिक अक्षमता से छुटकारा नहीं पा सकते। दुखद बात यह है कि कुछ लोग इन नकारात्मक लोगों की बात सुन लेते हैं और "मैं नहीं कर सकता" के दृष्टिकोण को स्वीकार कर लेते हैं। लेकिन इस दुनिया के जॉन मैकवेथी जैसे लोगों से उन्हें कितनी दुविधा होती होगी, जिन्होंने अपनी सबसे भयावह परिस्थितियों पर विजय पा ली। वे सचमुच यह सिद्धांत जानते थे कि अगर आप ठान लें, तो कुछ भी कर सकते हैं।

अब वे आध्यात्मिक पर्वतों पर चढ़ रहे है

एक और संकट पर विचार करें, जो टोपेका, कांसस के बेन बी. फ्रैंकलिन पर आया था। अगर आप ठान लें तो कुछ भी कर सकते हैं - इस अवधारणा की शक्ति को रेखांकित करने के लिए मैं उनकी कहानी बता रहा हूँ, ख़ासकर तब जब यह आध्यात्मिक रूप से प्रेरित हो। बेन कहते हैं :

मैं 18 साल का था, जब पहाड़ ने मुझे हरा दिया।

उस समय तक मैं इसका मालिक था, क्योंकि मुझे पर्वतारोहण से बहुत प्रेम था। मैं हर गर्मी में पहाड़ों पर चढ़ता था और हर जाड़े में अगली गर्मी के सपने देखता था, जब मैं दोबारा पहाड़ों पर चढ़ूँगा।

लेकिन 14 अप्रैल, 1963 को मैं गिर गया। कोलोरेडो यूनिवर्सिटी के फ़र्स्ट ईयर के दो साथियों के साथ मैं एक सीधी चट्टान पर चढ़ रहा था, तभी चट्टान की एक नुकीली नोक से मेरा रस्सा घिस गया और इसके टूटने के कारण मैं गिर गया। मैं लगभग सात मंज़िल की ऊँचाई से चट्टानों के बीच गिरा था।

मेरी पहली अनुभूति यह थी कि मैं काले ऊन के बीच तैर रहा हूँ। दर्द के बीच मैं बस यही सोच रहा था : मेरे रस्से को क्या हुआ ? मेरे रस्से को क्या हुआ ? मेरे साथियों की आवाज़ें, जो तेज़ी से नीचे उतर आए थे, मुढे धीमी-धीमी सुनाई दे रही थीं।

जब तक बचाव दल स्ट्रेचर लेकर आया, मैं बेहोशी में आ चुका था। मुझे स्ट्रेचर पर बाँधा गया, चट्टानों के बीच से उठाकर एक एम्बुलेंस में ले जाया गया, जो सायरन बजाती हुई मुझे 30 मील दूर डेनवर तक ले गई।

डॉक्टरों ने मेरी टूटी हुई पेल्विस के टुकड़े जोड़े और घंटों तक मेरी पीठ के ऑपरेशन किए, जो चार जगह से टूटी हुई थी। मुझे कई दिन तक गहन चिकित्सा इकाई में रखा गया। फिर जब मेरा दर्द कम हो गया और मैं होश में आ गया, तो मेरी आत्मा का दर्द शुरू हो गया।

मेरे शरीर पर पड़ी चादर हिल नहीं रही थी। मैं अपनी उँगलियाँ और कलाइयाँ घुमा सकता था, लेकिन मुझे यह जानकर दहशत हुई कि कमर से नीचे का शरीर बेजान हो चुका था। उन पैरों को गँवा दूँ, जो मुझे पहाड़ों के ऊपर ले गए थे ? नहीं!

मेरे भीतर ग़ुस्सा भर गया। वे पैर मेरे हैं। उन्हें मेरे आदेश पर हिलना

ही होगा। मैंने बेरहमी से कोशिश की, ताकि चादर के नीचे की किसी मांसपेशी को हिला सकूँ, किसी तंत्रिका को संकेत दे सकूँ। पैर हिलाने के लिए मैंने अपने भीतर के पूरे मनोबल को बटोरा। कुछ नहीं हुआ।

मैं बहुत निराश हो गया। दिन गुज़रते गए और मेरे पैर पतले होने लगे। मैं प्रार्थना करने लगा - बुरी तरह से। पूरी निराशा में मैंने ईश्वर के सामने समर्पण कर दिया। रात को जब मैं अपने कमरे में अकेला था, तो मैंने ईश्वर से प्रार्थना की, "आप जानते हैं कि मैं दोबारा चलना चाहता हूँ। लेकिन मैं यह काम नहीं कर सकता। प्यारे ईश्वर, मेरे पास कुछ भी नहीं बचा है। मैंने अपनी तरफ़ से पूरी कोशिश कर ली है, जिससे मुझे सिर्फ़ यह पता चला है कि मेरी इच्छा का कोई मतलब नहीं है। अगर मेरी इच्छा नहीं, तो आपकी इच्छा पूरी हो।"

मैं गहरी, शांत नींद में सो गया। पहाड़ वाली दुर्घटना के बाद पहली बार मुझे शांत सपने आए। वे इतने सुंदर थे कि मेरी निराशा की भावना चली गई। उस दुख भरी प्रार्थना में, जब मैंने सब कुछ ईश्वर के हवाले कर दिया था, मैंने अपनी दुर्घटना को स्वीकार कर लिया। ऐसा करके मैंने अपनी इच्छा को ईश्वर की इच्छा पर छोड़ दिया। अब मुझे संघर्ष करने की कोई ज़रूरत नहीं थी।

अगली शाम को मेरे पैर का अँगूठा हिलता दिखा।

क्या यह सचमुच हिला था ? या फिर यह हिलती हुई छाया थी ?

मंत्रमुग्ध होकर मैंने चादर के उस हिस्से की तरफ़ घूरा। मैं दोबारा कोशिश करने में डर रहा था। फिर बहुत सावधानी से मैंने कोशिश की।

एक बार फिर चादर हिली। उल्लास के कारण मेरे मन में विस्फोट हो गया। मैं ज़ोर-ज़ोर से हँसने और चिल्लाने लगा। चिंतित नर्स तेज़ी से कमरे में आ गई। मैंने उसे चूमने की कोशिश की। वह तत्काल दूर हट गई। मैंने ईश्वर से प्रार्थना करते हुए अपनी कृतज्ञता व्यक्त की। मेरा धन्यवाद आँसुओं के रूप में मेरे चेहरे पर बहने लगा।

उस रात को बरसों गुज़र चुके हैं, लेकिन मेरी ख़ुशी अब भी चल रही है। मैं अब भी आंशिक रूप से लक़वे का शिकार हूँ। लेकिन व्हीलचेयर में सिर्फ़ एक साल रहने के बाद मैं बैसाखियों तक आ चुका हूँ। पैर पर ब्रेस बाँधकर मैंने कॉलेज की पढ़ाई भी पूरी कर ली है और अब मैं अपने डैडी के साथ काम करता हूँ, जो एक लेक्चर मैनेजर हैं। मैं अपनी

बैसाखियों के सहारे दुनिया भर की यात्रा करता हूँ।

मैं अपने उठाए गए हर क़दम के लिए कृतज्ञ हूँ। मैं पहाड़ के प्रति भी शुक्रगुज़ार हूँ, क्योंकि दुर्घटना के बाद मुझे पर्वतारोहण से ज़्यादा गहरे आनंद मिले हैं मुझे ख़ुशी है कि जब यह दुर्घटना हुई थी, उस वक़्त मेरी उम्र सिर्फ़ 18 साल थी। (*गाइडपोस्ट्स*, जनवरी - 1972)

"असंभव" से मुक्ति पाएँ!

"असंभव" अवधारणा के बारे में मुझे नेपोलियन हिल नाम के मशहूर प्रेरक लेखक का अजीब तरीक़ा याद आता है। युवावस्था में उनकी महत्वाकांक्षा लेखक बनने की थी। वे जानते थे कि इस लक्ष्य को हासिल करने के लिए उन्हें शब्दों के प्रयोग में माहिर बनना होगा। शब्द उनके साधन थे। बहरहाल, चूँकि वे ग़रीब थे और उनकी शिक्षा कम थी, इसलिए उनके "दयालु दोस्तों" ने उन्हें समझाया कि उनकी महत्वाकांक्षा का पूरा होना असंभव है।

युवा हिल ने पैसे बचाकर सबसे अच्छी, सबसे बड़ी और सुंदर डिक्शनरी ख़रीदी। उन्हें जितने भी शब्दों की ज़रूरत थी, वे सब उस डिक्शनरी में थे और वे उनके प्रयोग में निपुण बनना चाहते थे। लेकिन फिर उन्होंने एक अजीब काम किया। उन्होंने डिक्शनरी में "असंभव" शब्द खोजा और कैंची से उसे काटकर दूर फेंक दिया। अब उनके पास शब्दों की ऐसी पुस्तक थी, जिसमें असंभव नाम की नकारात्मक अवधारणा नहीं थी। इसके बाद उन्होंने अपना पूरा कैरियर इस अवधारणा पर बनाया कि जो व्यक्ति विकास करना चाहता है, उसके लिए कुछ भी असंभव नहीं है।

मैं यह सुझाव नहीं दे रहा हूँ कि आप भी अपनी डिक्शनरी से "असंभव" शब्द काटकर फेंक दें। लेकिन मैं निश्चित रूप से यह सुझाव देता हूँ कि आप इसे अपने दिमाग़ से निकाल दें। इसे अपनी बातचीत से दूर कर दें, अपने विचारों से हटा दें, अपने नज़रियों से मिटा दें। इससे छुटकारा पा जाएँ - इसके पार निकल जाएँ। इसे तार्किक बनाना छोड़ दें। इसके बहाने बनाना छोड़ दें। इस शब्द और अवधारणा को हमेशा के लिए छोड़ दें और इसकी जगह पर चमकते हुए "संभव" शब्द को रख लें, जिसका मतलब है - अगर आप ठान लें, तो कुछ भी कर सकते हैं।

उन शानदार शब्दों को याद रखें : "अगर आपमें राई के दाने जितनी आस्था है ... तो आपके लिए कुछ भी असंभव नहीं होगा।"(मैथ्यू 17:20) इस वाक्य को एक कार्ड पर लिखकर अपने पर्स में रख लें। इससे भी अच्छा

यह है कि आप उसे अपनी चेतना में हमेशा के लिए लिख लें। इसके अनुसार जिएँ। ऐसा करने पर यह आपके अवचेतन मन पर लिख जाएगा। फिर आप असाधारण काम कर सकेंगे।

अच्छे परिणाम पाने के लिए "असंभव" शब्द को सम्मान न दें। बेरहमी और वैज्ञानिक तरीक़े से इसकी जाँच करें। जब कोई चीज़ असंभव समझी जाती है, तो दरअसल यह तथ्यों का अज्ञान बताती है। किसी भी काम को असंभव मानना ग़लती करना है। सावधानी और निष्पक्षता से विश्लेषण करने पर "यह असंभव है" की घोषणा ग़लत साबित होती है। मुझे याद है मेरे बचपन में चाँद पर पहुँचना सबसे असंभव बात मानी जाती थी, "आपके यह काम करने की इतनी ही संभावना है, जितनी कि उड़कर चाँद पर पहुँचने की।"

"असंभव" पुल

स्ट्रेट्स ऑफ़ मैकिनैक के ऊपर पुल का बनना एक बहुत ही उल्लेखनीय घटना है। यह असंभव के मिथक को वैज्ञानिक तरीक़े से तोड़ने की कहानी है। वाल्टर एल. सिसलर ने "द स्टोरी ऑफ़ द मैकिनैक ब्रिज" में इसका बहुत उल्लेखनीय वर्णन किया है। इससे पता चलता है कि असंभव को संभव मानकर कितना कुछ हासिल किया जा सकता है।

ऐसा लगता है कि आधी सदी से ज़्यादा समय तक इस पुल का बनना इसलिए टलता रहा, क्योंकि बहुत से लोगों को यक़ीन था कि यह असंभव है। 1880 के दशक में मिशिगन के दूरदर्शी व्यवसायी कह रहे थे कि दर्रे के पार पुल बनना चाहिए। रेल की पटरियाँ पूर्व दिशा में मिशिगन के अपर पेनिन्सुला से दर्रे के उत्तरी किनारे पर सेंट इग्नेस तक थीं और उत्तर दिशा में डेट्रॉयट से दक्षिणी किनारे के मैकिनॉ सिटी तक थीं। इसके अलावा नाव से यात्रियों और सामान को ले जाने वाली सेवाएँ भी थीं, जो इन दो पटरियों को अलग करने वाले पाँच मील पानी के पार ले जाती थीं। बहरहाल, ठंड में दर्रे में बर्फ़ जमने के कारण नाव नहीं चल पाती थी और यह अपर पेनिन्सुला के आर्थिक विकास में बहुत बड़ी बाधा थी।

बहुत से समूह पुल बनाने की बात उठाते रहे, लेकिन बार-बार उनसे कहा गया, "यह असंभव है।" अज्ञानी लेकिन दंभी लोगों ने कहा, यह असंभव है, क्योंकि आप कभी ऐसा पुल नहीं बना सकते, जो दर्रे में गरजती तेज़ हवाओं के ख़िलाफ़ खड़ा रह सके। कुछ ने कहा, यह असंभव है, क्योंकि जाड़े में बर्फ़ का दबाव खंभों व नींव में दरार पैदा कर देगा और उन्हें गिरा देगा।

बाक़ी लोगों ने कहा, यह इसलिए असंभव है, क्योंकि दर्रे के नीचे की ज़मीन खोखली है और इतनी कमज़ोर है कि पुल की नींव का वज़न नहीं सँभाल सकती।

यह काम नहीं किया जा सकता की आपत्तियों ने दशकों तक पुल बनाने के काम में कोई प्रगति नहीं होने दी। फिर द्वितीय विश्वयुद्ध के कुछ समय बाद ही सीनेटर प्रेन्टिस एम. ब्राउन ने तथाकथित बाधाओं की वैज्ञानिक जाँच करवाई।

जाँच से पता चला कि दर्रे में सबसे तेज़ हवा नवंबर 1940 के एक तूफ़ान में चली थी और इसकी गति अठहत्तर मील प्रति घंटे थी। सिविल इंजीनियरों ने कहा कि इसमें चिंता की कोई बात नहीं है, क्योंकि पुल इससे ढाई गुना तेज़ हवाओं को झेल सकता था।

इंजीनियरों ने खंभों और नींव के ऐसे डिज़ाइन बनाए, जो धरती पर कहीं भी पड़ने वाले बर्फ़ के दबाव से पाँच गुना ज़्यादा दबाव झेलने में समर्थ थे!

विस्तृत परीक्षणों से पता चला कि दर्रे के नीचे के पत्थर प्रति वर्ग फ़ुट साठ टन से ज़्यादा वज़न झेल सकते थे। गणनाओं से पता चला कि नींव इस तरह बनाई जा सकती है, ताकि दबाव सुरक्षित ढंग से पंद्रह टन प्रति वर्ग फ़ुट रखा जा सके।

जब इन वैज्ञानिक परीक्षणों ने पुरानी नकारात्मक बातों को ग़लत साबित कर दिया, तो लंबे समय से "असंभव" माने जाने वाले पुल को बनाने की योजनाएँ तैयार हुईं। बहरहाल जब निर्माण कार्य शुरू होने वाला था, तभी टैकोमा, वॉशिंगटन में एक पुल अचानक ढह गया। यह दुर्घटना ऊपर की तरफ़ दबाव डालने वाली हवा की शक्ति से हुई थी। कहीं मैकिनैक दर्रे में भी ऊपर की तरफ़ दबाव न आ जाए? इस आपत्ति का जवाब बहुत जल्दी खोज लिया गया। इंजीनियरों ने टैकोमा विध्वंस को एक महत्वपूर्ण सबक़ माना। उन्होंने कहा कि इससे उन्हें हवा के ऊर्ध्वगामी दबाव को बाहर निकालने के लिए पुल में जाली बनाने का महत्व पता चला।

इस तरह मैकिनैक दर्रे के पार सपनों का पुल आख़िरकार हक़ीक़त में बदल गया - जिसे पहले असंभव समझा जाता था। पाँच मील लंबा यह पुल पानी की सतह से 552 फ़ुट ऊँचा है।

प्रोजेक्ट इंजीनियर ने घोषणा की, "पर्याप्त इच्छाशक्ति, पर्याप्त बुद्धि और पर्याप्त विश्वास हो, तो कुछ भी किया जा सकता है।" उसने कितनी सही बात कही थी! जैसा हैरी इमर्सन फ़ोसडिक ने एक बार कहा था, "दुनिया आजकल इतनी तेज़ी से चल रही है कि जो आदमी कहता है कि कोई काम

नहीं किया जा सकता, उसे वह आदमी फ़ौरन रोक देता है, जो उस काम को पहले से ही कर रहा है।"

अगर आप किसी समस्या का सामना कर रहे हों और असंभव की अवधारणा से परेशान हों, तो तथाकथित असंभव तत्वों का यथार्थवादी, वैज्ञानिक अध्ययन करें। "असंभव" का फ़ैसला आम तौर पर समस्या के प्रति भावनात्मक प्रतिक्रिया से लिया जाता है। अक्सर इससे उबरा जा सकता है, बशर्ते हम शांत, भावहीन, बौद्धिक ढंग से तत्वों की जाँच करें, जैसा पुल के मामले में हुआ था।

यह कहना अतिशयोक्ति नहीं होगी कि मिथक हमेशा तथ्यों से हार जाते हैं! "यह असंभव है" की अवधारणा मिथक है! "यह काम किया जा सकता है और आप इसे कर सकते हैं" की अवधारणा तथ्य है। तथ्यों के साथ आगे बढ़ें। मिथकों से बचकर निकल जाएँ। इस तथ्य को बार-बार दोहराएँ और विश्वास करें कि रचनात्मक सोच का इस्तेमाल करके आप असंभव को संभव बना सकते हैं।

सच्चाई तो यह है कि सही चिंतन, विश्वास और साहस से तथाकथित असंभव को भी संभव बनाया जा सकता है। जो व्यक्ति यह बात जान लेगा, वह कभी पराजय को स्वीकार नहीं करेगा। वह संघर्ष और मेहनत करता रहेगा और सबसे बढ़कर, वह कभी ईश्वर, ज़िंदगी तथा ख़ुद पर यक़ीन करना नहीं छोड़ेगा।

कैंसर भी उसे नहीं रोक पाया

अख़बारों में एक व्यक्ति के बारे में बताया गया, जिसे रियर एडमिरल बनाया गया था। जूनियर नैवल ऑफ़िसर के रूप में उसे कैंसर हो गया और उसे नौकरी से निकाल दिया गया। उसने उस बीमारी के साथ चार मुश्किल राउंड जीत लिए। एक बार तो उसे बताया गया कि वह सिर्फ़ दो हफ़्ते ही ज़िंदा रह सकता है। लेकिन इलाज के अलावा उसकी दृढ़ आस्था ने काम किया और उसका कैंसर फैलना रुक गया।

इस आदमी ने पूरी ज़िंदगी नैवल ऑफ़िसर बनने के लिए मेहनत की थी, लेकिन कैंसर के रिकॉर्ड के कारण नौसेना ने उसे दोबारा नौकरी पर रखने से इंकार कर दिया। उसे बताया गया, "यह असंभव है", लेकिन वह जूझता रहा। आख़िरकार उसे पता चला कि उसे नौसेना में बहाल करवाने के लिए संसद के अधिनियम की ज़रूरत पड़ेगी। अब वह संसद के अधिनियम के पीछे

पड़ गया। आख़िरकार, राष्ट्रपति टूमैन ने एक विशेष क़ानून पर हस्ताक्षर किए, जिससे वह दोबारा नौसेना में पहुँच गया।

इस तरह इर्विन डब्ल्यू. रोज़ेनबर्ग यूनाइटेड स्टेट्स सेवन्थ फ़्लीट में रियल एडमिरल बन गए। एडमिरल रोज़ेनबर्ग ने कभी हार नहीं मानी। उनका एक लक्ष्य था और उन्होंने यह मानने से इंकार कर दिया कि उसे हासिल करना असंभव था। इस घटना से यह साबित होता है कि कोई भी इंसान जीवन की असंभव चीज़ों से जूझकर उन्हें संभव बना सकता है। वह ईश्वर की मदद और अपने नज़रिए से असंभव को संभव बना सकता है।

परिणामों की तस्वीर देखने और असंभव को नहीं मानने के सिद्धांतों का प्रयोग सिर्फ़ पुल बनाने वाले और एडमिरल ही नहीं करते हैं। पत्नियाँ और माताएँ भी इन सिद्धांतों का प्रयोग करती हैं, जैसा नीचे दिए पत्र से स्पष्ट है। इस पत्र में सकारात्मक आस्था के एक गहरे मानवीय अनुभव के बारे में बताया गया है :

बच्चा होना असंभव है

विवाह के तीन साल बाद भी जब मुझे कोई बच्चा नहीं हुआ, तो मैं सोचने लगी - क्यों? फिर मैं पाँच डॉक्टरों के पास गई और सभी ने मुझसे एक ही बात कही। अब तक मैं काफ़ी हताश हो चुकी थी, क्योंकि मुझे बच्चे की बहुत ज़्यादा चाहत थी। मेरे पति मुझसे कहते थे कि इससे फ़र्क़ नहीं पड़ता था, लेकिन मुझे फ़र्क़ पड़ता था। सभी डॉक्टरों ने मुझे बताया कि मेरी बच्चेदानी छोटी है। इसके अलावा मेरा ब्लड टाइप भी दुर्लभ है यानी ए ग्रुप पीएच (डी) निगेटिव। इस ग्रुप वाली महिलाओं को बच्चे नहीं हो सकते।

आख़िरी बार मैंने डॉक्टर से कहा, "आप लोगों से बड़ा डॉक्टर ऊपर बैठा है।" मैं घर गई और मैंने घुँघराले बालों वाली एक सुंदर छोटी लड़की की तस्वीर खोजी। वह तस्वीर बच्चों का सामान बनाने वाले एक विज्ञापन की थी। मैं उस तस्वीर को देखती रहती थी और ईश्वर से प्रार्थना करती थी कि वे मुझे मई महीने में तय बड़े ऑपरेशन से पहले बच्चा दे दें। डॉक्टर के यहाँ मैं फ़रवरी के आख़िर में गई थी। जल्दी ही मैं जान गई कि ईश्वर मेरी प्रार्थना का जवाब दे रहा था।

मैं मई के अंत में डॉक्टर से मिलने गई। मैंने उनसे और उनकी पत्नी से कहा, जो उनकी असिस्टेंट थीं, "मेरे बच्चा होने वाला है।" वे हँसने

लगे। फिर मैंने कहा कि वे मेरी जाँच करके ख़ुद देख लें। मेरे संकल्प को देखकर डॉक्टर ने जाँच की। वे हैरानी से एक-दूसरे को घूरने लगे। मैंने उनसे कहा, "मैं उस ऊपर वाले डॉक्टर से इलाज करवा रही थी, जिसके बारे में मैंने आपको बताया था।" तब मेरा गर्भ दो महीने का था। डॉक्टर ने कहा कि मैं तीन महीने से ज़्यादा का गर्भ नहीं झेल पाऊँगी। मैंने झेल लिया। फिर उसने कहा, "आप इसे सात महीने से ज़्यादा नहीं झेल पाएँगी।" मैंने वह भी कर लिया।

उसके बाद मेरे मन में एक बार भी इस बात पर शंका नहीं हुई कि ईश्वर प्रार्थनाओं के जवाब देता है। मेरी बेटी की अब शादी हो चुकी है और उसके दो बेटे हैं। उसका या लड़कों का ब्लड ग्रुप मेरे जैसा नहीं है, बल्कि मेरे पति जैसा है।

कुछ लोग बहुत आसानी से हार मान लेते हैं। बाक़ी लोग आसानी से हार तो नहीं मानते हैं, लेकिन मुश्किलें और असफलताएँ उन्हें धीरे-धीरे पस्त कर देती हैं। आख़िरकार वे थक जाते हैं, हताश हो जाते हैं और हार मान लेते हैं। जिस व्यक्ति में गहरा विश्वास और आंतरिक साहस होता है, वही जीवन के मुश्किल युद्धों में हार मानने से इंकार कर देता है और जीत जाता है।

डर से मत डरो

कुछ समय पहले मशहूर मनोरंजन अभिनेता मॉरिस शेवेलियर की मृत्यु हो गई। यह साहसी और अपराजेय इंसान अपनी याद छोड़ गए। कई दशकों तक इस अद्‌भुत व्यक्ति ने अपने स्ट्रॉ हैट, गुनगुनाती आवाज़ और बेतुकी मुस्कान से पूरी दुनिया के दर्शकों को आनंदित किया। वे अमेरिका के नंबर वन फ्रेंचमैन थे। उनके जैसा कोई नहीं था।

इतने सारे लोग उनके प्रशंसक क्यों थे ? उनके सम्मोहन, प्रतिभा, उत्साह, अद्‌भुत क्षमता के कारण ? शायद! लेकिन मैं उनका प्रशंसक इसलिए था, क्योंकि वे बहुत सहज थे। उनके व्यक्तित्व में कुछ भी बनावटी नहीं था। इसके अलावा मैं उनके साहस की भी क़द्र करता था। उनमें बहुत साहस था और उन्हें उसकी ज़रूरत भी थी।

साहस की कई परिभाषाएँ हो सकती हैं, लेकिन साहस का रहस्य यह है कि आसानी और ईमानदारी से असफलता की भावनाओं को स्वीकार किया जाए और फिर असफलता के बावजूद ईश्वर की मदद से आगे बढ़ा जाए तथा

अपना काम किया जाए।

शानदार कैरियर के दौरान एक रात को मॉरिस शेवेलियर का सिर अचानक चकराने लगा। यह मंच पर जाने से ठीक पहले हुआ था। ऐसा लग रहा था, जैसे उनके दिमाग़ में आग लग गई हो। ऐसा लग रहा था, जैसे निर्देशक बहुत दूर से उन्हें इशारा कर रहा हो। उन्होंने सामान्य तरीक़े से काम करने की पूरी कोशिश की, लेकिन उनका दिमाग़ बहुत उलझा हुआ था। वे बहुत निराशाजनक रूप से चकरा रहे थे। उनके साथी अभिनेताओं ने उनकी इस अक्षमता को ढँकने की कोशिश की, लेकिन जिस चमत्कारी प्रदर्शन के लिए मॉरिस शेवेलियर मशहूर थे, वह नहीं हो पाया। वे बार-बार झिझक रहे थे, बड़बड़ा रहे थे। इस महान अभिनेता को अपने कैरियर में पहली बार असफलता मिली थी।

उन्हें आराम करने का सुझाव दिया गया। वे फ़्रांस के दक्षिणी हिस्से में चले गए, जहाँ वे डॉ. रॉबर्ट डुबॉय की देखभाल में रहे। उन्होंने डॉक्टर से कहा, "मैं हारा हुआ आदमी हूँ। मुझे असफल होने का डर है। अब मेरा कोई भविष्य नहीं है।" आहत तंत्रिका तंत्र को सुधारने के लिए उन्हें लंबा घूमने की सलाह दी गई। लेकिन अंदरूनी घबराहट नहीं गई। वे अब भी गहराई तक डरे हुए थे। उनका सारा आत्मविश्वास चला गया था।

कुछ समय बाद जब डॉ. डुबॉय ने सोचा कि शेवेलियर इसके लिए तैयार हैं, तो उन्होंने सुझाव दिया कि वे गाँव के हॉल में मुट्ठी भर दर्शकों का मनोरंजन करें। मॉरिस ने कहा, "यह सोचकर ही मैं दहशत में आ गया। इस बात की क्या गारंटी है कि मेरा दिमाग़ दोबारा सुन्न नहीं हो जाएगा और मेरा सिर दोबारा नहीं चकराएगा?"

"कोई गारंटी नहीं है," डॉक्टर ने जवाब दिया, "लेकिन आपको असफलता से नहीं डरना चाहिए। आप दोबारा स्टेज पर क़दम रखने से डर रहे हैं और इस तरह ख़ुद को यक़ीन दिला रहे हैं कि आपके दिन ख़त्म हो चुके हैं। लेकिन डर कभी कारण नहीं होता है। यह सिर्फ़ एक बहाना है। जब कोई बहादुर आदमी डर का सामना करता है, तो वह इसे स्वीकार करता है और इसके बावजूद आगे बढ़ता है। डर से मत डरो। आगे बढ़ो और प्रदर्शन करो।"

मॉरिस ने उस छोटे से क़स्बे में गिने-चुने लोगों के सामने प्रदर्शन करने से पहले डर की ख़ामोश वेदना झेली, लेकिन फिर वे आगे बढ़े और उन्होंने बहुत अच्छा प्रदर्शन किया। ख़ुशी उनके भीतर घुमड़ने लगी। "मैं जानता हूँ

कि मैंने स्थायी रूप से डर को नहीं जीता था। लेकिन मैंने इसे स्वीकार कर लिया था और इसके बावजूद आगे बढ़ा था। योजना कामयाब हो गई!"

छह दशक पहले फ्रांस के उस छोटे से गाँव में मॉरिस शेवेलियर के प्रदर्शन के बाद उन्होंने हर जगह विशाल जनसमूह के सामने प्रदर्शन किया। बाद में उन्होंने कहा, "जीवन में डर के कई पल आए। डॉक्टर ने सही कहा था। कोई गारंटी नहीं है। लेकिन मैंने डर के कारण कभी स्टेज छोड़ने का फ़ैसला नहीं किया।"

और मॉरिस ने आगे कहा, "मेरे अनुभव ने मुझे यह सिखाया है कि अगर आप आदर्श पल का इंतज़ार करते हैं, जब सब कुछ सुरक्षित हो, तो ध्यान रखें कि वह पल शायद कभी नहीं आएगा। पर्वत शिखर नहीं जीते जाएँगे, दौड़ें नहीं जीती जाएँगी और स्थायी ख़ुशी कभी हासिल नहीं हो पाएगी।"

और मॉरिस शेवेलियर ने ख़ुशी हासिल कर ली। उन्होंने कभी ज़िंदगी का मैदान नहीं छोड़ा। वे नाचते और गाते हुए लाखों लोगों के दिल में जगह बनाते रहे, जो उनसे प्रेम करते थे और उनका सम्मान करते थे। उनकी याद हमेशा क़ायम रहेगी, क्योंकि वे एक ऐसे इंसान थे, जिन्होंने ख़ुद पर विजय पाई थी। उन्होंने हार नहीं मानी। और उन्होंने हार इसलिए नहीं मानी, क्योंकि उन्होंने सभी मानवीय समस्याओं में निहित महान सबक़ सीख लिया - अगर आप ठान लें, तो कुछ भी कर सकते हैं।

आस्था अजेय है

जब सर्वशक्तिमान ईश्वर ने इंसान की रचना की, तो उसने उसकी प्रकृति में महानता का अंश भी रख दिया। यह सच है कि इंसान में अच्छाई और बुराई दोनों होती हैं। लेकिन वह चाहे जितना कमज़ोर हो, उलझा हो, पराजित हो, फिर भी यह बात तो रहती है : उसके भीतर कोई न कोई ऐसी चीज़ होती है, जो उसे ईश्वर की संतान कहलाने का हक़दार बनाती है। चाहे राह में कितनी ही मुश्किलें और संकट आएँ, लेकिन उसमें गरिमा और शक्ति के साथ इन सबसे उबरने और शिखर पर पहुँचने की क्षमता होती है।

यह बात उस टैक्सी ड्राइवर में थी, जो मुझे एक दोपहर को केनेडी एयरपोर्ट से शहर तक ले गया। शुरू से ही मुझे वह टैक्सी ड्राइवर पसंद आया। उसने काफ़ी चौड़ी मुस्कान से मेरा स्वागत किया। हमारे बीच बातों का सिलसिला शुरू हो गया। एक लाल बत्ती पर रुकते हुए उसने मुड़कर पूछा, "आपका नाम क्या है?" जब मैंने नाम बताया, तो वह बोला, "मुझे यही लगा था। मैं रेडियो

पर आपके भाषण सुनता हूँ। मैं आपकी आवाज़ पहचान गया था।"

फिर उसने आगे कहा, "मुझे आपसे मिलकर ख़ुशी हुई। अजीब बात है कि आप इस समय मेरी गाड़ी में बैठे।" उसके मुँह से शब्द धीरे-धीरे और कोशिश के बाद निकल रहे थे। "देखिए, मेरी पत्नी की मृत्यु हो गई है। अंत्येष्टि कल ही हुई थी। हम लोगों की शादी को लगभग तीस साल हो गए थे। उससे मधुर स्वभाव वाली महिला मैंने ज़िंदगी में नहीं देखी। वह तो देवदूत थी। उसमें सिर्फ़ अच्छाई थी। वह सबसे प्यार करती थी और सब उससे प्यार करते थे। वह इन वर्षों में मेरे लिए इतनी अच्छी थी ... मैं उसके बिना जीने की कल्पना नहीं कर सकता।"

मैंने बेहद नरमी से कहा, "मुझे लगता है कि वह अब भी तुम्हारे साथ है। वह हमेशा तुम्हारे बारे में सोचती रहेगी। वह हमेशा आत्मा में तुम्हारे साथ रहेगी। तुम्हें उसका प्रेम महसूस करने से राहत मिलेगी।"

"धन्यवाद," उसने भावनात्मक जोश से कहा। "वह बहुत बढ़िया थी। काश आप उससे मिले होते!"

एक पल के लिए ख़ामोश रहने के बाद वह दोबारा बोलने लगा। "ज़िंदगी मुश्किलों से भरी है, है ना ? मेरे पाँच बच्चे हैं। उनमें से चार बहुत अच्छे हैं, लेकिन एक बहुत बड़ी समस्या बन चुका है। वह नशा करने लगा है और बुरी संगत में रहने लगा है। वह नफ़रत और ओछेपन से भरा है। मैं उसके बारे में बहुत चिंतित हूँ। उसके साथ कुछ कर नहीं पा रहा हूँ। इससे उसकी बेचारी माँ का दिल टूट गया। अब मुझे इस बच्चे का माता-पिता दोनों बनना है।"

मैं सहानुभूति की बातें कहने लगा, लेकिन उसने बीच में कहा, "मैं जानता हूँ, आप क्या कहेंगे ?" और उसने मुझे आश्वस्त किया, "ईश्वर की मदद से मैं इस समस्या से निबट सकता हूँ। मेरे बारे में चिंता न करें। मैं ठीक हूँ।"

फिर उसने एक ज़बर्दस्त वाक्य कहा, जिसमें बहुत गहरी सच्चाई है। उसने कहा, "आप अपने साथ होने वाली किसी भी चीज़ से ज़्यादा बड़े हैं।" कितनी ज़बर्दस्त बात है!

वह व्यक्ति सशक्त था। वह जानता था कि आस्थावान व्यक्ति अजेय होता है। और वह आस्थावान था। पत्नी के विछोह के दर्द और बिगड़े हुए बच्चे की चिंता के बावजूद वह कह सकता था, "आप अपने साथ होने वाली किसी भी चीज़ से ज़्यादा बड़े हैं।" इस दुनिया में कुछ सचमुच महान इंसान रहते हैं और यह व्यक्ति उनमें से एक है। हम सबमें यह अजेयता का गुण

होता है। अगर आप सोच लें, तो कुछ भी कर सकते हैं।

हमने अब तक इस अध्याय में क्या कहा है ?

1. *अगर आप ठान लें, तो आप कुछ भी कर सकते हैं। जैसा आप सोचेंगे, वैसा ही होगा। तो फिर सोच लें कि आप कोई काम कर सकते हैं और आप उसे सचमुच कर लेंगे।*
2. *थॉमस ए. एडिसन के इस ज़बर्दस्त कथन को याद रखें : "अगर हम वे सारे काम कर दें, जिन्हें करने में हम समर्थ हैं, तो हम दरअसल ख़ुद को ही हैरान कर देंगे।"*
3. *जैसा रुडयार्ड किपलिंग ने कहा था, "हमारे पास असफलता के चार करोड़ कारण हैं, लेकिन बहाना एक भी नहीं है।"*
4. *हो सकता है आपके मन में शेर न हो, लेकिन निश्चित रूप से आपके दिमाग़ में एक बाज है।*
5. *ख़ुश रहें कि आपको यह कभी नहीं बताया गया कि आप क्या नहीं कर सकते। और अगर आपको यह बताया गया हो, तो उसे नकार दें।*
6. *अपनी मानसिक प्रक्रियाओं से "असंभव" शब्द हटा दें।*
7. *"दुनिया आजकल इतनी तेज़ी से चल रही है कि जो आदमी कहता है कि कोई काम नहीं किया जा सकता, उसे वह आदमी तत्काल रोक देता है, जो उस काम को पहले से कर रहा है।"*
8. *आप असंभव को संभव बना सकते हैं।*
9. *कभी भी – कभी भी पराजय को स्वीकार न करें।*
10. *आप अपने साथ होने वाली किसी भी चीज़ से ज़्यादा बड़े हैं।*

सात

आप किस चीज़ से डरते हैं? उसे भूल जाएँ!

एक अस्पताल की "डर तालिका" में एक सौ एक गोपनीय डर दिए गए हैं। इनमें एगोराफ़ोबिया (खुली जगहों का डर) और क्लॉस्ट्रोफ़ोबिया (बंद जगहों का डर) से लेकर एक्रोफ़ोबिया (ऊँची जगहों का डर) तक का ज़िक्र है। और मानें या न मानें, ऊपर दिए गए तीन डरों के अलावा 98 डर और होते हैं। इसका मतलब है कि डर एक बहुत बड़ी समस्या है। अगर आप प्रभावी ढंग से जीना चाहते हैं और सुखी बनना चाहते हैं, तो डर से उबरना बहुत महत्वपूर्ण है।

मशहूर मेयो क्लीनिक के संस्थापक डॉ. चार्ल्स मेयो ने कहा था, "चिंता रक्त-प्रवाह, हृदय, ग्रंथियों, पूरे नर्वस सिस्टम को प्रभावित करती है और हृदय को तो बहुत ज़्यादा प्रभावित करती है।" रॉबर्ट फ़्रॉस्ट ने घोषणा की थी, "चिंता काम से ज़्यादा लोगों को इसलिए मारती है, क्योंकि ज़्यादातर लोग काम करने के बजाय चिंता करते रहते हैं।"

ज़ाहिर है, मैं न तो मनोविश्लेषक हूँ, न ही मनोवैज्ञानिक, लेकिन मैं लोगों को असामान्य डर से मुक्ति दिलाने की बरसों से कोशिश कर रहा हूँ, जिसमें मुझे थोड़ी-बहुत सफलता भी मिली है। यह ग़ैर-तकनीकी अध्याय इसी बारे में है।

यह अध्याय पूछता है, आप किस चीज़ से डरते हैं? और फिर यह सुझाव देता है कि आप उसे भूल जाएँ! और ऐसा करने के लिए विश्वास से डर को ख़त्म करने की प्रक्रिया शुरू करें। विश्वास से बड़ी शक्ति इस दुनिया में नहीं है, बशर्ते विश्वास गहरा और सच्चा हो। इसके बहुत आश्चर्यजनक परिणाम मिल सकते हैं। विश्वास कोई अस्थायी राहत नहीं है, यह तो डर का पूरा

इलाज है - डर का इकलौता अचूक इलाज।

मस्तिष्क पर नियंत्रण के लिए दो बड़ी विचार प्रक्रियाएँ प्रतिस्पर्धा करती हैं : डर और विश्वास। यह न भूलें कि विश्वास ज़्यादा सशक्त है - बहुत ज़्यादा सशक्त। विश्वास की प्रबल शक्ति के विचार को पकड़े रहें, जब तक कि आप इसमें यक़ीन न करने लगें, क्योंकि यह न सिर्फ़ सफलता और असफलता के बीच का फ़र्क़ है, बल्कि शायद जीवन और मृत्यु के बीच का फ़र्क़ भी हो सकता है। हमेशा याद रखें - आपको डर-डरकर जीने की कोई ज़रूरत नहीं है। विश्वास की शक्ति डर को दूर भगा सकती है। इसका प्रमाण कई चिंतित लोगों के जीवन की घटनाओं में मिलता है, जिनके विश्वास ने आख़िरकार डर को उनके दिमाग़ से बाहर निकाल दिया। आप भी अपने डर पर विजय पा सकते हैं, बशर्ते आप यह सोचना सीख लें कि आप ऐसा कर सकते हैं। दृढ़ विश्वास के साथ यह काम कर सकते हैं।

विश्वास पर पूरी तरह निर्भर होने पर आप उस पैराट्रूपर की तरह मुक्ति और ख़ुशी महसूस करेंगे, जिसने कहा था, "पहली बार जब मैं हवाई जहाज़ से कूदा था, तो मेरे भीतर की हर चीज़ ने प्रतिरोध किया था। मौत और मेरे बीच एक रस्सी और रेशम का छोटा सा टुकड़ा था। मुझे मानना होगा कि मैं बहुत डरा हुआ था। लेकिन जब मुझे पता चला कि रेशम का टुकड़ा मुझे थामे रहेगा, तो मुझे आनंद की बहुत ज़बर्दस्त भावना महसूस हुई। मुझे सकारात्मक आनंद महसूस हुआ कि अब मुझे किसी चीज़ का डर नहीं था। डर से मुक्ति के कारण मुझमें अविश्वसनीय ख़ुशी भर गई। मैं सचमुच नीचे नहीं उतरना चाहता था। मैं बहुत ज़्यादा ख़ुश था।"

डर हमें सताता और पराजित करता है, क्योंकि हम उस चीज़ पर विश्वास करने में हिचकते हैं, जिसे हम कमज़ोर चीज़ मानते हैं - वह रेशम का टुकड़ा, जिसे विश्वास कहते हैं। लेकिन जब हमारे पास विश्वास होता है, तो पैराट्रूपर की तरह हम पाते हैं कि यह रहस्यमय और महत्वहीन दिखने वाला तत्व दरअसल हमें ऊपर उठा देता है। इस रोमांचक एहसास को पाने के बाद आप बेहद ख़ुश होंगे। आप असंभव को भी संभव बना लेंगे, क्योंकि आस्था उन शक्तियों को सक्रिय कर देती है, जिनका आपको पता भी नहीं होता है।

विश्वास का एड्रीनलिन

उदाहरण के लिए, मैं आपको एक युवा माँ का प्रसंग बताता हूँ, जिसे पानी से बहुत डर लगता था। उसने कभी तैरना नहीं सीखा था और वह पानी से

यथासंभव बचती थी। बहरहाल, यह इतना आसान नहीं था, क्योंकि वे लोग एक गहरी और तेज़ बहाव वाली नदी के किनारे पर रहते थे।

उनकी कहानी उन्हीं के मुँह से सुनें : ("आई फ़्लॉट द रिवर फ़ॉर माई चाइल्ड," हेलन मिलर, *गाइडपोस्ट्स*, अगस्त 1961)

धूप निकली हुई है और मेरे तीन छोटे बच्चे पीछे वाले अहाते में खेल रहे हैं। मैं किचन की खिड़की से उन पर नज़र रख रही हूँ।

3 साल की मारिजेन अंदर आती है। "मम्मी, मैं कीचड़ में सन चुकी हूँ।" मैं उसकी गहरी भूरी ड्रेस उतारकर भड़कीली नारंगी ड्रेस पहना देती हूँ। मैं यह काम एक हाथ से करती हूँ। पिछले महीने मेरे दाहिने हाथ में चोट लग गई थी। इसमें अब भी पट्टी बँधी हुई है और यह एक तरह से बेकार है।

मारिजेन बाहर निकलकर एक बार फिर झूले पर पहुँच जाती है। फिर मेरे पति मेरा गाल चूमकर कहते हैं, "स्टोर जा रहा हूँ ... थोड़ी देर में आता हूँ।" दरवाज़े की घंटी बजती है। मेरी एक सहेली आ गई है। हम कुछ मिनट तक पोर्च पर बातचीत करते हैं, फिर वह चली जाती है। मैं बच्चों को देखने जाती हूँ। पाँच साल की बेनिसिया और चार साल का ली आँगन में अकेले हैं। मैं पूछती हूँ, "मारिजेन कहाँ है?"

"वह बतख़ पकड़ने गई है, मम्मी।" बेनिसिया सँकरी खाड़ी की तरफ़ इशारा करती है।

सँकरी खाड़ी!

खाड़ी के किनारे पर कोई नही दिख रहा है। एक ही पल में मैं नदी किनारे पहुँच जाती हूँ। पानी किनारे के ऊपर तक आ चुका है। बीच में बहुत तेज़ धारा बह रही है, जो थोड़ी दूर आगे जाकर प्रपात में बदल जाती है। मैं राहत की साँस लेती हूँ - वह यहाँ नहीं है, लेकिन ज़रा ठहरो! किनारे से दूर थोड़े अँधेरे में वह नारंगी चीज़ क्या है? उस पल के बाद मेरा दिमाग़ शरीर से अलग हो गया। इसका कोई वज़न नहीं था, कोई एहसास नहीं था, समय या दूरी का कोई भान नहीं था... सिर्फ़ अंधा, अतार्किक, दमघोंटू डर था।

ख़तरनाक धारा में वह चमकीली नारंगी चीज़ मेरी बच्ची है। मुझे उसकी मदद करनी होगी। भागो! भागो! सड़क आधे ब्लॉक दूर है। वहाँ

पहुँचकर मैं पाती हूँ कि मदद करने के लिए आस-पास कोई नहीं है। सड़क ख़ाली है।

मैं वापस भागकर आती हूँ और कँटीली झाड़ियों के बीच से रास्ता बनाती हूँ। फिर मैं पानी में छलाँग लगा देती हूँ। यह मेरे सिर के ऊपर आ गया। यह बर्फ़ जैसा ठंडा है। मैं तलहटी नहीं छू पाती! मैंने तैरना *क्यों* नहीं सीखा ? मेरा दिल एक प्रार्थना ऊपर भेजता है - प्यारे ईश्वर, मेरी मदद करो। मेहरबानी करके मेरी मदद करो! मैं ऊपर को होती हूँ और टूटी हुई जड़ों को पकड़ लेती हूँ।

तेज़ी से घुमड़ती धारा मुझे डराती है, लेकिन धारा और किनारे के बीच में पानी का एक शांत भँवर है और उसी में मेरी बच्ची पीठ के बल लेटी है, जैसे नींद में हो। उसके हाथ उसके दोनों तरफ़ तैर रहे हैं। उसकी आँखें बंद हैं, उसका चेहरा बैंगनी है। प्यारे ईश्वर, मदद करो! एक और सेकंड में वह वहाँ आ जाएगी, जहाँ मैं उसे पकड़ सकती हूँ।

एक हाथ से मैं जड़ों को पकड़ती हूँ। दूसरे यानी बेकार हाथ को मैं उसकी तरफ़ बढ़ाती हूँ। बेकार ? अब यह बेकार नहीं है! अब इसमें कोई दर्द, कोई कमज़ोरी नहीं है। मेरा हाथ जेनी को छूता है और उसे सतह से थोड़ा सा ऊपर उठा लेता है।

वह अपनी बच्ची को बचा लेती है

लेकिन मैं उसे सुरक्षित जगह तक कैसे ले जा पाऊँगी ? किनारा मेरे सिर के दो फ़ुट ऊपर है। जैनी का वज़न फूल जैसा लगता है, जब मैं उसे उठाकर किनारे पर फेंकती हूँ। वह धम्म से ज़मीन से टकराती है और मुझे यह देखकर दहशत होती है कि वह धीरे से लुढ़ककर मेरे इंतज़ार करते हाथों में वापस लौट आती है। एक बार फिर मैं उसके छोटे शरीर को उछालती हूँ। दोबारा वह तेज़ धम्म के साथ गिर जाती है। लेकिन इस बार एक आह, एक सिसकी की आवाज़ आती है और वह वापस नहीं लौटती है। मैं जड़ों को कसकर पकड़ लेती हूँ और ख़ुद को पानी से बाहर निकालती हूँ। जब मैं उसे ऊपर उठाती हूँ, तो उसकी सिसकी रोने में बदल जाती है। यह आवाज़ बहुत मधुर लगती है।

अजीब चीख़ों की आवाज़ मेरे कान में दाख़िल होती है। एक अरसे बाद मुझे एहसास होता है कि वे चीख़ें मेरी ही हैं। एक औरत प्रकट होती है और जेनी को मेरे हाथ से ले लेती है।

फ़र्स्ट-एड देने वाले लोग आ चुके हैं। मेरे पति भी आ गए हैं उनका चेहरा डर के मारे सफ़ेद है। इतना सब कुछ इतने कम वक़्त में कैसे हो गया, जो उन्हें स्टोर से आने-जाने में लगा था? मेरे पति मारिजेन को अस्पताल ले जाते हैं।

मैं नहीं जानती कि मैं घर कैसे पहुँची, लेकिन एक औरत की छायादार आकृति मेरे साथ है। एक आवाज़ बोल रही है "सदमा"... "गर्म पानी से नहलाना"... एक चेहरा आँखों के सामने धीरे-धीरे तैरता हुआ आया, जब उस औरत ने मेरे चिपके हुए कपड़े उतारने में मेरी मदद की।

अब जाकर मुझे एहसास होता है कि मैं नंगे पैर हूँ। मैंने कितनी ख़ुशी से नदी को इसका पुरस्कार दे दिया - मेरे जूते। अब जाकर मुझे एहसास होता है कि मुझे तेज़ जलन और दर्द हो रहा है। मैं ख़ून भरी लंबी धारियाँ देखती हूँ, जहाँ जड़ों ने मेरा मांस नोच लिया है - वही शानदार जड़ें, जिन्होंने ज़िंदगी बचाने वाले हाथ को पकड़ने की जगह दी थी।

लोग लौट आए। मेरे पति जेनी को अंदर ले आए। जेनी के शरीर का तापमान 94 डिग्री था, इससे डॉक्टर ने अंदाज़ा लगाया कि वह उस बर्फ़ीले पानी में 30 मिनट तक रही होगी, लेकिन वह बिलकुल ठीक हो जाएगी। कोमलता से उसे बिस्तर पर लिटा दिया गया।

मैं बिस्तर के पास झुककर अपनी बच्ची को देखती हूँ। मैंने पहले यह क्यों नहीं सोचा कि किसी बच्चे को साँस लेते देखना कितना अद्‌भुत होता है? धन्यवाद, प्यारे ईश्वर, धन्यवाद।

जब उसकी छोटी लड़की की ज़िंदगी दाँव पर लगी थी, तो उस भयंकर संकट में इस माँ ने पाया कि उसके भीतर उसके डर से बड़ी एक शक्ति है। यह शक्ति इतनी गहरी थी कि उसमें प्रचंड शक्ति का संचार हुआ और वह साहस तथा सहनशीलता का अविश्वसनीय काम कर पाई।

डर हमें हरा देता है, रोके रखता है, कमज़ोर महसूस कराता है। इसका एकमात्र कारण यह है कि हमारा मस्तिष्क डर से भरा होता है। लेकिन जब कोई संकट आता है, जैसा, इस माँ और बच्ची पर आया था, तो हम उस महाशक्ति का अनुभव करते हैं, जो अब तक छिपी थी और सक्रिय नहीं हुई थी। परिणामस्वरूप हम ऐसे काम कर जाते हैं, जिनके बारे में हमने सपने में भी नहीं सोचा था, क्योंकि और कोई विकल्प नहीं था। तब आप सचमुच जान जाते हैं कि आप कर सकते हैं, क्योंकि आपका मस्तिष्क उस शक्ति की

सच्चाई को स्वीकार कर लेता है, जिसका आपको अब तक एहसास नहीं था। यह एड्रीनलिन के इंजेक्शन से ज़्यादा कारगर है। यह विश्वास का सशक्त इंजेक्शन है, जो डर को पूरी तरह जला देता है और ख़त्म कर देता है।

अगर इंसान का मानसिक तंत्र संकट में इस तरह से प्रतिक्रिया करता है, तो फिर इसे सामान्य स्थितियों में भी उतने ही अविश्वसनीय काम करने के लिए प्रशिक्षित क्यों नहीं किया जा सकता, ताकि रोज़मर्रा के जीवन में भी ऐसा हो सके ? जवाब है, ऐसा सचमुच हो सकता है – डर के बजाय विश्वास के अभ्यास द्वारा, जब तक कि विश्वास की प्रक्रिया आदत न बन जाए। हमें सिर्फ़ अपने विचार बदलने होंगे और सोचना होगा कि हम कर सकते हैं। फिर हम सचमुच आश्चर्यजनक प्रदर्शन कर पाएँगे।

प्रदर्शन के उस स्तर तक पहुँचने का मूलभूत तरीक़ा डर नामक स्याह चीज़ को समझना है – इसकी हक़ीक़त जानना है, इसके सामने सीना तानकर खड़ा होना है और विश्वास से इसका मुक़ाबला करना है। दरअसल, अगर आपमें पर्याप्त विश्वास है, तो दुनिया की कोई चीज़ आपको चोट या नुक़सान नहीं पहुँचा सकती।

डर को समझना

एसोशिएटेड प्रेस को दिए इंटरव्यू में मशहूर युद्धक़ैदी कैप्टेन जेरेमिया ए. डेंटन, जूनियर, यू.एस.एन. बताते हैं कि उत्तर वियतनाम की जेल में उन्होंने डर, यातना और दर्द पर विश्वास की अद्‌भुत शक्ति को किस तरह महसूस किया था :

> युद्धबंदी के रूप में सभी चुनौतियों और कष्टों के बारे में मेरे अनुभवों के बाद मेरा मानना है कि दूसरों की और मेरी प्रार्थनाओं से हासिल आध्यात्मिक संबल ने मेरे ज़िंदा रहने में सबसे महत्वपूर्ण भूमिका निभाई थी।
>
> मेरा मानना है कि अधिकांश युद्धबंदी इसी तरह से महसूस करते हैं। हम सभी अब ख़ुद के साथ शांति से हैं। मैंने जितना देखा है, उसके बाद मैंने यह सबसे बड़ा सबक़ सीखा है कि दबाव में होने पर इंसान उल्लेखनीय प्रदर्शन कर सकता है।
>
> अक्टूबर 1966 में मैं एक युद्धबंदी शिविर की यातना भोग रहा था। तब मैंने प्रार्थना करके ख़ुद को ईश्वर के हवाले कर दिया और मेरी कोई प्रार्थना कभी इतनी अच्छी तरह से कामयाब नहीं हुई।
>
> एक दुष्ट अफ़सर ने लच्छेदार बातों से मुझ पर दबाव डाला कि मैं

दूसरों को बग़ावत के लिए न उकसाऊँ। उसने आख़िरकार नरम नीति छोड़ दी और मुझे पाँच दिनों तक यातना कक्ष में रख दिया। यह बहुत दर्दनाक था। वह चाहता था कि मैं उसे यह लिखकर दूँ कि कैंप के क़ैदियों में जानकारी का आदान-प्रदान कैसे होता है।

पाँच दिन बाद मैंने क़ैदियों के संचार तंत्र के बारे में एक हानिरहित बात लिख दी। मैं जानता था कि मैं उन्हें कोई नई बात नहीं बता रहा हूँ, क्योंकि उन्हें यह बात पहले से ही पता थी। मुझे उम्मीद थी कि वे इसे स्वीकार कर लेंगे, क्योंकि यह उन्हें अपनी जीत लगती कि मैंने कुछ लिख दिया था। लेकिन उन्होंने ऐसा करने से इंकार कर दिया।

उन्होंने मुझे और पाँच दिन तक यातना कक्ष में वापस डाल दिया। उस वक़्त मैंने ईश्वर से कहा कि अब उसे स्थिति सँभालनी होगी। मेरी सहनशक्ति जवाब दे रही थी और मैं अपनी अंतिम सीमा पर पहुँच गया था।

मैं जानता था कि अगली बार मैं कोई नुक़सानदेह चीज़ लिख दूँगा, इसलिए मैंने हर चीज़ ईश्वर के हवाले कर दी।

मेरी किसी प्रार्थना का पहले कभी इतना शानदार जवाब नहीं आया था।

जैसे ही मैंने प्रार्थना पूरी की, मुझे राहत मिल गई और दर्द का एहसास ख़त्म हो गया। जब उन लोगों ने मेरी बुरी तरह धुनाई की और मुझे अधिकतम यातना दी, तब भी मैं उतनी ही आरामदेह स्थिति में था, मानो किसी शानदार जगह पर आराम से बैठा हूँ।

विश्वास नामक सशक्त सच्चाई के साथ जीना सीखें, क्योंकि विश्वास आपका शत्रु नहीं, मित्र है, जैसा कैप्टेन डेंटन के अनुभव से इतने सशक्त तरीक़े से साबित होता है।

यह संकल्प कर लें कि आप अपने डरों से घबराकर हिचकोले नहीं खाएँगे। मानसिक रूप से उनका सामना करें और उन्हें ख़ुद पर हुक़ूमत करने की शक्ति देने से इंकार करें - अपने रोज़मर्रा के जीवन में भी।

जिस काम से आप डरते हों, उसे कर दें

मैंने कहीं पर एक बूढ़े आदमी का रोचक प्रसंग पढ़ा था, जो उसने अपने कैरियर के शुरुआती दिनों के बारे में लिखा था। वह एक वीरान पहाड़ी रेलवे

स्टेशन में टेलीग्राफ़ ऑपरेटर नियुक्त हुआ था और उसे शाम को सात बजे से सुबह सात बजे तक ड्यूटी पर रहना था। नौकरी की पहली रात को एक मालगाड़ी ने उसे वीरान स्टेशन पर उतार दिया। उसे डर लगने लगा, क्योंकि उस वीरान जगह पर वह अकेला रह गया था। जब मालगाड़ी छुक-छुक करती हुई घाटी में नीचे उतर गई और इसकी सीटी की आवाज़ दूर हो गई, तो उसे सन्नाटे का एहसास हुआ। वहाँ सिर्फ़ सन्नाटा था - गहरा ख़तरनाक सन्नाटा। फिर उसे यह एहसास हुआ कि मीलों दूर तक कोई मदद मिलने की उम्मीद नहीं थी। इससे उसे डर तथा अप्रिय आशंका होने लगी। ऑफ़िस के अंदर जाकर उसने सारी बत्तियाँ जला लीं, दरवाज़ा बंद कर दिया और अंदर से ताला लगा दिया। घबराहट में उसने खिड़कियों के सभी शेड नीचे खींच दिए। अँधेरे और अकेलेपन से डरकर उसने पूरी रात ख़ुद को उस स्टेशन के भीतर क़ैद रखा।

रात में उसे चारों तरफ़ से सभी तरह की आवाज़ें सुनाई दे रही थीं। वह दहशत में था तथा जंगली जानवरों और चोर-डकैतों के आने की कल्पना से सिहर रहा था। वह बेसब्री से सुबह की रोशनी का इंतज़ार कर रहा था। उसने ख़ुद से कहा, "मैं यहाँ नहीं टिक सकता।" लेकिन मजबूरी के चलते वह डर के बावजूद उस काम को करता रहा।

आख़िरकार एक सुबह जब दूसरी शिफ़्ट का कर्मचारी ड्यूटी पर आया, तो उसने कहा, "देखो बिल, मैं अब यह काम और नहीं कर सकता। मुझे स्वीकार करना होगा कि अँधेरा मेरी जान निकाल लेता है।"

बिल ने कहा, "मैं समझता हूँ, लेकिन शायद दिक़्क़त यह है कि तुम अँधेरे को दरअसल जानते नहीं हो। तुमने इसके साथ परिचय करने की ज़हमत नहीं उठाई है। अँधेरा तुम्हारा दुश्मन नहीं है। एक और रात के लिए इसे आज़माओ, लेकिन इस बार अँधेरे को जानने की कोशिश करो। ख़ुद को किसी डरे हुए ख़रगोश की तरह बंद मत करो। बाहर ऐसा कुछ नहीं है, जिससे डरा जाए।"

अगली रात को डर के बावजूद उसने दरवाज़े और खिड़कियों को खुला रखा और शेड भी ऊपर कर दिए। उसे यह जानकर हैरानी हुई कि इससे बहुत फ़ायदा हुआ। उसे रात की ख़ुशबू आने लगी। आख़िरकार वह बाहर निकला और आसमान की अँधेरी चादर को देखने लगा, जिस पर सितारे झिलमिला रहे थे। चाँद की सफ़ेद रोशनी पेड़ों को चमका रही थी। बाद में उसने बताया

कि यह उसके सबसे महान अनुभवों में से एक था। उसने रात का सामना करना और अपने डरों के सामने तनकर खड़े होना सीख लिया। अँधेरे को जानना सीखकर उसने अँधेरे के डर को ख़त्म कर लिया।

अपने डर पर क़ाबू पाने की समस्या बेहद महत्वपूर्ण है। महान अँग्रेज लेखक थॉमस कार्लायल ने कहा था, "मनुष्य का पहला कर्तव्य अब भी डर को हराना है।" और इस हराने की प्रक्रिया में एक चीज़ बहुत महत्वपूर्ण है : कर्म - सकारात्मक, सीधा कर्म। डर का सामना किया जाना चाहिए, इसलिए इसका सामना करें - कर्म करें। थियोडोर रूज़वेल्ट ने कर्म की इस प्रबल विधि का इस्तेमाल किया था। उन्होंने इस काम को बहुत अच्छी तरह किया, क्योंकि उनमें प्रबल मानसिक शक्ति थी। उन्होंने कहा, "मुझे बहुत बार डर लगा है, लेकिन मैंने कभी इसके सामने घुटने नहीं टेके। मैंने इस तरह काम किया, मानो मुझे डर नहीं लग रहा हो और फिर धीरे-धीरे मेरा डर ग़ायब हो गया।"

जब आप किसी चीज़ से डर रहे हों, तो इससे संबंधित कल्पनाओं में व्यस्त न रहें। इसके बजाय तत्काल कर्म करें। इस पर हमला करें, जमकर प्रहार करें। आप जितनी जमकर प्रहार करेंगे, उतनी ही जल्दी और निश्चित रूप से डर दूर होगा।

एक मिडवेस्टर्न सिटी के हवाई अड्डे पर मुझे एक युवा सेल्स मैनेजर मिला, जिसे मुझे मेरे होटल और फिर उस हॉल तक छोड़ना था जहाँ मुझे दो हज़ार सेल्समैनों के सामने भाषण देना था।

रास्ते में हम उसके बारे में बातें करने लगे। हमने इस बारे में बातें कीं कि सेल्स मैनेजमेंट में उसने कितनी आश्चर्यजनक प्रगति की थी। कुछ साल पहले वह एक कंपनी का सेल्समैन बन गया, जिसका सेल्स मैनेजर अपने सेल्समैनों को लीड देता था। ये लीड और कुछ नहीं, बल्कि संभावित ग्राहकों के नाम थे, जो ख़रीदने में दिलचस्पी दिखा भी सकते थे और नहीं भी दिखा सकते थे। इस युवक ने रात को अपनी सूची देखकर अगले दिन की योजना बनाई कि वह किस मार्ग से इन लोगों से मिलने जाएगा।

बहरहाल, जब सुबह आई, तो उसे देर करने के कई बहाने मिल गए। वह पूरी तरह तैयार महसूस नहीं कर रहा था। उसने जो रास्ता चुना था, शायद वह ग्राहकों तक पहुँचने का सबसे अच्छा तरीक़ा नहीं था। जो समय उसने चुना था, वह बहुत अच्छा समय नहीं था। छुट्टी आ रही थी। इसी तरह एक के बाद दूसरा बहाना। अगले दिन उसके बहाने फिर से चलते रहे। उसका

मन नहीं हो रहा था। उसे सिरदर्द था और वह अपनी सर्वश्रेष्ठ नीति पर अमल करने की स्थिति में नहीं था। उसने कहा, "मेरी हालत यहाँ तक आ गई कि मैं बिस्तर पर लेटकर अपनी पत्नी से दर्द भरी आवाज़ में बोला कि मेरी तबियत ख़राब हो रही है। ऐसा लग रहा था, जैसे मुझे सर्दी होने वाली थी, शायद बुखार भी।

"फिर, सत्य के एक पल में, जिसमें मैंने बचने की कोशिश की और ग़ुस्से से प्रतिरोध किया, मेरी पत्नी ने कहा कि उसे 'अंदाज़ा है कि मुझे उन लोगों से मिलने में डर लग रहा था।' उसने तो यहाँ तक कहा कि वह मेरी इस हरकत से निराश थी। उसने कहा कि मैं डरपोक मछली की तरह व्यवहार कर रहा था।

"ज़ाहिर है, इससे मुझे बहुत चिढ़ हुई और मैं बहुत गरजा-बरसा, लेकिन उस पर कोई फ़र्क़ नहीं पड़ा। उसने मुझसे बस इतना पूछा कि मैं बाहर निकलकर मर्द की तरह काम क्यों नहीं करता। मेरी पत्नी काफ़ी सख़्त है!

"मुझे ख़ुद के सामने स्वीकार करना पड़ा कि मैं सचमुच इन संभावित ग्राहकों से मिलने में डर रहा था और वह काम करने से कतरा रहा था, जिसे कोल्ड सेलिंग या अजनबियों को सामान बेचना कहा जाता है। फिर मैंने सोचा कि मुझ जैसी शिक्षा और योग्यता वाला आदमी सामान्य सेल्समैन क्यों बनें ? मुझे तो ग्राहकों का पीछा करने के बजाय मैनेजर जैसे एक्ज़ीक्यूटिव पद पर होना चाहिए। सेल्समैन वाला काम तो कोई भी निकम्मा कर सकता है। इस संभावना को टटोलने पर, एक कंपनी ने मेरे सामने एक आसान, अच्छी नौकरी देने का प्रस्ताव रखा। ज़ाहिर है, तनख़्वाह कोई ख़ास अच्छी नहीं थी, लेकिन कम से कम यह पद मेरी गरिमा के अनुरूप था और मैंने उस नौकरी को करने का फ़ैसला कर लिया।

"जब मैंने अपनी पत्नी को इसके बारे में बताया, तो उसने मेरी तरफ़ देखकर बस इतना ही कहा, 'अब भी डर रहे हो ?'

"यह सुनकर मैंने अपने डर को भूलने और ग्राहकों को सामान बेचने जाने का फ़ैसला किया। बहुत कोशिश करके मैंने ख़ुद को सँभाला और कार में बैठकर उन संभावित ग्राहकों के पास गया। निश्चित रूप से कई ग्राहकों ने - ज़्यादातर ग्राहकों ने - मेरे प्रस्ताव को ठुकरा दिया, लेकिन बिक्री होने लगी। मुझे सफल उपलब्धि का रोमांच महसूस होने लगा। अब, स्थिति यहाँ तक आ गई कि मुझे किसी सख़्त खरीदार से मुक़ाबला करने में मज़ा आने लगा। मैंने मुश्किल तरीक़े से सीखा कि जब आपको डर लग रहा हो, तो

आपको बस वह काम कर देना चाहिए, जिससे आपको डर लगता हो। ऐसा करने पर जल्दी ही आपका डर ख़त्म हो जाता है!"

उसने कितनी सही बात कही है! तो आप किस चीज़ से डर रहे हैं ? उसे भूल जाएँ!

ज़ाहिर है, यह एक सच्चाई है कि इंसान के ज़्यादातर डरों की जड़ें उसके बचपन के अनुभवों में होती हैं। इसके अलावा कई मामलों में डर के समूल विनाश के लिए व्यवसायिक और विशेषज्ञीय सलाह की ज़रूरत भी पड़ सकती है।

आत्मज्ञान डर से मुक्ति दिलाने में आपकी मदद करता है

जिस व्यक्ति से मैं हवाई जहाज़ में मिला, वह डर के भारी बोझ को ढोने वाले लोगों का अच्छा उदाहरण है। लेकिन उसने अपने दीर्घकालीन डर का जवाब खोज लिया।

मैंने किसी व्यक्ति में राहत का एहसास नहीं देखा – यहाँ तक कि मुक्ति का। वह ख़ुशी से दमक रहा था। उसने चहकते हुए कहा, "मेरे साथ एक ज़बर्दस्त बात हो गई है! मैंने आख़िरकार डर को धूल चटा दी है। मैं अब पुराने डर को जीत चुका हूँ कि क्या हो सकता है! और यक़ीन मानें, यह अद्‌भुत है।"

हम लोग हवाई जहाज़ में पास-पास बैठे थे और वह इतना उत्साहित था कि उसकी कहानी फूट पड़ी। बहरहाल, इतना ख़ुश होने के बावजूद वह असामान्य क़िस्म का नहीं था। वह तीस-पैंतीस साल का आकर्षक व्यक्ति था, जो ज़िंदगी भर तनाव और डर के कारण परेशान रहा था। वह अतार्किक रूप से बहुत ज़्यादा भयभीत था। अक्सर बिना किसी स्पष्ट कारण के उसे लगता था कि उसके साथ कोई भयंकर घटना होने वाली है। आख़िरकार उसने अपनी स्थिति के बारे में विशेषज्ञों की सलाह ली। तब जाकर वह अपने डर के कारण को समझ पाया।

उसकी माँ बहुत ज़्यादा संरक्षणवादी थीं, जो बहुत तनाव और डर में रहती थीं। उनमें यह बुरी आदत थी कि वे डरावनी संभावनाओं को नाटकीय ढंग से बढ़ा-चढ़ा लेती थीं। शायद वे सहानुभूति चाहती होंगी या अचेतन रूप से आधिपत्य जमाना चाहती होंगी। चाहे इसके जो भी मनोवैज्ञानिक कारण हों, बेटे के सुरक्षा के एहसास पर इसका गहरा असर हुआ।

वे लगातार उसके पिता के बारे में अस्पष्ट इशारे करती रहती थीं, जो

स्पष्ट रूप से ग़ैर-ज़िम्मेदार थे और उनके कई औरतों के साथ संबंध थे। बेटे को यह बात पता नहीं थी, क्योंकि लोग उसके सामने इस बारे में बात नहीं करते थे। बहरहाल, उसे यह असहज एहसास हो गया कि उसके पिता के साथ कुछ गड़बड़ है। माँ अक्सर उदासी से टिप्पणी करती थीं, "तुम्हारे पिता का अंत बुरा होगा। तुम बस देखते जाओ।" बेटे को यह डर सताने लगा कि उसके पिता के साथ कोई बुरी घटना होगी। इस डर से उसकी असुरक्षा और बढ़ गई।

शायद डर और तनाव के कारण उसकी माँ को हृदय रोग हो गया। उन्होंने इसे भी नाटकीय अंदाज़ में अपने बच्चों को बताया, "तुम लोगों को इस बात के लिए तैयार हो जाना चाहिए कि मेरे साथ कभी भी कुछ भी हो सकता है। मैं स्वस्थ दिखती हूँ, लेकिन दरअसल ऐसा नहीं है। शायद किसी रात को डॉक्टर आएगा और तब तुम लोगों को पता चलेगा कि मेरे साथ कोई गंभीर घटना हो गई है। या अगर तुम लोग घर से बाहर रहोगे, तो फ़ोन पर यह ख़बर सुनने के लिए तैयार रहना कि तुम्हारी माँ मर गई है। मैं तुम लोगों को यह बात इसलिए बता रही हूँ, ताकि तुम तैयार रहो।"

बरसों बाद जब बेटा बड़ा हो गया और सेल्समैन के रूप में यात्रा करने लगा, तो अपने होटल के कमरे में सोते समय वह अचेतन रूप से इस दुखद टेलीफ़ोन संदेश का इंतज़ार करता था कि उसकी माँ मर गई है।

लगातार तनाव और असुरक्षा का उसके शरीर पर बुरा असर हुआ। उसे लगने लगा कि कहीं उसे भी तो हृदय रोग नहीं हो रहा है। वह एक डॉक्टर के पास गया, जिसने उसे मनोवैज्ञानिक और आध्यात्मिक परामर्श लेने की सलाह दी। धीरे-धीरे उसे यह ज्ञान हुआ कि उसके डर छायाओं के सिवा कुछ नहीं थे, जो उसकी माँ की तनाव की ग्रंथि ने उसके दिमाग़ के भीतर जमा दिए थे। प्रबल आस्था के विकास ने उसकी मदद की। आख़िरकार पुराने डर उसके दिमाग़ से निकल गए और वह मुक्त महसूस करने लगा। इसके बाद उसे जो राहत और ख़ुशी मिली, उसका अनुमान लगाना मुश्किल नहीं है।

दीर्घकालीन तनाव अक्सर बचपन के डरों से उत्पन्न होता है, और यह सुझावों की शक्ति द्वारा होता है। एक और बड़ा कारण है अपराधबोध। विशेषज्ञों के परामर्श की मदद से तनावपूर्ण व्यक्ति अपने डर और अपने अपराधबोध के बीच के संबंध को देख सकता है - और नैतिक स्वच्छता के लिए प्रेरित हो सकता है।

यह कहा जाता है कि आत्म-ज्ञान बुद्धिमानी की शुरुआत है। अक्सर

यह इलाज की भी शुरुआत है। लेकिन डर के वास्तविक उपचार के लिए इतना ही काफ़ी नहीं होता है। पुराने डर की जगह पर कोई सकारात्मक चीज़ यानी प्रबल आस्था रखनी होती है, वरना पुराने डर लौट सकते हैं या उनकी जगह नए डर आ सकते हैं।

यहाँ पर आध्यात्मिक चिकित्सा महत्वपूर्ण है, क्योंकि इससे आस्था मज़बूत होती है। जहाँ सच्ची आस्था मौजूद हो, वहाँ डर कमज़ोर हो जाता है और अपनी शक्ति गँवा देता है। इस बात पर बार-बार ज़ोर दिया जाना चाहिए कि हालाँकि डर सशक्त होता है, बहुत शक्तिशाली होता है – लेकिन आस्था उससे बहुत ज़्यादा शक्तिशाली होती है। और आस्था समय के साथ डर को बाहर निकाल सकती है।

हम सभी लोग मानसिक रूप से कितने स्वस्थ हो जाएँगे, अगर हम बचपन से ही डर के मनोरोग से मुक्त रहें! हमारे भीतर डर आस-पास के ऐसे लोगों की वजह से आते हैं, जो हमें किसी तरह का नुक़सान नहीं पहुँचाना चाहेंगे। लेकिन अचेतन रूप से यह डर बच्चों के दिमाग़ में पहुँच जाते हैं, जो इससे कष्ट उठाते हैं या संघर्ष करते हैं, जब तक कि सही चिंतन, व्यवसायिक परामर्श और स्वस्थ मानसिकता वाली आस्था पाकर वे मुक्ति और राहत नहीं पा लेते।

बच्चों को डर से मुक्ति दिलाने के लिए एक डॉक्टर ने बहुत बढ़िया तरीक़ा खोजा था, जिसका बड़े पैमाने पर इस्तेमाल होना चाहिए। वह बच्चे को माँ की कोख से निकालते समय बोलता है : “हैलो, छोटे बच्चे, इस दुनिया में तुम्हारा स्वागत है। तुम ऐसी अद्‌भुत दुनिया में आ चुके हो, जहाँ सभी लोग तुम्हें चाहते हैं और तुमसे प्यार करते हैं। छोटे बच्चे, डरो मत। ईश्वर हमेशा तुम्हारी देखभाल करेगा। इसलिए कभी मत डरो।”

बुद्धिमानी के ये शब्द उस बच्चे की चेतना में पहुँचते हैं या नहीं, यह तो नहीं जानता। लेकिन अगर वे पहुँच सकें, तो आस्था और विश्वास का तंत्र कितना मज़बूत हो जाएगा। असामान्य डर के दुख को कभी महसूस न करना कितना बढ़िया रहेगा!

ख़ुद पर यक़ीन रखें

मैं युवावस्था में उपजे डरों के दर्दनाक प्रभाव के बारे में भावनात्मक रूप से और थोड़े अनुभव से लिख सकता हूँ। जब भी मैं किसी काम को करने के लिए प्रेरित होता था सशक्त आत्म-शंका मेरा रास्ता रोक लेती थी। मुझमें

अक्षमता की भावना तो थी ही, शायद दुनिया में सबसे ज़्यादा हीन भावना भी थी, या कम से कम मुझे तो ऐसा ही लगता था।

मैं सोचता रहता था कि मैं ज़िंदगी में कुछ नहीं बन सकता : मेरे पास दिमाग़ नहीं था, आकर्षक व्यक्तित्व नहीं था। मैं संकोची, झेंपू, दब्बू था – और दब्बू शब्द से सब कुछ स्पष्ट हो जाता है, यानी डरा हुआ और शर्मीला। मैंने पाया कि लोग मेरी राय से सहमत थे। सच तो यह है कि लोग अक्सर आपकी आत्म-छवि के हिसाब से ही आपका मूल्यांकन करता हैं।

कॉलेज से ग्रेजुएशन के पहले वाली रात को हमारे फ्रैटर्निटी हाउस में फ़ेयरवेल डिनर हुआ, जिसमें कॉलेज के प्रेसिडेंट सम्मानित अतिथि थे। डॉ. जॉन डब्लू. हॉफ़मैन सच्चे मर्द थे। वे फ़ुटबॉल सितारे थे। उनका व्यक्तित्व आकर्षक और बहिर्मुखी था। उनका शरीर भी काफ़ी सशक्त था। वे इंसानों के बारे में सब कुछ जानते थे और उनकी शक्तियों तथा कमज़ोरियों के बारे में उन्हें तीक्ष्ण ज्ञान था। इस सबके अलावा, उनके सीने में प्रेम से भरा विशाल हृदय था।

डिनर ख़त्म होने के बाद डॉ. हॉफ़मैन ने कहा, "नॉर्मन, मेरे साथ मेरे घर तक चलो। मैं तुमसे बात करना चाहता हूँ।" तत्काल मुझ पर डर हावी हो गया। कहीं मैं फ़ेल तो नहीं हो गया? नहीं, यह नहीं हो सकता, क्योंकि उपाधि पाने वालों की सूची छप चुकी थी और मेरा नाम स्नातकों की सूची में था। यानी मेरे अंक संतोषजनक थे!

जब हम उस चाँदनी रात में पैदल चले, तो उन्होंने ज़िंदगी के बारे में बात की और बताया कि सही विचार और सही आस्था रखकर तथा सही काम करके इसे किस तरह सार्थक बनाया जा सकता है। जब हम उनके घर के सामने पहुँच गए, तो वे एक पल ठहरे, फिर मेरे कंधे पर हाथ रखकर बोले, "नॉर्मन, क्या तुम जानते हो? मुझे तुम पर यक़ीन है। तुममें काफ़ी योग्यता है, बशर्ते तुम इसे सक्रिय करना सीख सको। मुझे विश्वास है कि तुम सार्वजनिक वक्ता बन सकते हो।"

उन्होंने मेरी तरफ़ एक लंबे पल तक देखा। फिर वे आगे बोले, "तुम्हें तो बस ख़ुद पर यक़ीन करना सीखना है। तुम्हें तो बस डर, हीन भावना और आत्म-शंका से मुक्ति पाना सीखना है। बहरहाल, कभी किसी व्यक्ति या वस्तु या ख़ुद से मत डरना।" उन्होंने मेरे सीने पर मुक्का मारते हुए कहा, "मैं तुमसे प्यार करता हूँ, लड़के, और हमेशा तुम पर यक़ीन रखूँगा। कोई चीज़ इस क़ाबिल नहीं है कि उससे डरा जाए। इसलिए डर को भूल जाओ और

जियो - सचमुच जियो।"

सड़क पर लौटते समय मैं जैसे हवा में उड़ रहा था। मैं जिस महान व्यक्ति को पूजता था, उसे मुझ पर भरोसा है! अचानक मुझे किसी चीज़ से डर नहीं लग रहा था। मेरा सारा शर्मीलापन हवा हो गया था। उस पल मुझे एक अद्‌भुत एहसास हुआ और उतनी ही अद्‌भुत राहत। ज़ाहिर है, डर की समस्या के मामले में मेरे जीवन में कई उतार-चढ़ाव आए, लेकिन आख़िरी विजय की शुरुआत मैं उसी रात से मानता हूँ, जब उस अद्‌भुत व्यक्ति ने एक डरे हुए लड़के को यह यक़ीन दिलाना शुरू किया कि वह अपने जीवन में बहुत कुछ कर सकता है।

बाद में मैं डॉ. हॉफ़मैन से ज़िंदगी भर प्यार करता रहा। कई साल बाद मुझे पता चला कि उन्हें गले का कैंसर हो गया था और वे मृत्युशैया पर थे। मैं उनसे मिलने पैसाडेना, कैलिफ़ोर्निया गया। श्रोताओं को प्रेरित करने वाली गूँजती आवाज़ अब ख़ामोश हो गई थी, लेकिन वही पुरानी अद्‌भुत मुस्कान उनके चेहरे को अब भी चमका रही थी। उनका बड़ा हाथ मेरे हाथ को पुरानी मर्दाना पकड़ से चकनाचूर कर रहा था।

अब वे बोल नहीं सकते थे, इसलिए उन्हें मजबूरन लिखकर बातचीत करनी पड़ी। उन्हें अब भी "अपने लड़कों" पर यक़ीन था। उन्होंने लिखा, "तुम्हें देखकर कितनी ख़ुशी हुई! तुम्हारी प्रगति देखकर मुझे गर्व होता है।" मेरी आँखों में आँसू आ गए। इस बात पर ध्यान देते हुए उन्होंने बातचीत पुराने दिनों के प्रसंगों की तरफ़ मोड़ दी। हम हँसे और थोड़ा रोए, हालाँकि हमने एक-दूसरे से अपने आँसू छिपाने की कोशिश की। यह दोस्ती का एक अविस्मरणीय और गहरा अनुभव था, जो मेरे जीवन के महानतम अनुभवों में से एक था।

आख़िर विदा लेने का समय हो गया। उनका हाथ थामते हुए मैंने कहा, "डॉ. हॉफ़मैन, क्या आपको बहुत समय पहले की वह रात याद है, जब अपने घर के बाहर आपने मुझसे इतनी अद्‌भुत बात की थी? मैं मरते दम तक यह नहीं भूल पाऊँगा कि आपने क्या कहा था और कैसे कहा था। आपने डर से मुझे स्वतंत्र करने की प्रक्रिया शुरू की थी ... और मैं आपको यह बताना चाहता हूँ कि मैं आपसे प्यार करता हूँ और हमेशा करता रहूँगा।"

मैं जानता था कि मैं उन्हें इस धरती पर आख़िरी बार देख रहा था, उस व्यक्ति को जो मेरे लिए इतना मायने रखता था। मैंने उनके सिर पर अपना

हाथ रखकर प्रेमपूर्ण स्पर्श किया। उन्होंने मेरे सीने पर हल्के से मुक्का मारा, शायद इतने हल्के से नहीं। उन्होंने लिखा, "और मैं भी तुमसे प्यार करता हूँ, लड़के। मैं हमेशा करता रहूँगा। और मैं आख़िर तक तुम पर यक़ीन रखूँगा। ईश्वर की शक्ति पाओ और कभी किसी चीज़ से मत डरो।" मैं दरवाज़े पर मुड़कर देखने लगा। उन्होंने अपने बँधे हुए हाथ उठा दिए और मेरी आख़िरी याद उसी पुरानी मुस्कान की थी, जो मुझे इतनी अच्छी तरह याद थी।

डर से उबरने में सारे मानसिक संघर्ष से मुक्त होना महत्वपूर्ण है, ताकि आप पूरी सहजता से परिस्थितियों का सामना कर सकें। हर आवश्यक सावधानी बरतें। ईश्वर, स्वयं और लोगों पर विश्वास रखें। फिर अपने काम को सामान्य ढंग से और बिना डर के करें।

बाईसवीं मंज़िल की खिड़की से बाहर

एक दिन मैं शिकागो के एक होटल की बाईसवीं मंज़िल के अपने कमरे में बैठा था, जहाँ से मिशिगन एवेन्यू और उसके पार वाली झील दिख रही थी। इस बाईसवीं मंज़िल के ठीक नीचे फ़ुटपाथ था, बीच में कुछ भी नहीं था। मेरे दरवाज़े पर दस्तक हुई। मैंने दरवाज़ा खोला। वहाँ एक युवक हाथ में एक बाल्टी, कुछ सफ़ाई के कपड़े और विंडो वाइपर लिए खड़ा था। उसने पूछा, "क्या मैं खिड़कियाँ धो सकता हूँ ?"

"हाँ, हाँ, क्यों नहीं, अंदर आ जाएँ," मैंने कहा। वह अंदर आ गया और मेरी तरफ़ देखकर खिड़की खोल दी। फिर उसने अपना बेल्ट बाँधा और एक पैर बाहर डाल दिया। मैंने कहा, "सुनिए! यह बाईसवीं मंज़िल है और सड़क ठीक नीचे है।"

"तो क्या हुआ ? मैं यह बात जानता हूँ, लेकिन अंदर से खिड़कियाँ नहीं धुल सकतीं।"

"वह तो ठीक है, लेकिन आप खिड़की से एक पैर बाहर डालकर झूल रहे हैं।"

"इस बात से परेशान न हों," उसने मुझे बताया। "मैं जानता हूँ कि यह काम कैसे करना है।"

मैंने पूछा, "क्या आप खिड़की धोने के काम को सचमुच पसंद करते हैं ?"

"यक़ीनन," उसने जवाब दिया। "मैं इस काम में सबसे अच्छा हूँ।"

"लेकिन आप बिना डरे यह काम कैसे कर लेते हैं ?"

"ओह," उसने जवाब दिया, "यह आसान है। पहली चीज़ तो अपना बेल्ट बाँधना है और यह सुनिश्चित करना है कि यह बँधा रहे। फिर आप अपने बेल्ट पर भरोसा करते हैं। आप जानते हैं कि यह आपको गिरने नहीं देगा। फिर आप लकड़ी पर हाथ फेरते हैं, प्रार्थना करते हैं और काम में जुट जाते हैं।"

इसके साथ ही वह बाहर निकल गया और काम में जुट गया। बीच-बीच में वह खिड़की के काँच में से मुझे देख-देखकर मुस्कराता रहा। सीटी बजाते हुए वह एक ख़ुशी भरी धुन भी निकालता रहा। एक पल में वह लौटकर अंदर आ गया। फिर वह दूसरी खिड़की में पैर बाहर डालकर लटक गया, सीटी बजाता रहा, गुनगुनाता रहा और एक गाने का मुखड़ा भी सुनाता रहा।

"आप ख़ुश दिखते हैं," मैंने टिप्पणी की।

"क्यों नहीं ?" उसने जवाब दिया। "मुझे कोई चिंता नहीं है। मैं मज़े ले रहा हूँ।"

"क्या आपको कभी डर नहीं लगता ?"

"ज़ाहिर है, नहीं। डरने की क्या बात है ? इसका तो सवाल ही नहीं उठता है।"

इस व्यक्ति का मस्तिष्क बिलकुल सामान्य था। इसमें डर नाम की चीज़ नहीं थी। उसने मुझ पर बहुत गहरा प्रभाव डाला। वह उन ज़बर्दस्त लोगों में से एक था, जो आपको हर जगह मिल जाते हैं। उसमें इंसान की सबसे मूल्यवान संपत्तियों में से एक थी - एक अच्छा, मज़बूत, सटीक, सामान्य मस्तिष्क, जिसमें डर नामक मनोरोग नहीं था।

उसे देखकर मुझे एक दोस्त की याद आई, जो एक बीमारी से जूझ रहा था। इस आदमी ने अपनी बीमारी पर भी उसी अंदाज़ में आक्रमण किया, जिस तरह से वह अपने बाक़ी मामलों के साथ करता था। वह अपनी दिनचर्या में इलाज को शामिल करने लगा। बीमारी के बावजूद वह अपने व्यवसाय में तरक्क़ी करता रहा। उसने कोई परेशानी का चिन्ह नहीं दिखाया और शिखर पर बना रहा। एक बार मैंने उससे पूछा, "क्या उस अनुभव के दौरान आपको कभी डर नहीं लगा ?"

"मुझे सोचने दें," उसने जवाब दिया। "हाँ, एक-दो मिनट के लिए मुझे डर लगा था। यह तब हुआ, जब मेरा बुखार दो दिनों तक एक सौ चार डिग्री

था। मेरे दिमाग़ में यह विचार आया कि शायद मैं ठीक नहीं हो पाऊँगा। लेकिन यह विचार कुछ पल का ही मेहमान था। मैंने सामान्य बुद्धि का इस्तेमाल किया और उसके बाद तो मेरा बुखार कम हो गया। मेरी सामान्य बुद्धि ने मुझे बताया कि मेरे मामले में सभी डॉक्टरों को भरोसा था कि वे सही काम कर रहे हैं और मैं उनकी योग्यता का सम्मान करता हूँ।"

फिर उसने आगे कहा, "अगर वे सफल नहीं भी होते, तो भी मैं सुरक्षित हाथों में था। ईश्वर हमेशा हमारा ध्यान रखता है। इसी तरह जब मैं हवाई जहाज़ में जाता हूँ, तो मुझे डर नहीं लगता है। मैं जानता हूँ कि मशीनें अच्छी हैं। मैं जानता हूँ कि जहाज़ की सर्विसिंग अच्छे से हुई है और पायलट व इंजीनियर अपना काम बख़ूबी जानते हैं। मैं वहाँ पर डरकर नहीं बैठता हूँ। मैं उसमें सामान्य बुद्धि का प्रयोग करता हूँ। यही शारीरिक अस्तित्व के साथ है। मैं एक वैज्ञानिक ब्रह्मांड में हूँ। मैं इस पार रहूँ या उस पार, मेरी अच्छी देखभाल की जाएगी। जब मेरे लिए इतना सब हो रहा है, तो मैं डरकर ज़रा सा भी समय बर्बाद क्यों करूँ ?"

इस बिज़नेस लीडर और खिड़की धोने वाले दोनों ने एक दमदार दर्शन विकसित किया, जो दमदार मस्तिष्कों में होता है। वे कहते हैं, "आप किस चीज़ से डरते हैं ? उसे भूल जाएँ!"

डर से, असामान्य डर से मुक्ति पाने के लिए नीचे दी गई बातों से आपको मदद मिलेगी :

1. *मस्तिष्क में दो प्रबल शक्तियाँ काम करती हैं : डर और विश्वास। डर बहुत सशक्त होता है, लेकिन विश्वास उससे ज़्यादा शक्तिशाली होता है।*
2. *संकट के समय मस्तिष्क का विश्वास शरीर में एड्रीनलिन की तरह होता है और अद्‌भुत शक्तियों को सक्रिय कर सकता है।*
3. *याद रखें, वही शक्ति संकटरहित समय में भी आपके भीतर रहती है और डर को हराने के लिए उसका प्रयोग हमेशा किया जा सकता है।*
4. *अपने डर की तरफ़ देर तक सीधे देखें। जान लें कि यह एक छाया है। इसके सामने सीना तानकर खड़े हों। प्रबल कर्म की तकनीक का अभ्यास करें।*
5. *जब आप भयभीत हों, तो वह काम करें, जिससे आप डरते*

हों। जल्दी ही आपका डर दूर हो जाएगा।

6. आत्म-ज्ञान और ज्ञान डर से उबारता है। इसमें व्यवसायिक परामर्श की ज़रूरत हो सकती है। जब आप अपने डरों के उद्‌गम को जान जाते हैं, तो आप उनसे निबटने की स्थिति में होते हैं।
7. सशक्त, स्वस्थ मानसिकता वाली आस्था विकसित करें। जब आपकी आस्था बढ़ेगी, तो डर कम होता जाएगा।
8. नीचे लिखे हुए वाक्य को याद कर लें और इसे बार-बार दोहराते रहें : "मैंने ईश्वर से प्रार्थना की, उसने मेरी पुकार सुन ली और मुझे मेरे सारे डरों से मुक्त कर दिया।" (भजन 34:4)।

आठ

चमत्कार की उम्मीद करें – चमत्कार हो जाएगा

एक दुकानदार इंग्लैंड से आए सामान का पैकेट खोल रहा था। हमेशा की तरह उसने अँग्रेजों की बेहतरीन पैकिंग की सराहना की : मज़बूत सुतली से बेहद सावधानी से लपेटना।

पैकेट के भीतर सामान के ऊपर एक कार्ड था, "चमत्कार की उम्मीद करें।" बस इतना ही। वह उस कार्ड को कचरे की डलिया में फेंकने वाला था, लेकिन न जानें क्यों रुक गया। उसने सोचा, "इसका क्या मतलब है, 'चमत्कार की उम्मीद करें ?'"

उसने कार्ड को काउंटर पर रख दिया। बाद में सामान पर लिपटे हुए काग़ज़ को हटाते समय उसका ध्यान एक बार फिर उसकी तरफ़ गया। उसने सोचा "यह कार्ड उस पैकेट में कैसे आया ? इसे वहाँ किसने रखा ? क्या यह ग़लती से हो गया ? शायद यह किसी की जेब से गिर गया होगा। या फिर कोई आदमी मुझे कोई संदेश भेजने की कोशिश कर रहा है ? लेकिन क्यों ?"

उसने कार्ड अपनी शर्ट की जेब में रख लिया और उसकी याद उसे रात को ही आई, जब जेब ख़ाली करते समय उसे यह दोबारा मिला। उसने अपनी पत्नी से कहा, "इसे देखो, 'चमत्कार की उम्मीद करें।' आख़िर इसका क्या मतलब हो सकता है ?"

पत्नी भी उतनी ही हैरान थी, लेकिन वह ज़्यादा समझदार थी। "वह बोली, शायद हमें इसी की ज़रूरत है। हमारी समस्याएँ इतनी विकराल हैं। अगर हम हमेशा बुरे से बुरे की उम्मीद करने के बजाय अच्छी चीज़ों की उम्मीद करने लगें, तो जाने क्या होगा ?"

"चमत्कार की उम्मीद करें" ने उनके विचारों का सिलसिला शुरू कर दिया। अधिकांश लोगों की तरह उनके सामने भी समस्याएँ थीं, जिनमें एक को छोड़कर बाक़ी सभी छोटी-मोटी थीं। अगली सुबह पत्नी ने कहा, "तुम क्या सोचते हो, हम उस छोटी समस्या के संबंध में चमत्कार की उम्मीद करें ? इस 'चमत्कार की उम्मीद करें' संदेश की जाँच करने में हमारा कुछ नुक़सान नहीं हो सकता है।"

"तुम्हारा मतलब है, जादू ?"

"मैं नहीं जानती कि मेरा क्या मतलब है," उसने कहा। "शायद हमारे मन में कोई नया विचार आ जाए। शायद कोई समाधान हो। ख़ैर, तुम क्या कहते हो ? आओ, चमत्कार की उम्मीद करते हैं! सचमुच कुछ दिनों तक इसकी उम्मीद करते हैं और फिर देखते हैं कि क्या होता है।"

इसके बाद क्या हुआ ? उन दोनों ने उस छोटी समस्या के समाधान की दिशा में पहला क़दम उठा लिया था, क्योंकि उन्होंने यह यक़ीन कर लिया था कि इसे सुलझाया जा सकता है। लेकिन फिर वे इससे आगे तक गए और यह यक़ीन किया कि यह सुलझ जाएगी। समाधान की प्रक्रिया शुरू हो चुकी थी। फिर छोटे-छोटे चमत्कार होने लगे। अजीब से संयोग होने लगे। एक के बाद एक कई तरह के अनुभव मिले - सभी अलग-अलग। वे भी बदल गए थे - अब वे आशावादी हो चुके थे। परिणामस्वरूप जब छोटी समस्याएँ सुलझने लगीं, तो उनकी बड़ी समस्या भी कम भयावह लगने लगी।

"क्या पता, वह 'चमत्कार की उम्मीद करें' वाला कार्ड हमें किसने भेजा होगा ?" दुकानदार ने एक दिन अपनी पत्नी से कहा। "हमें कभी पता नहीं चल पाएगा।"

"मुझे लगता है कि मैं जानती हूँ," पत्नी ने धीरे से कहा, "हालाँकि मैं जिसके बारे में सोच रही हूँ, वह आम तौर पर अपने संदेश कार्डों पर लिखकर या बक्सों में पैक करके नहीं भेजता है।"

महत्वपूर्ण सच्चाई यह है कि जब कोई व्यक्ति चमत्कार की उम्मीद करने लगता है, तो उसका मस्तिष्क इतना ग्रहणशील हो जाता है कि वह दरअसल चमत्कार करने लगता है। वह चमत्कार की वेवलेंग्थ पर पहुँच जाता है। उसकी नैसर्गिक योग्यताएँ नकारात्मक के बजाय सकारात्मक रूप से केंद्रित हो जाती हैं। उसके मस्तिष्क में रचनात्मक शक्तियाँ सक्रिय हो जाती हैं। मूल्यों का छिटकना थम जाता है और उलट जाता है। अब ज़िंदगी उससे दूर नहीं,

बल्कि उसकी तरफ़ प्रवाहित होती है। जिन नकारात्मक आशंकाओं ने उम्मीद को दूर भगा दिया था, उनकी जगह अब सकारात्मक उम्मीदें आ जाती हैं, जो अच्छे परिणामों को आकर्षित करती हैं।

डिक्शनरी में "चमत्कार" की एक परिभाषा यह है, "गुणवत्ता का अद्भुत उदाहरण।" हालाँकि, ज़ाहिर है, इस शब्द का इस्तेमाल प्रायः किसी पराभौतिक घटना के लिए किया जाता है, जो ज्ञात मानवीय या प्राकृतिक शक्तियों से परे हो। लेकिन यह इसका इकलौता अर्थ नहीं है। "इसका संबंध अद्भुत, असाधारण या असामान्य प्रभाव वाले काम करने की शक्ति" से भी है। और डिक्शनरी की परिभाषा के अनुरूप यह "गुणवत्ता के अद्भुत उदाहरण" पर आधारित है।

हम इसी गुणवत्ता के बारे में बात करना चाहते हैं, मस्तिष्क की वह गुणवत्ता जिसमें अद्भुत का सृजन करने की क्षमता है। यह इस बात पर यक़ीन करने की क़ाबिलयत है कि हर अच्छी चीज़ सच हो सकती है। यह चमत्कार की उम्मीद करने और सचमुच चमत्कार (अद्भुत काम) करने की क्षमता भी है।

अमेरिका चमत्कारों का देश है

यह लिखते समय मैं अपने होटल के कमरे से झील के पार सिंड्रेला कैसल की मीनारों और कंगूरों को देख सकता हूँ, जो फ़्लोरिडा के आसमान को छू रहे हैं। मेरे दिमाग़ में एक पुरानी कहानी याद आती है, जो सचमुच चमत्कार की कहानी है। यह अमेरिका के रोमांस की कहानी है, जो सपनों और चमत्कारों का देश है।

कहानी बहुत समय पहले कांसस सिटी में शुरू होती है। एक युवक ड्रॉइंग करने की हसरत लेकर अपने कार्टून बेचने की कोशिश में इस अख़बार से उस अख़बार के ऑफ़िस गया। हर संपादक ने रूखेपन से और शायद थोड़ी क्रूरता से उसे बताया कि उसमें कोई प्रतिभा नहीं है। उन्होंने उसे सलाह दी कि वह ड्रॉइंग करने के सपने को भूल जाए। लेकिन वह अपना सपना नहीं भूल सकता था, क्योंकि इसने उसे जकड़ लिया था और उसे छोड़ने को तैयार नहीं था। आप इस तरह की सशक्त प्रेरणा को कैसे भूल सकते हैं?

आख़िरकार एक पादरी ने उस युवक को बहुत कम पैसों में चर्च के कार्यक्रमों के विज्ञापन की तस्वीरें (ड्रॉइंग) बनाने का काम दे दिया। नवोदित कलाकार को "स्टूडियो" की ज़रूरत थी, जहाँ वह सो सके और ड्रॉइंग बना सके। चर्च के पास चूहों से भरा एक पुराना गैरेज था और उसे वहाँ रहने की

अनुमति मिल गई। और आप जानते हैं, उन चूहों में से एक मशहूर बन गया और वह युवा कार्टूनिस्ट भी। उस चूहे को लाखों-करोड़ों लोग मिकी माउस के नाम से जानते हैं और वह युवक और कोई नहीं, वाल्ट डिज़नी थे।

डेमोस्थनीज़ का एक बुद्धिमत्तापूर्ण कथन हर उस व्यक्ति को याद रखना चाहिए, जो महान काम करना चाहता है। डेमोस्थनीज़ ने कहा था, "बड़े कामों की शुरुआत अक्सर छोटे अवसरों से होती है।" इस युवा कार्टूनिस्ट ने चमत्कार किए और बड़े पैमाने पर किए, क्योंकि बाद में यह चमत्कार की कहानी मोशन पिक्चर्स में विकसित हुई। बाद में इसी तर्ज पर कैलिफ़ोर्निया में डिज़नीलैंड और फ़्लोरिडा में डिज़नी वर्ल्ड भी बने। ये सारे चमत्कार अमेरिका में हुए, उस देश में जहाँ सपने हक़ीक़त में बदलते हैं, जहाँ चमत्कार होते हैं।

उन दिनों जब उनके पास दो निकल भी नहीं थे, जिन्हें वे आपस में टकरा सकें और जब हर व्यक्ति उन्हें दुत्कार रहा था, तब वाल्ट डिज़नी सरकार पर भड़ास निकाल सकते थे और शिकायत कर सकते थे कि यह देश सिर्फ़ अमीरों के लिए है तथा पूरे सिस्टम को बदल देना चाहिए। लेकिन वे भावुक या कटु विद्रोही नहीं बने। वे तो बस ख़ुद पर यक़ीन रखते गए, काम करते गए, सपने देखते गए और चमत्कार करते गए। इस तरह वे आख़िरकार बाल फंतासी की दुनिया के महानतम चितेरे बन गए। वे अमेरिका के हृदय तक पहुँच गए और आज उनके देश - दरअसल, पूरी दुनिया - के नागरिक उनसे प्यार करते हैं।

अमेरिकी चमत्कारों की कहानी ख़त्म नहीं हुई है। अगर खट्टे अंगूर जैसी असफलताओं को पाने वालों ने आपको मूर्ख बनाकर यह सोचने पर मजबूर कर दिया हो, तो बस वाल्ट डिज़नी को याद करें। अवसरों के देश के रूप में अमेरिका में आपकी आस्था दोबारा लौट आएगी! फिर आप भी चमत्कारों की उम्मीद करने लगेंगे और सफल उपलब्धि के उसी नियम पर अमल करके चमत्कार करने लगेंगे, जिस नियम पर डिज़नी और बाक़ी सफल लोगों ने अमल किया था।

सफल उपलब्धि का नियम

सफल उपलब्धि का यह नियम क्या है? सबसे पहले तो आपके पास कोई लक्ष्य होना चाहिए, कोई अस्पष्ट या धुँधला लक्ष्य नहीं, बल्कि केंद्रित और निश्चित लक्ष्य। आपको पता होना चाहिए कि आप क्या करना चाहते हैं; और कहाँ जाना चाहते हैं यानी आप क्या बनना चाहते हैं। इसके बारे में कोई

शंका नहीं होनी चाहिए। अगला क़दम - और यह सचमुच व्यावहारिक क़दम है - इस लक्ष्य के बारे में प्रार्थना करना है, ताकि यह यक़ीन हो जाए कि लक्ष्य सही है, क्योंकि अगर यह सही नहीं है, तो यह ग़लत है और कोई ग़लत चीज़ आज तक सही नहीं हुई है।

फिर उस लक्ष्य को चेतन मस्तिष्क में तब तक प्रबलता से क़ायम रखना है, जब तक कि बौद्धिक परासरण (osmosis) की प्रक्रिया द्वारा यह अवचेतन में न पहुँच जाए। जब यह लक्ष्य अवचेतन में दृढ़ता से जम जाता है, तो आप इस पर क़ाबू कर लेते हैं, क्योंकि यह आप पर और आपकी सभी चीज़ों पर क़ाबू कर लेता है - आपकी आशाओं, आपके विचारों, आपकी कोशिशों पर।

फिर अपने लक्ष्य के पीछे नकारात्मक नहीं, सकारात्मक विचार रखें। नकारात्मक चिंतक विध्वंसक शक्तियों को सक्रिय करता है, जो उसे नष्ट कर सकती हैं। नकारात्मक विचार भेजकर वह अपने आस-पास की दुनिया को नकारात्मक तरीक़े से सक्रिय करता है। यह आकर्षण का नियम है। समान चीज़ें एक-दूसरे को आकर्षित करती हैं। एक जैसे पंख वाले पक्षी एक साथ रहते हैं। एक तरह के विचारों में स्वाभाविक समानता होती है। नकारात्मक चिंतक अपनी ओर नकारात्मक परिणामों को आमंत्रित करता है। वह उन्हें आकर्षित करता है।

इसके बजाय सकारात्मक चिंतक आशावादी और सकारात्मक विचार भेजकर अपने आस-पास की दुनिया को सकारात्मक तरीक़े से सक्रिय करता है। आकर्षण के इसी नियम के आधार पर वह अपनी ओर सकारात्मक परिणामों को आकर्षित करता है। वह काम करता है और करता जाता है। वह सोचता है और सोचता जाता है। वह यक़ीन करता है और यक़ीन करता जाता है। वह कभी घुटने नहीं टेकता, वह कभी हार नहीं मानता। वह सकारात्मक विश्वास और कर्म के साथ पूरी कोशिश करता है। परिणाम ? वह सोचता है, इसलिए वह कर सकता है। उसके सपने सच हो जाते हैं ... वह अपने लक्ष्य को पा लेता है ... चमत्कार हो जाता है।

इस संदेश को समझ लें, क्योंकि यह ऐसी चीज़ है, जिसे आपको चूकना नहीं चाहिए : अमेरिका में प्रेरित लक्ष्य और चमत्कार हक़ीक़त में बदल सकते हैं। यह आपके लिए भी उतना ही सही है, जितना कि किसी अन्य व्यक्ति के लिए। इसलिए जब आप हताश हों और हार मानना चाहें, तो बस वाल्ट डिज़नी और मिकी माउस को याद कर लें। चमत्कार की उम्मीद करें!

ज़ाहिर है, चमत्कार का इस तरह का उदाहरण देखकर कोई न कोई यह आपत्ति ज़रूर करेगा, "निश्चित रूप से यह बहुत अच्छी बात है, लेकिन मैं क्या करूँ? मैं वाल्ट डिज़नी नहीं हूँ। मैं जीनियस नहीं हूँ, मैं तो आम आदमी हूँ। आप कैसे सोचते हैं कि मुझे चमत्कारों की उम्मीद करनी चाहिए या चमत्कार करने चाहिए?" जवाब है, "हाँ" देखिए, अगर आप सोच सकते हैं, तो कर भी सकते हैं।

चमत्कार हर तरह के होते हैं : बड़े, मध्यम और छोटे। अगर आप छोटे चमत्कारों में यक़ीन करने लगें, तो बाद में आप बड़े चमत्कारों पर भी यक़ीन करने लगेंगे। सोचें और यक़ीन करें। काम करें और लोगों से सही व्यवहार करें। अपना सब कुछ झोंक दें और आप पाएँगे कि आप बहुत अद्‌भुत सृजनात्मक काम कर रहे हैं।

ख़ुद को नकारने वाला कभी चमत्कार नहीं कर पाएगा! वह कैसे कर सकता है? चूँकि वह ख़ुद का और अपने अवसरों का निचले स्तर पर मूल्यांकन करता है, इसलिए वह दुखद रूप से ख़ुद को उसी निचले स्तर पर रख रहा है। लेकिन अगर यह व्यक्ति अपनी नौकरी, अवसरों, योग्यताओं, लोगों और ख़ुद के बारे में अपनी विचार प्रक्रियाओं को उलट दे, तो वह चमत्कार मनोविज्ञान के अनुरूप काम करने लगेगा और चमत्कार होने लगेंगे।

जो लोग उत्साही, आशावादी अंदाज़ में सोचते हैं, वे जीवन में सबसे अच्छा प्रदर्शन करते हैं। चूँकि विचार अपनी ही तरह के परिणाम देते हैं, इसलिए उदास चिंतक को अक्सर उदास परिणाम मिलते हैं, जबकि आशावादी तरीक़े से सोचने वाला सृजनात्मक परिणामों को आकर्षित करता है।

एक महिला व्यवसायी आशावादी चिंतन की इस अद्‌भुत शक्ति का प्रदर्शन करती है। वह साबित करती है कि आशावादी चिंतन की बदौलत मस्तिष्क पूरी कार्यकुशलता से काम करता है। वह जिस कंपनी में एक्ज़ीक्यूटिव है, वहाँ पाँच पुरुष सहयोगियों के साथ एक बार मीटिंग में एक मुश्किल समस्या आ गई। एक्ज़ीक्यूटिव हर पहलू से समस्या की तह तक गए। पाँचों पुरुष आख़िर इस निष्कर्ष पर पहुँचे कि कोई समाधान था ही नहीं। वे एक स्वर में बोले, "हमें हार मान लेनी चाहिए, यही ठीक रहेगा।"

लेकिन इस महिला एक्ज़ीक्यूटिव ने कहा, "देखिए। समस्या का अर्थ क्या है? ऐसी परिस्थिति, जिसका कोई समाधान नज़र न आ रहा हो। लेकिन वास्तविकता में समाधान हमेशा होता है। हमें बस इसे खोजना भर होता है।

और एक बार समाधान मिल गया, तो फिर कोई समस्या नहीं बचेगी।" पुरुष यह सुनकर मुस्करा दिए, क्योंकि उन्हें यह बहुत नादानी भरी बात लगी।

उस महिला ने आगे कहा, "अब पहला क़दम है आशावादी तरीक़े से सोचना। निराश चिंतन को छोड़ देते हैं, क्योंकि इससे निराशाजनक परिणाम मिलना तय है। हम संकल्प करते हैं कि कोई समाधान है और हममें इतनी बुद्धि है कि हम इसे सोच सकते हैं।" इस सकारात्मक तर्क से निराशाजनक वातावरण साफ़ हो गया और कॉन्फ्रेंस टेबल के चारों तरफ़ बैठे लोगों ने सचमुच चिंतन किया, बिना निराशा और नकारात्मकता के। उन्होंने क़दम दर क़दम समस्या की समीक्षा की, उस ग़लती को खोजा, जो पहले उन्हें दिखी ही नहीं थी और उसे सुधार दिया। यह सब इसलिए हुआ, क्योंकि वह महिला सकारात्मक और आशावादी चिंतक थी। उसने अपने सहयोगियों को सिखाया कि अगर आप ठान लें, तो कुछ भी कर सकते हैं।

कभी भी किसी काम को असंभव या असफल न मानें। याद रखें, आपमें किसी भी समस्या को सुलझाने की मानसिक क्षमता है, बशर्ते आप अपने पूरे दिमाग़ का इस्तेमाल करें। उम्मीद से सोचें, अपनी मानसिक शक्तियों से सचमुच काम लें और इसके बाद स्थितियाँ वर्तमान से बेहतर बन जाएँगी। आशावादी चिंतक सबसे निराशाजनक स्थिति में भी आशा और विश्वास प्रदर्शित करता है - चमत्कार के तत्त्व भी - और अचानक अँधेरे की जगह रोशनी हो जाती है। जब तक आप पराजय के कमज़ोर करने वाले विचार को अपने मस्तिष्क के बाहर रखते हैं, तब तक आप पराजित नहीं हो सकते।

उसका दिमाग़ अपाहिज नहीं हुआ था

टोकियो में मैं एक अमेरिकी से मिला। यह प्रेरक व्यक्ति पेनसिल्वेनिया का था। उसे लक़वा मार गया था और वह व्हीलचेयर पर बैठकर पूरी दुनिया की यात्रा कर रहा था। उसे अपने सभी अनुभवों में बहुत मज़ा आ रहा था। मैंने टिप्पणी की कि वह बहुत ख़ुश हो रहा है। उसका जवाब बहुत शानदार था : "सिर्फ़ मेरा शरीर अपाहिज हुआ है। मेरा दिमाग़ अब भी चल रहा है।"

कितने दुखी लोग डर, आत्म-शंका, हीनता और अक्षमता के मानसिक लक़वे के शिकार हैं! निराशाजनक विचारों के कारण वे उन सकारात्मक परिणामों को देख नहीं पाते हैं, जिन्हें उत्पन्न करने में उनका दिमाग़ सक्षम है। लेकिन आशावाद दिमाग़ को विश्वास से भर देता है और आत्मविश्वास को बढ़ाता है। परिणाम ? पूरी तरह से चौकन्ना दिमाग़ नई ऊर्जा से लैस होकर समस्याओं

को सुलझाने आता है। हानिकारक विचारों के लक़वे को अपने अनूठे यंत्र यानी अपने दिमाग़ से बाहर रखें।

हमने पहले जिस निराशाजनक चिंतन का ज़िक्र किया है, वह कुछ वर्तमान युवाओं में स्पष्ट नज़र आता है। उन्हें यह घातक विचार जैसे घुट्टी में पिलाया गया है कि हर चीज़ बुरी है, कोई चीज़ अच्छी नहीं है। सच तो यह है कि कुछ टीचर्स, कई लेखकों और मीडिया के प्रभाव के चलते एक पूरी पीढ़ी काफ़ी हद तक चमत्कार की अवधारणा से दूर हो गई है। यह युवाओं के ख़िलाफ़ एक अपराध है, क्योंकि यह उनके नैसर्गिक उत्साह और रचनात्मक क्षमता को नष्ट कर देता है। युवाओं का सपने देखने का अधिकार छीनना उनके व्यक्तित्व के ख़िलाफ़ बहुत बड़ा अपराध है।

कुछ समय से मुझे युवाओं की ज़्यादा चिट्ठियाँ मिल रही हैं, जो जीवन में गहरे अर्थ को खोज रहे हैं और पा भी रहे हैं। इसका एक उदाहरण यह है:

> मैं 17 साल की लड़की हूँ। मैं आपको आपके लेखन के लिए धन्यवाद देना चाहूँगी और अपनी कहानी बताना चाहूँगी। पहले मैं बहुत उदास और नकारात्मक थी। मैं सचमुच निराशा में डूबी हुई थी। मैंने बहुत सी किताबें पढ़ीं, मानसिक बीमारियों के बारे में भी एक किताब पढ़ी। मैंने उस विषय पर जो भी पढ़ा था, वह अचानक मुझ पर हावी हो गया और मुझे यक़ीन हो गया कि मैं मनोरोगी थी। वास्तविकता में ऐसा कुछ भी नहीं था, लेकिन मैंने इस बात पर यक़ीन कर लिया कि मैं मनोरोगी थी।
>
> मुझे "जीवन का आनंद लेना" विषय पर एक टर्म पेपर लिखना था। कितनी मज़ेदार बात थी? ख़ैर, शोध के दौरान मैं आपकी पुस्तकों के संपर्क में आई। उनमें मुझे ऐसे वाक्य मिले, "जो लोग महान काम होने की उम्मीद करते हैं, वे महान काम कर देते हैं", "अपनी उम्मीदों की नींव पर महल बनाएँ। चमत्कार की उम्मीद करें", "सिर उठाकर खड़े हों और ख़ुद के लिए अफ़सोस करना छोड़ दें", "अपने विचारों को नया बनाने का काम करें।" इस तरह के शब्दों को पढ़कर मेरी आँखें खुल गईं। आशा मेरे दिमाग़ में कौंधने लगी। मुझे फिर से जागरूक बनाने के लिए धन्यवाद। उस अँधेरी जगह से निकालकर ख़ुशी और आस्था की रोशनी में लाने के लिए धन्यवाद। मुझे नई आशा देकर बचाने के लिए धन्यवाद। और मेरे टर्म पेपर में मुझे ए-प्लस दिलवाने के लिए भी धन्यवाद।

यह लड़की चतुर थी। वह सचमुच इस मामले में चतुर थी। उसने चमत्कार की उम्मीद करना सीख लिया और चमत्कार कर दिया।

चमत्कार पूरी तरह सपनों से नहीं बनते हैं। अक्सर वे सामान्य, रोज़मर्रा के, ग्लैमर से रहित तथ्यों से जुड़कर बनते हैं। बस जीवन और अपने बारे में कुछ करने की चाहत ही चमत्कार करने की दिशा में काफ़ी आगे तक ले जाती है। कुछ बनने और करने की इच्छा, आगे बढ़ने, ऊपर उठने तथा जीवन को ज़्यादा अर्थपूर्ण बनाने के विचार से ही चमत्कार होते हैं। और याद रखें, जब आप कहते हैं कि कोई व्यक्ति मुश्किलों से जूझते हुए सच्ची उपलब्धि तक पहुँचा है, तो इसका मतलब चमत्कार ही है। "ओह, आपने सचमुच अद्‌भुत काम किया है!" अद्‌भुत शब्द का मतलब ऐसी उपलब्धि से है, जो आश्चर्य से भरी है, जो सामान्य से ऊपर और परे है, उदास नज़रिए से बहुत श्रेष्ठ है, "मैं इतना कुछ कर सकता हूँ, इतना कुछ करने के लिए मुझे बनाया गया है। तो फिर चिंता कैसी ?"

जो लोग जीवंत, स्फूर्तिवान और उत्साही होते हैं, जो लोग काम करने, सोचने, योजना बनाने तथा ज़्यादा काम करने का विकल्प चुनते हैं, वे चमत्कार कर देते हैं।

रूट 22 के चमत्कार करने वाले

उदाहरण के लिए, मेरे मित्र हेलन और पॉल डोलन, उनकी बेटियों पैम और पाई, तथा हेलन की माँ मिसेज़ रूथ लिंडस्टॉर्म को लें, जिन्हें प्यार से "मम्मी" कहा जाता है। वे पैटरसन, न्यूयॉर्क के रूट 22 पर एक ख़ुशनुमा स्नैक बार चलाते हैं, जहाँ मैं अक्सर लंच करने जाता हूँ। और क्या खाना अच्छा होता है ? असली घरेलू खाना और कितना बढ़िया! मम्मी बेकर हैं और उनकी पाई, केक और राइस पुडिंग लाजवाब ही नहीं, उससे भी बढ़िया हैं।

पूरा परिवार काम करता है और मेरा मतलब है सचमुच काम करता है। मैंने कभी उनमें से किसी को चिड़चिड़ा या तनावग्रस्त नहीं देखा। उनके चेहरे पर मुस्कान रहती है और वे सबका ख़ुशी-ख़ुशी स्वागत करते हैं। हेलन डोलन सुंदर हैं, आकर्षक हैं और हमेशा हँसती रहती हैं। सभी उनसे प्यार करते हैं।

कुछ साल पहले उन्हें लोकप्रिय टीवी शो "व्हाट इज़ माई लाइन ?" में आमंत्रित किया गया था। इस शो का चौकन्ना पैनल आम तौर पर किसी के काम का चुटकियों में अंदाज़ा लगा लेता है, लेकिन उनके मामले में इसका

अंदाज़ा बिलकुल ग़लत निकला, क्योंकि उस वक़्त वे गाँव का कचरा इकट्ठा करती थीं। बहरहाल, उन्हें देखकर कोई यह नहीं कह सकता था कि वे यह काम करती होंगी। वे कचरे के ट्रक पर किसी महारानी की तरह बैठती थीं।

फिर उन्होंने और उनके मेहनती पति ने कचरा इकट्ठा करने का व्यवसाय छोड़कर रेस्तराँ व्यवसाय में क़दम रखने का फ़ैसला किया। उन्होंने हाईवे पर एक छोटा सा रेस्तराँ शुरू किया और उसका नाम "कस्टर्ड कैसल" रखा। उन्होंने अख़बार में जो शुरुआती विज्ञापन दिया, उसमें बताया गया था कि यह हर एक के लिए ख़ुशनुमा, घरेलू, अच्छे भोजन और मौज-मस्ती भरी जगह है।

जब मैं पहली बार उनके नए रेस्तराँ में गया, तो मैंने उस सुंदर अँगीठी पर टिप्पणी की, जिसकी सँकरी ईंटें बड़े आदर्श ढंग से रखी गई थीं। मैंने पूछा, "यह सुंदर अँगीठी किसने बनाई? यह बहुत सुंदर है। अगर मुझसे पूछा जाए, तो कमाल का काम है।"

"यह काम मेरा है," हेलन ने जवाब दिया, "इसकी हर ईंट मैंने अपने छोटे हाथों से लगाई है।"

"अच्छा!" मैंने प्रशंसा करते हुए कहा। "कचरा इकट्ठा करने वाली, मैनेजर, कुक, कारीगर, पत्नी, माँ - और आप क्या-क्या हैं?"

उसने कहा, "देखिए, पॉल और मैंने यह जगह बनाई है। हमने इसका एक-एक टुकड़ा बनाया है। हमें काम करना, चीज़ें बनाना, निर्माण करना और लोगों को ख़ुश रखना अच्छा लगता है।"

मुझे तो बस इतना कहना है कि इस देश में डोलन परिवार जैसे सच्चे अमेरिकी लाखों की तादाद में हैं। इन जैसे लोगों ने ही इस देश को बनाया था और इसी तरह के लोग कड़ी मेहनत और रचनात्मक उत्साह से इसे क़ायम रखे हुए हैं। कुल मिलाकर, उन्हीं जैसे लोगों के कारण अमेरिका चमत्कारी देश है।

हर जाड़ों में डोलन परिवार छुट्टियाँ मनाने जाता है। वे लोग रेस्तराँ बंद करके फ़्लोरिडा चले जाते हैं, जहाँ वे डोलन सिटी नामक जगह बना रहे हैं। उन्हें ऐसा करने के लिए पाइन फ़ॉरेस्ट को समतल करना पड़ा। यह एक अच्छी जायदाद के रूप में विकसित हो रहा है। मैंने हैरानी से पूछा, "आप इतने अद्भुत काम कैसे कर लेते हैं?"

जवाब था, "ओह, देखिए, हम चमत्कारों की उम्मीद करते हैं, क्योंकि

हम चमत्कारों में यक़ीन करते हैं और फिर चमत्कार हो जाते हैं।"

निराशावादी लोग और तथाकथित बुद्धिजीवी अमेरिकावासियों में यह ग़लत धारणा फैलाने की कोशिश कर रहे हैं कि चूँकि इस देश में दौलत का असमान वितरण है, इसलिए सरकार को कुछ लोगों से दौलत लेकर ग़रीबों में बाँट देनी चाहिए। उनका कहना है कि इससे हर चीज़ बढ़िया हो जाएगी। ये लोग जंगल में भटक रहे बच्चों जैसे हैं। वे इस बात को पूरी तरह से नज़रअंदाज़ कर देते हैं कि दौलत के वितरण का एक और तरीक़ा है, यानी एक विचार लो, उसके प्रति उत्साह पैदा करो और फिर उसे साकार करने के लिए मेहनत से जुट जाओ। इस दुनिया में ऐसा कुछ नहीं है, जो इस फ़ॉर्मूले की तरह दौलत पैदा कर सके।

उस तथाकथित जनरेशन गैप को दूर करने का भी यह बहुत बढ़िया तरीक़ा है, जिसके बारे में हम इतना कुछ सुनते रहते हैं - पूरा परिवार इकट्ठा काम कर रहा है! इस दुनिया के डोलन परिवार इस फ़ॉर्मूले पर चलते हैं : शिकायत तथा चिंता करना छोड़ो, अच्छा विचार सोचो और फिर काम में जुट जाओ। अगर यह फ़िलॉसफ़ी इस लेखक को दक़ियानूसी बनाती हो, तो उससे क्या ? मैं इस बात के लिए ख़ुशी-ख़ुशी तैयार हूँ! चाहे जो हो, मैं उन लोगों के पक्ष में हूँ, जो चमत्कारों की उम्मीद करते हैं और फिर उन्हें कर देते हैं। मैं ही नहीं पूरी दुनिया उनके पक्ष में है। इसमें हैरानी की कोई बात नहीं है, क्योंकि वे प्रगतिशील लोग हैं, जो सब कुछ कर सकते हैं, क्योंकि वे सोचते हैं कि वे कर सकते हैं।

एक और आकर्षक चमत्कार ख़ुद में ऐसे गुणों की खोज है, जिनके बारे में आपने सपने में भी नहीं सोचा था कि वे आपमें होंगे। कितना रोमांच होता है, जब सोई हुई योग्यताएँ और गुण व्यक्तित्व के एक बिलकुल नए पहलू को रोशन करते हुए बाहर निकलते हैं।

विचार कैसे पाएँ और उनसे काम कैसे कराएँ

कुछ साल पहले न्यूयॉर्क सिटी के एडवर्टाइज़िंग एक्ज़ीक्यूटिव अलेक्स ऑसबोर्न ने एक व्यावहारिक फ़ॉर्मूला ईजाद किया था। इस फ़ॉर्मूले की मदद से आप वहाँ पहुँच सकते थे, जहाँ आप पहुँचना चाहते थे; वह बन सकते थे, जो आप बनना चाहते थे और वह कर सकते थे; जो आप करना चाहते थे। मैंने भी इन सिद्धांतों का इस्तेमाल किया है, जिन्हें "व्यावहारिक कल्पना" कहा जाता है। मैंने कई लोगों को इन्हें आज़माने का सुझाव दिया है। सभी को ये सिद्धांत

रचनात्मकता बढ़ाने में कारगर लगे हैं।

वे सिद्धांत ये हैं :

1. किसी काग़ज़ पर अपनी तीन सबसे बड़ी इच्छाएँ लिख दें। उन पर एक, दो, तीन क्रम डाल दें। इस सूची को हर दिन देखें।
2. हर दिन एक घंटे तक अपने काम का विश्लेषण और अध्ययन करें। यह काम हर दिन करें। पाँच साल से भी कम समय में आप उस काम के मशहूर विशेषज्ञ बन जाएँगे।
3. हर दिन एक घंटे अपने सामने एक सफ़ेद काग़ज़ रखें और उस पर हर वह विचार लिख लें, जो आप सोच सकते हों। आपको कई अद्‌भुत विचार मिलेंगे, जो आपके काम और प्रदर्शन को सुधार देंगे।

विचार-विशेषज्ञ एम.ओ. एडवर्ड्स विचार-शक्ति विकसित करने के लिए एक रचनात्मक प्रक्रिया का वर्णन करते हैं :

> मान लें, मैं आपको आपके विचारों की शक्ति को कम से कम दोगुना करने का कोई अचूक तरीक़ा बताऊँ? लाखों लोगों ने अपने भीतर कल्पनाशक्ति के प्रचुर भंडार को पाया है। उन्होंने एक आसान, वैज्ञानिक सिद्धांत पर अमल करके इस भंडार को दरअसल दोबारा पाया है।
>
> एक काग़ज़ लें और तीन मिनट में उन तरीक़ों की सूची बनाएँ, जिनसे आप डेस्क कैलेंडर को सुधार सकते हैं। आपने कितने विचार लिखे? अगर आपने पंद्रह या उससे ज़्यादा लिखे हैं, तो बहुत बढ़िया है! दस से पंद्रह लिखे हैं, तो उत्कृष्ट है। पाँच से दस लिखे हैं, तो अच्छे हैं, लेकिन शायद आपने पाँच से कम विचार लिखे हैं। क्यों? क्या आपके पास कोई विचार था, जिसे आपने किसी कारण से नहीं लिखा - क्योंकि आपने सोचा होगा कि यह अव्यावहारिक है, इसमें बहुत ज़्यादा ख़र्च हो सकता है, इसे "पहले आज़माया" जा चुका है, या यह "बहुत ज़्यादा स्पष्ट" है? दूसरे शब्दों में, क्या आपने चेतन मस्तिष्क में आने वाले हर विचार का मूल्यांकन करने की कोशिश की थी? निश्चित रूप से आप इस निष्कर्ष पर पहुँचेंगे कि आपके मन में विचार तो आए थे, लेकिन वे आपको इतने समझदारी भरे या पर्याप्त महत्वपूर्ण नहीं लगे थे कि उन्हें लिखा जाए। हममें से ज़्यादातर लोग किसी न किसी कारण से अपने विचारों को "संपादित" कर लेते हैं - और इससे विचारों के प्रवाह में बाधा पड़ती है।

यह बहुत सशक्त सिद्धांत है : पहले सोचो, बाद में मूल्यांकन करो। आपके मस्तिष्क में आने वाला हर विचार - चाहे वह अच्छा हो, बुरा हो, उदासीन हो - चाहे वह व्यावहारिक हो या अव्यावहारिक हो - स्पष्ट हो या दूरदराज़ का हो - *आख़िर विचार* है। जब आप अपने विचारों को लिख लेते हैं, तो एक विचार अन्य विचारों को प्रेरित करता है। अगर आप अपनी रचनात्मक शक्ति के केंद्र में बसी सहयोगी प्रक्रियाओं को पूरी छूट दे दें, तो वे ज़्यादा सहजता से काम करेंगी।

एक अच्छा विचार पाने का तरीक़ा बहुत से विचारों का होना है। मूल्यांकन के सिद्धांत का प्रयोग बाद में करने पर ज़्यादा अच्छे विचार उत्पन्न किए जा सकते हैं।

हाईवे 88 पर सबसे मीठी जगह

हालाँकि उस वक़्त मुझे यह नहीं पता था, लेकिन मैंने एक आकर्षक महिला के साथ "पहले सोचो, बाद में मूल्यांकन करो" के सिद्धांत का प्रभावी उपयोग किया था। वे स्वर्गीय मिसेज़ लुइस विलियमसन थीं, जिन्हें मिसिसिपी में प्यार से मिस लुई कहा जाता था। मैं मोबाइल, अलाबामा में भाषण देने गया था, जब मिस लुई मुझसे बात करने के लिए मेरे होटल पॉइंट क्लियर में आईं।

वे सुसंस्कृत नाटी महिला थीं, जो हाल ही में विधवा हुई थीं। उनकी समस्या दोहरी थी : एक तो वित्तीय और दूसरी यह कि अकेली रह जाने के बाद अब उन्हें ज़िंदगी में क्या करना चाहिए। मैंने कहा, "ठीक है। एक काग़ज़ और पेंसिल उठाकर उन सभी कामों की सूची बना लेते हैं, जो आप कर सकती हैं। फिर हम उनका मूल्यांकन करेंगे और सबसे अच्छे काम को चुन लेंगे।"

"ओह, लेकिन देखिए, मैं कुछ नहीं कर सकती," उसने जवाब दिया। "मैंने कभी कुछ नहीं किया। सारे निर्णय मेरे पति लेते थे। मुझे कोई काम नहीं आता है।"

मैंने कहा, "देखिए, आप एक बुद्धिमान और शिक्षित महिला हैं और मुझे यक़ीन नहीं होता है कि आपमें कोई भी योग्यता नहीं है। आपके दिमाग़ में कोई न कोई बेहतरीन विचार मँडरा रहा होगा, जिसे हम खोज निकालेंगे। इससे आपके लिए बहुत रोमांचक जीवन का द्वार खुल जाएगा। आइए, अब हम एक विचारमंथन सत्र करते हैं। इसमें हम दिमाग़ में आने वाले हर विचार को लिख लेते हैं और देखते हैं कि क्या स्थिति होती है।"

मेरी योजना कामयाब नहीं हो रही थी, क्योंकि मैं उनसे अभी सोचो और बाद में मूल्यांकन करो वाली तकनीक पर अमल नहीं करवा पा रहा था। वे विचार आते ही उसका मूल्यांकन करने पर ज़ोर दे रहीं थीं और उनका मूल्यांकन करने का तरीक़ा बस यह था, "ओह नहीं, मैं यह नही कर सकती।" लेकिन बात ख़त्म होने से पहले ही हमें आख़िरकार सफलता मिल गई।

मैंने पूछा, "स्टोर में सेल्सवुमैन का काम कैसा रहेगा ?"

"ओह नहीं, मैं यह काम नहीं कर सकती। दुर्भाग्य से, मैं 'दक्षिणी संभ्रांत महिला' के रूप में पली-बढ़ी हूँ और आप जानते हैं ऐसी महिला नौकरी नहीं करती है। मुझे एहसास है कि 'संभ्रांत महिला' वाला विचार काफ़ी दक़ियानूसी लगता है, लेकिन यह मुझमें इतनी गहराई तक रचा-बसा है कि अब मैं इसे नहीं बदल सकती।"

"तो फिर, चाइना पेंटिंग और फूल सजाने का काम कैसा रहेगा ? ये तो दक्षिणी संभ्रांत महिला' के हिसाब से भी अच्छा रहेंगा ?"

लेकिन इसका भी सवाल नहीं उठता था। उनके पास इसकी योग्यता नहीं थी। मैंने कहा, "अच्छा तो फिर कपड़े बनाने पर विचार करते हैं।"

"ओह नहीं, मैं तो बटन भी नहीं टाँक सकती। मेरे पास हमेशा एक आया रहती थी, जो यह काम करती थी, लेकिन एस्टेट टैक्स चुकाने के बाद अब आया को निकालना पड़ा है।"

"कभी खाना बनाया है ? मुझे लगता है कि आप बेहतरीन कुक होंगी। मुझे फ्राइड चिकन और कॉर्न ब्रेड की ख़ुशबू आ रही है।"

वे हँसने लगीं, "मैं तो पानी भी ठीक तरीक़े से नहीं उबाल सकती।"

"ओह छोड़िए भी - कुछ तो होगा," मैंने कहा। "मैं जानता हूँ कि कोई न कोई काम तो ऐसा होगा, जिसे आप कर सकती होंगी और बहुत अच्छी तरह कर सकती होंगी।"

"देखिए," वे झिझकीं, "मुझे लगता है, बस एक ही काम है। मैं कैंडी बना सकती हूँ। हर कोई कहता है कि वे बेहद स्वादिष्ट होती हैं।

मैंने सच्चा उत्साह दिखाया और तत्काल योजना बनाने लगा कि वे यह बेहतरीन कैंडी कैसे बनाएँगी, हम इसे कैसे बेचेंगे और वे एक सार्थक काम में अच्छे से जुट पाएँगी। लेकिन उन्होंने यह कहकर मेरे उत्साह पर पानी फेरने की कोशिश की कि कोई "संभ्रांत महिला" अपनी बनाई कैंडी नहीं बेच सकती।

वे इसे अपनी सहेलियों में मुफ़्त बाँटना चाहती थीं।

उन्हें ज़िंदगी की यह आर्थिक सच्चाई याद दिलाना बहुत ज़रूरी था कि अगर वे अपनी सभी आपत्तियों पर अड़ी रहेंगी, तो अंततः उन्हें सरकारी सहायता पर जीना पड़ेगा और यह उनकी "संभ्रांत महिला" वाली पृष्ठभूमि के लिए कैसा रहेगा? मैंने चेतावनी दी, "आप इसी समय चुन लें कि आप सरकारी मदद पर ज़िंदा रहना चाहती हैं या फिर मुक्त व्यापार तंत्र में काम करना चाहती हैं।"

मैंने आगे कहा, "मुझे उस कैंडी का एक बॉक्स बनाकर भेज दें। मैं विशेषज्ञ हूँ और मैं आपको बता दूँगा कि आप कैंडी व्यवसाय में सफल हो सकती हैं या नहीं।" कुछ दिनों बाद दो पौंड का एक बॉक्स आया, जिसमें बेहतरीन लज़ीज़ कैंडी थीं, जो मुँह में रखते ही घुल जाती थीं। इनका स्वाद सचमुच ज़बर्दस्त था। परोपकार के इस महान काम को करने के बाद मेरी कमर कभी पहले जैसी पतली नहीं रह पाई!

मैंने उन्हें इस बात के लिए राज़ी कर लिया कि वे अपने घर के सामने वाले कमरे का इस्तेमाल दुकान के रूप में करें। यह कमरा मुख्य सड़क पर खुलता था। मैंने उनसे कहा कि इसमें वे अपना सामान सजाकर एक साइनबोर्ड लगा दें, जिसमें सामान का विज्ञापन हो। इसके अलावा सड़क पर भी दोनों तरफ़ साइनबोर्ड लगा दें। अब उनके उपजाऊ मस्तिष्क में विचार घुमड़ने लगे। उन्होंने एडवर्ड्स, मिसिसिपी की अपनी दुकान का नाम "हाईवे ४४ की सबसे मीठी जगह" रखा। जल्दी ही यात्री मुझे मिस लुई और उनकी कैंडी के बारे में चिट्ठियाँ लिखने लगे, क्योंकि उन्होंने अपनी दुकान की दीवार पर मेरी तस्वीर लगा रखी थी।

अब परिणामों पर एक नज़र डालें। इस चमत्कार को देखें। कुछ साल बाद मिस लुई को विक्सबर्ग की और बाद में मिसिसिपी राज्य की वुमैन ऑफ़ द ईयर चुना गया। ऐसा सिर्फ़ इसलिए नहीं था, क्योंकि वे कैंडी बिज़नेस में सफल हो गई थीं। वे समाज का महत्वपूर्ण हिस्सा भी बन गई थीं और उन्होंने अपने भीतर नई तथा रोमांचक संभावनाएँ खोज ली थीं। वे एक ख़ुश और उत्साही व्यक्ति बन गईं।

फिर उन्हें बहुत बड़ा सम्मान मिला। अमेरिका के चैंबर ऑफ़ कॉमर्स ने एक साल छह लोगों को देश के असाधारण नागरिक के रूप में चुना। उनमें से पाँच मशहूर पुरुष थे और एक महिला थी। और - आपने अंदाज़ा लगा लिया

होगा – यह महिला और कोई नहीं, मिस लुई थीं।

अब यह आकर्षक महिला स्वर्ग जा चुकी है। एक कवि ने कहा था, "आनंद के उड़ते बादलों की तरह हम ईश्वर के पास से आते हैं, जहाँ हमारा निवास है।" मैं कहूँगा कि मिस लुई आनंद के उड़ते बादलों की तरह ईश्वर के पास लौट गईं, क्योंकि उन्होंने चमत्कार की उम्मीद करना सीख लिया और कई चमत्कार कर दिखाए। वे अविस्मरणीय हैं। एक रविवार को जब मैं व्हाइट हाउस में बोल रहा था, तो अमेरिका के राष्ट्रपति, सीनेट के नेताओं और हाउस ऑफ़ रिप्रेज़ेन्टेटिव्ज़ के सदस्यों के सामने मैंने उनकी कहानी सुनाई। उन्होंने ऊपर से गर्व से नीचे देखा होगा और वह ख़ुशनुमा हँसी निकाली होगी, जो मिसिसिपी की इस चमत्कार करने वाली महिला के मुँह पर अक्सर रहती थी।

चमत्कार की उम्मीद करने और चमत्कार करने में एक आख़िरी महत्वपूर्ण तत्व है इस फ़ॉर्मूले में विश्वास का तत्व भरना। विश्वास के बिना कोई सतत प्रेरणा नहीं हो सकती। इसके बिना मुश्किलों में कोई संबल नहीं हो सकता, जिनका सामना चमत्कार करने वाले को अनिवार्य रूप से करना होगा। विश्वास, प्रगतिशील सपना और सच्ची मेहनत प्रगति का फ़ॉर्मूला है, जो आपको अपनी मंज़िल तक पहुँचा देगा। यक़ीन मानें, अगर आप बहुत ज़्यादा परिष्कृत हों या लापरवाह हों या आपके पास सपने और विश्वास नहीं हों, तो आपकी स्थिति ख़राब है। लेकिन आप बदल सकते हैं। कोई भी कभी भी बदल सकता है। इसका मतलब यह है कि अगर आप ठान लें, तो कुछ भी कर सकते हैं।

आर्मेनिया का एक लड़का महान अमेरिकी बनता है

सैन फ्रांसिस्को में मैं हमेशा उमर ख़ैयाम्स रेस्तराँ में डिनर का मज़ा लेना पसंद करता हूँ। इसके मालिक जॉर्ज मार्डीकियन मेरे अच्छे दोस्त हैं। वे बरसों पहले इस देश में अठारह साल की उम्र में आर्मेनिया के अप्रवासी के रूप में आए थे। वे टर्क्स से आए एक शरणार्थी थे। उनके परिवार के कुछ सदस्यों को मौत के घाट उतार दिया गया था। यह लड़का ज़िंदगी में कुछ करना चाहता था और स्वतंत्रता की सच्ची भूमि अमेरिका में आकर रहना चाहता था। जब वह अमेरिका आया, तो उसके पास सकारात्मक विश्वास के सिवाय कुछ नहीं था, जो कोई छोटी पूँजी नहीं है।

पुराने देश में उसने अपनी माँ को आर्मेनिया की बेहतरीन डिशें बनाते देखा था। उसमें पाककला का हुनर था और इससे उसकी प्रेरणा जाग्रत हो गई। यह प्रेरणा थी अमेरिकी लोगों के लिए आर्मेनिया की शैली में व्यंजन

बनाना और दुनिया के सबसे अच्छे शेफ़्स में से एक बनना।

जॉर्ज अँग्रेजी का एक शब्द भी नहीं बोल पाता था, लेकिन अमेरिका में उसे सैन फ्रांसिस्को के एक चौथे दर्ज़े के रेस्तराँ में काम मिल गया, जिसका नाम कॉफ़ी डेन्स था। उसका काम दिन में बारह घंटे बर्तन धोना था। इस दौरान वह भाषा भी सीखता रहा। आख़िरकार वह किसी दूसरे रेस्तराँ में पचास डॉलर प्रति सप्ताह में मैनेजर बन गया। कुछ समय बाद उसने बॉस को बताया कि वह इसके बजाय कुक बनना चाहता है। उसे बताया गया कि उस नौकरी में उसे प्रति सप्ताह सिर्फ़ छत्तीस डॉलर ही मिलेंगे, लेकिन जॉर्ज ने कहा कि उसे यह सौदा मंजूर है और वह कम तनख़्वाह के बावजूद कुक का काम ही करना चाहता है।

इस छोटी शुरुआत के कुछ साल बाद जॉर्ज ने फ्रेस्नो में अपना सुंदर रेस्तराँ खोला। वह लोगों, ख़ासकर युवाओं के लिए कई काम करने लगा। जहाँ भी वह गया, उसने अमेरिकियों को उनके देश की महानता के बारे में बताया, क्योंकि वे यह बात बार-बार भूल जाते हैं। एक दिन उसने दस हज़ार डॉलर का चेक लिखकर अपनी पत्नी को दे दिया। पत्नी ने कहा, "जॉर्ज, तुम्हारे पास दस हज़ार डॉलर नहीं हैं!"

"मैं जानता हूँ," उसने जवाब दिया। "मैं चाहता हूँ कि तुम यह चेक अपने पास रख लो। यह हमारे दूसरे हनीमून के लिए है - हम लोग किसी समय दुनिया की सैर करने जाएँगे।"

वह काम करता रहा और विश्वास करता रहा, जब तक कि आख़िरकार वह दिन नहीं आ गया, जब उसने अपनी पत्नी से कहा, "डार्लिंग, अब हम दुनिया की सैर करने के लिए तैयार हैं।" सैन फ्रांसिस्को पहुँचकर उसने पत्नी से कहा, "जाकर ख़रीदारी कर लो। दुनिया की सैर के लिए तुम्हें जो चाहिए, ख़रीद लो।"

इस दौरान जॉर्ज कॉफ़ी डेन्स रेस्तराँ को देखने चला गया। उसके मन में उस रेस्तराँ का मालिक बनने की प्रबल इच्छा हुई, जहाँ वह कभी बर्तन धोता था। उसने वह रेस्तराँ ख़रीद लिया। फिर वह होटल वापस लौटा, जहाँ उसकी पत्नी ख़रीदारी के बाद आराम कर रही थी। उसने कहा, "डार्लिंग, मुझे तुमसे कुछ कहना है।"

पत्नी ने उसकी तरफ़ देखा। ज़्यादातर पत्नियाँ अपने पतियों को ख़ुद से ज़्यादा अच्छी तरह से समझती हैं। उसने कहा, "मैं जानती हूँ, तुम क्या कहना

चाहते हो। तुमने दस हज़ार डॉलर ख़र्च कर दिए हैं।" और फिर उसने आगे कहा, "मैं यह भी जानती हूँ कि तुमने उनका क्या किया है? तुमने रेस्तराँ ख़रीद लिया है।"

"हाँ, डार्लिंग" उसने स्वीकार किया। "मैं जानता हूँ कि यह बुरा हुआ वह पैसा तुम्हारे लिए था। लेकिन शायद हमें कभी इतनी सुंदर जगह पर रेस्तराँ ख़रीदने का दूसरा मौक़ा नहीं मिलता। यह रेस्तराँ सैन फ्रांसिस्को में उमर .ख़ैयाम्स के नाम से मशहूर होगा!"

उसकी पत्नी ने प्रेमपूर्ण प्रतिक्रिया की, "जॉर्ज, मुझे ख़ुशी है – और मुझे तुम पर बहुत गर्व भी है।"

जॉर्ज ने यह कहानी मुझे एक रात को डिनर पर बताई। उमर ख़ैयाम्स में हमारी टेबल ठीक उसी जगह पर थी, जहाँ वह पुराने कॉफ़ी डेन्स में बर्तन धोता था।

द्वितीय विश्वयुद्ध के दौरान कैलिफ़ोर्निया में एक विशाल सैन्य प्रशिक्षण कैंप का कमांडिंग ऑफ़िसर जॉर्ज के पास एक समस्या लेकर आया : सैनिक खाना नहीं खा रहे थे। सेना सबसे अच्छे खाद्य पदार्थ ख़रीद रही थी, लेकिन अगर इसके बाद भी सैनिक खाना नहीं खा रहे थे – तो स्पष्ट रूप से दोष खाना बनाने की विधि में था। एक सामान काफ़ी तादाद में ख़रीदा गया था, वह थी ज़ुकिनी स्क्वैश। जब तक यह टेबलों तक पहुँचती थी, यह .ख़राब हो जाती थी और जल्दी ही कूड़ेदान में पहुँच जाती थी।

जॉर्ज ने सैन्य किचन के संचालन को देखा और फिर जनरल को रिपोर्ट दी, "समस्या यह है कि किचन के लोगों को अपने काम पर गर्व नहीं है। उन्हें सफ़ेद कोट, एप्रन और शेफ़ के कैप्स दे दें। मेस सार्जेन्ट को अधिक महत्व देने के लिए उसकी आस्तीन पर एक और फ़ीता लगा दें।" जॉर्ज ने उन्हें सिखाया कि ज़ुकिनी कैसे पकाई जाती है। उसने इसके अलावा भी बहुत सी चीज़ें बनाईं और उन्हें चखाईं – सभी ने अपनी उँगलियाँ चाट लीं।

कैंप के बाद यूरोप में भी उनकी इसी तरह की सेवाएँ ली गईं। देश के प्रति जॉर्ज के योगदान के सम्मान में अमेरिका के राष्ट्रपति ने उन्हें व्हाइट हाउस में डिनर के लिए बुलाया। जब आर्मेनिया का लड़का व्हाइट हाउस में राष्ट्रपति के साथ डिनर करने बैठा, तो उसने हैरानी से सोचा, "एक शरणार्थी लड़का और किस देश में इतनी प्रेरणा और अवसर पा सकता है, जिससे वह अपने सपनों को हक़ीक़त में बदल सके?"

जॉर्ज मार्डीकियन और मैंने ब्राइघम यंग यूनिवर्सिटी से एक साथ मानद उपाधि ली। जब उन्होंने अपनी डिग्री स्वीकार की और वापस मंच पर मेरे पास आकर बैठे, तो मैंने देखा कि उनके गालों पर आँसू बह रहे थे। मैंने उनके हाथ पर अपना हाथ रखकर कहा, "जॉर्ज, तुम बहुत अद्‌भुत इंसान हो।"

उन्होंने कहा, "यह काम तो ईश्वर ने किया है। और इस बेहतरीन देश ने।"

हाँ, निश्चित रूप से। लेकिन यह जॉर्ज मार्डीकियन ने भी किया था, जिनके पास सपने थे और चमत्कार की उम्मीद करने वाली आस्था थी और चमत्कार करने की प्रेरणा थी। वे उस तरह के आदमी हैं, जो सब कुछ कर सकते हैं, क्योंकि वे सोचते हैं कि वे कर सकते हैं।

अब हम एक नज़र डालें कि चमत्कार की उम्मीद करने और चमत्कार करने की रोमांचक प्रक्रिया के बारे में क्या कह चुके हैं ?

1. *सबसे पहले, चमत्कार की उम्मीद करें और अद्‌भुत चीज़ों के एहसास को बढ़ाएँ।*
2. *प्रेरणा हासिल करें, गहरा आत्मविश्वास रखें और कभी किसी व्यक्ति या वस्तु के कारण इसे कम न होने दें। वाल्ट डिज़नी को याद रखें।*
3. *गर्व करें कि आप ऐसे देश में रहते हैं, जहाँ चमत्कार हो सकते हैं - जहाँ आप अपने सपनों को हक़ीक़त में बदल सकते हैं।*
4. *हमेशा उत्साह से सोचें - उम्मीद से सोचें। कभी भी अपने दिमाग़ को वैचारिक लक़वा न होने दें।*
5. *चमत्कार सिर्फ़ सपनों से नहीं, बल्कि सामान्य दैनिक बातों जैसे सोचने, काम करने और जुटे रहने से होते हैं।*
6. *उस ज़बर्दस्त गुण की जाँच करते रहें, जो आपमें है, लेकिन अब तक उभरा नहीं है।*
7. *हमेशा उस बड़े विचार की तलाश में रहें, जो आपकी ज़िंदगी बदल सकता है।*
8. *जान लें कि आप ख़ुद एक चमत्कार हैं। और यक़ीन रखें कि सोचने, प्रार्थना करने, विश्वास करने, काम करने और लोगों की मदद करने के माध्यम से आप चमत्कार कर सकते हैं।*
9. *याद रखें कि चमत्कार वे लोग करते हैं, जो सोचते हैं कि वे कर सकते हैं।*

नौ

बोरियत ? कुंठा ? इनके बारे में क्या करें

किसी को बोर या कुंठित होने की ज़रूरत नहीं है। जानकार लोगों का कहना है कि ज़िंदगी रोमांचक है। तो फिर क्यों न इसके साथ आगे चला जाए, आनंद लिया जाए, जीवंत रहा जाए ? हर दिन, हर पल, आपकी ज़िंदगी अर्थपूर्ण हो सकती है।

निश्चित रूप से आपके जीवन में मुश्किलों के कठोर पल आएँगे। जीवन में आपको दर्द और दुख भरे अनुभव भी मिलेंगे। मुश्किलें आएँगी और साथ में निराशाएँ, कुंठाएँ, समस्याएँ भी लाएँगी। इसके अलावा रोज़मर्रा के ऐसे बहुत से काम होंगे, जिन्हें करना पड़ेगा और बार-बार करना पड़ेगा। देखिए, ज़िंदगी इसी तरह चलती है। इसी तरह यह एक सूत्र में बँधती है।

लेकिन यह भी एक सच्चाई है कि ख़ुशी समस्याओं को जीतने, असफलताओं से उबरने, दिनचर्या को सार्थक बनाने से मिलती है। इसी से रोमांच मिलता है - इस एहसास से कि आपके पास वह सब कुछ है, जो किसी भी और हर चीज़ का सामना करने या उससे निबटने के लिए ज़रूरी है। जो लोग सचमुच व्यवस्थित होते हैं, जो स्पष्ट सोचते हैं, जो अपने नज़रिए पर नियंत्रण रखते हैं और जिनमें रोमांचक प्रेरणाएँ होती हैं, वे कभी बोर नहीं होते हैं। लेखक एरिक हॉफ़र ने बड़ी समझदारी की बात कही थी, "जब लोग बोर होते हैं, तो वे मूलतः ख़ुद से बोर होते हैं।" इसलिए शायद बेहतर यही होगा कि हम ख़ुद को पुनः स्फूर्तिवान बना लें, जीवंत बना लें, व्यवस्थित कर लें।

क्या आपने लोगों को बोर होने की शिकायत करते सुना है, यह बुदबुदाते सुना है कि ज़िंदगी बोझिल और अर्थहीन है ? डॉ. डोनाल्ड कर्टिस ने अपनी

प्रसिद्ध पुस्तक *ह्यूमन प्रॉब्लम्स एंड हाऊ टु सॉल्व देम* में बोरियत और उदासी दर्शाने वाले में कुछ लोकप्रिय वाक्यों की सूची दी है। इस सूची पर नज़र डालकर देखें कि क्या आप भी इस तरह के वाक्य बोलते हैं :

"ज़िंदगी का अब मेरे लिए कोई अर्थ नहीं रह गया है।"

"मैं भर पाया।"

"यह मुझे सताती है।"

"हर चीज़ गड़बड़ है।"

"मैं पीछे रह गया हूँ।"

"मैं बहुत ऊब चुका हूँ।"

"हर चीज़ मुझे परेशान करती है।"

"मैं हर चीज़ से उकता चुका हूँ, थक चुका हूँ।"

"ज़िंदगी वही पुरानी चक्की है।"

देखिए, अगर हम इस तरह के भयंकर और नकारात्मक भावों को अपने चेतना नियंत्रण केंद्र तक पहुँचने देते हैं, तो हम भी एक दिन अपने हाथ खड़े करके ज़िंदगी को ख़त्म मान सकते हैं। और ऐसा सचमुच हो सकता है, अगर आप तोते की तरह ऊब चुके लोगों की भाषा बोलें। लेकिन सौभाग्य से, बहुत से लोग एक अलग गीत गाते हैं। हर जगह आप इस तरह के उत्साहपूर्ण वाक्य सुन सकते हैं :

"ज़िंदगी बेहतरीन है और मेरा मतलब है, सचमुच बेहतरीन है।"

"हर चीज़ बहुत बढ़िया है, सचमुच बहुत बढ़िया है।"

"ओह, ज़िंदगी में कितना मज़ा है।"

"यही ज़िंदगी है, इसके सिवा मुझे कुछ नहीं चाहिए।"

"मैं अच्छा महसूस करता हूँ, सचमुच अच्छा महसूस करता हूँ।"

"बोर हो चुका हूँ ? क्या आप मज़ाक़ कर रहे हैं ?"

"इस दुनिया से बाहर" के लोग

अब कोई पूछ सकता है, ये लोग इतने सकारात्मक कैसे बन गए ? इस दुनिया में जो कुछ होता है, विरक्ति क्यों उत्पन्न नहीं होती है ? ज़ाहिर है, जवाब यह

है कि ऐसे लोग इस दुनिया में इस तरह से इसलिए जीते हैं, क्योंकि वे इस दुनिया के *बाहर* के हैं। वे दूसरी दुनिया में यानी मस्तिष्क की अद्‌भुत दुनिया में जीते हैं। उस उच्च-स्तरीय मानसिक अवस्था में मीडिया द्वारा उड़ाई गई धूल और दुविधा तथा आधुनिक "सभ्यता" का प्रदूषण कभी दाख़िल नहीं होता है। ये सौभाग्यशाली लोग शिखर पर इसलिए रहते हैं, क्योंकि वे ख़ुद के शिखर पर रहते हैं। वे मुश्किलों को रोमांचक चुनौती की तरह लेते हैं। वे हर चीज़ को अलग बना लेते हैं, क्योंकि इसके प्रति उनका नज़रिया अलग होता है - बहुत ही अलग। इसलिए रोमांचक, जीवंत मानसिकता वाले लोगों के साथ रहें। ऊबे हुए लोगों का साथ छोड़ दें। ऊबे हुए लेखकों की पुस्तकें न पढ़ें। रोमांचित, सचमुच प्रफुल्लित लोगों के साथ रहें। बोरियत या ऊब मानसिक मृत्यु है। बौद्धिक रोमांच मानसिक जीवन है। इसलिए जीवंत रहें।

इस तरह के लोग कहीं पर एक जीवनदर्शन के प्रति आकर्षित हुए, जिसे इन प्रगतिशील शब्दों में अभिव्यक्त किया गया है, "अव्यक्त और ऊँची ख़ुशी" (1 पीटर 1:8, आरएसवी) इसके बाद कोई बोर कैसे हो सकता है?

एक अख़बार के लेखक पीटर टी. च्यू का दावा है कि हम "बोरियत की महामारी" के बीच हैं। उसने लिखा है :

> व्यवहारवादी वैज्ञानिक प्रबलता से दावा करते हैं कि हमारे औद्योगिक समाज में *दीर्घकालीन* बोरियत महामारी की तरह फैल चुकी है। वे हमारे देश को "स्वतंत्र और बोर हो चुके" लोगों का देश कहते हैं।
>
> अधिकांश मनोवैज्ञानिक मानते हैं कि बोरियत नीरसता के प्रति हमारी भावनात्मक प्रतिक्रिया है।
>
> नीरसता पूरे अमेरिका में व्याप्त है। हमारे हाईवे नीरस हैं। हमारे सुपरमार्केट नीरस हैं। हमारे बड़े शहर नीरस हैं। हमारे बड़े कॉरपोरेशनों का काम नीरस है, छोटे और बड़े दोनों तरह के कर्मचारियों के लिए। हमारे आनंद की गतिविधियाँ भी अक्सर उबाऊ होती हैं।
>
> एक मनोचिकित्सक का कहना है, "मेरे अधिकांश मरीज़ मेरे पास सिर्फ़ इसलिए आते हैं, क्योंकि वे बोर हो चुके हैं।"
>
> अभिनेता जॉर्ज सैंडर्स ने आत्महत्या करने से पहले लिखी चिट्‌ठी में बोरियत को एक कारण बताया था।
>
> "आप एक तरह से सुन्न पड़ जाते हैं," डेल सिराकिस ने असेम्बली

लाइन काम का वर्णन करते हुए कहा। सिराकिस का एकमात्र काम हर 40 सेकंड बाद एक हुक को कार के निचले हिस्से में फँसाना था।

मनोविश्लेषक कहते हैं कि अगर आप लंबे समय तक नीरसता का शिकार होते हैं, तो *आप* बोर हो चुके हैं।

ऊपर बताए गए लेखक ने बोरियत के कौन से उपचार सुझाए हैं? एक तो आरामप्रिय जीवन से बाहर निकलना है। वे ट्यूलेन यूनिवर्सिटी मेडिकल स्कूल के डिपार्टमेंट ऑफ़ साइकेटरी एंड न्यूरोलॉजी के चेयरमैन डॉ. रॉबर्ट जी. हीथ का कोटेशन बताते हैं :

बोरियत बढ़ने की जड़ें हमारी आसान जीवनशैली में हैं। हम उतना कठोर शारीरिक व्यायाम नहीं करते हैं, जितना हमारे पूर्वज करते थे। हम खिलाड़ी की जगह दर्शक बन गए हैं। मुझे पूरा विश्वास है कि इससे हमारी बोरियत बढ़ती है।

आरामप्रिय जीवन का एक और पहलू बोरियत में योगदान देता है, जिसमें सुधार की ज़रूरत है। इसका वर्णन करते हुए मनोविश्लेषक हेनरी वार्ड कहते हैं, "नीरसता चारों तरफ़ हो सकती है, लेकिन समस्या व्यक्ति के भीतर होती है।" वे अपने मरीज़ों को बताते हैं कि "जीवन ज़्यादातर समय तक डरे होने का सामान्य मामला है – या ऊबे होने का। इससे भी बढ़कर, अगर ज़िंदगी ज़्यादा आसान हो जाएगी, तो इसमें कोई मज़ा नहीं रह जाएगा। हमने इसे हमारे बच्चों के लिए बहुत ज़्यादा आसान बना दिया है।"

एक मनोविश्लेषक का कहना है, "मैं अपने मरीज़ों को बोरियत के साथ जूझने की सलाह किस तरह देता हूँ? मैं उनसे कहता हूँ कि वे बिस्तर पर जाएँ और तब तक न उठें, जब तक कि वे किसी ऐसे काम के बारे में न सोच सकें, जिसे वे *सचमुच* करना चाहते हैं। जब वे उस काम को कर लें, तो मैं उन्हें फिर से बिस्तर पर चले जाने को कहता हूँ। ज़ाहिर है, वे मेरी सलाह नहीं मानते हैं।" ईश्वर का शुक्र है, उन्हें ऐसा क्यों करना चाहिए? हम जिस तरह के लोगों के बारे में बात कर रहे हैं, वे इस डर के कारण बिस्तर पर जाने से नफ़रत करते हैं, ताकि वे कहीं कुछ चूक न जाएँ और वे अगले रोमांचक दिन का इंतज़ार करते रहते हैं, ताकि वे दोबारा शुरू कर सकें।

हम यह दिखाना चाहते हैं कि जीवन के रोमांचक और सक्रिय बनाने वाले सार को कैसे पाया जाए। हमारे पास ऐसे व्यावहारिक समाधान हैं, जिनसे लोग असली जीवन के स्पर्श को दोबारा पा सकते हैं, जिनसे लोग बोरियत का स्थायी इलाज कर सकते हैं, जिनसे लोग "अब बहुत हो गया" वाली भावना से उबर सकते हैं। हम मानते हैं कि कुंठा का भी जवाब है और यह ग्रंथि नहीं है, जैसा कि "विद्वान" और शायद ऊबे हुए विशेषज्ञ बताते हैं।

हवाई जहाज़ में एक हिप्पी

उदाहरण के लिए, वर्तमान पीढ़ी के एक बहुत बोर हो चुके व्यक्ति का उदाहरण लें, जिससे मेरी मुलाक़ात एक हवाई जहाज़ में हुई। मैं खिड़की के पास वाली सीट पर बैठा था। एक युवक आकर मेरे पास वाली सीट पर बैठ गया। उसकी उम्र बीस से पच्चीस के बीच रही होगी। उसके बाल बहुत लंबे और बिखरे हुए थे, जिनसे उसका आधा चेहरा छिप गया था। उसका चश्मा बड़ा और सुनहरे फ्रेम वाला था। लेदर जैकेट, नीली जीन्स और काऊबॉय जूतों से उसका हुलिया पूरा हो गया। उस पर हिप्पी की मोहर लगी हुई थी।

हमने सिर झुकाकर एक-दूसरे का अभिवादन किया। फिर वह एक अख़बार पढ़ने लगा, जबकि मैं क़ागज़ बिखेरकर अपने काम में जुट गया। मैं हैरान रह गया, जब वह बीच-बीच में साँस छोड़ता रहा और उसने अख़बार गुड़ी-मुड़ी करके फ़र्श पर फेंक दिया। "घटिया दुनिया," उसने आवेश में कहा, हालाँकि उसने "घटिया" शब्द का इस्तेमाल नहीं किया था।

उसी समय हवाई जहाज़ की खिड़की के बाहर बादलों में सूर्यास्त का चमत्कार हो रहा था। बड़ा लाल सूरज पश्चिम दिशा में ढल रहा था और हर चीज़ को गुलाबी-सुनहरा कर रहा था। यह देखकर मैंने खिड़की की तरफ़ इशारा करते हुए कहा, "शायद दुनिया में कई अच्छी चीज़ें भी हैं।"

"ओह, वह," उसने कहा। "शायद आपकी बात में दम है। इंसान अभी तक उसके साथ छेड़खानी नहीं कर पाया है।" इन दार्शनिक बातों के बाद हम ख़ामोशी में खो गए।

फिर युवक बोला, "मिस्टर, क्या मैं आपसे एक सवाल पूछ सकता हूँ? आप इन क़ागज़ों में क्या कर रहे हैं?"

"काम कर रहा हूँ?" मैंने जवाब दिया।

"काम करने से आपको क्या मिलता है?"

मैंने जवाब दिया, "अगर मैं काम नहीं करूँगा, तो ख़ुश नहीं रहूँगा।"

"आप व्यवस्था के समर्थक हैं," उसने बुदबुदाया।

"थोड़ा-बहुत," मैंने कहा। एक बार फिर ख़ामोशी छा गई।

थोड़ी देर बाद वह फिर मुड़ा। "मिस्टर, मैं आपसे एक और सवाल पूछ सकता हूँ?"

"हाँ," मैंने जवाब दिया।

"आप अपने बाल इतने छोटे क्यों रखते हैं?"

इस सवाल से मैं हैरान रह गया, लेकिन मैंने उसे सीधा जवाब दिया। "मैं अलग हूँ, स्वतंत्र हूँ और शायद क्रांतिकारी हूँ। मैं अपने बाल इतने छोटे इसलिए रखता हूँ, क्योंकि यह मुझे पसंद है।"

"आपको मेरे बाल पसंद नहीं हैं, है ना?"

"देखो दोस्त," मैंने जवाब दिया। "मैंने तुम्हारे बालों के बारे में एक शब्द भी नहीं कहा है। मुझे ज़रा भी परवाह नहीं है कि कोई दूसरा कितने छोटे या लंबे बाल रखता है। क्या तुम अपनी ख़ुद की शंकाओं को मुझ पर थोप रहे हो?"

इस गूढ़ बातचीत के दौरान मुझे यह एहसास हो गया कि हम दोनों के बीच एक तरह का जुड़ाव हो रहा था। दरअसल, वह मुझे पसंद आया था और ऐसा लग रहा था कि वह भी मुझे नापसंद नहीं करता था। वह ख़ामोशी में खो गया।

इस बार ख़ामोशी ज़्यादा देर तक चली। फिर वह बोला, "मिस्टर, क्या मैं आपसे एक और सवाल पूछ सकता हूँ? आप सचमुच ख़ुश दिखते हैं। ऐसा कैसे है? आप मेरी तरह ऊबे हुए क्यों नहीं हैं?"

"मैं और ऊबा हुआ, मज़ाक़ मत करो। इतनी मनमोहक दुनिया में किसी को बोरियत क्यों होनी चाहिए? नहीं, मैं इस दुनिया को पसंद करता हूँ। दरअसल मैं इससे प्यार करता हूँ। मैं कभी भी बोर नहीं हुआ - सचमुच बोर नहीं हुआ - पूरी ज़िंदगी में। बेशक, मेरे जीवन में भी निराशा के कुछ पल रहे हैं, लेकिन बहुत ही कम।"

"वाह, यह बड़ी बात है - निश्चित रूप से बड़ी बात है।" उसने मेरी तरफ़

ऐसे देखा, जैसे मैं कोई अजूबा हूँ। "कॉलेज में वे हमें बोर होना सिखाते हैं।"

"ऐसा क्या? मेरे हिसाब से घटिया कॉलेज होगा।"

"हो सकता है," वह मुस्कराया।

अब असली पुरस्कार आया - बहुत ही आश्चर्यजनक। "आप जानते हैं, आपको देखकर ऐसा लगता है कि आपके पास मानसिक शांति है। क्या सचमुच है?" ज़ाहिर है, यह स्पष्ट था कि उस लड़के का दिमाग़ आंदोलित और तनावग्रस्त था, लेकिन वह किसी तरह की सच्चाई की तलाश कर रहा था।

"देखो, तुमने एक अनुमान बताया है और एक उचित सवाल पूछा है। इस तरह का सवाल मुझसे किसी ने पहले इस तरह अचानक नहीं पूछा है। लेकिन हाँ, मैं कृतज्ञता के साथ कहता हूँ कि मेरे पास मानसिक शांति है। इसे पाने में कुछ साल लग गए, लेकिन मैंने मानसिक शांति का ऐसा सूत्र खोज लिया, जिससे यह मुझे कभी छोड़कर नहीं गई। उम्मीद है कि तुम भी इसे पा लोगे।"

"वह सूत्र कौन सा है?" सवाल धीरे से और ईमानदारी से पूछा गया था।

"ओह नहीं, मैं तुम्हें वह नहीं बता सकता। यह काफ़ी व्यक्तिगत है और इसके अलावा, मुझे यक़ीन नहीं है कि तुम इसे समझ पाओगे।"

"मैं क्यों नहीं समझ पाऊँगा? मैं मूर्ख नहीं हूँ। मुझे बताएँ।"

मैंने टाला, "देखो, तुम उस तरह के नहीं हो, जो आसान सुझाव मान सको। तुम्हें देखकर तो मुझे लगता है कि तुम थोड़े जटिल और उलझे हुए हो। इसके अलावा तुम वर्तमान में जीने वाली पीढ़ी के हो और तुम्हारे दृष्टिकोण से मुझे लगता है कि मैं दक़ियानूसी हूँ। जिससे मुझे मानसिक शांति मिली, तुम उसे कभी स्वीकार नहीं करोगे।"

मुझे यक़ीन था कि मैं टालने की तकनीक द्वारा उसे असली बात तक पहुँचने के लिए व्यग्र बना रहा था। मैं संयोग से मिले इस अवसर को खोना नहीं चाहता था। ज़ाहिर है, मैंने उसे यह नहीं बताया कि मैं पादरी हूँ। मैं उसे अपने से दूर नहीं करना चाहता था।

"मेरे पास इतना दिमाग़ है कि मैं आसान बातें समझ सकता हूँ," उसने विरोध किया।

मानसिक शांति का रहस्य चाहता है

"तो तुम मानसिक शांति का मेरा व्यक्तिगत सूत्र जानना चाहते हो? तुम मुझे नकार नहीं रहे हो?"

"मैं इसे चाहता हूँ," उसने स्वीकार किया।

"ठीक है, तो मैं बताता हूँ, लेकिन अपनी सीट कसकर पकड़ लो। और मेरे साथ बहस मत करना। या तो इसे स्वीकार करो, या फिर छोड़ दो। तुमने ही इसके बारे में पूछा है। वह सूत्र ईसा मसीह हैं।"

ख़ामोशी छा गई। उसने आख़िर कहा, "ईसा मसीह? ईसा मसीह इन दिनों फिर लौटते लगते हैं, है ना?"

"मुझे कभी पता ही नहीं था कि वे दूर चले गए हैं।" हम दोनों हँसे, लेकिन थोड़ी गंभीरता से।

अब तक हवाई जहाज़ गेट तक पहुँच चुका था। वह अपने चेहरे पर एक गंभीर भाव लेकर मुड़ा और उसने अपना हाथ बढ़ाया। लंबे और छोटे बालों वाले आदमियों ने हाथ मिलाया।

उसने मुड़कर पीछे देखा।

"सुनिए, आप जानते हैं? मैं किसी दिन आपकी बात मान सकता हूँ। मिलते हैं।"

मैंने उसे मानसिक शांति का सूत्र क्यों बताया, जिससे उसकी बोरियत या कुंठा दूर हो जाए? देखिए, वह इसे सीधे-सीधे चाहता था और वह जो चाहता था, उसे मिल गया। मुझे यह महसूस हुआ कि वह इसका हक़दार था।

जब मैं युवा था और थोड़ा भटक रहा था, तो मैंने ईसा मसीह के शब्द पढ़े थे : "ये चीज़ें मैंने तुमसे कही हैं ... ताकि तुम्हारी ख़ुशी पूर्ण हो" (जॉन 15:11) न जाने क्यों इस बात ने मुझे आकर्षित किया और मुझे दरअसल जकड़ लिया। इसलिए मैंने सोचा, "कौन सी चीज़ें?" मैंने उन्हें आस्था, आशा और प्रेम के रूप में जोड़ लिया। मैंने इस फ़ॉर्मूले पर विश्वास किया और उस आधार पर सोचने तथा जीने की कोशिश की। यह कारगर साबित हुआ। स्पष्ट रूप से और निश्चित रूप से जब से मैंने इस शिक्षा पर अमल शुरू किया है, तब से मैं कभी सचमुच कुंठित या बोर नहीं हुआ।

शायद मेरी बात को "धार्मिक" मानकर लोग इसे न मानें या नज़रअंदाज़ कर दें। लेकिन हवाई जहाज़ के युवा हिप्पी को मेरी बात पसंद आई। कम से

कम उसने इस पर सकारात्मक तरीक़े से विचार किया। अगर मैंने उसे किसी तरह का तर्क दिया होता, उपदेश दिया होता, तो वह प्रतिरोध करता और शायद अस्वीकार कर देता। और उसे कौन दोष दे सकता था? लेकिन जब मैंने उसे अपने व्यक्तिगत अनुभव की कुछ बातें बताईं, और मैं "कुछ" पर ज़ोर देना चाहता हूँ, तो उसने सच्चे दृष्टिकोण के प्रति सम्मान दिखाया।

यह निश्चित वैज्ञानिक तथ्य है। अगर विचार का कोई फ़ॉर्मूला कुछ लोगों को बोरियत और कुंठा से राहत दे सकता है, तो यह सोचना तर्कपूर्ण है कि वह दूसरों के लिए भी लाभकारी साबित हो सकता है, जो निष्पक्षता से इसकी जाँच और प्रयोग करते हैं। चाहे जो हो, चेतन स्तर पर मानसिक नज़रिया बनाना संभव है, जहाँ कोई भी चीज़ जीवन के प्रति उत्साही प्रतिक्रिया के महत्व को कम नहीं कर सकती। अगर आप इतने ऊबे हुए हैं कि इस तरह की संभावना के प्रति आशंकित हैं, तो यह संकल्प कर लें कि आप ऐसा कर सकते हैं। इसके बाद आप सचमुच पाएँगे कि आप ऐसा कर सकते हैं।

ज़िंदगी से प्रेम करेंगे, तो ज़िंदगी आपसे प्रेम करेगी

मैंने टी.वी. पर एक बहुत बढ़िया बात सुनी। कोई रिपोर्टर मशहूर संगीतकार आर्थर रूबिनस्टीन से उनकी सफलता का रहस्य पूछ रहा था। यह प्रतिभा थी, क़िस्मत थी या अच्छा प्रचार था? इन बेकार सवालों पर रूबिनस्टीन ने एक बहुत ही प्रेरक जवाब दिया : "मैंने पाया है कि अगर आप ज़िंदगी से प्रेम करते हैं, तो ज़िंदगी बदले में आपसे प्रेम करेगी।" वे ऊबे या कुंठित व्यक्ति नहीं लगते हैं, है ना?

देखिए, यह एक सच्चाई है कि अगर आप ज़िंदगी से प्रेम करते हैं, तो ज़िंदगी आपसे बदले में प्रेम करेगी। आपका मनोबल बहुत ऊँचा रहेगा, इतना ऊँचा कि आपके जीवन में सतत रोमांच और ख़ुशी की गहरी भावना होगी। गहरी संवेदनशीलता के कारण आप दुनिया और लोगों ख़ुश रह पाएँगे। मनोबल बढ़ाने से आप उच्च स्तर के अनुभव लेने के योग्य हो जाएँगे।

पच्चीस सालों से हर साल मेरी पत्नी और मैं अपनी कुछ छुट्टियाँ स्विट्ज़रलैंड में बिताते हैं। हम पहाड़ों पर घूमते हैं। लॉटरब्रूनेन की सुंदर घाटी घूमने-फिरने का हमारा पसंदीदा इलाक़ा है। यह बहुत ही आकर्षक घाटी पहाड़ों के बीच है, जो "सूर्य जितने प्राचीन हैं" (विलियम कलेन ब्राएन्ट की "थेनेटोप्सिस" से)। यहाँ एक हिमनदी पर्वत-शिखरों से नीचे बहती है।

कुछ साल पहले जब हम उस घाटी में एक पगडंडी पर जा रहे थे, तो हमने एक छोटी रस्सी देखी, जो किसी सुतली से ज़्यादा बड़ी नहीं थी। यह रस्सी चट्टान की ऊँचाई से नीचे लटक रही थी। हम पास पहुँचे और सोचने लगे कि इतनी छोटी रस्सी चट्टान से नीचे किसने लटकाई होगी और यह इस तरह से क्यों लटक रही है।

कुछ समय बाद हमने उसी जगह पर एक रस्से को नीचे लटकते देखा। फिर अगली बार रस्से की जगह पर एक मज़बूत केबल आ गई थी। हम एक सशक्त इंजीनियरिंग उद्यम की शुरुआत देख रहे थे, जिसने शिल्थॉर्नबॉन, आल्प्स में सबसे लंबा केबल-वे बनाया। स्विट्ज़रलैंड में हमारी हाल की यात्रा में हम इसी केबल-वे से शिल्थॉर्न पर ऊपर चढ़े और बिना आवाज़ के हवा में तैरते हुए तीस मिनट में 2,700 फ़ुट से 10,000 फ़ुट की ऊँचाई पर पहुँच गए।

शिल्थॉर्न के शिखर की स्थिति विशिष्ट है, इसलिए वहाँ से आपको इतना शानदार और विहंगम नज़ारा दिखता है, जो दुनिया में बहुत कम जगहों पर दिखता है। ब्लैक फ़ॉरेस्ट से मॉन्ट ब्लाँक तक का नज़ारा सामने फैला हुआ है और एक के बाद दूसरा पर्वत शिखर नज़र आता है। इंसान इस वीरान जगह पर हतप्रभ खड़ा रहता है, जहाँ पहले सिर्फ़ वही लोग आए थे, जो पशुओं की खाल के कपड़े पहनकर शिकार करते थे। चट्टान पर एक काँसे की पट्टी लगी है, जिस पर जर्मन भाषा में लिखा है :

सर्वशक्तिमान ईश्वर,
आपकी रचना
महान और अद्भुत है!

शिल्थॉर्न के शिखर पर विस्मय और श्रद्धा से भरा व्यक्ति दुनिया से प्रेम करता है और महसूस करता है कि दुनिया भी उससे प्रेम कर रही है।

अच्छा रहेगा कि ऊबे हुए, कुंठित लोग शहरों से दूर हो जाएँ, जो लगातार ज़्यादा गंदे शोर भरे होते जा रहे हैं। अच्छा रहेगा कि वे प्रकृति के महान संसार से ख़ुद को दोबारा जोड़ लें। किसी एकाकी समुद्र तट पर लहरों की गर्जना सुनें। कलकल बहती नदी के किनारे पैदल चलें। किसी बाग़ में लेट जाएँ और सफ़ेद बादलों को जहाज़ों की तरह नीले आसमान में तैरते देखें। अपनी आँखें पहाड़ियों तक उठाएँ, क्योंकि यह एक तथ्य है कि शक्ति सचमुच ऊपर से आती है।

सच्चा मानसिक आनंद बोरियत व कुंठा को दूर कर देता है - हमेशा के लिए। इंसान को आनंद के ऐसे अनुभव होने चाहिए, जो उसे सचमुच मस्तिष्क के उच्च स्तरों तक उठा दें, इस तरह के कि वह उन्हें कभी न भूल पाए और जो हमेशा उसके साथ रहें।

मैटरहॉर्न के ऊपर रोमांच

ऐसा ही अनुभव मेरी पत्नी रूथ, हमारे पुराने मित्र आर्थर गॉर्डन और मुझे 12 अगस्त 1970 को दोपहर के 11 से 12 बजे के बीच हुआ। वह दिन और घंटा मेरी चेतना पर अमिट रूप से अंकित है। अगर मुझे कभी बोरियत और बोझिलपन का एहसास होने लगता है, तो उस घंटे और दिन की अविस्मरणीय याद से मैं तत्काल उत्साहित हो जाता हूँ। उस दिन हम एक छोटे हेलिकॉप्टर में आल्प्स के ऊपर उड़े थे और ऊँचे पहाड़ों, ग्लेशियरों, घाटियों तथा अंत में ख़ुद मैटरहॉर्न के ऊपर पहुँच गए थे। प्राकृतिक छटा व भव्यता के रोमांचक प्रभाव की वजह से यह हमारे जीवन की बहुत यादगार घटना साबित हुई, जिसमें बहुत रोमांच भरा था।

मैंने इस अनुभव का वर्णन किया है, लेकिन मुझे मानना होगा कि मेरी पत्नी रूथ ने इसका ज़्यादा चित्रात्मक वर्णन किया है। इसलिए मैं उसे ही यह कहानी सुनाने देता हूँ, यह उसकी पुस्तक "द एडवेंचर ऑफ़ बीइंग अ वाइफ़" में दी गई है :

> हम लोग स्विटज़रलैंड के छोटे क़स्बे ज़रमैट की यात्रा पर गए, जहाँ मैटरहॉर्न के मुहाने पर एक घाटी है। यह ग्रेनाइट का विशालकाय ऊपरी हिस्सा आसमान में धँसे किसी बड़े चाकू जैसा लगता है। शिखर समुद्र की सतह से 14,000 फ़ुट से ज़्यादा ऊपर है। स्विट्ज़रलैंड का सबसे ऊँचा पहाड़ मॉन्टे रोज़ा ज़्यादा दूर नहीं है, लेकिन इसकी ऊँचाई धीरे-धीरे बढ़ती है। यह उतना भव्य नहीं है। मैटरहॉर्न अकेला खड़ा है, सोचता हुआ, संजीदा, जिस पर गर्मियों में भी बर्फ़ के निशान नज़र आते हैं। बरसों तक यहाँ के निवासी मानते थे कि यह शैतानों या बुरी आत्माओं का घर है, जो बिजली गिरा सकते हैं या क़रीब जाने वाले दुस्साहसी इंसान पर बड़ी चट्टानें फेंक सकते हैं। किसी ने एक बार कहा था कि मैटरहॉर्न सिर्फ़ पहाड़ नहीं है, यह तो एक "दैवी उपस्थिति" है। यह सचमुच है।

ज़रमैट की इस यात्रा के दौरान हम एक पुराने दोस्त थियोडोर सीलर के केबिन में रुके, जो सीलर होटल्स के प्रेसिडेंट और स्विस बैंकर हैं। टेड सीलर ज़रमैट में ही बड़े हुए हैं। उनके दादाजी यहाँ के पहले होटल मॉन्टे रोज़ा के मालिक थे और टेड आज भी यहाँ अतिथियों का स्वागत करते हैं। इस होटल में मैटरहॉर्न पर चढ़ने वाला पहला व्यक्ति व्हिम्पर अपने सफल लेकिन दुखद विजयी अभियान से लौटा था, जिसमें तीन आदमी मर गए थे। एक काँसे की पट्टी प्रवेश द्वार के पास लगी है और इस घटना की याद दिलाती है।

टेड सीलर ने हमें बताया कि मैटरहॉर्न पर चढ़ना सबसे आनंददायक होता है। इसे देखने का दूसरे नंबर का अच्छा तरीक़ा इसके चारों तरफ़ और ऊपर हेलिकॉप्टर में उड़ना है। उन्होंने कहा कि दो हेलिकॉप्टर हैं, जिन्हें जर्मन पायलट उड़ाते हैं। ये हर वक़्त ज़रमैट की बाहरी सीमा पर तैनात रहते हैं। छोटे हेलिकॉप्टर में चार व्यक्ति बैठ सकते हैं और बड़े हेलिकॉप्टर में छह लोग बैठ सकते हैं। उन्होंने कुछ बहुत शानदार पहाड़ी बचाव अभियान संपन्न किए हैं। टेड सीलर ने कहा कि अगर मौसम सही हो, तो वे क़रीब के शिखरों और ग्लेशियरों के ऊपर हवाई सैर करवाने की व्यवस्था कर सकते हैं। उन्होंने कहा कि हम इस हवाई सैर को ज़िंदगी भर नहीं भूल पाएँगे।

यह रोमांचक लग रहा था, लेकिन थोड़ा डरावना भी। मैं ज़िंदगी में पहले सिर्फ़ एक बार हेलिकॉप्टर में बैठी थी, वह भी खेत देखने के लिए। लेकिन नॉर्मन, जो राष्ट्रपति निक्सन के आग्रह पर वियतनाम गए थे, कई हेलिकॉप्टर यात्राएँ कर चुके हैं।

हमारी यात्रा के पहले हिस्से में मौसम अनिश्चित बना रहा। ज़्यादातर समय घुमड़ते बादलों ने मैटरहॉर्न को छिपाए रखा। जब वे पल भर के लिए छँटते थे, तो हम देख सकते थे कि बड़े शिखर के आस-पास के ढाल ताज़ी बर्फ़ से ढँक चुके हैं। लेकिन शिखर इतना ज़्यादा ढलवाँ था कि उन काँटेदार चट्टानों से ज़्यादा बर्फ़ चिपकी नहीं रह सकती थी।

आल्प्स में आदर्श दिन

ज़रमैट में हमारे आख़िरी दिन से एक रात पहले हवा उत्तर की तरफ़ हो गई। टेड सीलर ने कहा कि यह अच्छे मौसम की निशानी है। निश्चित रूप से अगले दिन की सुबह उजली थी। आसमान गहरा नीला था और

उसमें एक भी बादल नहीं था। ज़रमैट की सड़कों पर सुनहरी धूप खिली हुई थी, जो बैनर्स, रंगीन तिरपाल और खिड़की में रखे गमलों से और भी ख़ुशनुमा लग रही थी।

हेलिपैड फ़ोन लगाया गया। यह हेलिपैड कंक्रीट का चौक है, जो शहर के उत्तरी हिस्से में रेल की पटरियों के ठीक ऊपर पहाड़ी में बनाया है। हमें बताया गया कि हम ग्यारह बजे उड़ान भर सकते हैं। बड़े हेलिकॉप्टर की रिपेयरिंग चल रही थी, लेकिन छोटा काम कर रहा था। पायलट के अलावा तीन और यात्री बैठ सकते थे, इसलिए आर्थर गॉर्डन भी साथ चलने के लिए तैयार हो गए, जो उस वक़्त ज़रमैट में ही थे।

लंबे मीनार जैसे ढाँचे तक दस मिनट चलना पड़ा, जिसमें लगी लिफ़्ट यात्रियों को हेलीपैड तक ले जाती थी। हमने एक बटन दबाया, ट्रांसमीटर से अपना नाम बताया जैसा अपार्टमेंट हाउसेस की लॉबियों में करना पड़ता है। हमने जल्द ही ख़ुद को कंक्रीट के एक बड़े चौक में खड़ा पाया, जो आधे फ़ुटबॉल मैदान जितना बड़ा था। बीच में एक पेंट किया हुआ गोला था, जिसमें एच लिखा था। निश्चित रूप से यह नीचे उतरने वाले पायलटों की सुविधा के लिए था। हैंगर के खुले दरवाज़ों से हमें दिख रहा था कि बड़ा लाल हेलिकॉप्टर सुधर रहा है। हमें बताया गया कि छोटा हेलिकॉप्टर गश्त लगाने गया था, लेकिन जल्द ही लौट आएगा।

हम लोग चमकती धूप में बैठकर इंतज़ार करने लगे। मेरी भावनाएँ रोमांच, उम्मीद और थोड़े डर की थीं, जब मैंने इस बारे में सोचा कि मैं एक प्लास्टिक के बुलबुले में बैठकर प्यारी ज़मीन से दूर उड़ जाऊँगी और वहाँ सिर्फ़ पंखुड़ियों और इंजन का सहारा ही होगा। इंतज़ार करते वक़्त हम पर्वतारोहण के बारे में धीरे-धीरे बात करने लगे। हमने यह भी कहा कि व्हिम्पर जैसे लोग ख़ुशी की खोज में कितने अजीब और ख़तरनाक काम करते हैं।

आँखों के दिखने से पहले ही हमारे कानों ने हेलिकॉप्टर की आवाज़ सुन ली। फिर वह अचानक सामने आ गया। वह एक विशाल ड्रैगनफ़्लाई की तरह मँडरा रहा था। पायलट ने हवा में चक्कर लगाया। ठंडी पहाड़ी हवा के थपेड़ों और शोर के साथ मशीन कंक्रीट के प्लेटफ़ॉर्म पर खड़ी हो गई। पायलट ने इंजन बंद कर दिया। ब्लेड धीरे-धीरे स्थिर हो गए।

ईंधन के टैंक दोबारा भरे गए। कुछ पहाड़ी बचाव सामान बाहर

निकालकर हमारे लिए जगह बनाई गई। इससे पहले कि हम जान पाते कि क्या हो रहा था, नॉर्मन और मैं पीछे की सीट पर अपने बेल्ट बाँध रहे थे। आर्थर आगे बाईं तरफ़ बैठे थे। दाईं तरफ़ युवा पायलट था, जो निश्चिंत और आत्मविश्वास से भरपूर था। उसने पूछा, "आप कहाँ जाना चाहते हैं?"

इस पर हेलिपैड पर खड़े स्टेशन मैनेजर ने पायलट की खुली खिड़की से उससे कुछ कहा। यह जर्मन भाषा में था, इसलिए मैं उसकी बात नहीं समझ पाई, लेकिन पायलट ने प्रतिरोध किया। जब स्टेशन मैनेजर अपनी बात पर अड़ा रहा, तो पायलट ने जिस तरह से कंधे उचकाए, उसे देखकर मुझे कँपकँपी छूट गई। क्या उससे यह कहा जा रहा था कि हमें भव्य पहाड़ दिखाने के लिए हेलिकॉप्टर को इसकी सीमा से आगे तक ले जाना है?

दरवाज़े बंद हो गए। पायलट ने ईयरफ़ोन लगा लिया। उसका दायाँ हाथ छड़ी पर था। बाएँ हाथ से उसने आगे की सीटों के बीच के थ्रॉटल को मरोड़ा। हेलिकॉप्टर, हिला और ऊपर उठने लगा। अचानक दिल की धड़कन रोकने वाले झटके से मुझे ऐसा लगा, जैसे हम कंक्रीट के प्लेटफ़ॉर्म से कूदकर सीधे हवा में पहुँच गए हों। आगे की तरफ़ ज़मीन पर दौड़ने का हवाई जहाज़ जैसा कोई मामला नहीं था। हम हवा में कूद गए थे।

छोटी घाटी के ऊपर हमने ऊँचाई पकड़ ली, जो ज़मीन से दो सौ फ़ुट से ज़्यादा ऊपर नहीं होगी। पायलट और सामने वाली सीट का यात्री नीचे का दृश्य स्पष्ट देख सकते थे। मुझे ख़ुशी थी कि हम नहीं देख सकते थे। इंस्ट्रुमेंट पैनल पर मैं हवा की गति देख सकती थी। इसकी सुई चालीस और पचास नॉट के बीच झूल रही थी। आल्टीमीटर बता रहा था कि हम समुद्र की सतह से लगभग छह हज़ार फ़ुट ऊपर थे और चढ़ रहे थे।

हम दोनों तरफ़ की ऊँची चट्टानी दीवारों के बीच की घाटी के पार उड़े। हम ऊँचे झरनों के पार उड़े, पहाड़ी जंगली फूलों से भरी हरी वादियों के ऊपर से गुज़रे। हेलिकॉप्टर अब सीधा उड़ने लगा और यह अब भी ऊपर होता जा रहा था।

नीचे देखने पर ज़रमैट किसी खिलौना गाँव की तरह दिख रहा था।

इसके केबिन और होटल चर्च के मीनार से ढँके थे। हम शहर की पूर्व दिशा में ऊपर चढ़ रहे थे। एक-दो बार तो ऐसा लगा कि हमारी चढ़ाई की गति बहुत धीमी थी और हम आगे वाली पर्वत-श्रेणी को पार नहीं कर पाएँगे, लेकिन हम हमेशा आसानी से पार कर लेते थे। अब सदाबहार के गहरे रंग तराई के भूरे रंग में बदलते जा रहे थे। आगे बाईं तरफ़ इमारतों का समूह था। यह केबल-वे का टर्मिनस था, जो ज़रमैट से गार्नरग्रेट तक सीधे ऊपर जाती थी, समुद्र की सतह से लगभग दस हज़ार फ़ुट। यह पर्यटकों का प्रिय स्थल है, क्योंकि यहाँ से ग्लेशियर्स और आल्प्स के पर्वत शिखरों का भव्य नज़ारा दिखता है।

लेकिन बहुत कम पर्यटक उन्हें हमारी तरह देख सकते थे। कुछ पल बाद हम गॉर्नर ग्लेशियर के ऊपर पहुँच गए थे, जो बर्फ़ की सफ़ेद विशाल नदी है। जहाँ यह ख़त्म होती है, वहाँ एक पानी का प्रवाह, जो ग्लेशियर की तलछट से धूसर है, बर्फ़ की दीवार के नीचे से बहता है। हमारी दाहिनी तरफ़ एक ऊँचा शिखर स्टॉकहॉर्न आसमान छू रहा है। आल्टीमीटर अब ग्यारह हज़ार फ़ुट बता रहा है। मुझे इस बात से थोड़ी बेचैनी हुई कि नियम के अनुसार पायलटों को ऑक्सीजन के बिना दस हज़ार फ़ुट से ऊपर नहीं उड़ाना चाहिए। हमारे पास ऑक्सीजन नहीं थी।

ग्लेशियर के ऊपर हम साठ नॉट की गति से चले। हालाँकि बर्फ़ पर कुछ नहीं था, लेकिन मुझे ख़ुशी थी कि यह सिर्फ़ दो सौ फ़ुट नीचे थी। मैंने ख़ुशी से सोचा कि अगर हमारा इंजन रुक जाए, तो हम उस सुंदर ठोस बर्फ़ पर बैठ सकते हैं और बचाए जाने का इंतज़ार कर सकते हैं - शायद किसी दोस्ताना सेंट बर्नार्ड द्वारा। लेकिन आगे देखने पर मैंने पाया कि ग्लेशियर ख़त्म हो गया। और सिर्फ़ ग्लेशियर ही नहीं, पहाड़ भी, दुनिया भी, सब कुछ ख़त्म हो गया। हमारी ओर एक पतली सफ़ेद लकीर चली आ रही थी, जो चाकू की नोक जितनी पैनी थी। फिर कुछ नहीं। बस एक ख़ालीपन।

ख़ालीपन के ऊपर

हम उस लकीर के ऊपर गए, सीधे उस भयानक ख़ालीपन में। मुझे महसूस हुआ कि मेरे पैर फ़र्श पर दबाव डाल रहे थे, जैसे ऐसा करके वे हमें पीछे रोक सकते हों। हमारे नीचे सीधी ढलान थी, एक मील से भी ज़्यादा दूर तक। हम लोग एक भव्य ख़ालीपन के ऊपर थे, जिसके चारों

तरफ़ ऊँचे शिखर थे।

मेरा तार्किक मस्तिष्क जानता था कि हम ग्लेशियर की तरह ही ख़ालीपन के एक मील ऊपर से भी उड़ सकते हैं, लेकिन मेरा पेट यह बात नहीं जानता था। ऐसा लग रहा था कि मेरा पेट तो ग्लेशियर पर ही रह गया था। मैंने देखा कि आर्थर हिम्मत बटोरने के लिए हेलिकॉप्टर के किनारे को पकड़े हुए थे। मैं जानती थी कि वे भी यह सोच रहे होंगे कि चार अदने और महत्वहीन इंसान ऐसी उदात्त और दहशत भरी जगह पर क्या कर रहे हैं।

सिर्फ़ पायलट बेफ़िक्र लग रहा था। हम मॉन्टे रोज़ा के दोहरे शिखरों के पीछे झूले। हमारा आल्टीमीटर अब बारह हज़ार फ़ुट बता रहा था। हमारे नीचे कुछ चींटियाँ बर्फ़ के विशाल मैदानों के पार मेहनत से चलती दिख रही थीं। पर्वतारोही। "यह ख़तरनाक हो सकता है," पायलट ने उनकी तरफ़ इशारा करते हुए कहा, "जब तक कि आप यह नहीं जानते हों कि आप क्या कर रहे हैं। बर्फ़ के पुल हैं, जो टूट सकते हैं। उन छेदों की तरफ़ देखें, जो गुफाओं की तरह दिखते हैं ? अगर आप इनमें से किसी में गिर गए, तो आपका काम तमाम हो जाएगा। कोई भी आपको बाहर नहीं निकाल सकता!"

पायलट को एक पर्वतश्रेणी के शिखर पर कोई चीज़ दिखी। उसे देखकर लग रहा था कि शायद कोई आदमी बर्फ़ पर लेटा हो। हेलिकॉप्टर अचानक नीचे की तरफ़ उतरा, "बेहतर होगा कि देख लूँ।" पंखुड़ियों ने हवा काटते समय आवाज़ निकाली। मैंने नॉर्मन का हाथ पकड़ लिया। उस चीज़ के ऊपर से उड़ते हुए पायलट ने कहा, "बस एक टेंट है। कई बार पर्वतारोही एक दिन मॉन्टे रोज़ा पर चढ़ने की कोशिश करते हैं और अगले दिन मैटरहॉर्न पर। बीच की रात वे वहाँ गुज़ारते हैं।" मैंने यह कल्पना करने की कोशिश की कि उस कैनवास के छोटे टुकड़े के नीचे कैसा लगता होगा, जब बाहर बर्फ़ीले कालेपन में हवा गरज रही हो। मैं कल्पना नहीं कर पाई ...

मैटरहॉर्न दूर से बहुत प्रभावशाली लग रहा था। क़रीब से तो यह अभिभूत करने वाला था। और हम क़रीब थे, इतने क़रीब कि मुझे ऐसा लगा कि हम ऊँची दीवारों की दरारें देख सकते हैं। जब पायलट ने कुछ पर्वतारोहियों की ओर इशारा किया, तो वे अविश्वसनीय रूप से छोटे लगे, बस रंगों के बिंदु, जो चट्टान को पकड़े थे। हम एक छोटी सी

झोंपड़ी के पास से गुज़रे, जो एक भव्य खड़ी चट्टान के कोने पर बाज के घोंसले की तरह बनी थी। पायलट ने कहा, "पर्वतारोही रात वहाँ गुज़ारते हैं। वे सुबह होने पर चढ़ना शुरू करते हैं।"

हम गोल-गोल होकर ऊपर चढ़ रहे थे। हमने मैटरहॉर्न के तीन चक्कर लगाए। मुझे ऐसा लगा, जैसे इंजन हवा में पूरी ताक़त लगा रहा हो। मेरी साँस थोड़ी कम होने लगी थी और मैं देख सकती थी कि नॉर्मन के साथ भी ऐसा ही हो रहा था। अब आल्टीमीटर चौदह हज़ार फ़ुट बता रहा था। हम शिखर के लगभग बराबरी पर थे। मैं उस लोहे के क्रॉस की निशानी को स्पष्ट देख सकती थी, जहाँ व्हिम्पर और उसके साथी बहुत पहले खड़े हो चुके थे। हम उससे भी ऊँचे उठे, ताकि हम ऊपर से शिखर देख सकें। सिर चकराने वाली ऊँचाई पर तीन छोटी आकृतियाँ खड़ी होकर हमारी तरफ़ हाथ हिला रही थीं। अचानक मेरे मन में रोमांच की पिपासा के प्रति श्रद्धामिश्रित प्रेम का सैलाब उमड़ पड़ा, जिसके कारण उन्होंने इन ऊँचाइयों को चुनौती दी थी और जीता था। शायद हमारी पीढ़ी इतनी आरामप्रिय और कमज़ोर नहीं है, जितना कहा जाता है।

फिर हम चमकती हवा में नीचे उतर रहे थे। ऊँचा पहाड़ हमारे पीछे हो गया था। पायलट ने कहा, "तेज़ी से हवा निगलें। इससे आपके कान का दबाव कम हो जाएगा।" ज़रमैट दिखने लगा, धूप में शांत। हेलिपेड रेशम के रूमाल जैसा दिख रहा था। हम आख़िरी मोड़ मुड़े, हवा में ऊपर आए और पेंट किए हुए गोले के ठीक बीच में उतर गए। उड़ान ख़त्म हो गई थी।

लेकिन अनुभव ख़त्म नहीं हुआ था। मैं हेलिकॉप्टर से हवा में उड़ती हुई उतरी। मैं इतने उल्लास में थी, जितनी पहले कभी नहीं रही थी। दुनिया में कितनी भव्य और अद्‌भुत जगह हैं! मैंने नॉर्मन और आर्थर को देखा। उनके चेहरे चमक रहे थे। उत्साह का यह ज़बर्दस्त सैलाब हमारे भीतर कई दिनों तक रहा।

हेलिकॉप्टर से पुरानी घोड़ागाड़ी तक

हमारे मित्र टेड सीलर ने यह व्यवस्था कर दी थी कि होटल वैन हमें लेने आए। दो शानदार घोड़े हमें गाँव तक ले गए। उनकी घंटियाँ ख़ुशी से बज रही थीं। हम पुराने कोच में बैठे, लेकिन ज़्यादा बात नहीं की। ऊँचाइयों का जादू अब भी हम पर हावी था और बीसवीं सदी के

हेलिकॉप्टर से उन्नीसवीं सदी की घोड़ागाड़ी तक का यह परिवर्तन इतना अचानक और अजीब था कि सच नहीं लग रहा था। उस पूरे दिन और तब से कई बार मैंने पाया है कि मैं उस पल के उल्लास को दोबारा जीती हूँ, जब हम उस ग्लेशियर के किनारे से उस विशाल ख़ालीपन के ऊपर उड़े थे और यह विचार मेरे मन में आया था कि शायद मरना भी इसी तरह होता है। अनजान में एक छलाँग जहाँ कुछ भी पहचाना नहीं जा सकता, कुछ भी पकड़ा नहीं जा सकता, लेकिन आपको उस विशाल ख़ालीपन के ऊपर उसी तरह सहारा मिलता है, जैसे आप परिचित और आरामदेह तराई के ऊपर होते हैं।

कल्पना ? शायद। लेकिन मुझे याद है कि जब हमने उस रात को प्रार्थना की, ईश्वर को वह नज़ारा दिखाने और हमें सुरक्षित रखने के लिए धन्यवाद दिया, तो यह अतिशयोक्तिपूर्ण नहीं लग रहा था। बिलकुल नहीं।

सारांश यह है कि सक्रिय और प्रेरित मस्तिष्क का ऊँचा मनोबल उबाऊ बोरियत के लक़वे का अचूक इलाज है।

ज़ाहिर है, यह ज़रूरी नहीं है कि बोरियत या कुंठा दूर करने के लिए व्यक्ति हर बार पर्वत-शिखर पर चढ़ने लगे, लेकिन पर्वत-शिखर के मानसिक अनुभव को याद करते रहना बहुत ज़रूरी है। अपने विचारों में बोझिल दिनचर्या से ऊपर उठना आवश्यक है, जिनमें पुराना काम करने के बावजूद दुनिया पर विजय पाने की शक्ति होती है। काम पुराने ही रहते हैं, लेकिन जब व्यक्ति रोमांच से भरा होता है, तो वे काम आसानी और बिना कुंठा के हो जाते हैं। जब आपका नज़रिया बदल जाता है, तो हर चीज़ बदल जाती है।

बेजान लैरी उत्साह से भर जाता है

"बेजान" लैरी की तरह, जिससे मैं तब मिला, जब मैंने शिकागो में कॉनरेड हिल्टन होटल के बॉलरूम में लगभग दो हज़ार सेल्समैनों के लंच में भाषण दिया। लंच के दौरान एक आदमी मेरे पास आकर बोला, "डॉ. पील, मैंने आपके भाषण में पाँच सौ डॉलर का निवेश किया है।"

"यह काफ़ी बड़ा निवेश है," मैंने पूछा। "कैसे ?"

उसने बताया "मैं अपने एक सेल्समैन को आपका भाषण सुनाने लाया हूँ, क्योंकि वह ऊबा हुआ और नीरस है। उसे यहाँ लाने, खिलाने-पिलाने, ठहराने और वापस ले जाने में लगभग इतना ख़र्च हो जाएगा। इस आदमी में

बुद्धि है, अच्छी शिक्षा है और आकर्षक व्यक्तित्व है। दरअसल उसके पास ऊर्जा, उत्साह और रोमांच के सिवाय सब कुछ है। मैं तो बस इतना चाहता हूँ कि आप उसे सक्रिय कर दें, उसकी मोटर चालू कर दें।"

बोर हुए लोगों को उत्साहित करने से संबंधित ऐसे कई अनुभव मेरे साथ हो चुके थे, इसलिए मैंने पूछा, "आप मुझसे क्या करवाना चाहते हैं? लेकिन आपको भी मदद करनी होगी। आप अपने इस ऊबे हुए सेल्समैन के बदलने की तस्वीर देखें। कल्पना में उसे बदलकर वैसा बनता देखें, जैसा उसे बनना चाहिए।"

ठीक है, उसने सहमत होते हुए कहा, "मैं ऐसा ही करूँगा, क्योंकि अगर वह थोड़ा सा उत्साहित हो जाए और थोड़ी सी सच्ची दिलचस्पी लेने लगे, तो बहुत ज़बर्दस्त सेल्समैन बन सकता है।"

मैंने कहा, "ठीक है, उसे आदर्श रूप में 'देखने' का अभ्यास करें। हो सकता है, आपकी छवि उसे वैसा बना दे। हमें उसे यह सिखाने की कोशिश करनी चाहिए कि अगर वह ठान ले, तो वह सचमुच असाधारण बन सकता है।"

भाषण देते समय मैंने एक-दो बार उस सेल्समैन की तरफ़ देखा, क्योंकि उसके बॉस ने उसकी तरफ़ इशारा करके मुझे बता दिया था। वह सचमुच नीरस और रुचिहीन दिख रहा था। मेरा भाषण ख़त्म होने पर वह मेरे पास आकर बोला, "मैं बेजान लैरी हूँ। लोग मुझे इसी नाम से बुलाते हैं। मैं ही वह व्यक्ति हूँ, जिसमें मि. ... ने पाँच सौ डॉलर का निवेश किया है। उनका लक्ष्य मुझे प्रेरित करवाना है।"

मैंने उससे पूछा कि वह यह बात कैसे जानता है। उसका जवाब था, "यह बात मुझे पता कैसे नहीं चलती? वे हर एक को बता रहे हैं कि आप मेरे दिल में चिंगारी भरने वाले हैं और इसके लिए उन्हें काफ़ी ख़र्च करना पड़ रहा है। अजीब बात है, लेकिन मि. ... को मुझ पर मुझसे ज़्यादा यक़ीन है।"

अब मैं सचमुच मुश्किल में था। मैं उसे अपने कमरे तक ले गया। वह लंबा और पतला था। जब मैंने उससे कुर्सी पर बैठने को कहा, तो वह बैठा नहीं! वह तो एक तरह से कुर्सी पर लेट गया, उसके पैर फैले हुए थे और हाथ दोनों तरफ़ लटक रहे थे। मैंने कहा, "लैरी, यह तो कुर्सी पर बैठने का तरीक़ा नहीं है। सीधे बैठो, ताकि तुम्हारी रीढ़ की हड्डी पूरी तरह से कुर्सी की पीठ को छूती रहे। मुझे ऐसा करके दिखाओ।"

ख़ुद को सही स्थिति में लाते हुए उसने आपत्ति की, "मुझे लगता है कि इसका इस बातचीत से कोई संबंध नहीं है।"

मैंने असहमत होते हुए कहा, "नहीं, तुम बेजान हो। इसीलिए लोग तुम्हें बेजान लैरी कहते हैं! तुम्हें ज़िंदादिल बनना होगा, वरना मि. ... के पाँच सौ डॉलर मिट्टी में मिल जाएँगे।"

"डॉ. पील," उसने कहा, "मुझे लगता है कि दरअसल मैं काफ़ी अच्छा हूँ। मैं चर्च जाता हूँ। मैं संडे स्कूल भी जाता हूँ। मैं अपनी पत्नी से प्रेम करता हूँ। मैंने चैन से जीवन जिया है। मैं अच्छा आदमी हूँ।"

"देखो," मैंने शायद थोड़ा सीधे बोल दिया, "अच्छा होने और किसी काम के लिए अच्छा नहीं होने में फ़र्क़ होता है।" उसने बुरा नहीं माना और हँस दिया।

"लैरी," मैंने आगे कहा, "जीवंत होना क्या है ? जीवन क्या है ? सिर्फ़ संबंध। जैसा एक चीनी दार्शनिक ने कहा है, हम उन बिंदुओं की संख्या के अनुपात में जीवित होते हैं, जिन पर हम जीवन को स्पर्श करते हैं। जीवन जीवंतता है। जीवन उत्साह है। यह ऊर्जा और रोमांच है। बेजान या उत्साहहीन व्यक्ति सिर्फ़ आंशिक रूप से ज़िंदा है। आओ हम रोमांचित होने का अभ्यास करें।"

होटल के मैनेजमेंट ने मुझे एक फ़्रूट बास्केट भेजी थी और उसमें बहुत सुंदर फल रखे थे। इसमें एक सेब था, जो अद्भुत कलाकृति थी, एक-दो सुंदर संतरे थे और एक बड़ा ग्रेपफ़्रूट तथा एक लंबा केला। मैंने कहा, "लैरी, फलों की इस टोकरी को देखो। बस इसकी तरफ़ देखो। क्या तुमने कभी इतना सुंदर सेब देखा है ? क्या यह सुंदर नहीं है ? यह सेब ओरेगन की पहाड़ियों से आया होगा, जहाँ ठंडी रातों ने इसके अंदर के मांस को सख़्त बनाया होगा और फल को रसदार बनाया होगा। या यह न्यूयॉर्क स्टेट में पैदा हुआ होगा, जहाँ सेब बहुत शानदार होते हैं। और इस संतरे को देखो। इसमें फ़्लोरिडा या कैलिफ़ोर्निया की धूप है। और केला, इसमें ट्रॉपिक्स की सुंदरता है। क्या यह फलों की टोकरी ज़बर्दस्त नहीं है ?"

"हाँ, यह है," उसने स्वीकार किया। "लेकिन इसके बारे में इतना रोमांचित क्यों होना चाहिए ?"

"क्योंकि यही प्रतिक्रिया करने का तरीक़ा है - चीज़ों को सुंदर और अद्भुत देखना, हर चीज़ को इसी तरह से देखना, क्योंकि - दरअसल हर

चीज़ एक चमत्कार है।"

"आप इसमें सचमुच यक़ीन करते हैं?" लैरी ने पूछा।

"मैं निश्चित रूप से यक़ीन करता हूँ। बाहर मिशिगन झील को धूप में चमकता देखो। क्या यह अद्‌भुत नहीं दिखती है! हर चीज़ के बारे में इस नज़रिए का अभ्यास करो। और मेरा मतलब है सचमुच अभ्यास करो। अगर आप ऐसा करेंगे, तो आपकी सोच रोमांचपूर्ण हो जाएगी। एक और बात : ऊबे हुए लोगों के आस-पास न रहें। हो सकता है वे आप पर यह प्रभाव छोड़ने की कोशिश करें, कि ऐसा करना 'फ़ैशन' में है और वे सच्चे बुद्धिजीवी हैं। लेकिन वे बिलकुल ग़लत हैं। दरअसल, उनमें बिलकुल भी बुद्धि नहीं है। उन लोगों के साथ रहो, जिनमें सच्चा उत्साह हो।"

"ठीक है," बेजान लैरी ने नीरस तरीक़े से कहा, "आप चाहते हैं कि मैं अपनी नीरसता छोड़ दूँ और उत्साहित बन जाऊँ। मैं कोशिश करूँगा।"

कुछ महीने बाद मैं चैंबर ऑफ़ कॉमर्स में भाषण देने के लिए उसके शहर गया। वह मुझे हवाई जहाज़ से लेने आया। उसने मेरा स्वागत किया, "आपसे मिलकर ख़ुशी हुई! अब हम चलते हैं। यहाँ देखने के लिए काफ़ी कुछ है!"

"देखो लैरी," मैंने कहा, "मैं काफ़ी लंबी यात्रा करके आया हूँ और थका हुआ हूँ। मैं होटल जाकर आराम करना चाहता हूँ। तुम तो जानते ही हो, मुझे भाषण देना है।"

"आपका क्या मतलब है, आराम?" लैरी ने पूछा। "वह सारी ऊर्जा, उत्साह और रोमांच कहाँ गया, जिसके बारे में आप बातें करते थे?"

शर्माकर मैं सहमत हो गया, "हम होटल जाने का विचार छोड़ देते हैं। हम शहर देखना कहाँ से शुरू करें?"

उसने मुझे हर चीज़ दिखाई और यह टिप्पणी की, "यह सबसे बढ़िया हाई स्कूल है," "शानदार बॉल पार्क," "सबसे बेहतरीन अस्पताल।" उसकी बातों से ऐसा लग रहा था, जैसे वह उस शहर का मालिक हो।

आख़िर वह एक सुंदर घर के सामने रुक गया। उसने कहा, "कितना सुंदर घर है!" मुझे अंदर खींचते हुए उसने घोषणा की, "वह रही - मेरी पत्नी। क्या वह प्यारी नहीं है?" इतना कहकर उसने उसे उत्साह से चूम लिया। अब तक मैं भी इतना रोमांचित हो चुका था कि मैंने भी उसकी पत्नी को चूम लिया।

"डॉ. पील," उसने कहा, "लैरी, इतना बदल चुका है, इतना सकारात्मक और बेहतरीन बन गया है। वह - वह -" उसने झिझकते हुए कहा। "वह सचमुच रोमांचक बन गया है।"

उस ऊबे हुए, नीरस, बेजान लैरी का क्या हुआ? यह बहुत आसान, बहुत अद्‌भुत है। रोमांचक विचारों के अभ्यास की प्रक्रिया से वह अपने मस्तिष्क में उत्साहित बन गया। वह एक रोमांचित व्यक्ति बन गया। अब उसे बोरियत की कोई शिकायत नहीं है।

यह इसके लिए सुंदर दिन है

रोमांच का अभ्यास बोरियत को ख़त्म कर सकता है और अगर इसका लगातार अभ्यास किया जाए, तो समय के साथ यह आदत भी बन सकता है। कनेक्टिकट के चार बार गवर्नर रह चुके स्वर्गीय विल्बर एल. क्रॉस अपने परिवार से असाधारण तरीक़े से गुड मॉर्निंग कहते थे। मौसम चाहे जैसा हो, वे हमेशा कहते थे, "यह इसके लिए सुंदर दिन है।"

आप इस रहस्यमय टिप्पणी का अपना मनचाहा मतलब निकाल सकते हैं, लेकिन उनके पोते को याद नहीं है कि येल के प्रोफ़ेसर और बाद में गवर्नर बने इस व्यक्ति को एक बार भी बोरियत या कुंठा से संबंधित दिक्क़त रही हो। उस व्यक्ति को हो भी कैसे सकती थी, जो यह मानता था कि हर दिन "इसके लिए एक सुंदर दिन था।" बोरियत और कुंठा ऊबी हुई तथा कुंठित सोच से उत्पन्न होती है। इन नज़रियों की जगह पर अगर आप गवर्नर क्रॉस का नज़रिया रख लें तो हर दिन सचमुच सुंदर बन सकता है।

लेकिन सवाल यह है कि नज़रिए को कैसे बदला जाए? इसका एक जवाब यह है कि भावनात्मक प्रतिक्रिया करने के बजाय सामान्य बुद्धि का इस्तेमाल किया जाए।

मुझे एक आदमी अच्छी तरह याद है, जिसने मुझे कुछ समय पहले फ़ोन किया। स्पष्ट रूप से वह तनाव में था और उसने दुखद रूप से यह कहा, "मैं अब अपनी रस्सी के आख़िरी सिरे पर हूँ। मैंने यह फ़ैसला कर लिया है कि अब एक ही रास्ता बचा है और वह है ख़ुद को गोली मार लेना।"

"देखो," मैंने जवाब दिया, "यह तो समझदारी नहीं लगती है। इसके बजाय आप अपना मनोबल क्यों नहीं बढ़ाते हैं? मेरे ऑफ़िस में आ जाएँ, हम इस पर बातें कर लेते हैं।"

वह आया। निराशा से उसने अपना सिर अपने हाथों पर झुका लिया और कराहते हुए बोला, "हर चीज़ चली गई है। मैं निराश हूँ, असफल हूँ। मैं गहरे अँधेरे में जी रहा हूँ। ज़िंदा रहने का उत्साह ख़त्म हो चुका है। मैं कुंठित, बोर और पूरी तरह निराश हूँ।"

"रहने भी दो, हम तुम्हारी स्थिति पर नज़र डालते हैं," मैंने सुझाव दिया। मैंने एक बड़ा काग़ज़ बाहर निकाला और उस पर बीच में ऊपर से नीचे तक एक लाइन खींची और उसे बताया कि हम बाईं तरफ़ वे चीज़ें लिखते हैं, जो चली गई हैं और दाईं तरफ़ वे चीज़ें लिख लेते हैं, जो बची हैं।

"यह आसान है," उसने उदासी से कहा। "एक चीज़ तो तय है। आपको दाहिने तरफ़ के कॉलम की ज़रूरत नहीं पड़ेगी। मेरे पास कुछ भी नहीं बचा है।"

मैंने उससे पूछा, "आपकी पत्नी आपको कब छोड़कर गई ?"

"आपका क्या मतलब है ?" उसने कहा। "वह मुझे छोड़कर नहीं गई है। मेरी पत्नी मुझसे प्रेम करती है!"

"यह तो बहुत बढ़िया है," मैंने कहा। "तो यह दाहिनी तरफ़ के कॉलम में पहले नंबर पर आएगा - पत्नी छोड़कर नहीं गई। अब, आपके बच्चे कब जेल गए ?"

"कितना मूर्खतापूर्ण सवाल है!" वह चिल्लाया। "मेरे बच्चे जेल में नहीं हैं!"

"अच्छी बात है," मैंने कहा। "यह दाहिने कॉलम में दूसरे नंबर पर है - बच्चे जेल में नहीं हैं। लेकिन मुझे लगता है, इस सारी दिक्क़त से आपकी भूख मर गई होगी।"

"जानते हैं, यह एक अजीब बात है," उसने कहा, "हालाँकि हालात ख़राब हैं, लेकिन मैं हर दिखने वाली चीज़ को खा सकता हूँ।" इसलिए मैंने दाहिने कॉलम में लिख लिया, "हर दिखने वाली चीज़ खा सकता है।"

हम इसी तरह कुछ और चीज़ों पर बात करते रहे। फिर उसे बात समझ में आने लगी।

"मैं आपकी बात समझ गया। अजीब बात है, जब आप इस तरह से स्थिति को देखते हैं, तो यह बदल जाती है।"

जब हमने उसके पास बची सारी अच्छी बातों पर नज़र डाली, तो मैंने कहा, "देखा, आपके पास कितनी संपत्ति बची है! आपको ख़ुद को गोली

मारने की ज़रूरत नहीं है। आपको तो अपना मनोबल बढ़ाने की ज़रूरत है। और अभी हमने सकारात्मक बातों की सूची में सिर्फ़ सतह पर ही नज़र डाली है। इस कुंठा से दूर हो जाएँ। आप ऊबने की कोशिश क्यों कर रहे हैं, जो लोगों के हिसाब से आपको होना चाहिए?"

उसने अपने दिमाग़ का इस्तेमाल किया और अपनी बोरियत दूर कर ली।

वह इक्कीस साल की उम्र में ऊब चुका था

जब आप कुंठा की सीमा तक बोर हो जाते हैं और पूरी तरह से थक जाते हैं, तो आपको याद रखना चाहिए कि एक अनुभव इतना जीवंत है कि यह बोरियत को पूरी तरह से मिटा सकता है। मैं आपको एक व्यक्ति के बारे में बता दूँ, जिसे यह अनुभव हुआ था और काफ़ी अच्छी तरह हुआ था।

यूनिवर्सिटी के अंतिम वर्ष के एक विद्यार्थी ने मुझसे परामर्श लिया। उसने कहा, "मैं आपको सीधे बता देना चाहता हूँ। मैं थक चुका हूँ। ज़िंदगी घटिया है। मैं न सिर्फ़ बोर हो चुका हूँ, बल्कि पूरी घटिया ज़िंदगी से तंग आ चुका हूँ।"

मैंने पूछा, "मैं कहूँगा कि निश्चित रूप से तुमने काफ़ी कुछ देख लिया है। तुम्हारी उम्र कितनी है?"

"इक्कीस साल," उसने जवाब दिया।

"और तुम इक्कीस साल की उम्र में थक चुके हो - सब कुछ देख चुके हो?"

"हाँ," उसने कहा। "मैं सबसे गुज़र चुका हूँ। आप नाम लें, मैं उस चीज़ का अनुभव कर चुका हूँ। सेक्स, शराब, नशा - मैं इन सबसे गुज़र चुका हूँ। और आप जानते हैं? उन्होंने भी मेरा अनुभव कर लिया है। मैं इस पूरी ज़िंदगी से थक चुका हूँ। तो आगे क्या है? या इससे आगे कुछ है भी?"

"ओह हाँ," मैंने कहा, "इससे आगे कुछ है, बहुत कुछ तुम सब कुछ देखने के बावजूद वहाँ तक नहीं पहुँचे हो।"

"ऐसा क्या हो सकता है?" उसने पूछा।

"ईश्वर," मैंने जवाब दिया।

"क्या? मैं तो सोचता था कि वह मर चुका है।"

"ओह नहीं। वह सिर्फ़ उन्हीं लोगों के लिए मरा है, जो उसे गँवा चुके हैं,

लेकिन जो उसे पाते हैं, उनके लिए वह बहुत जीवंत है।"

"देखिए," युवक ने मुझे सूचित किया, "मैं आपको बता देता हूँ, मैं इस ईश्वर की बकवास में नहीं पड़ूँगा।"

"तो फिर तुम मेरे पास क्यों आए ?" मैंने उससे पूछा। "तुम जानते हो कि मैं ईश्वर में विश्वास करता हूँ।" फिर मैंने अपने ही सवाल का जवाब दिया। "मैं तुम्हें बताता हूँ क्यों : हालाँकि तुम्हारा चेतन मन ईश्वर से नफ़रत करता है, लेकिन तुम्हारा अवचेतन मन उसकी तरफ़ झुकता है। तुम ख़ुद के साथ ईमानदार नहीं हो। तुम यहाँ इसलिए आए, क्योंकि तुम ईश्वर को पाना चाहते हो।"

"नहीं," उसने कहा, "मैं ईश्वर को बिलकुल नहीं पाना चाहता हूँ।"

"अच्छा, इसे मानो या न मानो, मेरे दोस्त, ईश्वर ही तुम्हारी समस्या का हल है।"

"ठीक है। आपको बहुत-बहुत धन्यवाद।" वह रात के अँधेरे में चला गया। मुझे नहीं लगा कि मेरी बात का उस पर ज़रा भी प्रभाव पड़ा था।

उसके बाद जो हुआ, वह उन दुर्लभ घटनाओं में से एक थी, जो कभी-कभार ही होती हैं। यह एक ठंडी रात थी, जिसमें पानी और बर्फ़ दोनों गिर रहे थे। मेरे न्यूयॉर्क वाले ऑफ़िस से वह 29वीं सड़क की ओर पश्चिम दिशा में चल रहा था। रास्ते में वह वेअरहाउस वाले इलाक़े से गुज़र रहा था। चलते समय वह ग़ुस्सा होता जा रहा था। "वही पुरानी बकवास, ईश्वर के बारे में बातें!" वह बुदबुदाया। "ईश्वर, ईश्वर - ये लोग बस उसी के बारे में बात कर सकते हैं। और कुछ नहीं, सिर्फ़ ईश्वर, ईश्वर और ईश्वर!" फिर अचानक उसने ख़ुद को कहते सुना, "ओह, ईश्वर, अगर तुम हो, तो मेरी मदद करो!"

यह एक प्रार्थना थी; यह सच्ची प्रार्थना थी। वह मदद माँग रहा था और उसे मदद मिली। उसे अच्छी मदद मिली। अचानक उसे अपने सिर में गर्मी का एहसास हुआ - एक अजीब तरह की गर्मी का। फिर यह गर्मी उसके पूरे शरीर से होती हुई पैरों तक पहुँच गई और उसे महसूस हुआ, जैसे उसकी गहराई में किसी चीज़ का उपचार हो गया हो।

उसे अपने चारों तरफ़ "दैवी प्रकाश" दिख रहा था। आस-पास की गंदी इमारतें महलों जैसी दिख रही थीं। जिन थोड़े लोगों के पास से वह गुज़रा, उनके चेहरे सुंदर थे। फ़ुटपाथ इस तरह से लहरा रही थी, जैसे आग

लगी हो। उसने ख़ुद से कहा, "मुझे क्या हो गया है? मैं पागल हो रहा हूँ!" और वह भागकर मुझे बताने आया और बोला, "हे भगवान, मुझे क्या हो गया है?"

"तुमने ख़ुद बता दिया है," मैंने कहा। "तुम्हें भगवान हो गया है।"

उस पल इस युवक को जीवन के बारे में अविश्वसनीय ज्ञान मिला और उसकी चेतना का इस तरह विस्तार हुआ, जैसा पहले कभी नहीं हुआ था। सारी पुरानी बोरियत पतझड़ की पत्तियों की तरह झड़ गई।

सक्रिय लोग कभी बोर नहीं होते हैं

मैंने देखा है कि जो लोग सक्रिय होते हैं और दुनिया में होने वाली हर चीज़ में गहरी रुचि रखते हैं, उनके ऊबने, कुंठित होने या थकने की संभावना कम होती है। आप चीज़ों में जितने ज़्यादा शामिल होते हैं, आपका उत्साह उतना ही ज़्यादा हो जाता है। दिमाग़ जितना ज़्यादा सक्रिय होगा, यह उतना ही बेहतर काम करेगा और उतने ही ज़्यादा समय तक काम करता रहेगा। धीमे होने का परिणाम बोरियत हो सकती है, लेकिन तब नहीं, जब व्यक्ति पढ़कर, सोचकर और सक्रिय होकर मस्तिष्क का व्यायाम करता रहे। अगर आप ज़िंदगी भर मानसिक रूप से जीवंत बने रहें, तो आप बोरियत से बच सकते हैं।

चलते रहें, सोचते रहें, सक्रिय रहें - यह मनमोहक जीवन का स्वर्णिम रहस्य है। मेरे एक दोस्त पचहत्तर साल के हैं। जब उनसे पूछा जाता है कि वे कब धीमे होंगे और रिटायर होंगे, तो वे हँस देते हैं। "मैं ऐसा क्यों करूँ?" वे पलटकर पूछते हैं। "मैं शारीरिक रूप से अच्छा महसूस करता हूँ। मेरा दिमाग़ लगातार काम कर रहा है और नए-नए विचार उत्पन्न कर रहा है। मैं अब भी काम के भारी बोझ को सँभाल सकता हूँ। मैंने हमेशा काम किया है। मैं काम से प्रेम करता हूँ। मैं काम के प्रेमपाश में हूँ। सच तो यह है कि, अगर मैं हर दिन काम नहीं कर पाया, और मेरा मतलब है कई घंटे नहीं कर पाया, तो मेरी तो ज़िंदगी ही ख़त्म हो जाएगी।"

वे बहुत कम खेलते हैं। उदाहरण के लिए, कोई गोल्फ़ नहीं। वे तैरते हैं और लंबी दूरी तक पैदल चलते हैं। फिर वे काम करने के लिए तेज़ी से लौट आते हैं। वे किसी नए विचार के बारे में रोमांचित और ख़ुश हो जाते हैं, जो किसी नए प्रोजेक्ट को शुरू कर सके, जिसका मतलब है काम और बढ़ जाए। सौभाग्य से, वे दूसरों को काम सौंप सकते हैं और उनकी बहुत सी कंपनियों

का स्टाफ़ बहुत अच्छा है।

यह पचहत्तर साल का व्यक्ति देश-विदेश में बोलता है और काफ़ी जोश से हाथ-पैर लहराकर भाषण देता है - वे भाषण में अपनी पूरी ऊर्जा भर देते हैं। वे प्रकाशन के क्षेत्र में हैं तथा लेखों और पत्रिकाओं में लिखते हैं। वे रियल एस्टेट तथा अन्य बिज़नेस गतिविधियों में हैं और कई कंपनियों के मालिक हैं।

मैंने उनसे एक बार पूछा, "मुझे सच-सच बताएँ। क्या आप कभी चीज़ों से ऊबते नहीं हैं? निश्चित रूप से आपके जीवन में कभी कुंठा के पल रहे होंगे, निश्चित रूप से ऐसे क्षण रहे होंगे, जब आप सचमुच बोर हो गए होंगे?"

उन्होंने एक पल के लिए सोचा। "थका? कुंठित? बोर?" उन्होंने इस बारे में सोचा। "मुझे ऐसा सिर्फ़ एक ही मौक़ा याद आता है। वह तब था, जब मुझे लोगों ने इस बात के लिए राज़ी कर लिया कि मैं एक सप्ताह की छुट्टी मनाऊँ और कुछ काम न करूँ। मुझे आज तक उससे बुरा अनुभव नहीं हुआ," वे काँप गए। "मैं बुरी तरह बोर हो गया। उसके अलावा," उन्होंने अपनी बात ख़त्म करते हुए मेरी पीठ पर तेज़ी से धौल जमाई, "मैं ज़िंदगी में कभी बोर या कुंठित नहीं हुआ, और तुम भी नहीं होगे, अगर तुम सोचते रहो, चलते रहो, सक्रिय रहो।"

बोर, कुंठित और थके होने के इस मामले में आपका स्कोर क्या है?

1. *यह मूलभूत सच्चाई अपने दिमा़ग में दृढ़ता से बैठा लें - आपको ऊबने, कुंठित होने या थकने की ज़रूरत नहीं है।*
2. *रोमांचक प्रेरणा पर ध्यान केंद्रित करें। बोरियत इसके साथ नहीं रह सकती।*
3. *उस फ़िलॉसफ़ी को अपना लें, जो हमें सिखाती है कि "अव्यक्त और ऊँची ख़ुशी के साथ आनंदित हों।"*
4. *सच्ची आध्यात्मिक आस्था के बारे में संकोच न करें। यह रोमांच से भरपूर है और बोरियत को ख़त्म करती है।*
5. *याद रखें : अगर आप ज़िंदगी से प्रेम करते हैं, तो ज़िंदगी भी आपसे प्रेम करेगी।*
6. *गंदे और शोर भरे शहरों से दूर चले जाएँ। अगर संभव हो, तो झरनों, नदियों, वादियों, पहाड़ों के पास जाएँ। प्राकृतिक सौंदर्य बोरियत को दूर भगाता है।*

7. बेजान लैरी की तरह रोमांच का अभ्यास करें। रोमांचित सोच का तब तक अभ्यास करें, जब तक आप रोमांचित न हो जाएँ। और हमेशा यह बात याद रखें कि अगर आप ठान लें, तो कुछ भी कर सकते हैं।
8. ख़ुद का सही मूल्यांकन करें। परिस्थितियाँ जैसी दिखती हैं, उससे ज़्यादा अच्छी होती हैं।
9. रोमांचित लोगों के साथ रहें। उनके रोमांच को ख़ुद को स्पर्श करने दें।
10. सोचते रहें, चलते रहें, सक्रिय रहें।

दस

असफल होने के बारे में कभी न सोचें! आपको इसकी ज़रूरत नहीं है

क्लीवलैंड में वह जाड़े की रात बहुत ठंडी थी। तेज़ हवाओं के साथ बर्फ़ यूक्लिड एवेन्यू के पार जा रही थी और स्ट्रीटलाइट्स के नीचे तिरछी गिर रही थी।

जब मेरी टैक्सी एक रेड लाइट पर रुकी, तो मैंने देखा कि कोने में एक गैसोलिन सर्विस स्टेशन पर एक बड़ा बैनर तेज़ हवा में झूल रहा था। वह बैनर एक मोटर ऑइल के गुणों का बखान कर रहा था और उस पर बड़े-बड़े अक्षरों में लिखा था, "साफ़ इंजन हमेशा शक्ति देता है।"

तत्काल यह वाक्य उस भाषण का हिस्सा बन गया, जो मैं एक थिएटर ऑडिटोरियम में बैठे तीन हज़ार सेल्समैनों के सामने देने वाला था। भाषण का विषय था कि व्यक्तिगत सफलता पाने की शक्ति अक्सर ग़लत विचारों से क्षीण हो जाती है, जो दिमाग़ में कबाड़ की तरह भरे रहते हैं। मैंने कहा, "साफ़ दिमाग़ हमेशा शक्ति देता है।"

मैंने सुझाव दिया कि अगर शक्ति नहीं है, तो इसका कारण यह हो सकता है कि दिमाग़ का इंजन साफ़ न हो। शायद मानसिक डिटर्जेन्ट का प्रयोग करके मस्तिष्क से हीन भावना, द्वेष और नकारात्मकता के पुराने, थके, उत्साहहीन, कमज़ोर विचारों को धोकर बाहर निकालना अच्छा रहेगा। इस प्रक्रिया से मानसिक इंजन पूरी तरह साफ़ हो जाएगा और अधिकतम शक्ति प्रदान करेगा।

मीटिंग के बाद जब मैं मंच के पीछे पहुँचा, तो एक व्यक्ति तेज़ी से मेरे पास आया। उसकी उम्र पैंतीस-चालीस के बीच होगी और वह बहुत रोमांचित दिख रहा था। उसने कहा, "मुझे कुछ हो गया है। अब मैं समझ गया हूँ कि मैं

बिज़नेस और व्यक्तिगत जीवन में असफल क्यों हो रहा था। ऐसा इसलिए हुआ, क्योंकि मेरा मानसिक इंजन साफ़ नहीं था। जब आप भाषण दे रहे थे, तो आप जानते हैं मैंने क्या किया? मैंने ईश्वर से कहा कि वे मेरे मस्तिष्क की सफ़ाई कर दें। और उन्होंने कर दी," उसने विजयी भाव से कहा। "इस पर विश्वास करना मुश्किल लगता है, लेकिन मैं नए इंसान की तरह महसूस कर रहा हूँ। मेरे पास नई शक्ति है, यक़ीनन है।" यह कायापलट इतना अचानक हुआ था कि मुझे कोई शक नहीं था कि अपने नए स्वरूप के मूल्यांकन में वह सही था। अब वह असफल होने के बारे में नहीं सोचेगा, क्योंकि नए ज्ञान के कारण ऐसे विचार बाहर चले गए थे।

"ठीक है," मैंने जवाब दिया, "अगर आप सोचते हैं, तो आप कुछ भी कर सकते हैं। बस लगे रहें।"

थोड़े परिचय के कारण ब्रिटिश प्रकाशक और पूर्व कैबिनेट मंत्री स्वर्गीय लॉर्ड बीवरब्रुक ने मुझे अपनी पुस्तक *द थ्री कीज़ टु सक्सेस* भेजी। इस पुस्तक में उन्होंने सफलता हासिल करने की समस्या पर दार्शनिक तथा व्यावहारिक विचार लिखे हैं। उनका मानना है कि सफलता की तीन कुंजियाँ विवेक, मेहनत और सेहत हैं।

"हो सकता है कि किसी व्यक्ति में इनमें से दो गुण हों और वह काफ़ी आगे पहुँच जाए। लेकिन जब तक उसके पास तीनों नहीं होंगे, तब तक वह मंज़िल तक नहीं पहुँच पाएगा। क्या इस नियम का कोई अपवाद है? मुझे सिर्फ़ एक ही अपवाद नज़र आता है," लॉर्ड बीवरब्रुक ने कहा कि, "फ्रैंकलिन रूज़वेल्ट। रूज़वेल्ट के पास अच्छी सेहत नहीं थी, इसके बावजूद वे महान थे। लेकिन अगर वे इस गंभीर विपत्ति का शिकार नहीं होते, तो और ज़्यादा महान बन जाते।

"दूसरी ओर, सर विन्स्टन चर्चिल के शानदार कैरियर में सफलता की तीनों कुंजियों का योगदान था; अच्छा विवेक, ज़बर्दस्त मेहनत और उत्कृष्ट सेहत। वे इन मूलभूत गुणों के सबसे महान उदाहरण हैं।"

तो सफलता दिलाने वाले ये तीन उत्कृष्ट गुण हैं – विवेक, मेहनत और सेहत। "और इनमें महानतम है विवेक।" यह बात आधुनिक ब्रिटेन के एक बहुत सफल व्यक्ति ने कही है। अध्याय 12 में हम रचनात्मक जीवन की प्रक्रिया में सेहत के महत्व पर बात करेंगे और इस पूरी पुस्तक में मेहनत का महत्व बताया गया है। इस मोड़ पर हम व्यक्तिगत प्रभावकारिता में मस्तिष्क

के अनिवार्य तत्व यानी विवेक के बारे में बात करेंगे।

विवेक मस्तिष्क की प्रक्रिया है; शांत, तार्किक, क्रमबद्ध तरीक़े से सोचने तथा ठोस निर्णय लेने की क्षमता। अच्छा विवेक निर्णय लेने की प्रक्रिया में ग़लती की संभावना को कम करता है और दीर्घकालीन सफलता सही निर्णयों के प्रतिशत पर निर्भर करती है। अगर हम किसी भी काम में अच्छी सफलता चाहते हैं, तो हमें विवेक के काम में हस्तक्षेप करने वाले हर तत्व को दूर कर देना चाहिए या न्यूनतम कर देना चाहिए। इसीलिए नियंत्रित मानसिक कार्य इतना महत्वपूर्ण है।

एक गुण अक्सर विवेक के काम में बाधा डालता है और दरअसल इसे दूर कर सकता है। वह गुण है लोगों तथा स्थितियों के प्रति अनियंत्रित भावनात्मक प्रतिक्रिया। यह उस व्यक्ति की असफलता का स्पष्ट कारण था, जो अपनी पत्नी के साथ मुझसे एक राष्ट्रीय उद्योग सम्मेलन में मिला, जहाँ उन्होंने मेरा भाषण सुना, "सकारात्मक चिंतकों को सकारात्मक परिणाम क्यों मिलते हैं ?"

इस व्यक्ति ने पूछा, "मुझे कभी सकारात्मक परिणाम क्यों नहीं मिलते ? आज की तारीख़ में मैं पूरी तरह असफल हूँ!"

"ओह नहीं, बिल," उसकी पत्नी ने प्रतिरोध किया, "तुम्हारा तो समय ख़राब चल रहा है, लेकिन यह अस्थायी दौर है। कभी भी असफल होने के बारे में मत सोचो! इसकी कोई ज़रूरत नहीं है।" फिर उसने बताया कि उसके पति की शैक्षणिक पृष्ठभूमि अच्छी थी। वह जिस क्षेत्र में काम करता था, उसके पास उसका अच्छा प्रशिक्षण और अनुभव भी था। दरअसल उसके पास "बहुत तेज़ दिमाग़" था। नकारात्मक बात यह थी कि उसका ग़ुस्सा तेज़ था और वह बहुत जल्दी उबलने लगता था। वह द्वेषपूर्ण, अस्थिरचित्त और थोड़ा ग़ैर-सामाजिक था। उसने निष्कर्ष में कहा, "दरअसल बेचारे का काफ़ी बुरा समय गुज़रा है।"

कड़ी मेहनत और काम में गहरी लगन तथा योग्यता के दम पर बिल कंपनी में तरक्क़ी करता गया और अंततः एक्ज़ीक्यूटिव वाइस-प्रेसिडेंट बन गया। लेकिन यह सब हासिल करने के लिए उसने काफ़ी तनाव ओढ़ लिया था। वह तनावग्रस्त और चिड़चिड़ा हो गया था और अक्सर "आपा खो देता था," ख़ासकर तब जब उसके किसी काम पर सवाल किए जाते थे। कंपनी की सीढ़ी पर ऊपर चढ़ते समय उसने बहुत से दुश्मन बना लिए थे और बाक़ी कर्मचारी उसे ज़्यादा पसंद नहीं करते थे।

बहरहाल, बिल की ख़ास बुराई यह थी कि वह निष्पक्षता से निर्णय नहीं लेता था। किसी सहयोगी को प्रभावित करने वाले निर्णय वह अक्सर भावनात्मक आधार पर लेता था। बिज़नेस में भी वह व्यक्तिगत आधार पर निर्णय लेता था। "वह इतने समय तक इस पद पर इसलिए टिका रहा," उसकी पत्नी ने उसके सहयोगियों की कही बात को दोहराते हुए कहा, "क्योंकि उसमें यह अद्‌भुत योग्यता थी कि वह अपने निर्णयों के परिणामों का अच्छा विश्लेषण कर सकता था या कुशल रणनीति द्वारा उन्हें सुधार सकता था।"

औंधे मुँह गिर गया

कंपनी के प्रेसिडेंट के रिटायर होने के बाद आख़िरकार स्थिति निर्णायक हो गई। "बिल को पूरी उम्मीद थी कि उसे ही प्रेसिडेंट बनाया जाएगा, लेकिन संचालक मंडल ने उसे दरकिनार करते हुए एक बाहरी व्यक्ति को प्रेसिडेंट बना दिया। बिल का पारा सातवें आसमान पर पहुँच गया," उसकी पत्नी ने दुख से कहा। "वह सब पर चिल्लाने लगा। वह बिलकुल बेक़ाबू हो गया। ख़ुद को शांत करने के बजाय, नई स्थिति के बारे में सोचकर रास्ता निकालने और समझदारी से इससे समझौता करने के बजाय बरसों की आंतरिक कुंठा बाहर निकल पड़ी।"

परिणाम? उसे कंपनी से निकाल दिया गया। उसकी पत्नी से कहा गया, "हमें उसे निकालते हुए बहुत अफ़सोस हो रहा है, क्योंकि बिल में ज़बर्दस्त योग्यता है। बस वह ज़रूरत से ज़्यादा भावुक है।"

"इसके बारे में क्या सोचते हो, बिल?" मैंने पूछा। उसने बर्फ़ जैसे ठंडे अंदाज़ में प्रतिक्रिया की। "हाँ, उन्होंने मेरे साथ यही किया। और यह न सोचें कि मैं उन लोगों जितना स्मार्ट नहीं हूँ। मेरी मदद करें, मैं एक-एक को देख लूँगा। मैं उनके पेट में छुरा घोंप दूँगा और उसे घुमाऊँगा और घुमाते समय उनके चेहरे देखूँगा।" दरअसल मैं नफ़रत का एक बहुत बुरा उदाहरण देख रहा था।

मैं सोचने लगा कि क्या यह व्यक्ति सचमुच सोच सकता है। क्या उसमें निर्णय लेने की क्षमता है या फिर वह भावनात्मक रूप से बीमार है? उसका आवेश कम होने पर मैंने पूछा, "क्या तुमने नई नौकरी खोज ली है?" इस पर उसने जवाब दिया कि वह नई नौकरी के लिए तैयार नहीं था; वह अब भी बहुत ज़्यादा विचलित था। मैंने सहमत होते हुए कहा, "अच्छा विश्लेषण है। और आप तब तक तैयार नहीं होंगे, जब तक कि आप सोचने वाले, निष्पक्ष,

विवेकशील व्यक्ति न बन जाएँ। ख़ुद को सँभालने से पहले, जो आप निश्चित रूप से कर सकते हैं, आपको अपने उस अस्थिर, भावुक गुण को छोड़ना होगा। आप क्या कहते हैं, हम ज्वालामुखी की तरह फटना बंद कर दें और सचमुच ठंडे दिमाग़ से सोचना शुरू करें, जैसा किसी एक्ज़ीक्यूटिव को सोचना चाहिए। आपके अतीत का भावनात्मक रिकॉर्ड चाहे जो दर्शाता हो, लेकिन अगर आप ठान लें, तो आप सचमुच बदल सकते हैं।

"अपनी तरफ़ देखें," मैंने आगे कहा, "अभी आपकी उम्र सिर्फ़ 45 साल है। आप स्मार्ट हैं, लेकिन बच्चे की तरह व्यवहार कर रहे हैं। कभी ठहरकर सोचा है कि आप शरीर और दिमाग़ से भले ही बड़े हो गए हों, लेकिन भावनात्मक दृष्टि से आप अब भी नन्हे-मुन्ने हैं?"

किसी कारण यह बात उसके दिल को छू गई। वह कुछ देर शांति से बैठा रहा, फिर बोला, "आप जानते हैं, मैंने इस बारे में कभी नहीं सोचा। जब आपने वह वाक्य कहा, तो मैंने एक तरह की कौंध में ख़ुद को देखा। निश्चित रूप से यही मेरी समस्या है। मैं अब इसे समझ गया हूँ। मैं मर्द हूँ, लेकिन अंदर से बच्चा हूँ। मैं कभी भावनात्मक दृष्टि से बड़ा नहीं हो पाया। लेकिन मैं इस बारे में क्या कर सकता हूँ? मैं तबाह हो चुका हूँ।"

"ओह नहीं, आप तबाह नहीं हुए हैं। अब हम वास्तविक चिंतन शुरू करते हैं। विवेकशील बिज़नेसमैन के रूप में मुझे बताएँ, क्या आपका वर्तमान नज़रिया और दृष्टिकोण सही परिणाम दे रहा है?"

वह पहली बार मुस्कराया, "ज़ाहिर है, नहीं। यह तो बुरी तरह असफल रहा है।"

"तो फिर ठीक है, हमें यह सोचना चाहिए कि हम अब क्या करें। ध्यान दें, कोई प्रतिक्रिया व्यक्त न करें - सिर्फ़ सोचें, सिर्फ़ निष्पक्ष विवेक का प्रयोग करें। मुझे यक़ीन है कि आप किसी ठोस निर्णय पर पहुँच सकते हैं।"

बिल गहरे चिंतन की मुद्रा में बैठा रहा और उसने सोचने की अपनी योग्यता दिखाई। अब कोई भावुकता नहीं थी। बिना झिझके उसने निर्णायक स्वर में कहा, "मुझे जवाब मिल गया है। यही इकलौता काम है, जो मुझे करना चाहिए। हालाँकि इसमें संकोच हो रहा है, लेकिन मैं कंपनी के नए प्रेसिडेंट के पास जाऊँगा, उनसे कहूँगा कि मुझे अब अपनी भावनात्मक अस्थिरता का ज्ञान हो गया है और आख़िरकार मुझे इसका कारण पता चल गया है। मैं उन्हें यह भी बताऊँगा कि मुझे यक़ीन है कि मैं अब इसे दूर कर सकता हूँ। मैं

कहूँगा कि क्या वे मुझे अपना पुराना पद दे सकते हैं ...” उसने थूक गटका, “या कोई भी पद! मैं उन्हें पूर्ण संतुष्टि का आश्वासन दूँगा।”

इस तरह का परिवर्तन आम तौर पर इतनी जल्दी या आसानी से नहीं होता है, लेकिन मैं सोच रहा था कि शायद इस व्यक्ति के आत्म-स्वरूप के गहरे अनुभव ने इलाज कर दिया था। इसलिए मैंने उसे चेतावनी देना और उसके मस्तिष्क में नकारात्मक विचार डालना उचित नहीं समझा। इसके बजाय मैंने उसे बदलने पर बधाई दी।

वह अलग व्यक्ति बन गया था, यह उस तरीक़े से प्रदर्शित हुआ, जिससे उसने अपनी पुरानी कंपनी में व्यवहार किया। वह ईमानदार, विनम्र और पूरी तरह स्पष्ट था। नए प्रेसिडेंट ने या तो बिल की योग्यता की ज़रूरत या करुणा या दोनों के ही कारण उसे अस्थायी परामर्शदाता बना लिया। अंततः वह कंपनी में तरक्क़ी करने में सफल हो गया। वह व्यक्तियों से नहीं, बल्कि सिद्धांतों से प्रेरित होने वाला व्यक्ति बना; भावनात्मक प्रतिक्रिया से नहीं, बल्कि विवेक से।

जब आप ख़ुद को पहचान लेते हैं

उपर्युक्त उदाहरण में दरअसल यह हुआ कि उस व्यक्ति ने आख़िरकार ख़ुद को पहचान लिया और वह भी पैंतालीस साल की उम्र में। कुछ लोग अपने असली स्वरूप को युवावस्था में पहचान लेते हैं, बाक़ी लोग बाद में पहचान पाते हैं। लेकिन विवेक में निपुण बनने के लिए, सोचने और आगे बढ़ने की योग्यता में सक्षम बनने के लिए व्यक्ति को किसी न किसी समय ख़ुद को पहचानना होता है। उसे यह जानना होगा कि वह कौन है, वह क्या है और वह कौन सा काम सबसे अच्छी तरह कर सकता है। संक्षेप में, उसे महत्वाकांक्षी व्यक्ति बनना होगा, जो ठोस विवेक से निष्पक्ष निर्णय लेने में सक्षम हो।

वह व्यक्ति सचमुच सौभाग्यशाली है, जो जीवन में ख़ुद को जल्दी ही पहचान लेता है। उदाहरण के लिए, टीनेजर माइक जैसा अलग-थलग लड़का।

माइक हाई स्कूल का विद्यार्थी था और कटु, चिड़चिड़ा तथा उदास था। वह अनसुलझे संघर्षों और शत्रुताओं से भरा नज़र आ रहा था। उसने कोई ग़लत काम कर दिया, जिस वजह से उसे प्रिंसिपल के ऑफ़िस में बुलवाया गया। वह वहाँ पर विद्रोही अंदाज़ में बैठा इंतज़ार कर रहा था और जैसा उसने बाद में कहा, “मूर्ख प्रिंसिपल से फटकार की उम्मीद कर रहा था।”

लेकिन स्कूल के प्रिंसिपल बहुत शांत व्यक्ति थे। वे अपनी कुर्सी पर दयालुता लेकिन विचारपूर्ण भाव से बैठकर इस उलझन भरे लड़के का अध्ययन कर रहे थे। आख़िरकार उन्होंने कहा, "माइक, अपने हाथ दिखाओ।" हैरानी से माइक ने अपने हाथ आगे बढ़ा दिए।

प्रिंसिपल ने उसके हाथ ग़ौर से देखे, फिर ज़ोर से कहा, "सशक्त, संवेदनशील हाथ हैं - किसी सर्जन की तरह।" फिर उन्होंने कहा, "क्या तुम जानते हो, माइक? हो सकता है, तुम सर्जन बनने के लिए पैदा हुए हो। शायद तुम्हारे भीतर एक महान सर्जन छिपा है। मिलते हैं, माइक। गुड बाई।"

माइक हैरान था। उसे यक़ीन नहीं हो रहा था कि उसके साथ इस तरह का व्यवहार हो रहा था। चकराते हुए वह बाहर निकला और सीढ़ियाँ उतरने लगा। उसने रुककर अपने हाथों को देखा। फिर उसे एक अतुलनीय, ज़बर्दस्त अनुभव हुआ, जो कभी न कभी हर इंसान को होता है। उसे जागरूकता का अनुभव हुआ। उस पल उसने संकल्प कर लिया कि वह सर्जन बन सकता है और बनेगा। उसे व्यक्तिगत गुणों का गहरा अंदरूनी आभास हुआ, जिनके बारे में उसने पहले कभी सोचा भी नहीं था।

कितने बढ़िया प्रिंसिपल थे! कितने ज्ञानी, कितने समझदार! उनका काम पराजित लड़कों को मर्द बनाना था और प्रतिभा पहचानने में उनकी मदद करना था। यही असली शिक्षण है, यही असली प्रशासन है।

मानसिक नियंत्रण की शक्ति

मानसिक नियंत्रण परिपक्व और रचनात्मक विवेक का रहस्य है। आपका मस्तिष्क एक यंत्र है, जिसे आपकी सेवा के लिए बनाया गया है, न कि आपको नष्ट करने के लिए। अनियंत्रित होने पर आपका मस्तिष्क आपका बहुत नुक़सान कर सकता है, जबकि नियंत्रित होने पर असीमित शक्ति दे सकता है। ज़्यादातर लोग सिर्फ़ इसलिए असफल होते हैं, क्योंकि वे अपने मस्तिष्क के स्वामी नहीं बन पाते हैं। दूसरी तरफ़, कई लोग मानसिक नियंत्रण के प्रयोग से आश्चर्यजनक काम कर रहे हैं।

एक शहर के हवाई अड्डे पर मुझे एक अटेंडेंट मिली, जिसने मुझे दूसरी फ़्लाइट में बैठाया। मैं इस युवती के व्यक्तित्व और वैचारिक शक्ति से काफ़ी प्रभावित हुआ। मैंने पूछा, "आपको यह कैसे हासिल हुई?"

"मेरे पति के कारण," उसने जवाब दिया। यह बहुत ही अस्वाभाविक

टिप्पणी थी, क्योंकि आजकल पतियों की तारीफ़ कम ही की जाती है। उसने कहा, "आपको सचमुच मेरे पति से मिलना चाहिए।"

"ठीक है," मैंने जवाब दिया, "मैं निश्चित रूप से उससे मिलना चाहूँगा। लेकिन आपके पति के बारे में ऐसी ख़ास बात क्या है?"

"उसका अपने मस्तिष्क पर पूरा नियंत्रण है," उसने स्पष्ट किया। "वह मानसिक नियंत्रण का अभ्यास करता है। कुछ समय पहले, उसके साथ दुर्घटना हो गई थी और वह काफ़ी समय तक दर्द में रहा, लेकिन आप जानते हैं, उसने क्या किया? उसने मानसिक रूप से दर्द को नज़रअंदाज़ कर दिया। मानसिक नियंत्रण द्वारा वह अपने दर्द से उबर गया। इसी तरीक़े से वह हताशा और मुश्किल से भी उबर जाता है। मेरा पति मानसिक नियंत्रण का अभ्यास करता है और इसने उसे बहुत सफल बना दिया है।"

"और आप भी यही करती हैं?"

उसने सिर हिलाया। "मानसिक नियंत्रण उन मुश्किलों पर विजय दिलाता है, जो इसके बिना आपको हरा सकती हैं। मेरे पति और मैं कभी पराजय के बारे में सोचते भी नहीं हैं।"

मानसिक नियंत्रण का एक और प्रमाण एक व्यक्ति की चिट्ठी है, जिसने अपने पूरे जीवन का इतिहास एक पन्ने में लिख दिया। वह पत्र यह रहा :

> धन्यवाद की इस चिट्ठी में मैं अपनी स्थिति भी बताना चाहता हूँ।
>
> कुछ साल पहले मैं बुरी तरह असफल था। मेरी स्थिति यह थी। मेरी ज़िंदगी भर की बचत चली गई थी। मुझ पर 25,000 डॉलर का क़र्ज़ चढ़ा था। कोई नौकरी नहीं थी - नौकरी खोज भी नहीं पा रहा था। परिवार के खाने-पीने या कपड़ों के लिए कोई आमदनी नहीं थी। बस एक पुरानी कार थी। मेरा घर चला गया और मैं अपने ससुराल वालों के साथ रहने लगा। अक्सर शेरिफ़ क़र्ज़दारों के कारण मुझे अदालत ले जाता था।
>
> फिर मैंने कुछ दिन एक पब्लिक अकाउंटेंट के यहाँ काम किया, जिसने मुझे आपकी पुस्तक *द पॉवर ऑफ़ पॉज़िटिव थिंकिंग* पढ़ने को दी। उसने कहा कि मुझे इसी की ज़रूरत है। मैंने इसे पढ़ा। इसने मुझे यक़ीन दिला दिया कि मैं मानसिक और आध्यात्मिक रूप से पूरा ग़लत हूँ। मैं जान गया कि मेरी नकारात्मक, पराजयवादी सोच के कारण मैं पराजित

हो रहा था। मैंने अपना जीवन ईश्वर को समर्पित कर दिया। मैंने आध्यात्मिक पुनर्निर्माण में अपनी पूरी शक्ति लगा दी। मैंने अपने बारे में एक नया दृष्टिकोण खोजा। मैंने अपने मस्तिष्क को नियंत्रित करना सीखा।

अब दस साल बाद - हम एक प्रायद्वीप पर अच्छे घर में रहते हैं, जिसके चारों तरफ़ पानी है। मैंने मकान के लिए 18,000 डॉलर का क़र्ज़ लिया है, जिसे मैं चुका रहा हूँ। मेरी तनख़्वाह अच्छी है। मेरे पास दो सामान्य कारें हैं। मैं अपने बचत खाते को बना रहा हूँ। लेकिन सबसे अच्छी बात यह है कि मैंने ख़ुद को पहचान लिया है। मुझे बहुत संतुष्टि मिलती है, जब मैं यह पता लगाने में लोगों की मदद करता हूँ कि वे कौन और क्या हैं तथा वे कौन और क्या बन सकते हैं। एक बार फिर धन्यवाद।

इस व्यक्ति ने सफलता के मूल सिद्धांतों को जान लिया था। मानसिक रूप से अपनी असफलताओं से मुँह फेर लें। ख़ुद को जान ले। अपने मस्तिष्क को नियंत्रित करें। सोचें। सही निर्णय लें। कभी हार न मानें। ख़ुद पर भरोसा करें। मानसिक रूप से अपने सुनहरे भविष्य को स्वीकार करें। कभी असफल होने के बारे में न सोचें। यक़ीन करें कि अगर आप ठान लें, तो कुछ भी कर सकते हैं।

किसी सफल काम को करने का एक प्रभावी तरीक़ा आठ सशक्त शब्दों को याद रखना है। एक लेख में अँग्रेजी भाषा के सबसे महत्त्वपूर्ण शब्दों पर चर्चा की गई थी। इसमें इस तरह के वाक्यों का सुझाव दिया गया, जैसे "इसे कर दो," "मैं हूँ," "अभी काम करो।" एक वाक्य में आठ तथाकथित सबसे महान शब्द भी थे, "करें या न करें, यही मूल सवाल है" (विलियम शेक्सपीयर, "हैमलेट")। लेकिन मेरे लिए आठ सशक्त शब्द वे हैं, जो किसी काम या व्यक्ति को सफलता दिला सकते हैं, "कोई ज़रूरत खोजो और उसे पूरा कर दो।" कोई ऐसा काम करो, जिससे वह ज़रूरत सचमुच पूरी हो जाए और आप पाएँगे कि आपकी ज़रूरतें भी पूरी हो गई हैं।

लंदन के पार्क लेन में हैमबर्गर

वर्तमान पीढ़ी की यह आकर्षक कहानी पढ़ें।

क्या आप यक़ीन करेंगे ? विशालकाय हैमबर्गर, मुँह में पानी लाने वाली आइसक्रीम और अमेरिकन शैली के बेहतरीन एप्पल पाई ने लंदन के युवाओं को बौरा दिया है। हर दोपहर और रात को वे मेफ़ेयर के बीच में स्टाइलिश

पार्क लेन के हार्ड रॉक कैफ़े में भीड़ लगाए रहते हैं, कम से कम यह लिखे जाने तक तो ऐसा ही था।

लेकिन कैफ़े में बहुत कम ताम-झाम था। यह खाने-पीने की जगह पूर्व ऑटोमोबाइल शोरूम में बनी थी - रॉल्स रॉयस शोरूम में, इससे कम नहीं! न कोई गलीचे, न पर्दे, सिर्फ़ टेबलें और कुर्सियाँ। लेकिन खाना सचमुच लाजवाब था।

वहाँ और कुछ भी था - उत्साह, ज़बर्दस्त उत्साह। पूरे कैफ़े में ख़ुशी का माहौल था। अगर आप रॉक संगीत को पसंद करते हैं, तो यही सही जगह है और मेरा यक़ीन मानें, संगीत बहुत तेज़ था। मैं वहाँ खाने जाता हूँ, लेकिन रॉक संगीत के बारे में मेरी राय है- जितना कम हो, उतना ही बेहतर है।

जैक्सन, टेनेसी के युवा आइसैक टाइग्रेट ने अनूठा काम किया था। जब हमने आइसैक को आख़िरी बार देखा था, तो उसके बाल लंबे थे और उसके चेहरे पर पूरी गोल दाढ़ी थी। उसके सीने पर चेन और मेडल सजे थे। वह पारंपरिक हिप्पी वेशभूषा में था।

लेकिन वह हिप्पी नहीं, बिज़नेसमैन है और यही उसके सहयोगियों के बारे में सही है। एक साल से भी कम समय में उनका यह व्यवसाय लाभकारी बन गया। मगर वे मूलतः पैसे के पीछे नहीं भाग रहे हैं। उनका लक्ष्य तो जीवन में अर्थ खोजना है और बहुत से लोगों के लिए सचमुच कुछ करना है।

वेट्रेस के लिए आइसैक ने जो विज्ञापन दिया, वह लीक से काफ़ी हटकर था। "40 से कम उम्र की कोई महिला आवेदन न करे। पुराने ज़माने की, माँ जैसी महिलाएँ चाहिए। अनुभव से कोई फ़र्क़ नहीं पड़ता है।" विज्ञापन देखकर एक मोटी महिला वहाँ आई। उसने मुस्कराते हुए कहा, "तुम लड़कों को किसी अच्छी बूढ़ी लड़की की ज़रूरत होगी ? मैं हूँ!" उसे तत्काल नौकरी मिल गई। ये औरतें लड़कों को पसंद करती हैं और लड़के भी उन्हें पसंद करते हैं, जैसा कि उनमें होने वाली प्यार भरी नोंक-झोंक से पता चलता है।

जब आइसैक को पूरे ब्रिटेन में टेनेसी जैसी आइसक्रीम नहीं मिली, तो उसने प्रयोग करके अपना ख़ुद का ब्रांड बनाया और यह अलौकिक लगती है! उसकी दादी ने एप्पल पाई का अपना नुस्ख़ा दिया और उसकी माँ ने अपनी सलाद ड्रेसिंग रेसिपी दी। पार्क लेन में टेनेसी का आनंद पूरे लंदन शहर में "फ़ैशनेबल" बन गया।

अमेरिकी सॉफ़्ट ड्रिंक काफ़ी चलते हैं और ज़्यादातर युवा ग्राहक ज़ायक़ेदार मिल्कशेक लेते हैं।

दीवारों पर कुछ पोस्टर लगे हैं, जो टेनेसी का गुणगान करते हैं। लेकिन सबसे बड़े पोस्टर पर लिखा है : "मारीजुआना - युवाओं का हत्यारा।"

हार्ड रॉक कैफ़े पीढ़ियों के अंतर को भी पाटता है। मेरे जैसे वयस्क और दक़ियानूसी लोग भी यहाँ जाते हैं। दुनिया की जितनी तरह की पोशाकें होती हैं, वे सब यहाँ नज़र आती हैं। थोड़ा दक़ियानूसी होने के कारण मैंने स्पोर्ट जैकेट और टाई पहनी थी, लेकिन किसे परवाह थी? मुझे अलग-थलग नहीं माना गया। मुझे पारंपरिक यूनिफ़ॉर्म में भी स्वीकार कर लिया गया।

आइसैक और उसकी पीढ़ी के कई लोग काफ़ी गहरे और विचारशील हैं। वे आज की समस्याओं के बारे में सोच रहे हैं और जब कोई सचमुच सोचता है, तो उसे अंततः सही परिणाम मिल जाता है। हमारा मक़सद यह बताना है कि आइसैक टाइग्रेट जैसे कुछ युवक हमारे पास हैं, चाहे उनके बाल लंबे हों या छोटे! उनमें अपने जीवन को रचनात्मक रूप से ढालने की सामर्थ्य है। आइसैक ने एक ज़रूरत खोजी और उसे पूरा कर दिया। आप भी कर सकते हैं, बशर्ते आप ठान लें।

ख़ुद को व्यवस्थित करें

मैंने देखा है कि जो लोग रचनात्मक रूप से सफल होते हैं, जिनकी उपलिब्धयाँ सबसे महान होती हैं, उन्हें सुव्यवस्थित कहा जा सकता है। मेरा मतलब आंतरिक सुव्यवस्था से है, जिसमें मस्तिष्क, आत्मा और उद्देश्य सामंजस्य में काम करते हैं। विभाजित या बिखरे हुए लोग असफल होते हैं। चूँकि वे ख़ुद पर ध्यान केंद्रित नहीं कर पाते हैं, इसलिए हर चीज़ उनसे कतराकर निकल जाती है। उनकी पकड़ कमज़ोर होती है, उनकी दिशा अस्पष्ट होती है और उनका प्रभाव अनिश्चित होता है।

अगर व्यक्ति अपने व्यक्तित्व के हर तत्व से सामंजस्यपूर्ण काम करवाए और ख़ुद को "सुव्यवस्थित करे," तो सफल परिणाम मिलना तय है। किसी व्यक्ति को सुव्यवस्थित कर दें और फिर हैरानी से उसके कायापलट को देखें।

उस उत्साहहीन सेल्समैन का उदाहरण लें, जिससे मैं हवाई जहाज़ में मिला। वह सचमुच निराश था। उसका उत्साह पूरी तरह ख़त्म हो गया था और कोई ताज्जुब नहीं, क्योंकि उसकी स्थिति दुखद थी। जैसा उसने कहा, "वह कहीं नहीं जा रहा था।" उसने दुखों का निराशाजनक पोथा सुना डाला, जिसमें उसके चिंतन में आत्म-शंका सबसे प्रमुख नज़र आई। उसे ख़ुद पर यक़ीन ही नहीं था कि उसमें सफल होने की सामर्थ्य है और इसके अलावा,

जैसा उसने कहा, "वैसे भी सेल्समैनशिप कितना घटिया काम है? इसमें क्या ख़ास बात है, बस घर-घर जाकर सामान ही तो बेचना है?"

"आप किस तरह के सेल्समैन हैं?" मैंने पूछा।

"ओह," उसने जवाब दिया, "मेरे अफ़सरों ने मुझे सेल्स मीटिंगों में प्रेरक भाषण देने के लिए भेजा है।"

मैं हँस दिया। "वाह, आप जिस तरह से बात कर रहे हैं, उससे तो यह नहीं लगता है कि आप बहुत अच्छी प्रेरणा देते होंगे। आपके अफ़सर निश्चित रूप से मूर्ख होंगे, जो उन्होंने आपको यह काम दिया है।"

यह सुनकर उसका चेहरा लाल हो गया। "वे मूर्ख नहीं हैं। वे तो बिज़नेस की दुनिया के सबसे स्मार्ट लोगों में से हैं।"

"तो फिर उन्हें आपमें ऐसा कुछ दिखा होगा, जो आपको नहीं दिखता है, यानी आपमें प्रेरित करने, प्रेरक बनने, सच्चा लीडर बनने की सामर्थ्य होगी।"

मैंने आगे कहा, "देखिए, सेल्समैनशिप के बारे में आपके विचार सही नहीं हैं। इस मामले में आप बहुत ग़लत सोचते हैं। सेल्समैनशिप के बिना हमारी महान अर्थव्यवस्था न तो विकसित हो सकती थी, न ही इतनी सशक्त रह सकती थी। मैं सुझाव दूँगा कि हर दिन शीशे के सामने खड़े होते समय आप तनकर खड़े हो जाएँ और ज़ोर से कहें, 'मुझे सेल्समैन बनने पर गर्व है। मैं मुक्त व्यापार तंत्र का संरक्षक हूँ। मैं संप्रेषण और वितरण की समूची प्रक्रिया के लिए अनिवार्य हूँ। मैं दुनिया के सबसे महान, सबसे सम्मानजनक, सबसे महत्वपूर्ण व्यवसायों में से एक का सदस्य हूँ। मेरे यानी सेल्समैन के बिना सारी वैज्ञानिक प्रगति, लोगों की ज़रूरत के सारे सामानों का निर्माण ठप्प हो जाएगा, क्योंकि उनका वितरण मुझ पर यानी सेल्समैन पर निर्भर करता है, जो सामान को ग्राहक तक पहुँचाता है।'"

इस छोटे से भाषण को सुनकर वह हताश आदमी कुछ मिनट तक ख़ामोश बैठा रहा। फिर मुझे बहुत हैरानी हुई, जब उसने कहा, "आप मेरे लिए प्रार्थना करेंगे?"

"ख़ुशी से," मैंने कहा। "आज रात को मैं अपनी प्रार्थना में आपको भी याद कर लूँगा।"

"ओह नहीं, आज रात को नहीं, इसी समय।"

इस पर मैंने धीमी आवाज़ में प्रार्थना की : "ईश्वर, इस व्यक्ति को लोगों को प्रेरित करना है, इसलिए इसे प्रेरित करें। वह हताश है और उसका मनोबल कम है। उसे उत्साह प्रदान करें। और उसे व्यवस्थित करें। उसके व्यक्तित्व को व्यवस्थित और एकाग्र करें। आमीन।"

"धन्यवाद," उसने धीरे से कहा।

इसका सकारात्मक परिणाम हुआ, क्योंकि कुछ समय बाद मैं उससे एक मीटिंग में मिला। विश्वास भरी मुस्कराहट के साथ उसने कहा, "आप जानते हैं? ईश्वर और आपने मुझे उस हवाई जहाज़ में व्यवस्थित कर दिया।"

देखिए, ईश्वर के साथ मेरा नाम लिए जाने से मैं सचमुच गौरवान्वित हुआ। लेकिन चाहे जो हो, वह व्यक्ति एकाग्र बन गया। उसे असफल होने की ज़रूरत नहीं थी और वह असफल नहीं हुआ।

आप जीवन से जो पाना चाहते हैं, उसे पाने में निर्देशित प्रेरणा की ज़रूरत होती है। अगर आप कहीं पहुँचना चाहते हैं, तो आपको पता होना चाहिए कि आप कहाँ पहुँचना चाहते हैं और वहाँ कैसे पहुँचा जाए। इसके अलावा, यह जानना भी अनिवार्य है कि आप क्या करना चाहते हैं और आप कौन सा काम सबसे अच्छी तरह कर सकते हैं। यह एकाग्र और व्यवस्थित होने का हिस्सा है। इस सबके साथ गहरी प्रबल इच्छाशक्ति और काम करने, मेहनत करने की इच्छा भी होनी चाहिए - कभी, कभी, कभी हार न मानने का संकल्प भी होना चाहिए, कभी मैदान नहीं छोड़ने का जज़्बा भी होना चाहिए। हमेशा याद रखें, "मैदान छोड़ने वाले कभी नहीं जीतते हैं और जीतने वाले कभी मैदान नहीं छोड़ते हैं।" इस तरह की बात उस व्यक्ति का मूलभूत सिद्धांत होती है, जो कभी हारने के बारे में नहीं सोचता है और कभी हारता भी नहीं है।

आप कहाँ जाना चाहते हैं?

कुछ साल पहले एक युवक ने मुझे सड़क पर रोका। उसने कहा, "मैं शानदार जगहों पर जाना चाहता हूँ और किसी मुक़ाम पर पहुँचना चाहता हूँ। मैं यह काम कैसे करूँ?"

मैंने जवाब दिया, "तुम कहाँ पहुँचना चाहते हो? उस जगह का नाम बताओ।"

"देखिए ..." वह झिझका, "... मैं ठीक-ठीक नहीं जानता कि कहाँ।"

मैंने पूछा, "अगर तुम सटीक अंदाज़ा नहीं लगा सकते, तो क्या कोई

सामान्य अंदाज़ा है?"

इसके बाद भी वह अपने उद्देश्य को स्पष्ट नहीं कर पाया। सब कुछ अस्पष्ट और अपूर्ण था।

तो मैंने एक अलग तरीक़े का इस्तेमाल किया। "तुम कौन सा काम सबसे अच्छी तरह कर सकते हो? तुम्हारी ख़ास योग्यताएँ क्या हैं?"

एक बार फिर, जवाब अनिश्चित था। वह नहीं जानता था कि वह क्या कर सकता है। उसे यक़ीन ही नहीं था कि वह किसी भी काम में बहुत ज़्यादा योग्य है।

"तो अब हम इसे इस तरह से देखें," मैंने कहा। "तुम क्या करना चाहते हो? अगर तुम्हें उस तरह का पद मिल सके, जो तुम सचमुच चाहते हो, जिसके लिए तुम सचमुच उत्साही हो, तो वह पद कौन सा होगा?"

एक बार फिर उसने अपना सिर हिलाया। "मैंने इस बारे में कभी सोचा ही नहीं। मैं पक्का नहीं जानता हूँ कि मैं क्या चाहता हूँ।"

तो यह उस युवक का हाल है, "जो किसी मुक़ाम पर पहुँचना चाहता था और शानदार जगहों पर जाना चाहता था," लेकिन जिसे दरअसल पता ही नहीं था कि वह कहाँ जाना चाहता था। यही नहीं, वह तो यह भी नहीं जानता था कि वह क्या कर सकता था या क्या करना चाहता था। स्वाभाविक रूप से मैंने उसे सलाह दी कि उसका पहला क़दम लक्ष्य को स्पष्ट करना था, यह फ़ैसला करना था कि वह क्या कर सकता था और फिर एक ऐसा लक्ष्य बनाना था, जिसे पाने की दिशा में वह काम कर सके और लगन के साथ कर सके।

बहरहाल, एक युवा दंपति के मामले में ऐसी कोई प्रतिक्रिया नहीं मिली। उनका एक निश्चित लक्ष्य था और वे काफ़ी बड़ी मुश्किलों को पार करके उस लक्ष्य तक पहुँचे। लेकिन आगे दी गई चिट्ठी में मैं पत्नी को ख़ुद ही उसकी कहानी बताने देता हूँ, जो उसने मुझे चिट्ठी में लिखी है :

> जब मैं नाइन्थ ग्रेड में थी, तो मेरे हाई स्कूल का बैंड न्यूयॉर्क शहर की यात्रा पर गया और रविवार को हमने आपका उपदेश सुना। यह चौदह साल पहले की बात है, लेकिन उस सुबह ने मेरी ज़िंदगी बदल दी। मैंने यह सीखा कि मैं जितना सोचती थी, मुझमें उससे ज़्यादा बड़े गुण छिपे थे।
>
> इंसान का मस्तिष्क एक नदी की तरह है, जिसे अगर नियंत्रित न

किया जाए, तो यह किनारों को तोड़कर बह सकती है। मैंने सीखा कि इंसान को फ़ैसला करना होता है कि वह क्या पाना चाहता है और फिर उसे पीछे नहीं हटना चाहिए। मैं सकारात्मक सोचती हूँ।

जब मैंने अपने पति से शादी की, तो मैं जानती थी कि वह एक अद्‌भुत युवक है, जिसमें बहुत संभावनाएँ थीं! (कितनी बढ़िया सकारात्मक सोच है!) मैं कॉलेज की पढ़ाई पूरी करने और लॉ कॉलेज जाने में उसकी मदद करना चाहती थी और मैंने उसे बता दिया कि हमें यही करना चाहिए। (क्या पत्नी है!)

हमारे पास पैसा नहीं था, लेकिन सबसे महत्वपूर्ण बात यह थी : हमारे साथ ईश्वर था। हमारे पास इच्छा थी और हमें यक़ीन था कि हम यह काम कर सकते हैं। मैं चार साल तक कपड़ों की एक फ़ैक्ट्री में काम करती रही और कपड़े सिलती रही। अगर आपने कभी कोटा सिस्टम पर काम नहीं किया हो, तो आप नहीं समझ पाएँगे कि आपको अपने शरीर की किस तरह इतनी तेज़ लय बनानी पड़ती है कि आप एक दिन में 79 दर्जन जीन्स के सामने वाले हिस्से सिल सकें। मैं उन सभी मुश्किलों का वर्णन नहीं करूँगी, जिनका सामना मेरे पति को लॉ कॉलेज से पास करवाने के लिए करना पड़ा, लेकिन मैं यह ज़रूर कहना चाहूँगी कि दो साल पहले हम बक्सों के ऊपर सो रहे थे और हम हिप्पी भी नहीं थे!

हम 200 डॉलर प्रति माह पर गुज़ारा कर रहे थे और हम तीन लोग थे। हमारा एक बेटा भी था, जो सात साल का है। हमने छह साल तक मुश्किलें उठाईं, लेकिन अब मेरे पति ने दो अलग-अलग राज्यों के बार एग्ज़ाम पास कर लिए हैं और वकालत करने लगे हैं। मैं उनकी सेक्रेटरी हूँ और हम अभी शुरुआत कर रहे हैं। उनका पहला लक्ष्य जज बनना है और हम सफल कैसे नहीं होंगे, जब ईश्वर हमारे साथ है?

क्या महिला है? उसे ख़ुद पर यक़ीन था और उसे अपने पति पर यक़ीन था। वे दोनों जानते थे कि उनमें ऐसा कुछ था, जिसे वे साकार कर सकते थे, बशर्ते वे बस उस दिशा में मेहनत करते रहें। पराजय का एक भी विचार मन में कभी नहीं आया। वे बस जुटे रहे।

इस तरह के धैर्य की ज़रूरत को पहचानना महत्वपूर्ण है। अपने साहस को ऊँचा रखें। डटे रहें; जुटे रहें। कभी हार मानने के बारे में न सोचें। चलना मुश्किल हो सकता है, लेकिन उस युवा महिला और उसके पति

की तरह ही आप भी अपनी मंज़िल तक पहुँच सकते हैं, बशर्ते आप बस इतना याद रखें कि आपकी मंज़िल इतनी बड़ी है कि उसके लिए इतनी मेहनत की ही जानी चाहिए। बस अपना ध्यान उस पर केंद्रित रखें।

याद रखें कि लॉर्ड बीवरब्रुक की सफलता की तीन कुंजियों में विवेक और सेहत के अलावा मेहनत भी शामिल है। वह प्रेरक ऊर्जा, उत्साह बेहद महत्वपूर्ण है, जो आपको चलायमान, संघर्षरत रखता है, लक्ष्य की ओर अथक मेहनत करवाता है।

सकारात्मक और प्रगतिशील सोच

असफलता के किसी भी रूप से उबरने में एक निर्णायक तत्व प्रगतिशील और सकारात्मक सोच है। जैसा हमने कहीं और कहा है, नकारात्मक चिंतक नकारात्मक विचार भेजकर अपने चारों तरफ़ की दुनिया को नकारात्मक रूप से प्रेरित कर देता है और अपनी ओर नकारात्मक परिणामों को आकर्षित करता है। इसके विपरीत, सकारात्मक चिंतक सकारात्मक विचार भेजकर अपनी दुनिया को सकारात्मक रूप से प्रेरित करता है और अपनी ओर सकारात्मक परिणामों को आकर्षित करता है। जिस तरह एक जैसे पंखों के पक्षी एक साथ रहते हैं, उसी तरह एक ही तरह के विचारों में नैसर्गिक समानता होती है, जो अपनी ही तरह के विचार उत्पन्न करते हैं। नकारात्मक विचार = नकारात्मक परिणाम; सकारात्मक विचार = सकारात्मक परिणाम।

मैंने एक बार एक मनोवैज्ञानिक को कहते सुना था कि इंसानी स्वभाव में एक गहरी प्रवृत्ति यह होती है कि हम ठीक वैसे ही बन जाते हैं, जैसी हम ख़ुद की आदतन कल्पना करते हैं। "कल्पना" शब्द में तस्वीर बनाना शामिल है। जैसा पहले वाले एक अध्याय में बताया गया है, हम वैसे ही बन जाते हैं, जैसे बनने की हम तस्वीर बनाते हैं। जैसा डॉ. मैक्सवेल माल्ट्ज़ ने अपनी पुस्तक *साइको-साइबरनेटिक्स* में बताया है, आत्म-छवि तय करती है कि हम क्या बनते हैं।

अगर आत्म-छवि हीनता, अपूर्णता और असफलता की है, तो इसे बदला जा सकता है और जब यह बदल जाएगी, तो आप भी बदल जाएँगे। असफलता की अवधारणा की जगह पर "कर सकता हूँ" की छवि आ जाएगी। जैसा मशहूर अमेरिकी चिंतक विलियम जेम्स हमें याद दिलाते हैं, महानतम खोज यह है कि इंसान अपने मानसिक नज़रिए को बदलकर अपनी ज़िंदगी बदल सकता है।

इन रचनात्मक सिद्धांतों द्वारा किसी संभावित असफलता को बेहद सफल परिणाम में बदलने का उदाहरण लोकप्रिय प्रेरक, आस्था-प्रधान पत्रिका *गाइडपोस्ट्स* का विकास है। यह पत्रिका 1945 में हुई एक मीटिंग में अस्तित्व में आई, जिसमें लॉवेल थॉमस, गवर्नर थॉमस ई. ड्यूई, कैप्टेन एडी रिकनबैकर, ब्रांच रिकी (ब्रुकलिन डॉजर्स बेसबॉल टीम के पूर्व मालिक) और कई अन्य लोगों ने भाग लिया। ये लोग एक ऐसी पत्रिका के विचार से उत्साहित हो गए, जो इंसानों की प्रगतिशील संभावना पर लेख छापेगी। उन्होंने सुझाव दिया कि मैं संपादक बन जाऊँ और इसे प्रकाशित करने लगूँ। मेरे पुराने मित्र रेमंड थॉर्नबर्ग सह-संस्थापक बन गए।

मैंने नई पत्रिका का संपादक बनने के सम्मान को स्वीकार किया, लेकिन उपस्थित लोगों को याद दिलाया कि इस काम में पूँजी की ज़रूरत होगी और उन्हें सबसे पहले योगदान देना चाहिए। मैं हैरान हुआ कि उन्हें कितनी जल्दी यह याद आया कि रात बहुत हो गई है और उन्हें घर जाना है! उन सभी ने बाद में बहुत उदारता से अपना समय और धन दिया। लेकिन उस दिन मैं एक अस्तित्वहीन पत्रिका का संपादक था, जिसके पास पैसा, ग्राहक, मशीनें, प्रकाशकीय अनुभव कुछ नहीं था। एक तरह से इसे बहुत ही निराशाजनक स्थिति कहा जा सकता था। और मैं इस पूरी योजना को कचरे के डिब्बे में डालने वाला था।

लेकिन इस तरह के प्रकाशन का विचार मुझ पर हावी हो गया और मैं इसे छोड़ना नहीं चाहता था। मैं पूँजी की व्यवस्था कहाँ से करूँगा ? मैंने अपने मन में किसी ऐसे व्यक्ति के बारे में सोचा, जो दौलतमंद भी हो और उदार प्रकृति का भी हो।

मुझे यह जानकर दुख हुआ कि ये दोनों बातें एक ही व्यक्ति में मिलना दुर्लभ है! बहरहाल, मुझे एक अच्छे मित्र और अख़बार के प्रकाशक फ्रैंक गैनेट का ख़्याल आया, जो इन मानदंडों पर खरे उतरते थे। मैंने उनके सामने सेल्स टॉक दी और उन्होंने सात सौ डॉलर का योगदान दिया। इस पैसे से मैंने "अच्छे दानदाताओं" की सूची ख़रीदी और प्रस्तावित पत्रिका का वर्णन करते हुए उन्हें चिट्ठियाँ भेजीं। परिणाम अच्छा निकला, सात हज़ार डॉलर। इस छोटी सी धनराशि से *गाइडपोस्ट्स* नाम की पत्रिका शुरू हुई।

तब इसमें कोई विज्ञापन नहीं थे (आज भी नहीं हैं), इसलिए सब कुछ बड़ी संख्या में बिक्री पर निर्भर करता था। बहरहाल, ग्राहक संख्या बहुत धीरे-धीरे बढ़ी। जब ग्राहक संख्या बीस हज़ार तक पहुँच गई, तो हमारे ऑफ़िस की इमारत, जो रिहायशी मकान था, आग में जल गई। हमें दोबारा

शुरुआत करनी पड़ी। आख़िरकार ग्राहक सूची चालीस हज़ार तक पहुँच गई, लेकिन लागत आमदनी से ज़्यादा तेज़ी से बढ़ रही थी और हमारे सामने संकट उत्पन्न हो गया था। ऐसा लग रहा था कि हमें अपना काम समेटना पड़ेगा।

इस मोड़ पर संचालक मंडल की एक बैठक बुलाई गई। आप निराशाजनक मीटिंगों में गए होंगे, लेकिन इस मीटिंग में जो घोर निराशा थी, उसकी कोई तुलना नहीं थी। संचालकों की विचार प्रक्रियाएँ बर्फ़ जितनी जमी हुई थीं और एक भी ढंग का विचार सामने नहीं आ रहा था। हमने इस मीटिंग में एक महिला को भी आमंत्रित किया था। वे संचालक मंडल की सदस्य नहीं थी, लेकिन हमने उन्हें बहुत ही व्यावहारिक कारण से आमंत्रित किया था, क्योंकि पहले एक मौक़े पर उन्होंने हमारी पत्रिका को ढाई हज़ार डॉलर का योगदान दिया था और हम उम्मीद कर रहे थे कि बिजली उसी जगह पर दोबारा भी गिर सकती है।

वह बुद्धिमान महिला हमारे इरादों के प्रति पूरी तरह सचेत थी। उसने कहा, "मैं आप लोगों को आपके दुख से बाहर निकाल दूँगी, मैं एक धेला भी नहीं दूँगी!" उनकी इस टिप्पणी से हम अपने दुख से बाहर तो नहीं निकले, उल्टे और गहरे दुख में पहुँच गए।

प्रेरित विचार पैसे से बेहतर है

उन्होंने तत्काल आगे कहा, "हालाँकि मैं आपको पैसे नहीं दूँगी, लेकिन मैं आपको पैसे से बहुत ज़्यादा महत्वपूर्ण चीज़ दूँगी।" उस समय हमारे सामने बिलों का ढेर लगा था, इसलिए हमारी कल्पना में पैसे से ज़्यादा महत्वपूर्ण और कुछ नहीं था। उन्होंने कहा, "मैं आपको एक रचनात्मक और प्रगतिशील विचार दूँगी। इस विचार से आप वे सारे संसाधन हासिल कर सकते हैं, जिनकी आगे बढ़ने के लिए ज़रूरत होगी।"

फिर उन्होंने स्थिति की जाँच करने के लिए पूछा कि पत्रिका को अच्छी तरह से चलाने के लिए कितने ग्राहकों की ज़रूरत है। मैं पक्का तो नहीं जानता था, लेकिन मैंने हवा में से एक लाख का आँकड़ा उठा लिया। चूँकि हमारे पास चालीस हज़ार ग्राहक पहले से ही थे, इसलिए सफल होने के लिए हमें अपनी ग्राहक सूची में साठ हज़ार लोग और जोड़ने थे।

"ठीक है," हमारी अद्भुत मित्र ने कहा, "हम स्थिति का सामना करते हैं। हम अभाव की स्थिति में हैं। हमारे पास हर चीज़ का अभाव है : धन, ग्राहक, मशीन, कल्पना, विचार। अब सवाल यह है कि हमारे पास अभाव

क्यों है ?" उन्होंने पूछा। और फिर अपने सवाल का उन्होंने ख़ुद ही जवाब दे दिया। "हमारे पास अभाव इसलिए है, क्योंकि हम लगातार अभाव के बारे में सोच रहे हैं। इसीलिए हमने अभाव की स्थिति उत्पन्न कर ली है।" हालाँकि यह मूल्यांकन आश्चर्यजनक था, लेकिन हम इस बारे में बहस नहीं कर सकते थे, क्योंकि स्पष्ट रूप से हमारे पास अभाव था और हम इस बात से भी इंकार नहीं कर सकते थे कि हम अभाव के बारे में सोच रहे थे।

"ठीक है, तो हम इस बारे में क्या कर सकते हैं ?" मैंने पूछा।

"क्या कर सकते हैं ?" उन्होंने व्यंग्य से कहा, "क्या कर सकते हैं ? अरे, मर्दों की तरह अभाव के इन पराजयवादी विचारों से मुक़ाबला करो! और उनसे कह दो कि वे तुम्हारे दिमाग़ से बाहर निकल जाएँ।"

मैंने आपत्ति की, "देखिए, ऐसा कैसे कर सकते हैं ? अगर आप हानिकारक विचार तंत्र को निष्कासित किए बिना उस पर सामने से हमला करते हैं, तो आप उसे अपनी चेतना में अधिक गहराई तक धकेल सकते हैं। इसके अलावा," मैंने अंत में कमज़ोरी से कहा, "हम अपने विचारों को नियंत्रित नहीं करते हैं; हमारे विचार हमें नियंत्रित करते हैं।"

मुझे अभी कितना कुछ सीखना बाक़ी था! दरअसल उसके बाद जो हुआ, उसने मेरे सोचने के दृष्टिकोण में क्रांतिकारी परिवर्तन कर दिया।

मैं उस हिक़ारत को कभी नहीं भूल पाऊँगा, जिससे उस महिला ने मुझे देखा। उन्होंने कहा, "मैं इस कमज़ोर प्रतिक्रिया से हैरान हूँ। क्या आपको याद नहीं है कि महान प्लेटो ने क्या कहा था ?"

सच कहूँ, तो मुझे ज़रा भी पता नहीं था कि महान प्लेटो ने क्या कहा था। लेकिन मैं अपना अज्ञान प्रकट नहीं करना चाहता था, इसलिए मैंने उनसे उत्साह से पूछा, "आप प्लेटो के किस कथन की ओर इशारा कर रही हैं ?"

उन्होंने तपाक से कहा, "मैं उस कथन की तरफ़ इशारा कर रही हूँ, जिसे आपने कभी नहीं सुना होगा।" मैं इस अद्‌भुत महिला को प्लेटो का कथन दोहराते हुए कभी नहीं भूल पाऊँगा : "अपने विचारों के मालिक बनें। उनके साथ आप जो चाहे, कर सकते हैं।"

जब मैंने सचमुच देखना शुरू किया, तो इस बात को सच पाया। हमें मुश्किलों के सामने कीड़े-मकोड़ों की तरह पराजित होकर रेंगने के लिए नहीं बनाया गया है। हम ईश्वर की संतान हैं और हमारे पास सोचने वाला मस्तिष्क है। हम सचमुच अपने विचारों के स्वामी बन सकते हैं और उनके साथ जो चाहे

कर सकते हैं। और यही इस मामले में हुआ।

मैंने पूछा, "हम इस स्थिति में क्या करें ?"

उन्होंने कहा, "अभी पंद्रह मिनट तक अभाव के उन विचारों को बाहर निकालते हैं।" इसके बाद उन्होंने कहा, "ठीक है, अब आपके दिमाग़ ख़ाली हैं। मुझे कहना पड़ेगा कि इसमें बहुत ज़्यादा समय नहीं लगा। लेकिन मस्तिष्क ज़्यादा समय तक ख़ाली नहीं रहेगा। अभाव के वे विचार अब भी मँडरा रहे हैं और इंतज़ार कर रहे हैं कि उन्हें आपके मस्तिष्क में वापस लौटने का मौक़ा मिलेगा, जहाँ वे इतने समय तक आनंद से रह रहे थे। इसलिए हमें उनकी जगह पर अपने मस्तिष्क में समृद्धि के प्रगतिशील विचार भरने होंगे।

"मैं चाहती हूँ कि आप अपनी रचनात्मक कल्पना में यह तस्वीर देखें कि एक लाख लोग हमारी पत्रिका पढ़ रहे हैं और," उन्होंने समझदारी से आगे जोड़ दिया, "उन्होंने सदस्यता शुल्क चुका दिया है।"

मैंने दूर देखने के अंदाज़ में कहा, "सच कहूँ, तो वे मुझे काफ़ी धुँधले दिख रहे हैं।"

देखिए, तस्वीर बनाइए और पाइए

फिर मैंने उस महिला की आँखों में देखा - बड़ी-बड़ी, काली, पैनी आँखें - और ऐसा करते समय मेरे दिमाग़ में एक वाक्यांश आया : "आस्थावान व्यक्ति की उच्चासीन दृष्टि।" उनकी आँखों में मैंने उन एक लाख ग्राहकों की छवि "देख ली।" रोमांचित होकर मैं उछलकर खड़ा हो गया। मैं चिल्लाया, "मैंने उन्हें देख लिया, मैंने उन्हें देख लिया।"

"कितना बढ़िया है," उन्होंने उत्साह से कहा। "अब जब हमने उन्हें देख लिया है, तो वे हमें मिल गए हैं।"

हैरान होकर मैंने पूछा, "क्या ?"

"ओह हाँ," उन्होंने दृढ़ता से कहा, "अगर हम उनकी तस्वीर बना सकते हैं, तो दरअसल हमने उन्हें पा लिया है।"

फिर आश्चर्यजनक रूप से उन्होंने कहा, "अब हम सबको ईश्वर को धन्यवाद देना चाहिए कि उन्होंने हमें एक लाख ग्राहक दे दिए हैं।" अपनी प्रार्थना में उन्होंने ईश्वर से कोई चीज़ नहीं माँगी, बल्कि हर चीज़ के लिए उसे धन्यवाद दिया। फिर उन्होंने बाइबल का एक कथन दोहराया : "जो भी तुमसे प्रार्थना में कोई चीज़ माँगेगा, विश्वासपूर्वक माँगने वाले को वह चीज़ मिलेगी"

(मैथ्यू 21:22)। देखिए, मैं इतना प्रेरित हो गया था कि मुझसे उनकी प्रार्थना के ख़त्म होने का इंतज़ार नहीं हो रहा था और फिर मैंने खड़े होकर वहाँ देखा, जहाँ बिलों का ढेर था - और वह अब भी वहीं था।

शायद अपने उत्साह में मैंने सोचा था कि ईश्वर किसी सुनहरे रथ में नीचे आएगा और उन बिलों को दूर ले जाएगा। लेकिन वह इस तरीक़े से काम नहीं करता है। जब वह किसी स्थिति को बदलना चाहता है, तो वह यह काम किसी जादुई तरीक़े से नहीं करता है। वह लोगों को बदलता है और बदले हुए लोग स्थितियों को बदलते हैं। और यही हुआ।

हमारे संचालक जमे हुए दायरे से बाहर निकले। वे ज़बर्दस्त रूप से प्रेरित थे और उन्होंने तेज़ी से विचार देने शुरू किए। ज़ाहिर है, उनमें से नब्बे प्रतिशत विचार बेकार थे, लेकिन दस प्रतिशत काम के थे और उनसे पत्रिका चलने लगी। आज *गाइडपोस्ट्स* के ग्राहकों की संख्या पच्चीस लाख से अधिक है। पत्रिका को लगभग तीन हज़ार कंपनियाँ अपने कर्मचारियों के लिए लेती हैं। यह शायद अमेरिका का सबसे बड़ा प्रेरक, अलाभकारी, आस्था-आधारित प्रकाशन है, जिसे हर महीने साठ लाख लोग पढ़ते हैं।

मैं यह कहानी *गाइडपोस्ट्स* के प्रचार के लिए नहीं बता रहा हूँ, हालाँकि मैं इच्छा से इस स्थिति का स्वागत करूँगा। यह रोमांचक कहानी यहाँ इसलिए दी गई है, क्योंकि यह सफल उपलब्धि के मूलभूत नियम को बहुत अच्छी तरह रेखांकित करती है। मेरे पाठक पहचान जाएँगे कि यहाँ बताए गए सिद्धांतों पर अन्य अध्यायों में भी ज़ोर दिया गया है। लेकिन निम्न बिंदु मूलभूत हैं :

1. *एक लक्ष्य निर्धारित करें; कोई अस्पष्ट, अनिश्चित लक्ष्य नहीं, बल्कि स्पष्ट, स्पष्ट रूप से परिभाषित और निश्चित - बहुत ही सटीक।*
2. *उस लक्ष्य के बारे में प्रार्थना करें, ताकि आपको यक़ीन हो कि यह सही है, क्योंकि अगर यह सही नहीं है, तो यह ग़लत है, और कोई ग़लत चीज़ कभी सही नहीं बनती है।*
3. *उस लक्ष्य को अपने चेतन मन में रख लें और उस छवि को लगातार बनाए रखें, जब तक कि वह अवचेतन में न उतर जाए। और जब ऐसा हो जाए, तो आप सफल हो जाएँगे, क्योंकि वह आप पर हावी हो जाएगी - वह आप पर छा जाएगी।*
4. *फिर अपने पूरे विचार, प्रयास, कल्पना और उपाय कुशलता का प्रयोग करें।*

5. मेहनत करें, और ज़्यादा मेहनत करें, और ज़्यादा मेहनत करें।
6. कभी, कभी, कभी हार न मानें - लगातार चलते रहें, चलते रहें, चलते रहें - जान लें कि आप कर सकते हैं, बशर्ते आप ठान लें।
7. हर दिन ख़ुद से कहते रहें, जब तक कि आपको इस बात पर गहरा विश्वास न हो जाए कि आप कभी असफल होने के बारे में नहीं सोचेंगे। आपको ऐसा करने की कोई ज़रूरत नहीं है।

ग्यारह

आपको जिन संसाधनों की ज़रूरत है, वे सभी आपके दिमाग़ में हैं

आपको जिन संसाधनों की ज़रूरत है, वे सभी आपके दिमाग़ में हैं। वे चेतना में स्थापित हैं और आपके बुलावे की राह देख रहे हैं।

मैं वह समय कभी नहीं भूल पाऊँगा, जब मुझे यह बात पता चली। यह सच्चाई जानने के लिए एक मुश्किल संकट का अनुभव झेलना भी महँगा सौदा नहीं था, क्योंकि इसने मेरी काफ़ी मदद की है। मैं तब बहुत युवा था और कुछ समय पहले ही कॉलेज पूरा करके निकला था। मैंने एक दिन ख़ुद को ऐसी मुश्किल स्थिति में पाया, जिसमें कुछ तेज़ चिंतन की ज़रूरत थी।

प्रथम विश्वयुद्ध को ख़त्म हुए कुछ साल बीत गए थे। मई में एक रविवार की दोपहर को ब्रुकलिन के प्रॉस्पेक्ट पार्क में मेमोरियल डे की मीटिंग थी। किंग्स काउंटी, न्यूयॉर्क के अमेरिकन लीजियन का चेपलेन होने के नाते मुझे इस मीटिंग में प्रार्थना करने का आमंत्रण मिला।

विशाल जनसमुदाय के एकत्रित होने की उम्मीद थी, लेकिन मैंने अनुमान लगाया कि बहुत युवा और अनुभवहीन होने के बावजूद मैं प्रार्थना के कुछ वाक्य तो सफलतापूर्वक बोल ही सकता हूँ। बहरहाल, मुझे अंदाज़ा नहीं था कि इस मौक़े पर इतनी ज़्यादा भीड़ होगी या मुझे किसी अप्रत्याशित स्थिति का सामना करना पड़ेगा। प्रॉस्पेक्ट पार्क के उस इलाक़े की ओर बढ़ते हुए मैंने एक पुलिस वाले से पूछा कि वहाँ कितने लोग थे। उसने कहा, "लगभग पचास हज़ार।"

मैं मंच की ओर बढ़ा और मैंने उस दिन के प्रमुख वक्ता कर्नल थियोडोर रूज़वेल्ट, जूनियर को अपना परिचय दिया, जो पूर्व राष्ट्रपति थियोडोर रूज़वेल्ट

के बेटे थे। रूज़वेल्ट जूनियर बाद में द्वितीय विश्वयुद्ध में जनरल के पद पर पहुँचे और नॉर्मैन्डी के तट पर उनकी मृत्यु हुई। मैंने उन्हें यूँ ही जानकारी दी कि मुझे प्रार्थना करना है।

फिर मैं बैठ गया और कार्यक्रम का विवरण उठाकर देखने लगा। मैं यह देखकर दंग रह गया कि उसमें मेरा नाम प्रार्थना करने के लिए नहीं था। इसके बजाय मुझे तो कर्नल रूज़वेल्ट के भाषण के ठीक पहले भाषण देना था। सूची में यही लिखा था। कार्यक्रम विवरण में लिखा था, "अमेरिकन लीजियन ऑफ़ किंग्स काउंटी के चेपलेन नॉर्मन विन्सेंट पील का भाषण।" मैंने थूक गटका। दरअसल मैं मूर्ति की तरह स्थिर हो गया। मेरे पास कोई भाषण तैयार नहीं था। इस स्थिति में मैं क्या कर सकता था?

मैं तत्काल कार्यक्रम के संयोजक के पास पहुँचा और कहा, "एक बड़ी ग़लती हो गई है। मुझसे सिर्फ़ प्रार्थना करने के लिए कहा गया था, लेकिन इस कार्यक्रम विवरण को देखें। आपने मेरा नाम भाषण के लिए लिखा है।"

उसने व्यावहारिक अंदाज़ में जवाब दिया, "अगर आपका नाम भाषण के लिए लिखा है, तो मुझे लगता है कि आपको भाषण देना पड़ेगा।"

मैंने प्रतिरोध किया, "लेकिन मैं ऐसा नहीं कर सकता। भाषण देने के लिए तैयारी करनी पड़ती है और मैं तैयार नहीं हूँ। यह संभव ही नहीं है। इसके अलावा, इस विशाल भीड़ को देखें। मेरी जगह किसी दूसरे को भाषण देना पड़ेगा।"

कर्नल रूज़वेल्ट ने मुझे सँभाला

कर्नल रूज़वेल्ट ने हमारी बातचीत सुन ली। उन्होंने मेरा मूल्यांकन करते हुए मुझे देखा और पूछा, "क्या बात है, बेटे? क्या तुम्हें डर लग रहा है?"

"बहुत ज़्यादा!" मैंने खुलकर स्वीकार किया। "इतनी बड़ी भीड़ मेरी जान निकालने के लिए काफ़ी है! और वैसे भी, कुछ मिनटों में मैं किसी भाषण के बारे में कैसे सोच सकता हूँ? यह किसी तरह से संभव नहीं है।"

"देखो, यह संभव है," उन्होंने जवाब दिया, "और मैं तुम्हें बताता हूँ कि कैसे। एक बात तो यह है कि तुम ख़ुद से यह कहना छोड़ दो कि तुम डरे हुए हो। इसके बजाय साहस के बारे में सोचना शुरू करो। सकारात्मक विश्वास का अभ्यास करो। दूसरी बात यह है कि तुम ख़ुद के बारे में सोचना छोड़ दो। एक मिनट के लिए मेरे साथ चलो।"

वे मेरे आगे-आगे मंच के सामने की तरफ़ गए और मेरा ध्यान सुरक्षित कुर्सियों के एक बड़े समूह की ओर दिलाया, जिन सभी पर महिलाएँ बैठी थीं। उन्होंने पूछा, "क्या तुम्हें पता है कि ये महिलाएँ कौन हैं ?"

"ये गोल्ड स्टार माताएँ हैं। इसका मतलब है कि इनमें से हर एक ने युद्ध में अपना बेटा खोया है।"

"वे सभी यहाँ मेमोरियल डे की दोपहर को बैठकर उन प्यारे बेटों के बारे में सोच रही हैं, जो अब उनके साथ नहीं हैं। शायद वे उन दिनों की याद कर रही होंगी, जब उनके बेटे छोटे थे, जिनका हाथ पकड़ना पड़ता था, जिन्हें रात को सुलाने के लिए बहलाना पड़ता था। उन्हें अपने बेटों की याद आती है। उनके पास अपने दुख हैं। वे अकेली और दुखी हैं।

"क्या तुम इन गोल्ड स्टार माताओं से यह बात नहीं कह सकते ? निश्चित रूप से तुम उनसे प्यार कर सकते हो। ख़ुद को भूल जाओ और इन अद्‌भुत माताओं के प्रति करुणा महसूस करो। फिर उठो और सिर्फ़ उनके लिए भाषण दो। अगर तुम चाहो, तो इस भीड़ में मौजूद बाक़ी सभी लोगों को भूल जाओ। तुम इन माताओं से जो भी कहोगे, वह सबको पसंद आएगा।

"तुम यह काम कर सकते हो," उन्होंने दावे से कहा। फिर उन्होंने वह अविस्मरणीय वाक्य कहा, जो मुझे आज तक याद है और सबसे महान सच्चाइयों में से एक है। कर्नल रूज़वेल्ट ने कहा, "देखो नॉर्मन, तुम्हें जितने संसाधनों की ज़रूरत है, वे सभी तुम्हारे दिमाग़ में हैं। निश्चित रूप से, तुम उन संसाधनों का उपयोग करके यह काम कर सकते हो। भाषण इस समय तुम्हारे दिमाग़ में मौजूद है। शांत हो जाओ, सोचने लगो और यह बाहर निकलकर तुम तक पहुँच जाएगा।"

उन्होंने आख़िरी दो शब्द मेरी तरफ़ उछाले : "साहस के बारे में सोचो," और प्यार से मेरी पीठ थपथपा दी।

मैंने गहरी साँस ली और कहा, "ठीक है, कर्नल, मैं कोशिश करूँगा। लेकिन यह बहुत छोटा भाषण होगा।"

उन्होंने मुस्कराते हुए कहा, "यह जितना छोटा होगा, उतना ही ज़्यादा अच्छा होगा। लेकिन उसमें ख़ुद को पूरा उड़ेल दो। उन लोगों की ओर अपना प्रेम भेजोगे, तो तुम्हारा डर दूर भाग जाएगा।"

मैंने अपना छोटा सा भाषण दिया। जब मैं भाषण ख़त्म करने के बाद बैठ गया, तो कर्नल रूज़वेल्ट मेरी ओर झुके और मेरे घुटने को थपथपाया।

"बहुत बढ़िया भाषण था! तुमने तो घंटी बजा दी!" मुझे यक़ीन था कि यह बहुत बढ़िया भाषण नहीं था और घंटी बहुत ज़ोर से नहीं बजी थी, लेकिन ज़ाहिर है, मैं तब से इस महान व्यक्ति को प्रेम के साथ याद करता हूँ।

वे एक चीज़ के बारे में बिल्कुल सही थे। जब आप अपने मस्तिष्क पर भरोसा करते हैं, तो यह आपको परिणाम देता है, बशर्ते आपने इसमें कुछ रखा हो। और यह तब दोगुना सच साबित होता है, जब आप ख़ुद को भूल जाते हैं और दूसरों के जीवन को ज़्यादा सुखी बनाने के लिए कुछ करने की सच्ची कोशिश करते हैं।

ख़ुद को भूल जाएँ! साहस के बारे में सोचें। यक़ीन करें कि आपको जिन संसाधनों की ज़रूरत है, वे सभी आपके दिमाग़ में हैं। यह एक ऐसा फ़ॉर्मूला है, जो काम करता है, सचमुच काम करता है।

जब हम कहते हैं कि आपको जिन संसाधनों की ज़रूरत है, वे सभी आपके दिमाग़ में हैं, तो हम यह सुझाव नहीं दे रहे हैं कि आप मशीनी मानसिकता पर निर्भर रहें। दैवी शक्ति दिमाग़ में है और सिर्फ़ दिमाग़ में ही इंसान ईश्वर से संपर्क कर सकता है। आध्यात्मिक शक्ति से संपर्क बुद्धि द्वारा ही संभव होता है, सोचने और विश्वास करने की योग्यता से। इसलिए सबसे महान संसाधन यानी ईश्वर की शक्ति आध्यात्मिक रूप से नियंत्रित विचार प्रक्रिया से हासिल हो सकती है।

जब बाइबल कहती है, "ईश्वर का साम्राज्य तुम्हारे भीतर है" (ल्यूक 17:21), तो वह यह कह रही है कि ईश्वर की सारी शक्ति और सच्चाई सार रूप में आपके भीतर है। और आपके भीतर कहाँ पर? दिमाग़ में, और कहाँ? तो फिर यह स्पष्ट है कि आपको जिन संसाधनों की ज़रूरत है, वे सभी आपके भीतर हैं का सिद्धांत आपके आध्यात्मिक संसाधनों को भी शामिल कर लेता है।

जब भी किसी को आध्यात्मिक रूप से सोचने, आस्था रखने और यक़ीन करने के लिए तैयार कर लिया जाता है, तो फिर दिमाग़ अधिक उच्च स्तर तक प्रेरित हो जाता है। यह अपने भीतर मौजूद अद्‌भुत शक्तियों का दोहन करता है और फिर अच्छे परिणाम पाने के लिए काम करने में जुट जाता है।

उसने नशे की आदत छोड़ दी

गाइडपोस्ट्स में एक लेख छपा था, जिसका शीर्षक था "सुखद शहर से वापसी।"

इसमें डेनियल नीग्रिस संसाधन के इस सिद्धांत की पुष्टि करते हैं। नीग्रिस बचपन से पियानो बजाने में माहिर थे। पंद्रह साल की उम्र में ही वे डांस बैंड में काम करने लगे थे। पच्चीस साल की उम्र तक उन्होंने कोलमैन हॉकिन्स, हेनरी जेरोम, बेन वेब्स्टर, रेड नॉर्वो, डिज़ी गिलेस्पी और बिली हॉलिडे जैसे कलाकारों के साथ संगीत प्रतिभा का प्रदर्शन किया, जिन्हें अमेरिका के सबसे लोकप्रिय जैज़ संगीतकारों में गिना जाता है। एक रात को युवा नीग्रिस एक बूढ़े सैक्सोफ़ोन-वादक के साथ था, जिसने अपनी शर्ट की जेब से एक लंबी पतली सिगरेट निकालकर डेनियल को दी और बोला, "लो, इसे पी लो।"

नीग्रिस तत्काल समझ गया कि यह मारीजुआना था। वह अपनी अनुभवहीनता नहीं दिखाना चाहता था, इसलिए उसने एक लंबा कश लगा लिया। पहले तो कुछ नहीं हुआ। फिर उसके पैरों के अँगूठे सुन्न होने लगे और यह एहसास ऊपर चढ़ता हुआ उसके पैरों तक और बाद में ऊपरी हिस्से तक आ गया। जब आप यह काम शुरू कर देते हैं, तो फिर आपको महसूस होता है कि आपको मारीजुआना पीना ही पड़ेगा। वह काम के बीच में मारीजुआना से भरी सिगरेट पीने लगा - सुबह, दोपहर, रात, हर समय पीने लगा।

फिर उसने हेरोइन को आज़माया, जो मारीजुआना से अलग थी। अब उसका ख़ुद पर कोई क़ाबू नहीं रह गया, लेकिन उसे परवाह भी नहीं थी। हेरोइन पीने वालों ने उसे आश्वस्त किया कि ऐसा ही होता है - तभी तो वह "आनंद" का अनुभव करेगा। वह काम के लिए देर से पहुँचता था और अक्सर बहुत नशे में रहता था। बैंडलीडर ने ग़ुस्से में उसे निकाल दिया। एक के बाद एक नौकरी छूटती गई। हालाँकि वह हेरोइन का आदी नहीं हुआ था, क्योंकि उसने बहुत ज़्यादा हेरोइन नहीं ली थी, लेकिन उसने इसका फिर भी काफ़ी सेवन किया था, इसलिए वह पूरी तरह आज़ाद नहीं हो सकता था। उसे मदद की ज़रूरत महसूस हुई, लेकिन वह नहीं जानता था कि किस दिशा में मुड़े।

डेनियल जब भी यात्रा पर जाता था, तो उसकी माँ उसके सूटकेस में कपड़ों के बीच में एक बाइबल रख देती थीं। वह बाइबल कभी नहीं पढ़ता था। वह तो अपनी माँ के प्रति सम्मान के कारण उसे अपने बैग में पड़ी रहने देता था। फिर एक रात को अपने होटल के कमरे में वह इतनी निराशा महसूस करने लगा कि उसका मरने का मन हुआ। तेईस साल की उम्र में ऐसा महसूस हुआ, जैसे अब कुछ नहीं बचा था, जैसे उसका वक़्त पूरा हो चुका था। जब वह उस सस्ते होटल के कमरे की सूनी दीवारों को घूर रहा था, तो उसने बाइबल के बारे में सोचा। उसने अपने सूटकेस में से बाइबल निकालकर उसके

पन्ने पलटाए, जब तक कि आख़िरकार उसे मैथ्यू 11:28 के ये शब्द नहीं दिख गए, "मेरे पास आओ, तुम सभी जो श्रम करते हो और जिन पर भारी बोझ है। मैं तुम्हें आराम दूँगा।"

अचानक वह दहशत में आ गया कि वह कितनी बुरी विपत्ति में फँस चुका है। वह खड़ा हुआ और उसने अपने सारे नशीले सामान को नाली में बहा दिया। काँपते हुए वह अपने घुटनों के बल बैठा, रोया और फिर प्रार्थना की। वह कहता है कि तत्काल उसमें ईसामसीह का एहसास भर गया। वह ख़ुद को साफ़ महसूस करने लगा और ईश्वर के प्रेम से आच्छादित भी। और वह लिखता है, "उस रात के बाद से मैंने नशे को छुआ तक नहीं। आश्चर्य की बात है कि 'सुखद शहर' से मेरी वापसी पूर्ण साबित हुई है।"

एक मिनट में नशे की आदत को लात मारने की अद्‌भुत क्षमता मस्तिष्क की शक्तियों को रेखांकित करती है। जब ये शक्तियाँ किसी हताशा भरी ज़रूरत, किसी प्रबल इच्छा और आस्था तथा विश्वास के सशक्त उफान से सक्रिय होती हैं, तो नाटकीय परिणाम मिलते हैं। ये संसाधन हमेशा दिमाग़ में मौजूद रहते हैं और आपको चाहे जिस चीज़ की ज़रूरत हो, ये मदद के लिए तैयार रहते हैं। इन्हें विश्वास और विचार के चमत्कारी संयोग द्वारा प्रेरित किया जा सकता है।

कभी ख़ुद के ख़िलाफ़ मुक़दमा तैयार न करें

व्यक्ति को संकट में आंतरिक शक्ति कौन देता है? ज़ाहिर है, यह विश्वास देता है, जब साथ में विचार देने वाले संसाधन हों। मशहूर दार्शनिक और मनोवैज्ञानिक विलियम जेम्स ने बताया था कि विश्वास वास्तविक तथ्य उत्पन्न कर देता है! इसलिए मस्तिष्क को सारे अविश्वास से मुक्त करना और नकारात्मक विचारों से छुटकारा पाना सबसे ज़्यादा महत्वपूर्ण है।

बरसों पहले एक पुराने दोस्त रॉबर्ट रोबॉटम ने मुझे एक बहुत सशक्त सच्चाई बताई थी : कभी ख़ुद के ख़िलाफ़ मुक़दमा तैयार न करें। कई बार यह स्वाभाविक होता है कि समस्याओं और मुश्किलों से व्यक्ति परास्त महसूस करे। दरअसल, संघर्ष इतना मुश्किल हो सकता है कि हम हार मानने के बारे में सोचने लगें। उस समय यह उत्साहवर्धक सच्चाई हमेशा याद रखें कि आपको जितने संसाधनों की ज़रूरत है, वे सब आपके दिमाग़ के भीतर हैं। यह याद रखें कि आपमें अपने सामने आने वाली हर मुश्किल से निबटने की क्षमता है। एक बार फिर याद रखें : कभी ख़ुद के ख़िलाफ़ मुक़दमा तैयार न करें। ख़ुद

को कम न आँकें। यह एहसास करें कि आपने ख़ुद को जितना महान समझा है, आप उससे ज़्यादा महान हैं। इसके अलावा अपनी आंतरिक शक्ति का एहसास करने और उसका प्रयोग करने के लिए किसी संकट के आने का इंतज़ार न करें। हर दिन, हर स्थिति में अपने मानसिक संसाधनों का प्रयोग करें। फिर आप संकट में उनका प्रयोग करने के लिए तैयार रहेंगे। फ्रैंक की तरह।

फ्रैंक सचमुच जानता था कि मुश्किल स्थिति का सामना कैसे करना है। उसने दर्शाया कि संकट के सम्मुख मानसिक दृष्टिकोण व्यक्ति के भविष्य को तय कर सकता है।

उसने एक दिन फ़ोन किया। मैंने पूछा, "कैसे हो?"

"ठीक हूँ," उसने जवाब दिया, फिर वह सामान्य ढंग से बोला, "मेरी नौकरी छूट गई है।"

मैं उसकी सामान्य प्रतिक्रिया पर हैरान था। वह अपनी कंपनी में उच्च पद पर था और मैं जानता था कि उसके वरिष्ठ अधिकारी उसके काम की प्रशंसा करते थे। दरअसल, हर चीज़ उसके उज्ज्वल भविष्य की ओर इशारा कर रही थी। लेकिन जैसा कई बार होता है, कंपनी में अंदरूनी राजनीतिक पैंतरे शुरू हुए और उसे एक अन्य युवा एक्ज़ीक्यूटिव के साथ अचानक निकाल दिया गया। उसने कहा, "हम दोनों अचानक सड़क पर आ गए।"

अफ़सोस और चिंता व्यक्त करते हुए मैंने सुझाव दिया कि हम उसकी समस्या पर बातचीत कर लेते हैं। लेकिन उसने कहा कि वह तो मुझे सिर्फ़ अपनी स्थिति के बारे में बताना चाहता था और उसके लिए "कुछ सकारात्मक चिंतन करवाना चाहता था।" उसने विश्वास से कहा, "सब कुछ ठीक हो जाएगा।"

"मैं निश्चित रूप से तुम्हारे विश्वास की प्रशंसा करता हूँ," मैंने उससे कहा, "लेकिन तुम क्या करने वाले हो?"

"मैं अभी ठीक-ठीक नहीं जानता हूँ। जब मुझे थोड़े सृजनात्मक चिंतन का मौक़ा मिलेगा, तो मैं आपको बता दूँगा। इस समय मैं नए विचारों की तलाश कर रहा हूँ। यक़ीन मानें, मैं अपने दिमाग़ के सारे संसाधनों का इस्तेमाल कर रहा हूँ।"

यह बातचीत कई साल पहले हुई थी। नौकरी से बाहर निकाले गए दो युवा एक्ज़ीक्यूटिव के साथ जिस तरीक़े से घटनाएँ हुईं, उससे इस बात की पुष्टि होती है कि मानसिक दृष्टिकोण इंसान के भावी कैरियर को तय करता है।

फ्रैंक ने सकारात्मक आधार पर तर्क किया, "मैं यह नज़रिया रखने

वाला हूँ कि यह दुर्भाग्य सौभाग्य में बदल सकता है। मैं यह यक़ीन कर रहा हूँ कि हर नुक़सान को लाभ में बदला जा सकता है।" इसके अलावा उसने तटस्थ और द्वेषरहित बनने का अभ्यास किया। वह ठोस चिंतन करने लगा। उसे अपने भीतर नए गुणों का पता चला। परिणाम यह हुआ कि वह अतीत से मुड़कर बेहतर भविष्य की ओर चल दिया, जिसमें यक़ीन करने के लिए उसने ख़ुद को तैयार किया था।

उसकी सकारात्मक सोच ने उसे एक नया विचार दिया। विचार तो आएँगे ही, बशर्ते आप सचमुच सोचें। कोई भी सोचकर किसी भी मुश्किल से बाहर निकल सकता है, भले ही समस्याएँ कितनी ही भीषण हों। जिस विचार पर उसने अमल किया, वह था स्थानीय कंपनियों के सौ एक्ज़ीक्यूटिव को पत्र लिखना। यह संक्षिप्त, व्यवसायिक पत्र कुछ इस तरह था : "हर कंपनी समय-समय पर नए कर्मचारियों को नियुक्त करती है, इसलिए शायद आपकी कंपनी मुझ जैसे व्यक्ति का उपयोग कर सकती है। संलग्न संक्षेपिका आपको मेरी पृष्ठभूमि, अनुभव, प्रशिक्षण और योग्यताओं का ब्योरा दे देगी। मेरी कुछ कमज़ोरियाँ भी हैं, जिन्हें मैंने खुलकर बताया है। लेकिन मैं ईमानदारी से महसूस करता हूँ कि मेरी शक्तियाँ कमज़ोरियों से ज़्यादा भारी हैं। अगर आपको मेरे जैसी योग्यताओं और अनुभव वाले किसी व्यक्ति की ज़रूरत हो, तो आप इंटरव्यू के लिए मुझे बुला सकते हैं ..." और उसने आशावादी दृष्टिकोण से यह भी जोड़ दिया, "इससे पहले कि कोई दूसरी कंपनी मुझे नियुक्त कर दे।"

यक़ीन मानें, यह सच्चा पत्र कई नियोक्ताओं को पसंद आया और उसे नौकरी के कई प्रस्ताव मिले। उसने जिस नौकरी को स्वीकार किया, वह उसके पिछले पद से ज़्यादा अच्छी थी। उसने उस पद पर रचनात्मकता दिखाई और वह तरक्क़ी करता गया। सकारात्मक मानसिक नज़रिए से उसे वह फ़ायदा मिल गया, जो हमेशा नुक़सान में छिपा रहता है।

और वह दूसरा एक्ज़ीक्यूटिव, जिसने अपना पद उसी समय गँवाया था? पहले तो उसका हाल अच्छा नहीं रहा। वह क्रोधित और कटुतापूर्ण था। वह भुनभुनाता रहा और नफ़रत करने, चिंता करने तथा जमकर शराब पीने में समय बर्बाद करता रहा। परिणाम? वह नर्वस ब्रेकडाउन के क़रीब पहुँच गया। लेकिन आख़िरकार वह उससे बाहर निकल आया और उसने सारी नकारात्मकता तथा द्वेष को दूर झटक दिया। वह भी सकारात्मक मानसिक नज़रिया विकसित करने लगा। उसने अपनी मूलभूत योग्यताओं से कम सार

वाला पद स्वीकार कर लिया, लेकिन अपने बदले हुए नज़रिए के अनुरूप वह प्रगति करने लगा। लेकिन ज़रा सोचें कि उसने कितना समय और संभावित अवसर गँवा दिए?

संकटों के बारे में

महान आविष्कारक चार्ल्स एफ़. केटरिंग ने एक बार कहा था, "अतीत में मेरी कोई रुचि नहीं है। मेरी रुचि सिर्फ़ भविष्य में है, क्योंकि वहीं पर मैं अपनी बाक़ी ज़िंदगी बिताने की उम्मीद करता हूँ।" याद रखें, जिस भविष्य में आप अपनी बाक़ी ज़िंदगी बिताने वाले हैं, वह आपके नज़रिए से तय होता है। आपको इसके लिए जिन संसाधनों की ज़रूरत है, वे सब आपके मस्तिष्क में मौजूद हैं।

संकट सबके जीवन में आते हैं। और निश्चित रूप से उनके कारण आपका समय बहुत मुश्किल गुज़रेगा? किसका नहीं गुज़रता है? लेकिन जब आप इस विचार को विकसित कर लेते हैं कि हर विपत्ति लाभकारी हो सकती है, तो आपके पास प्रचुर मानसिक संपदा होगी। इस तथ्य पर ध्यान केंद्रित करें कि आपका भविष्य परिस्थितियों द्वारा तय नहीं होता, जिन पर आपका कोई नियंत्रण नहीं होता है; आपका भविष्य तो सही मानसिक नज़रिए से तय होता है, जिस पर आपका नियंत्रण होता है। इस तरह आप अपने भविष्य को आकार दे सकते हैं।

सवाल है : सही मानसिक नज़रिया कैसे बनाएँ? जवाब है : सही सोच का विकास करके। अपने मस्तिष्क के दोषों को बाहर निकालना शुरू करें, क्योंकि दोष का परिणाम ग़लत सोच होता है, जो ग़लत कर्म उत्पन्न करती है, जो ग़लत परिणाम देता है। दोष का इकलौता इलाज सही होना है। इसमें अध्ययन तथा विचार की गुणवत्ता की ज़रूरत है, जो समय के साथ अधिक तीक्ष्ण ज्ञान व अनुभूति में विकसित होंगे। फिर यह बेहतर दृष्टिकोण बेहतर भविष्य की परिस्थितियाँ उत्पन्न करेगा।

मस्तिष्क आवश्यक संसाधनों का बहुत बड़ा भंडार है, इसलिए उन सभी बाहरी चीज़ों को बाहर निकाल देना चाहिए, जो इन संसाधनों के प्रवाह को रोक सकती हों। कोई शक नहीं कि नकारात्मक विचारों के कारण ज़्यादातर कुंठा और असफलता इसी वजह से उत्पन्न होती है कि रचनात्मक विचारों के मुक्त प्रवाह में अवरोध उत्पन्न हो जाता है। ऐसी स्थिति में अच्छी तरह से काम करने या जीने के लिए आवश्यक ज़बर्दस्त संसाधनों पर बाँध बँध जाता

है और वे बाहर नहीं निकल पाते।

"हर चीज़ गड़बड़ इसलिए होती है, क्योंकि मैं गड़बड़ हूँ"

इस संदर्भ में मैं अक्सर एक पुराने मित्र के बारे में सोचता हूँ। उसका नाम लुइस है। उसके जीवन में बहुत से उतार-चढ़ाव आए, लेकिन मैं कहूँगा कि उतार ज़्यादा थे। आख़िरकार, उसके जीवन में चढ़ाव ज़्यादा आने लगे और वह "उच्चगामी" क़िस्म का इंसान बन गया। लेकिन इससे पहले वह मेरी चौखट पर अक्सर आता रहता था और हमेशा अपनी मुश्किलों का रोना रोता रहता था। उसने पूछा, "क्यों ? आख़िर मेरे साथ हर चीज़ हमेशा गड़बड़ क्यों होती है ? क्या मैं इतना मूर्ख हूँ कि सही काम नहीं कर सकता ? मेरे साथ क्या गड़बड़ है कि हर चीज़ ग़लत हो जाती है ? और इसके अलावा," उसने अपनी दुख भरी दास्तान ख़त्म करते हुए कहा, "मुझे दर्द भी है।"

"दर्द ?" मैंने हैरानी से कहा। "अजीब बात है, क्योंकि तुम बिलकुल स्वस्थ दिखते हो।"

"ओह, मेरा मतलब शारीरिक दर्द नहीं है। मैं तो उस तरह के दर्द के बारे में बात कर रहा हूँ, जिसे आप मानसिक दर्द कह सकते हैं। मैं अपने विचारों में घायल हो रहा हूँ।" यह एक बहुत ही सटीक मनोवैज्ञानिक विश्लेषण था और इससे मैं हैरान रह गया, क्योंकि मुझे नहीं लगता था कि लुइस में इतना ज़्यादा ज्ञान हो सकता है और वह अपनी स्थिति का इतना अच्छा वर्णन कर सकता है।

वह हमेशा "परामर्श" लेने के लिए आता रहता था, लेकिन चूँकि मैं परामर्श देने के व्यवसाय में नहीं हूँ, इसलिए मैंने उसे विशेषज्ञों के पास भेज दिया, जो इस तरह की समस्याओं से बेहतर तरीक़े से निबट सकते थे और जिनके पास लंबी व्यक्तिगत चर्चा के लिए समय उपलब्ध था, जो मेरे पास नहीं था। मुझे ऐसा लगा, जैसे लुइस हमेशा वही पुराना "कुंठा, असफलता" का रिकॉर्ड लगातार बजाता रहता था।

बहरहाल, "मस्तिष्क में दर्द" चिंता का विषय था। मैंने उसे अजीब घटनाओं की उस श्रृंखला के बारे में बताया, जो लॉवेल थॉमस ने मुझे सुनाई थी। यह न्यू इंग्लैंड के एक आदमी के बारे में है, जो लगभग पच्चीस साल पहले एक दंतचिकित्सक के पास गया। उपचार के दौरान ड्रिल की नोक टूट गई। दंतचिकित्सक ने टूटी हुई नोक के टुकड़ों को सावधानी से निकाल लिया।

बहरहाल, उस आदमी को महीनों बाद गर्दन में थोड़ा दर्द महसूस होने लगा। बाद में यह दर्द कंधों तक गया। बरसों बाद यह दर्द बाँह में उभरा, जिसका अंततः एक्सरे किया गया और ऑपरेशन करके एक छोटी चीज़ निकाली गई, जो ड्रिल का टुकड़ा थी। मेरे पास इस प्रसंग के तथ्यों की जाँच का कोई तरीक़ा नहीं है, लेकिन मैंने इस प्रसंग के द्वारा लुइस को संकेत किया कि शायद उसने अपने दिमाग़ में कुछ डाल दिया है, जिसने उसके विचारों में "संक्रमण" कर दिया है।

"यह कोई विचित्र काम होगा," मैंने कहा।

"मैंने बहुत से विचित्र काम किए हैं," उसने ईमानदारी से स्वीकार किया। मैंने उसे लेही क्लीनिक की डॉ. सारा जॉर्डन के बारे में बताया, जिन्होंने कहा था, "हर दिन अपने दिमाग़ में शैंपू लगाओ।"

"ठीक है, लुइस, चाहे यह चीज़ जो भी हो, इसे साफ़ कर डालो," मैंने सलाह दी। वह जानता था कि यह क्या चीज़ थी। उसने इसकी सफ़ाई कर दी। "मानसिक दर्द" ग़ायब हो गया। हालाँकि वह बेहतर महसूस कर रहा था, लेकिन फिर भी वह अकार्यकुशल तरीक़े से काम करता रहा। वह पुरानी शिकायत के साथ मुझसे संपर्क करता रहा, "मेरे साथ आख़िर क्या गड़बड़ है ? सारी चीज़ें ग़लत क्यों होती हैं ?"

एक दोपहर मैं अपने ऑफ़िस से निकलकर सौ मील दूर पेनसिल्वेनिया में भाषण देने जा रहा था। मैंने अकेले कार से जाने का फ़ैसला किया था, ताकि रास्ते में मुझे अपने भाषण पर सोचने का मौक़ा मिल सके। जैसे ही मैं अपनी कार में दाख़िल होने वाला था, तो कौन प्रकट हुआ, लुइस! मैंने उसे बताया कि बात करना असंभव था, क्योंकि मेरे पास भाषण की जगह तक पहुँचने भर का ही समय था। उसने स्वेच्छा से प्रस्ताव रखा, "अगर आप बुरा न मानें, तो मैं भी साथ चलता हूँ।" फिर मेरे जवाब का इंतज़ार किए बिना वह कार में चढ़ गया।

"ठीक है," मैं थोड़ी अनिच्छा से सहमत होते हुए बोला, "तुम गाड़ी चलाओ, ताकि मैं अपने भाषण के बारे में सोच सकूँ।"

लेकिन मैं उसका मुँह बंद नहीं रख पाया। वह सौ मील लंबी यात्रा में अपने बारे में लगातार बोलता रहा। मेरे भाषण के बाद हम लौटने लगे, लेकिन तब भी वह बोलता रहा। और यह वही पुराना राग था, "मेरे साथ हर चीज़ गड़बड़ क्यों होती है ?"

आधी रात के क़रीब मैंने सुझाव दिया कि हम एक कप कॉफ़ी और एक हैमबर्गर सैंडविच के लिए किसी अच्छे रेस्तराँ में रुक जाते हैं। हम स्टूल पर बैठकर सैंडविच खाने लगे, तभी एक आश्चर्यजनक घटना हुई। अचानक उसने काउंटर पर मुक्का मारा, जिससे बर्तन खड़खड़ाने लगे। वह चिल्लाया, "मुझे समझ में आ गया, मुझे समझ में आ गया! मैं इतना मूर्ख क्यों था ? अब मैं जान गया हूँ कि मेरे साथ हर चीज़ गड़बड़ क्यों होती है। ऐसा इसलिए है, क्योंकि मैं ख़ुद गड़बड़ हूँ!"

लोग घूरने लगे, लेकिन इससे लुइस को ज़रा भी फ़र्क़ नहीं पड़ा। वह इतने असाधारण और अकस्मात आत्म-ज्ञान से सचमुच रोमांचित था। घर लौटते समय पूरे रास्ते वह हवा में उड़ रहा था, दरअसल कार भी हवा से बातें कर रही थी - कई बार तो मुझे कार की गति को कम करवाना पड़ा। मैंने उसे बताया कि मुझे यह एहसास नहीं था कि एक हैमबर्गर किसी इंसान में इतना बड़ा परिवर्तन ला सकता है।

लेकिन वह अब समझ गया था। उसने कहा, "शक्ति हैमबर्गर में नहीं थी। शक्ति तो मेरे मस्तिष्क से मिली। यह तो ऐसा था, जैसे पर्दा हट गया हो और एक पल के लिए मैंने ख़ुद को देख लिया हो। लेकिन मेरा यक़ीन मानें, वह एक पल ही यह देखने के लिए पर्याप्त था कि मेरे मस्तिष्क में ऐसा बहुत कुछ है, जिसके बारे में मैं नहीं जानता हूँ। अब आप मुझे तरक़्क़ी करते देखेंगे।" और वह सचमुच तरक़्क़ी करने लगा। ओह, उसने कई ग़लतियाँ कीं और कई काम गड़बड़ किए, लेकिन उसकी दिशा बदल गई थी, क्योंकि वह ख़ुद बदल गया था।

धीरे-धीरे वह ज़्यादा अच्छा काम करने लगा। दरअसल, मैं भी उसकी क्षमता को देखकर हैरान था अब उसमें आत्म-नियंत्रण आ चुका था। उसका नज़रिया सकारात्मक था, उसकी सोच तीक्ष्ण और रचनात्मक थी। उसने यह जान लिया था कि उसे जिन संसाधनों की ज़रूरत है, वे सभी उसके मस्तिष्क में हैं।

लुइस असमय ही मर गया, लेकिन उसके छोटे से जीवन के आख़िरी बारह साल एक ऐसे आदमी की याद छोड़ गए हैं, जिसने सचमुच ख़ुद को पहचान लिया था। उसके अनुभव ने साबित किया कि मस्तिष्क के महान संसाधनों की झलक, चाहे वह एक पल की हो या धीरे-धीरे दिखाई दे या किसी बुद्धिमान व्यक्ति के मार्गदर्शन द्वारा दिखे, समस्याओं से निबटने में सशक्त सहारा देती है।

किसी भी भाषा में दो सबसे दुखद शब्द

अमेरिका के एक उत्कृष्ट लेखक आर्थर गॉर्डन (रीडर्स डाइजेस्ट, जनवरी 1968) एक बहुत ही बढ़िया प्रक्रिया बताते हैं, जिसके द्वारा उन्होंने मस्तिष्क में निहित वृहद संसाधनों का गहरा ज्ञान पाया।

ज्ञान की अचानक दिखने वाली झलक से अधिक रोमांचक और लाभदायक कुछ नहीं है, जो आपको बदल देती है - सिर्फ़ बदलती ही नहीं है, बल्कि बेहतरी के लिए बदलती है। ऐसे पल निश्चित रूप से दुर्लभ होते हैं, लेकिन वे हम सबके जीवन में आते हैं।

मैनहटन में उस जाड़े की दोपहर को एक छोटे फ्रेंच रेस्तराँ में मैं किसी का इंतज़ार करते समय कुंठित और दुखी महसूस कर रहा था। मेरे कई ग़लत अनुमानों के कारण एक बहुत महत्वपूर्ण प्रोजेक्ट गड़बड़ हो गया था। एक प्रिय मित्र को देखने की कल्पना (मैं उन्हें प्रेम से मन ही मन बूढ़ा आदमी कहता हूँ) भी मुझे उतना ख़ुश नहीं कर पाई, जितना अक्सर करती थी। मैं वहाँ पर चौकड़ी वाले टेबल क्लॉथ को घूर रहा था और अतीत की घटनाओं पर दुख से जुगाली कर रहा था।

वे आख़िरकार सड़क के पार आए। उन्होंने एक पुराना ओवरकोट पहन रखा था, उनके गंजे सिर पर एक निराकार फ़ेल्ट हैट था और वे विख्यात मनोविश्लेषक के बजाय ऊर्जावान बौने दिख रहे थे। उनका ऑफ़िस क़रीब ही था। मैं जानता था कि वे अभी-अभी अपने आख़िरी मरीज़ को देखकर आ रहे होंगे। उनकी उम्र ८० के क़रीब थी, लेकिन अब भी काग़ज़ों से भरा हुआ ब्रीफ़केस उनके हाथ में रहता था। वे अब भी एक बड़े फ़ाउंडेशन के डायरेक्टर थे और जब भी हो सकता था, गोल्फ़ कोर्स की शरण में जाना पसंद करते थे।

"तो युवक," उन्होंने बिना किसी भूमिका के कहा, "तुम्हें क्या दिक्क़त है?"

काफ़ी समय पहले से ही मैंने उनकी समझ पर हैरान होना छोड़ दिया था। मैं उन्हें थोड़े विस्तार से अपनी समस्या बताने लगा। मैंने बहुत ईमानदार होने की कोशिश की। मैंने अपनी निराशा के लिए किसी और को नहीं, बल्कि ख़ुद को दोष दिया। मैंने पूरी घटना का विश्लेषण किया, सारे बुरे निर्णयों का, ग़लत क़दमों का। मैं शायद पंद्रह मिनट

तक बोला। जब मैंने अपनी बात पूरी कर ली, तो उन्होंने कहा, "चलो, मेरे ऑफ़िस तक चलते हैं। मैं किसी चीज़ पर तुम्हारी प्रतिक्रिया चाहता हूँ।"

ऑफ़िस पहुँचने के बाद बूढ़े आदमी ने एक फ़्लैट कार्डबोर्ड बॉक्स से एक टेप निकाला और उसे मशीन में फ़िट किया। उन्होंने कहा, "इस टेप में तीन छोटी रिकॉर्डिंग हैं, जो तीन व्यक्तियों की हैं। ये लोग मेरे पास मदद के लिए आए थे। ज़ाहिर है, उसमें उनका परिचय नहीं है। मैं चाहता हूँ कि तुम उन रिकॉर्डिंगों को सुनो और हम देखते हैं कि क्या तुम तीनों मामलों में दो शब्दों वाले उस वाक्यांश को पकड़ सकते हो, जो इन सबमें है।" वे मुस्कराए, "इतने हैरान होने की कोई ज़रूरत नहीं है। यह मैं अकारण नहीं कर रहा हूँ।"

टेप की आवाज़ों में मुझे एक ही समानता दिखी – अफ़सोस। सबसे पहले बोलने वाला, आदमी स्पष्ट रूप से बिज़नेस के किसी तरह के नुक़सान या असफलता से परेशान था। वह ख़ुद को दोष दे रहा था कि उसने ज़्यादा कड़ी मेहनत नहीं की, उसने ज़्यादा आगे तक नहीं देखा। उसके बाद जो महिला बोली, उसने अपनी विधवा माँ की ज़िम्मेदारी के एहसास के चलते शादी नहीं की थी। उसने कटुता से उन सभी वैवाहिक संभावनाओं को याद किया, जिन्हें उसने गुज़र जाने दिया था। तीसरी आवाज़ एक माँ की थी, जिसके किशोर बेटे को पुलिस के साथ मुश्किल आ गई थी। वह ख़ुद को अंतहीन तरीक़े से दोष दे रही थी।

बूढ़े आदमी ने मशीन बंद कर दी और अपनी कुर्सी पर पीछे की ओर टिक गया। "इन रिकॉर्डिंगों में छह बार वह वाक्यांश प्रयुक्त हुआ है, जो सूक्ष्म ज़हर से भरा है। क्या तुमने इसे पकड़ा? नहीं? अच्छा, शायद इसलिए क्योंकि तुमने ख़ुद ही कुछ समय पहले रेस्तराँ में उसका तीन बार प्रयोग किया था।" उन्होंने टेप वाला बॉक्स उठाया और मेरी तरफ़ उछाल दिया। "वे शब्द लेबल पर लिखे हैं। किसी भी भाषा में दो सबसे दुखद शब्द।"

मैंने नीचे देखा। लाल स्याही में ये शब्द लिखे थे : *"अगर मैं।"*

बूढ़े आदमी ने कहा, "कितनी हज़ार बार मैं इस कुर्सी पर बैठा हूँ और मैंने इन दो शब्दों से शुरू होने वाले दुखद वाक्य सुने हैं। लोग कहते हैं, 'अगर मैं इस काम को अलग तरीक़े से करता – या बिलकुल नहीं

करता। अगर मैं अपना आपा नहीं खोता, अगर मैं वह क्रूर बात नहीं कहता, वह बेईमानी भरा क़दम नहीं उठाता, मूर्खतापूर्ण झूठ नहीं बोलता। अगर मैं ज़्यादा समझदार होता, ज़्यादा निःस्वार्थ होता, या ज़्यादा आत्म-नियंत्रित होता।' वे इस तरह की बातें आगे बोलते जाते हैं, जब तक कि मैं उन्हें रोक नहीं देता हूँ। कई बार तो मैं उन्हें रिकॉर्डिंगें सुनवाता हूँ, जो तुमने अभी सुनी हैं। मैं उनसे कहता हूँ, 'अगर मैं से शुरू होने वाले वाक्य कहना छोड़ दें। तब शायद हम थोड़ी तरक्क़ी कर सकते हैं!'"

बूढ़े आदमी ने अपने पैर पसारकर कहा, "'अगर मैं' के साथ दिक्क़त यह है कि इससे कुछ नहीं बदलता है। यह व्यक्ति के चेहरे को ग़लत दिशा में रखता है - आगे की तरफ़ नहीं, बल्कि पीछे की तरफ़। यह समय बर्बाद करता है। अंत में, यदि आप इसे आदत बन जाने देते हैं, तो यह वास्तविक बाधा बन सकता है, नई कोशिश न करने का बहाना।

"अब तुम अपना मामला देखो : तुम्हारी योजनाएँ कामयाब नहीं हुईं। क्यों? क्योंकि तुमने कुछ ग़लतियाँ की थीं। देखो, इसमें कुछ ग़लत नहीं है : हर व्यक्ति ग़लतियाँ करता है। हम ग़लतियों से ही सीखते हैं। लेकिन जब तुम मुझे उनके बारे में बता रहे थे, इस बारे में अफ़सोस कर रहे थे, पश्चाताप कर रहे थे, तो तुम उनसे कुछ सीख नहीं रहे थे।"

"आपको कैसे पता?" मैंने थोड़े रक्षात्मक तरीक़े से पूछा।

"क्योंकि," बूढ़े आदमी ने कहा, "तुम कभी अतीत से बाहर ही नहीं निकले। एक बार भी तुमने भविष्य का ज़िक्र नहीं किया। और एक तरह से - सच तो यह था! - तुम्हें इसमें मज़ा आ रहा था। हम सबमें एक दुष्ट भावना होती है, जिससे हम पुरानी ग़लतियों पर बार-बार ख़ुद को दोष देते हैं। आख़िरकार, जब आप अपनी किसी विपत्ति या निराशा की कहानी सुनाते हैं, तो आप उसमें प्रमुख पात्र होते हैं, मंच के बीच में खड़े होते हैं।"

मैंने अपना सिर दुख से हिलाया, "तो इलाज क्या है?"

"केंद्र को बदलो," बूढ़े आदमी ने तत्काल कहा। "मुख्य शब्दों को बदल दो और इसकी जगह एक ऐसा वाक्यांश बोलो, जो नीचे खींचने के बजाय ऊपर ले जाए।"

"क्या आप ऐसे किसी वाक्य का सुझाव दे सकते हैं?"

"निश्चित रूप से। 'अगर मैं' शब्दों को अपनी शब्दावली से हटा दें और इनकी जगह पर 'अगली बार' वाक्यांश रख लें।"

"अगली बार ?"

"हाँ, यह सही है। मैंने इस वाक्यांश को इसी कमरे में छुटपुट चमत्कार करते देखा है। जब तक कोई मरीज़ मुझसे 'अगर मैं' कहता रहता है, तब तक वह मुश्किल में है। लेकिन जब वह मेरी आँखों में झाँककर कहता है 'अगली बार,' तो मैं समझ जाता हूँ कि वह अपनी समस्या को जीतने की राह पर चल पड़ा है। इसका मतलब है कि उसने वे सबक़ लागू करने का फ़ैसला कर लिया है, जो उसने अपने अनुभव से सीखे हैं, चाहे समस्या कितनी ही कष्टकारी या गंभीर क्यों न हो। इसका मतलब है कि वह पश्चाताप की बाधा को एक तरफ़ हटाने वाला है, आगे बढ़ने वाला है, कर्म करने वाला है और दोबारा जीना शुरू करने वाला है। इसे ख़ुद आज़माकर देखो। तुम समझ जाओगे।"

मेरे दोस्त ने बोलना बंद कर दिया। बाहर मैं खिड़की के शीशों से बारिश को टकराते सुन सकता था। मैंने अपने दिमाग़ से एक वाक्यांश बाहर निकालने और उसकी जगह दूसरा रखने की कोशिश की। ज़ाहिर है, यह बहुत काल्पनिक था, लेकिन मैंने एक सुनाई देने वाली क्लिक के साथ नए शब्दों को अपने दिमाग़ में जमते सुना।

मैनहटन में उस बारिश भरी दोपहर के बाद से एक साल गुज़र चुका है। लेकिन जब भी मैं "अगर मैं" सोचने लगता हूँ, तो इसे "अगली बार" में बदल देता हूँ। फिर मैं उस मानसिक क्लिक को सुनता हूँ। और जब मैं इसे सुनता हूँ, तो बूढ़े आदमी के बारे में सोचने लगता हूँ।

"अगर मैं" वाला नज़रिया चीज़ों के प्रति बोझिल और निरर्थक प्रतिक्रिया की ओर ले जाता है। "अगली बार" समस्याओं पर सकारात्मक और साहसिक आक्रमण का सूचक है। "अगर मैं" वाली अवधारणा को छोड़ दें, "अगली बार" वाले विचार को पकड़ लें; आपमें अपना सर्वश्रेष्ठ प्रदर्शन करने की क्षमता आ जाएगी। चाहे जो हो जाए, उससे विचलित हुए बिना आपमें आगे बढ़ने की योग्यता भी आ जाएगी।

एक बार में एक दिन जिएँ और एक समय में एक काम करें। फिर अगले काम की ओर चल दें। इसमें समझदारी दिखती है। लेकिन दुखद बात

यह है कि बहुत सारे लोग ऐसा नहीं करते हैं। इसके बजाय, वे एक ही समय में अतीत, वर्तमान और भविष्य में जीते हैं। और इसमें समझदारी नहीं दिखती है। अतीत की घटनाओं या भविष्य में उत्पन्न हो सकने वाली समस्याओं (जो हो सकता है उत्पन्न ही न हों) की चिंता करने में मानसिक ऊर्जा बर्बाद करना कितनी बड़ी ग़लती है। सफल व्यक्ति सिर्फ़ वर्तमान में जीना सीख लेता है, लेकिन हमेशा अगली बार की तरफ़ बढ़ता है।

पोस्टमॉर्टम रहने दें

जब मैंने भाषण देना शुरू किया तो पोस्टमॉर्टम की निरर्थक आदत का शिकार हो गया। मैं सावधानी से रूपरेखा बनाता था, सामग्री एकत्रित करता था और फिर बिना नोट्स के बोलता था। मैं लेक्चर स्टैंड के बंधन के बिना बोलता था, जैसा मैं लगातार करता आ रहा हूँ। इससे श्रोताओं के साथ सीधा, दोतरफ़ा संप्रेषण और नज़दीकी संबंध बन जाता है। लेकिन युवावस्था में हर भाषण के बाद मैं अपनी कही मूर्खतापूर्ण बातों पर मन ही मन दुखी होता था, और उन चतुराई भरी बातों पर भी, जो मैं कह सकता था, लेकिन मैंने नहीं कही थीं।

"मैंने यह कहा ही क्यों?" मैं सोचता था और मेरा चेहरा गर्म हो जाता था। या, "अगर मैंने वह कहा होता ..." कई बार घंटों बाद मैं अपनी सारी कमियों, दोषों, ग़लतियों के लिए, अयोग्य होने के लिए ख़ुद को मानसिक रूप से लात मारता रहता था।

एक दिन एक अधिक बुज़ुर्ग और मशहूर वक्ता से मैंने इन दुखद अनुभवों का ज़िक्र किया। उसने मुझे समझदारी भरी सलाह दी : "बोलते समय अपना सर्वश्रेष्ठ काम करो, लेकिन जब तुम अपना भाषण पूरा कर लो, तो मंच से दूर चले जाओ और इसे भूल जाओ। तुम्हारे श्रोता तो शायद भूल ही चुके होंगे - तो क्यों न सभी लोग इसे भूल जाएँ?"

यह अच्छी सलाह थी। कभी भी "अगर मैं" से चिपके न रहें। इसे भूल जाएँ और अगली बार के लिए तैयार हो जाएँ।

अगर आप निराशा का बहुत बड़ा बोझ अपने मस्तिष्क में एक दिन से अगले दिन तक ले जाते हैं, क्योंकि चीज़ें आपकी उम्मीद के मुताबिक़ नहीं हुई थीं, तो शायद आपकी सारी ऊर्जा ख़त्म हो जाएगी।

इमर्सन ने कहा था, "हर दिन को पूरा करो और फिर इससे मुक्त हो जाओ। तुमने वह सब किया, जो तुम कर सकते थे। बेशक कुछ ग़लतियाँ

और मूर्खताएँ भी हुई होंगी, लेकिन उन्हें जितनी जल्दी भूल सकते हो, भूल जाओ। आने वाला कल एक नया दिन है। इसे अच्छी तरह और शांति से शुरू करो। पुरानी मूर्खता के बोझ के बजाय इसे उत्साह से शुरू करो। यह दिन अच्छा और सुंदर है। उम्मीदों से भरा यह सुहाना दिन इतना क़ीमती है कि बीते हुए कलों पर इसका एक पल भी बर्बाद नहीं किया जाना चाहिए।" यह सलाह मानने लायक़ है।

ये विचार मुझे एक पीड़ादायी मौक़े की याद दिलाते हैं, जब मैंने न्यू जर्सी में एक रात को एक बड़े औद्योगिक सम्मेलन में भाषण दिया। यह 12 फ़रवरी की बात थी, जब लोग लिंकन के जन्मदिन को मनाने की पुरानी आदत के शिकार थे, जिस दिन वे पैदा हुए थे, बजाय लंबा वीकएंड मनाने के! मुझसे लिंकन पर बोलने को कहा गया था।

मैं एक उपनगरीय ट्रेन में जाते समय अपना भाषण देख रहा था, तभी एक आदमी मेरे पास बैठकर मेरे नोट्स देखने लगा। उसने मुझसे पूछा कि क्या मैं भाषण देने के व्यवसाय में हूँ। फिर उसने मुझे बताया कि वह भी यही काम करता है। उसने कहा, "मैं आज रात को एक सम्मेलन में प्रमुख वक्ता हूँ।" उसने उसी सम्मेलन का नाम लिया, जिसमें मैं भी बोलने वाला था।

"यह अजीब बात है," मैंने कहा। "मुझे लगा था कि उस सम्मेलन का प्रमुख वक्ता तो मैं हूँ।" हम दोनों हँसे और हमने फ़ैसला किया कि हम दोनों का हाल एक जैसा था।

उसने अपनी जेब से एक फ़ोल्डर निकाला, जिसमें उसका विज्ञापन था, "दुनिया का सबसे बड़ा मसखरा - सबसे मज़ेदार जीवित व्यक्ति।" "वाह, आप बहुत मज़ेदार भाषण देते होंगे," मैंने टिप्पणी की। "मैं निश्चित रूप से आपके बाद भाषण नहीं देना चाहूँगा। मुझे उम्मीद है कि मैं आपके पहले भाषण दूँगा।"

सम्मेलन में पहुँचने पर हमने पाया कि बारह सौ लोग डिनर पर थे। कार्यक्रम में मेरा नया दोस्त पहला वक्ता था। फिर मुझे लिंकन पर भाषण देना था। संयोजक ने उसका परिचय देने में पूरी जान लड़ा दी और बताया कि वह कितना मज़ेदार वक्ता है। "अपनी कुर्सियों को कसकर पकड़ लो, दोस्तो, वरना आप ज़मीन पर लोट लगाने लगेंगे। यह आदमी आपको हिलाकर रख देगा। आप आज रात को जितना हँसेंगे, उतना कभी नहीं हँसे होंगे। मैं आपके मनोरंजन के लिए दुनिया के सबसे महान मसखरे - सबसे मज़ेदार

जीवित व्यक्ति को प्रस्तुत करता हूँ!"

मुझे लगा कि वह मेरे दोस्त की तारीफ़ों के कुछ ज़्यादा ही पुल बाँध रहा था। इस तरह के परिचय में एक महीन रेखा होती है। किसी वक्ता की तार्किक सीमा तक प्रशंसा की जाए, तो श्रोता उससे प्रभावित होते हैं और उसे पसंद करने के लिए तैयार रहते हैं। लेकिन उस सीमा से आगे जाकर वक्ता की बहुत ज़्यादा तारीफ़ कर देने से श्रोताओं का नज़रिया सकारात्मक नहीं रह जाता है और वे "अच्छा, ऐसा क्या ?" वाले मूड में आ जाते हैं। इस मामले में यही हुआ।

मसखरे ने सबसे पहले एक ऐसा मज़ाक़ सुनाया, जो मुझे यक़ीन था कि उसके सबसे अच्छे चुटकुलों में से एक था। श्रोता हँसे तो सही, लेकिन उतनी जमकर नहीं, जितनी कि उम्मीद थी। हर गुज़रते मज़ाक़ के साथ हँसी कम होती गई और कई बार तो सिर्फ़ हल्की आवाज़ें ही आईं। मैं जितनी ज़ोर से हँस सकता था, हँसा, ताकि दर्शक मुझे देखकर हँसे। चेहरे पर बहते पसीने के साथ मसखरे ने अपने मुँह के कोने से मुझसे कहा, "निश्चित रूप से यह भीड़ सख़्त है। यह तो भयंकर है।"

श्रोता और वक्ता के बीच एक अजीब मनोविज्ञान होता है। एक रात आपके भाषण में बहुत शक्ति रहेगी। वक्ता और श्रोताओं के बीच शानदार तालमेल होगा और हवा में उत्साह भरा होगा। फिर अगली बार - वही वक्ता - उसी तरह के श्रोता - वही चुटकुले - वही भाषण; लेकिन वही भावना वहाँ नहीं रहती है। हालाँकि मैं हर जगह पर श्रोताओं के सामने भाषण दे रहा हूँ, लेकिन मैं आज तक कभी इस सूक्ष्म रासायनिक प्रक्रिया को नहीं समझ पाया हूँ।

मसखरा आख़िरकार रुक गया और उसके लिए सिर्फ़ विनम्रता से तालियाँ बजाई गईं। उसके मज़ाक़ों पर हुई प्रतिक्रिया देखकर मैंने फ़ैसला किया कि मैं कोई मज़ाक़ नहीं सुनाऊँगा, हालाँकि मेरे पास कुछ समयसिद्ध चुटकुले थे, जो हमेशा सफल होते थे। इसके बजाय मैंने बिलकुल गंभीर रहने का फ़ैसला किया। हालाँकि मेरा अनुभव उल्टा रहा, लेकिन इसे भी ज़्यादा अच्छा नहीं कहा जा सकता था - श्रोता मेरी गंभीर बातों पर ख़ूब हँसे।

पसीना-पसीना होकर वह मसखरा और मैं ट्रेन से शहर लौटने लगे लेकिन वह समझदार आदमी था। उसने कहा, "कोई पोस्टमॉर्टम नहीं। वह भाषण अब ख़त्म हो चुका है। इकलौती चीज़ है इसे भूलना। 'अगर मैं' की

कोई बात नहीं। क्या कल रात को भी तुम्हें कहीं भाषण देना है?" जब मैंने हाँ कहा, तो उसने कहा कि उसे भी अगली रात को भाषण देना है। उसने बाद में दृढ़ता से कहा, "और यह अच्छा है, बहुत ही अच्छा है। कभी भी मानसिक रूप से पराजय के साथ मत रहो। अगली बार ही महत्वपूर्ण होता है।"

यह मज़ेदार आदमी अब इस दुनिया से जा चुका है, लेकिन मैं उसे कभी नहीं भूल पाऊँगा, न ही उसके दर्शन को कि "अगर मैं" को भूलकर "अगली बार" को देखा जाए। वह सचमुच महान था और बहुत ही अच्छा मसखरा था। मैंने बाद में कई मौक़ों पर उसके साथ भाषण दिया। वह मस्तिष्क के संसाधनों का इस्तेमाल करता था और वे उसकी अच्छी मदद करते थे।

लोग आश्चर्यजनक काम करते हैं

अगर हम मस्तिष्क के वृहद संसाधनों को ज़्यादा महत्व देने लगें, तो हम आश्चर्यजनक काम कर सकते हैं - निश्चित रूप से हमारी कल्पना से ज़्यादा महान। व्यक्ति क्या बन सकता है और वह क्या कर सकता है, यह काफ़ी हद तक उस आत्म-सीमा से तय होता है, जो वह मानसिक रूप से अपने लिए तय करता है। अगर वह अपनी छवि देखते समय सीमा के दायरे को छोटा रखता है, तो मस्तिष्क से होने वाला संसाधनों का प्रवाह कम हो जाएगा और पूर्ण संभावना की सिर्फ़ छोटी सी धारा रहेगी। अगर इसके विपरीत, वह अपनी और अपनी संभावनाओं की विशाल और सटीक छवि देखेगा, तो मस्तिष्क के संसाधनों की शक्ति का प्रवाह उतना ही ज़्यादा होगा। जो व्यक्ति ख़ुद को बेहतर बनाना चाहता है, उसे साहस की ज़रूरत पड़ती है। साहस मानसिक शक्ति की प्रेरणा है। जैसा बासिल किंग ने अपनी पुस्तक "द कॉनक्वेस्ट ऑफ़ फ़ियर" में कहा था, "साहस से इसका सामना करो और आप अपने आस-पास अप्रत्याशित शक्तियों को पाएँगे, जो आपकी मदद करने के लिए आ जाएँगी।" मस्तिष्क, जो हमेशा तत्पर सेवक होता है, साहस पर प्रतिक्रिया करेगा, क्योंकि साहस दरअसल मानसिक संसाधनों को प्रदान करने का आदेश है। साहस से उम्मीद करें और शक्ति हमेशा मिलेगी।

अगर आप नहीं सोचते हैं कि आप शक्ति के संसाधनों को हासिल कर सकते हैं, तो यह कहानी पढ़ें।

ताइपेई, ताईवान में एक चीनी डिनर में मैं अपनी पुरानी दोस्त ग्लैडिस एलवर्ड से मिला, जो छोटे क़द, लेकिन सशक्त मस्तिष्क वाली महिला थीं। मैंने ध्यान दिया कि बैठने के बाद उनके पैर फ़र्श से ऊपर रहते थे। हाँलाकि वे

ब्रिटिश थीं, लेकिन चीनी पोशाक पहनें थीं। लंदन के कोकनी इलाक़े में एक ग़रीब परिवार में जन्मी ग्लैडिस एक दौलतमंद आदमी के घर पर नौकरानी का काम करती थीं।

लंदन में एक दिन वे साल्वेशन आर्मी की स्ट्रीट मीटिंग में गईं। संगीत से आकर्षित होकर वे रुक गईं और वक्ता की बातें सुनने लगीं। किसी कारण से उन्होंने वहीं मिशनरी बनने का फ़ैसला कर लिया। लेकिन एक ग़रीब, अशिक्षित लड़की इस लक्ष्य को कैसे पूरा कर सकती थी?

उसके मालिक के पास चीन पर एक बेहतरीन लाइब्रेरी थी। उसने जब ग्लैडिस को एक दिन अपनी पुस्तकें पढ़ते देखा, तो उसे फटकारने लगा। उसने कहा, "मैंने तुम्हें झाड़ू-पोंछे के लिए काम पर रखा है, अपनी पुस्तकें पढ़ने के लिए नहीं।"

ग्लैडिस ने स्पष्ट किया, "लेकिन सर, मेरी चीन में बहुत रुचि है। कृपया मुझे अपनी पुस्तकें पढ़ने दें।"

"ठीक है, लेकिन घर का काम पूरा होने के बाद।"

वह तब तक पढ़ती रही, जब तक कि वह चीन पर चलता-फिरता एनसाइक्लोपीडिया नहीं बन गई। फिर उसके मन में उस देश में मिशनरी बनने की तीव्र प्रेरणा हुई। उसने मिशन बोर्ड में आवेदन दिया, जिसके अधिकारी बहुत बुद्धिजीवी धर्माधिकारी थे। उन्होंने इस संजीदा लड़की का शैक्षणिक परीक्षण लिया, जिसे वह पास नहीं कर पाई। उन्होंने उससे कहा, "माफ़ करना, तुम हमारे मानदंडों पर खरी नहीं उतर पाई हो। तुम चीन नहीं जा सकतीं।"

लेकिन क्या इससे उसका उत्साह कम हुआ? बिलकुल भी नहीं। उसने एक-एक शिलिंग जोड़े और आख़िरकार अपने दम पर चीन चल दी। वह नैनकिंग और पीकिंग की सड़कों पर भाषण देने लगी। ग्लैडिस एलवर्ड का कैरियर इतना उल्लेखनीय था कि बरसों बाद उस पर एक फ़िल्म बनाई गई, जिसका शीर्षक था, "इन ऑफ़ सिक्स्थ हैप्पीनेस।" यह काफ़ी लोकप्रिय हुई।

ग्लैडिस एलवर्ड, जिसमें घनीभूत शक्ति भरी हुई थी, ने मुझे बताया कि वह किस तरह सड़कों पर बोली और उसने लोगों को बताया कि धरती की कोई भी शक्ति आस्थावान व्यक्ति को हरा नहीं सकती, क्योंकि ईश्वर हमेशा उसके साथ होता है।

भाषण का यह सिलसिला कई चीनी शहरों में सप्ताह दर सप्ताह चलता

रहा। और आख़िरकार इसकी वजह से उसे अपने जीवन के सबसे नाटकीय इम्तिहान से गुज़रना पड़ा।

वह अपराधी का रक्तरंजित छुरा ले लेती है

एक दिन एक प्रांत के गवर्नर ने उसे बुलाकर कहा, "एक भयंकर घटना हो गई है। जेल में दंगा हो गया है। हत्यारे और दुष्ट लोगों ने पहरेदारों पर क़ाबू कर लिया है और वे जेल के अंदर बेरोकटोक घूम रहे हैं। कोई भी अंदर नहीं जा सकता। जो भी पहरेदार अंदर घुसने की कोशिश करेगा, वे उसे जान से मार देंगे। जेल का सबसे बड़ा अपराधी तो पूरी तरह पागल हो चुका है। वह एक बड़ा छुरा लहरा रहा है और अब तक दो लोगों को मार चुका है तथा बाक़ी सबको आतंकित कर चुका है। मैं तुम्हें जानता हूँ, क्योंकि मैंने तुम्हारा भाषण सुना है। तुम्हारा एक ईश्वर है, जो सारी शक्ति देता है। मेहरबानी करके अंदर जाओ और उस आदमी का छुरा छुड़ा लो।"

"लगता है आपका दिमाग़ चकरा गया है, सर," उसने दहशत में कहा।

"लेकिन मैंने तो तुम्हें सड़क पर बोलते सुना था कि तुम्हारा ईश्वर हमेशा तुम्हारे साथ है।"

"लेकिन महामहिम, आपने ग़लत समझा था।"

"ओह, तो तुम सच नहीं बोल रही थीं। मैं तो सिर्फ़ वही जानता हूँ, जो मैंने तुम्हारे भाषण में सुना था और मैंने तुम पर यक़ीन कर लिया।"

उसे तब एहसास हुआ कि अगर वह चीनी जनता को प्रभावित करना चाहती है, तो उसे उस जेल में जाना होगा और अपने विश्वास का प्रदर्शन करना होगा।

ग्लैडिस एलवर्ड सुरंग में से चलकर जेल में गई। उसे जेल के अहाते में दाख़िल किया गया और अंदर भेजने के बाद दरवाज़ा जल्दी से बंद कर दिया गया। ग्लैडिस ने पागल क़ैदी को ख़ून से सना छुरा लहराते देखा। वह क़ैदी बेक़ाबू होकर इधर-उधर भाग रहा था और हर व्यक्ति उसके रास्ते से हटने के लिए भाग रहा था। अचानक वह उसके सामने आ गया। वह हैरान होकर रुक गया। वे एक-दूसरे के सामने खड़े थे - नाटी औरत और यह ग़ुस्सैल दैत्य।

ग्लैडिस ने उसकी जंगली और लाल आँखों में देखा, अपने छोटे हाथ को आगे बढ़ाया और शांति से कहा, "मुझे वह हथियार दे दो।" वह झिझका, चकराया - फिर उसने विनम्रता से महिला को छुरा थमा दिया। ग्लैडिस ने

क़ैदियों से कहा कि अगर वे समर्पण कर देंगे, तो वह माफ़ी का आग्रह करेगी। और अजीब बात यह है कि क़ैदियों ने उसका कहना माना। बाद में ग्लैडिस ने गवर्नर से मिलकर उनकी शिकायतों का उचित निराकरण करवाया। आप कुछ भी कर सकते हैं, बशर्ते आप ठान लें? सिद्धांत की आध्यात्मिक शक्ति का कितना ज़बर्दस्त प्रदर्शन है!

ज़ाहिर है, आपकी समस्या उतनी नाटकीय नहीं होगी, जितनी ग्लैडिस एलवर्ड की थी। लेकिन यह कभी न भूलें कि आपमें एक ऐसी शक्ति है, जिसे किसी भी स्थिति में बुलाया जा सकता है। माल्टबी डी. बैबकॉक ने कहा था : "जीवन के इम्तिहान हमें तोड़ते नहीं, बनाते हैं।" और जब आप अपने मस्तिष्क के सशक्त संसाधनों का सहारा लेते हैं, तो कोई भी चीज़ आपको नहीं तोड़ सकती।

अंत में हम इस अध्याय के कुछ सिद्धांतों का सारांश प्रस्तुत करते हैं :

1. *यक़ीन करें कि आपके मस्तिष्क में वे सारे संसाधन निहित हैं, जिनकी आपको ज़रूरत है।*
2. *विश्वास और ज्ञान द्वारा अपने संसाधनों की सूची बना लें।*
3. *याद रखें कि आध्यात्मिक शक्ति आपकी मानसिक और आत्मिक शक्तियों को सक्रिय करती है।*
4. *कभी भी किसी भी स्थिति में रास्ता खोजने की अपनी योग्यता को कम न आँकें।*
5. *अगर शक्ति नहीं मिल रही है, तो बाधा को खोजें और उसे हटा दें।*
6. *ज्ञान की उन कौंधों के प्रति सचेत रहें, जो सचमुच सोचते समय दिखाई देती हैं।*
7. *"अगर मैं" को छोड़ दें; "अगली बार" पर ध्यान केंद्रित करें।*
8. *कभी भी पराजय के मनोविज्ञान के दलदल में न फँसें। हमेशा पराजय के बीच विजय की तलाश करते रहें।*
9. *साहसी बनें; सशक्त शक्तियाँ आपकी मदद के लिए आ जाएँगी।*
10. *जीवन के इम्तिहान आपको तोड़ने के लिए नहीं, बनाने के लिए हैं।*

बारह

सेहत, उत्साह, स्फूर्ति बढ़ाने के तरीक़े

तीस साल के क़रीब की एक महिला बीमार और कमज़ोर महसूस कर रही थी। वह एक डॉक्टर से दूसरे डॉक्टर के क्लीनिक के चक्कर काटने लगी। डॉक्टरों की तमाम कोशिशों के बावजूद उसकी सेहत बिगड़ती गई। उसे सचमुच कोई रोग था या फिर वह मनोरोग से पीड़ित थी, यह सुनिश्चित करने के लिए वह सेहत के भ्रामक आश्वासन की तलाश में हमेशा इस डॉक्टर से उस डॉक्टर के पास जाती रही, लेकिन उसकी हालत सुधरने के बजाय बिगड़ती गई।

फिर उसे उपचार का एक और तरीक़ा मिला। उसने एक वक्ता को उपचार में मानसिक शक्ति के प्रयोग के बारे में बोलते सुना। पहली बार इस महिला को यह पता चला कि आध्यात्मिक उपचार मानसिक सोच का वह वैज्ञानिक प्रयोग है, जो सिर्फ़ मनोवैज्ञानिक समस्याओं में ही नहीं, बल्कि वास्तविक शारीरिक रोगों में भी उपयोगी हो सकता है।

यह बताया गया कि "जीवन शक्ति" मानसिक नज़रियों द्वारा प्रेरित या हतोत्साहित हो सकती है, जिसमें आस्था भी शामिल है। यह भाषण किसी "आस्था उपचारक" ने नहीं दिया था, बल्कि वैज्ञानिक दृष्टिकोण वाले एक उपदेशक ने दिया था, जिसने मानसिक और शारीरिक रोगों पर विचारों के प्रभाव का अध्ययन किया था। यह उस विज्ञान के शुरुआती दिन थे, जो अब काफ़ी अधुनातन हो गया है और जिसका अब आम तौर पर सम्मान भी होता है। इसे मनोदैहिक चिकित्सा कहा जाता है और यह मस्तिष्क तथा शरीर के आपसी संबंध से ताल्लुक़ रखती है।

उस महिला पर इस अवधारणा का गहरा प्रभाव पड़ा, जो उसके लिए

नई थी। इसका चिकित्सा संबंधी महत्व उस अद्‌भुत घटना से प्रदर्शित हुआ, जो मीटिंग के बाद हुई। अपने पति के साथ सड़क पर चलते समय वह अचानक पेड़ों के बीच शांत जगह पर रुक गई। वह ज़ोर से बोली : "मैं यह सकारात्मक घोषणा करती हूँ कि मेरी रचना ईश्वर ने की है। और जिसने मेरी रचना की है, वह दोबारा रचना भी कर सकता है। मैं घोषणा करती हूँ कि जीवनशक्ति इस समय मेरे पूरे शरीर में प्रवाहित हो रही है। मेरे बीमार विचार इस जीवनशक्ति के प्रवाह में बाधा डाल रहे हैं। मैं घोषणा करती हूँ कि इस पल से मैं सेहत के बारे में सोचूँगी, सेहत पर विश्वास करूँगी, सेहत पर मेहनत करूँगी। उत्साह और स्फूर्ति इस समय मेरे पूरे अस्तित्व में काम कर रहे हैं। मेरा पूरा शरीर तंत्र उसी तरह काम करने के लिए सक्रिय हो रहा है, जैसा मेरे रचयिता का इरादा था। मैं प्रगतिशील जीवनशक्ति को स्वीकार करती हूँ और इस पर पूरा भरोसा करती हूँ।"

हालाँकि उसे रातोंरात या जल्दी परिवर्तन महसूस नहीं हुआ, लेकिन उसका नज़रिया और ज़्यादा स्वस्थ हो गया। उसका विचार तंत्र सुधर गया। उसने डॉक्टर से सामान्य परामर्श लिया। उसकी दवाएँ काफ़ी कम हो गईं और वह समझदारी से जीने लगी। परिवर्तन निश्चित रूप से सही रहा होगा, क्योंकि यह बताया गया है कि वह महिला सक्रिय, सेहतमंद जीवन जीती रही और नब्बे साल की उम्र में एक सामान्य बीमारी से मरी।

मानसिक और शारीरिक सेहत

इस उदाहरण से यह पता चलता है कि जब सही मानसिक सेहत हासिल हो जाती है, तो व्यक्ति शारीरिक सेहत का आनंद लेने के क्षेत्र में भी काफ़ी आगे पहुँच जाता है। जैसा जाने-माने स्विस डॉक्टर पॉल टूर्नियर कहते हैं, शारीरिक सेहत काफ़ी हद तक मानसिक नज़रिए और आध्यात्मिक पहलुओं पर निर्भर करती है।

अगर यह सच है और इस अवधारणा पर शक करने का कोई कारण नहीं है, तो इससे यह पता चलता है कि जो भी चीज़ व्यक्ति की मानसिक, भावनात्मक और आध्यात्मिक सेहत सुधारती है, वह शारीरिक सेहत सुधारने में भी एक महत्वपूर्ण तत्व हो सकती है।

अक्सर लोग कहते हैं, "मैं चिंता कर-करके बीमार हुआ जा रहा हूँ।" यह वाक्य बहुत अधिक चिंता तो बताता ही है, उससे भी ज़्यादा महत्वपूर्ण बात बताता है : इंसान चिंता करके निश्चित रूप से बीमार हो सकता है। एक

डॉक्टर ने कहा था कि उसके आधे से ज़्यादा मरीज़ों में निश्चित रूप से चिंता के लक्षण थे। मैं डॉ. स्माइली ब्लैंटन का कथन पहले भी बता चुका हूँ और इसके महत्व के कारण इसे एक बार फिर दोहराता हूँ, "चिंता आधुनिक युग की महामारी है।"

बुरी सेहत की तस्वीर में द्वेष, नफ़रत और दुर्भावना का महत्वपूर्ण स्थान होता है। एक व्यक्ति ने लंबे समय से नफ़रत पाल रखी थी। उसके मरने पर डॉक्टर ने कहा कि वह दरअसल "द्वेषरोग" से मरा था। शायद मृत्यु के आधिकारिक कारण में तो डॉक्टर यह नहीं लिख सकता था, लेकिन इससे पता चलता है कि किस तरह उसकी चमड़ी का रंग पीला पड़ा, उसकी आँखों की चमक चली गई, उसके अंग कमज़ोरी से काम करने लगे और उसकी साँस बदबूदार हो गई। "उसका पूरा अस्तित्व कमज़ोर होने लगा, प्रतिरोध शक्ति ख़त्म हो गई और वह बीमारी का आसान शिकार बन गया," डॉक्टर ने कहा। "हाँ," उन्होंने ज़ोर दिया, "वह प्रबल दीर्घकालीन द्वेष के कारण मरा था।"

स्पष्ट रूप से यह अति का मामला है, लेकिन हज़ारों बोझिल, उत्साहहीन और निष्क्रिय व्यक्ति दर्द, शक्तिहीनता और उत्साहहीनता का जीवन काट रहे हैं। इसका मूलभूत कारण सिर्फ़ यह है कि वे भावनात्मक और आध्यात्मिक दृष्टि से बीमार हैं। इससे उनकी शारीरिक सेहत भी कमज़ोर हो जाती है और बीमारी के रास्ते खुल जाते हैं। ज़ाहिर है, हमारे कहने का मतलब यह नहीं है कि सभी बीमारियाँ भावनाओं के कारण होती हैं। लेकिन यह याद रखना अच्छा होगा कि एक प्रख्यात कनाडाई डॉक्टर ने यह अवधारणा प्रदान की है कि तनाव सभी रोगों में सक्रिय भूमिका निभाता है।

उसे चर्च में खुजली चली

मैंने बहुत सी घटनाएँ देखी हैं, जिनमें अस्वस्थ मानसिक और आध्यात्मिक नज़रियों ने ऐसी भावनात्मक स्थितियों को उत्पन्न किया है, जिससे बीमारी के शारीरिक लक्षण उभरे। उदाहरण के लिए, चर्च में मेरे उपदेश के बाद एक महिला ने आकर मुझसे कहा, "मुझे भयंकर खुजली चल रही है। मैं इस खुजली के लिए क्या करूँ?"

"देखिए मैडम," मैंने जवाब दिया, "मेरे उपदेशों पर हर तरह की प्रतिक्रियाएँ हुई हैं, लेकिन यह पहली बार है, जब मेरे उपदेश के कारण किसी को खुजली चली हो।"

"यह तीन सालों से कभी-कभार चलती है, लेकिन जब मैं चर्च में होती

हूँ, तो न जाने क्यों यह ज़्यादा बुरी तरह से चलती है। मेरा हाथ देखें, देखें यहाँ कितनी खुजली चलती है?" उसके खुले हाथ पर शायद हल्की लाली के अलावा कुछ नहीं दिख रहा था। मेरे मन में जिज्ञासा उत्पन्न हुई कि चर्च आने पर उसे ज़्यादा खुजली क्यों चलती है। उसके साथ बातचीत करते समय मुझे पता चला कि वह अपनी बहन से बहुत नफ़रत करती है। मेरा मतलब है प्रबल और ज़ोरदार नफ़रत।

उसका दावा था कि उसकी बड़ी बहन ने पिता की ज़मीन-जायदाद का बँटबारा किया था और उसने उसकी "वैध" विरासत के एक काफ़ी महत्वपूर्ण हिस्से को धोखे से हड़प लिया था। मैंने तर्क दिया कि चूँकि वह काफ़ी लंबे समय से चर्च की सदस्य है, इसलिए चर्च आने पर वह नफ़रत अपराधबोध के साथ जुड़ जाती थी। मैंने यह निष्कर्ष निकाला कि खुजली अपराधबोध-नफ़रत कॉम्प्लेक्स से जुड़ी हो सकती है।

इस मामले में जिज्ञासा जागने पर मैंने उसके डॉक्टर से बात करने की अनुमति माँगी। जब मैंने उस महिला द्वारा नफ़रत की अपराध-स्वीकृति के बारे में बताया, तो डॉक्टर की दिलचस्पी जाग गई। उसने कहा, "उसने कभी मेरे साथ इस बारे में खुलकर बात नहीं की। हो सकता है इस महिला को आंतरिक एक्ज़ीमा हो। वह ख़ुद को भीतर से खुजला रही है और बाहरी कृत्रिम खुजली उत्पन्न कर रही है। मुझे लगता है कि अगर वह नफ़रत छोड़ दे, तो इससे उबर सकती है। कम से कम कोशिश करके देखना तो चाहिए।"

डॉक्टर ने इस दिशा में मरीज़ से बातें कीं और उसे मेरे पास इस सख़्त चेतावनी के साथ भेजा, "अगर आप अपने बीमार विचार तंत्र को ठीक नहीं करती हैं, तो खुजा-खुजाकर आप ब्रेकडाउन की शिकार हो जाएँगी।"

उसने इस चिकित्सा पर अच्छी प्रतिक्रिया की। हालाँकि उसने काफ़ी प्रतिरोध भी किया, क्योंकि नफ़रत बहुत गहराई में जड़ें जमा चुकी थी। उसने अपनी बहन को माफ़ कर दिया, जो नफ़रत छोड़ने की दिशा में पहला क़दम था। जब अपराधबोध घटा, तो खुजली भी कम हो गई और आख़िरकार पूरी तरह ख़त्म हो गई। स्पष्ट रूप से उसके बदले हुए नज़रिए का उसकी एक्ज़ीक्यूटर बहन पर भी अच्छा प्रभाव पड़ा, क्योंकि उसने आर्थिक मामला इस तरह सुलझा दिया, जिससे दोनों बहनें संतुष्ट हो गईं।

ज़ाहिर है, इस बात पर ज़ोर दिया जाना चाहिए कि विचार तंत्र को बदलना आसान प्रक्रिया नहीं है। बीमार विचार, नकारात्मक विचार, द्वेष,

नफ़रत और हीन भावना के विचार हमारी चेतना में एक "खाँचा" बना लेते हैं, जिसे वे आसानी से नहीं छोड़ते हैं। कोई इन मनोरोगों का उपचार करने के लिए किसी जादुई गोली की कामना कर सकता है, लेकिन अगर यह संभव हो, तब भी यह सबसे अच्छा नहीं होगा। व्यक्तित्व की सेहत संघर्ष, अनुशासन तथा विचार परिवर्तन की उपचारक प्रक्रिया से ज़्यादा अच्छी तरह सुधरती है।

सेहत पाने के लिए सामंजस्य में आएँ

मुझे एक व्यक्ति याद आता है, जो बीमार तो नहीं था, लेकिन उसकी शारीरिक सेहत काफ़ी कमज़ोर थी। उसके डॉक्टर ने बताया कि उसका पूरा शरीर कमज़ोर था और उसने एक अजीब इलाज सुझाते हुए अपने मरीज़ को सलाह दी : "इस कमज़ोरी को सुधारने के लिए आप सामंजस्य में रहें।" डॉक्टर ने इस अजीब उपचार को स्पष्ट नहीं किया। उस आदमी ने मुझसे पूछा कि मैं क्या सोचता हूँ। मैंने अंदाज़ा लगाया कि शायद डॉक्टर के दिमाग़ में यह रहा होगा कि मरीज़ के दिमाग़ में अस्वस्थ विचार तंत्र मौजूद है और वह यह सुझाव दे रहा था कि वह अपनी सोच को दुरुस्त कर ले।

मैंने सुझाव दिया, "सेहत, उत्साह और स्फूर्ति को बेहतर बनाने के लिए क्यों न एक दिन बेहतर सेहत के आधार पर सोचने की कोशिश की जाए? सिर्फ़ एक दिन कोई भी नकारात्मक विचार न तो सोचें, न ही कहें; कोई द्वेष न तो महसूस करें, न ही व्यक्त करें। इसके बजाय यह महसूस करें कि आप अच्छे और सुखी इंसान हैं। इस तकनीक को सिर्फ़ एक दिन के लिए आज़माएँ और देखें कि क्या इससे आप अधिक स्फूर्ति महसूस करते हैं।" मैंने एक पैड निकाला और उस पर हिसाब लगाया कि अगर वह अस्सी साल तक जिए, तो वह 7,01,280 घंटे जिएगा, जिसमें लीप ईयर भी शामिल थे। मैंने सुझाव दिया कि उन घंटों में से चौबीस घंटे तक यह प्रयोग करके देखना समझदारी थी कि क्या विचार बदलने से ज़्यादा स्वस्थ मस्तिष्क और शरीर हासिल हो सकता है।

इस सुझाव पर उसकी प्रतिक्रिया उत्साहहीन थी, "शायद मैं किसी दिन कोशिश करके देखूँगा।"

"नहीं," मैंने उसे फटकारा। "'किसी दिन' का मतलब होता है कभी नहीं। अगर आप इस उपचार को आज़माने वाले हैं, तो इसे तत्काल करें। कल ही वह दिन है।" इस तरह धकेलने पर वह इसे अगले दिन आज़माने के लिए तैयार हुआ।

वह अपने वादे पर क़ायम रहा। उसने बंदरों वाला तरीक़ा इस्तेमाल किया। उसने सचमुच पूरे दिन बुरा न सोचने, बुरा न सुनने और बुरा न कहने की कोशिश की। उसने मुझे बताया, "आपको अंदाज़ा भी नहीं होगा कि इसमें कितने अनुशासनात्मक ध्यान की ज़रूरत पड़ती है। यह अजीब है कि अपने आप मेरे मन में किस तरह वही पुराने तनावपूर्ण, नकारात्मक विचार आने लगे, जिनका मैं इतने लंबे समय से आदी हूँ। मैंने सचमुच कोशिश की। मैं ख़ुद पर हर मिनट नज़र रखता रहा और मैं पूरे दिन सकारात्मक सोचता तथा बोलता रहा। जिसके बारे में मैं कोई प्रशंसनीय बात कह सकता था, मैंने कही।" उसने यह प्रयोग पूरा किया और स्वीकार किया कि रात को उसे "अजीब सी संतुष्टि मिली, राहत का ऐसा एहसास हुआ, जो पहले कभी महसूस नहीं हुआ था। और मुझे बहुत अच्छा महसूस हुआ! मैं फिर से सही महसूस कर रहा था। यह आश्चर्यजनक था।"

दरअसल परिणाम इतना अच्छा था कि वह इस प्रोजेक्ट के बारे में रोमांचित हो गया और एक बार फिर उत्सुकता से यह काम करने करने लगा। फिर एक और दिन। लेकिन इस तरह की दृढ़ सोच मुश्किल थी, क्योंकि वह इसका आदी नहीं था। "मैं इतना अच्छा बनने की कोशिश करते-करते थक गया था," उसने कहा। वह एक बार फिर से पुराने विचार तंत्र में पहुँच गया, लेकिन पूरे रास्ते नहीं, क्योंकि वह विचार के ऊँचे स्तर पर जीने का स्वाद चख चुका था। इसलिए बदलाव के इस काम में वह उच्च मार्ग पर पहुँचने के उतार-चढ़ाव झेलने लगा। इस तरह के संघर्ष के बाद वह आख़िरकार बेहतर चिंतन के स्थायी स्तर पर पहुँच गया। हालाँकि वह बीच में कई बार लड़खड़ाया, लेकिन अब वह शारीरिक और मानसिक रूप से बहुत अच्छा महसूस करने लगा। उसे इतना अच्छा लगने लगा कि उसने संकल्प किया कि अब वह मानसिक रूप से अस्वस्थ अवस्था में दोबारा नहीं लौटेगा। उसने पूछा, "आख़िर मैं ऐसा क्यों करूँ? जब आप सेहत, उत्साह और स्फूर्ति की राह पर होते हैं, तो जीवन इतना रोमांचक बन जाता है कि आप किसी और तरीक़े का जीवन नहीं चाहते हैं।"

सेहत पर सोचने का प्रभाव

मुझे यह बात दोहराने दें, स्वस्थ, उत्साही और स्फूर्तिवान बनने के लिए यह बहुत महत्वपूर्ण है कि आप कैसा सोचते हैं। एक हद तक आप ख़ुद को बीमार "सोच" सकते हैं या फिर आप ख़ुद को स्वस्थ "सोच" सकते हैं। बहुत गहरे

स्तर पर आप वैसे ही होते हैं, जैसा आप सोचते हैं। मार्कस ऑरेलियस ने कहा था, "आत्मा विचारों के रंग में रंग जाती है।" अस्वस्थ विचार सोचेंगे, तो सचमुच अस्वस्थ बनने लगेंगे। इसी तरह से स्वस्थ विचार आपको सेहतमंद बना सकते हैं।

प्रख्यात डॉक्टर और *द वंडर ऑफ़ मैन* पुस्तक के लेखक डॉ. जोसेफ़ क्रिमस्की कहते हैं : रोगाणुओं के ख़िलाफ़ सबसे मज़बूत स्तंभ आंतरिक, प्राकृतिक रक्षण है। हमारे भीतर की सामान्य, प्राकृतिक शक्तियाँ अंदर आने वाले शत्रु रोगाणुओं और वायरस के हमलों से हमारी रक्षा करने के लिए खड़ी हो जाती हैं। इन शक्तियों के लिए आधुनिक शब्दावली है, "साइकोसोमेटिक" यानी मनोदैहिक (जिसमें *साइको* का अर्थ है मन और *सोमा* का अर्थ है शरीर) – शरीर और मन की समूची, परस्पर-संबंधी अवधारणा।

डॉ. क्रिमस्की कहते हैं, "वैज्ञानिक दृष्टि से यह साबित हो चुका है कि भावनात्मक तनाव और दबाव दीर्घकालीन अवसाद व थकान पैदा कर सकते हैं, जिनसे बीमारी और संक्रमण के प्रति शरीर का प्रतिरोध कम हो सकता है। दीर्घकालीन चिंता और तनाव, बेक़ाबू आवेग और क्रोध, वर्तमान जीवन की आपाधापी और दबाव हृदय, किडनी, लिवर और अन्य महत्वपूर्ण अंगों को कमज़ोर करते हैं, जिससे ब्लड प्रेशर और आर्टीरियोस्क्लेरोसिस (धमनी-काठिन्य) उत्पन्न होता है। नफ़रत और डर ज़हरीले रसायनों की तरह ही शरीर को नुक़सान पहुँचा सकते हैं।"

स्वस्थ सोच जीवंतता उत्पन्न करने वाली प्रक्रिया बन सकती है। इस तरह के विचार संतुलित और सामान्य ढंग से कार्य करने में शरीर की मदद करते हैं। पराजय के बारे में सोचेंगे, तो आप पराजय की ओर ले जाने वाली परिस्थितियाँ उत्पन्न करने लगेंगे। अक्षमता के बारे में सोचेंगे, तो आप अंततः सक्षम अंदाज़ में प्रदर्शन नहीं कर पाएँगे। अगर आप विजय और सफलता के बारे में सोचेंगे – सचमुच सोचेंगे, सचमुच यक़ीन करेंगे – तो आप ऐसे काम करेंगे, जो इस तरह के परिणाम की ओर ले जाएँगे। इसी तरह, सेहत के मामले में सकारात्मक परिणाम ख़ुद को पूर्ण मानने की तस्वीर से मिलते हैं। अपने मस्तिष्क और शरीर को सशक्त तथा जीवंत देखें। उनमें आपकी देखी तस्वीर जैसा ही बनने की प्रवृत्ति होती है।

मुझे एक ज़िंदादिल अश्वेत युवक मिला, जो इस सिद्धांत का अभ्यास करता था। एक बहुत ठंडी सुबह मेरी पत्नी और मैं शिकागो के एक मोटल में

थे। दरबान ने मुझे बताया कि तापमान शून्य डिग्री था! उसने मुझे यह जानकारी भी दी कि मौसम विभाग ने हवा में ठंडक होना बताया है, जिससे तापमान माइनस थर्टी जैसा महसूस हो रहा था!

मैंने अपनी पत्नी से कहा, "निश्चित रूप से बाहर बहुत ठंड होगी!"

उसने जवाब दिया, "निश्चित रूप से होगी, लेकिन हम लोगों ने ऊनी कपड़े पहन रखे हैं। इसके अलावा, हम स्वस्थ हैं, है ना?"

मोटल की कार आ गई और युवा ड्राइवर बाहर निकला। उसने ख़ुशी से कहा, "गुड मॉर्निंग, कितनी बढ़िया सुबह है?"

जब हवा मेरे चेहरे पर चाबुक की तरह पड़ी, तो मैं बुदबुदाया, "थोड़ी ठंड है।"

"मैं जानता हूँ," उसने जवाब दिया, "लेकिन यह सुंदर ठंड है। मुझे उम्मीद है कि आपको हमारा मोटल पसंद आया होगा," उसने हमारे बैग उठाते समय कहा।

"हाँ," मैंने जवाब दिया, "हमें निश्चित रूप से पसंद आया।"

"आप आज सुबह कैसा महसूस कर रहे हैं?" उसने ड्राइवर की सीट पर उछलकर बैठते हुए पूछा।

"अच्छा महसूस कर रहा हूँ," मैंने दाँत किटकिटाते हुए जवाब दिया।

"अच्छा?" उसने कहा। "अच्छा काफ़ी नहीं है।"

"अच्छा," मैंने पूछा, "और तुम्हें कैसा लग रहा है?"

"बहुत बढ़िया। मैं बहुत शानदार महसूस कर रहा हूँ! मैं अच्छा सोचता हूँ और मैं अच्छा हूँ।" उसने सचमुच यही कहा था।

जब हम कार में चलने लगे, तो मैंने कहा, "जानते हो दोस्त, मैं आज तुमसे मिलकर ख़ुश हूँ, क्योंकि मैं कल रविवार को इस विषय पर भाषण देने वाला हूँ, 'स्वस्थ, उत्साही और स्फूर्तिवान कैसे बनें।"

"आप कहाँ भाषण दे रहे हैं?" उसने पूछा। "आप मेरी भाषा बोल रहे हैं। रविवार को मेरी छुट्टी होती है। मैं वहाँ पहुँच जाऊँगा!"

"देखो, यह न्यूयॉर्क में होगा और वह यहाँ से काफ़ी दूर है!"

वह मुड़कर मुस्कराया। "मैंने यही सोचा था। मैं आपको पहचान गया हूँ। आप डॉ. पील हैं, है ना? और आप अक्सर लोगों को बताते हैं कि स्वस्थ

सोच से इंसान स्वस्थ रहता है। आप बहुत सही कहते हैं। मैंने स्फूर्तिवान तथा उत्साही बनने का फ़ैसला कर लिया और अब मैं हर दिन इसी तरह से महसूस करता हूँ।"

हमेशा कोई न कोई इस विचार का विरोध करता है कि स्वस्थ विचारों से अच्छी भावनाएँ उत्पन्न होती हैं। ऐसा व्यक्ति उदासी से कहता है, "लेकिन मेरे साथ सचमुच कुछ ग़लत है।" ज़ाहिर है लोगों के साथ "सचमुच कुछ ग़लत" हो सकता है। हम अंगों की बीमारी को ज़रा भी कम नहीं आँकते हैं। लेकिन अगर कुछ ग़लत है, तो जीवंतता और सेहत की शक्तियों को प्रेरित किया जा सकता है या वैचारिक तरीक़े से कम किया जा सकता है। विचार-आस्था की शक्ति गंभीर बीमारी में भी अच्छे परिणाम दिला सकती है।

उस महिला की तरह, जिससे मैं न्यूयॉर्क के मेमोरियल अस्पताल में मिला। अपने पति की अनुपस्थिति में उस महिला ने कहा, "मुझे कैंसर है, जो मैं जानती हूँ कि ठीक होने वाला है। लेकिन असली समस्या मेरे पति हैं। वे हर समय नकारात्मक उदासी में रहते हैं, हमेशा बुरा सोचते रहते हैं। क्या आप रचनात्मक सेहत के विचार सोचने में उनकी मदद करेंगे ? मैं चाहती हूँ कि वे मुझे अपने मन में एक स्वस्थ व्यक्ति के रूप में देखें, न कि कैंसर की शिकार पत्नी के रूप में, जो उनसे दूर होने वाली है। क्योंकि मैं उनसे दूर नहीं होने वाली हूँ, मैं मरूँगी नहीं!"

कोई इसे अँधेरे में सीटी बजाने जैसा या बड़बोलापन मान सकता है। लेकिन उसकी सशक्त आस्था और दृढ़ चिंतन में आशावाद प्रकट हो रहा था।

"मेरा यक़ीन करें," उसने कहा, "मैं बिलकुल ठीक हूँ। लेकिन मेहरबानी करके मेरे पति के लिए प्रार्थना करें। उनके विचारों को स्वस्थ करने में उनकी मदद करें।"

कुछ सप्ताह बाद एक प्रगतिशील, जीवंत महिला मेरे पास आई और पूछने लगी, "क्या आप मुझे पहचान गए ?"

"मैं आपको कैसे भूल सकता हूँ ?" मैंने कहा। "आपकी आस्था और सेहत की मानसिकता ने मुझ पर गहरा प्रभाव डाला था," और मैंने बाद में कहा, "आप बहुत अच्छी दिख रही हैं।"

"है ना ?" उसने ख़ुशी से कहा, "ज़ाहिर है, मैं अच्छी हो गई हूँ। मैंने अपना मन बना लिया था कि ईश्वर की मदद से मैं अच्छी हो जाऊँगी।" कई अन्य मौक़ों पर मैंने उसे बाद में भी देखा। वह बाद में भी अच्छी दिख रही थी।

विश्वास और सही सोच ने उसके उपचार में मदद की।

स्वस्थ सोच को अच्छे स्वास्थ्य के एक महत्वपूर्ण तत्व के रूप में पहचाना जाने लगा है। बरसों पहले डॉक्टर सिर्फ़ दवाओं पर निर्भर रहते थे। लेकिन मनुष्य एकीकृत है - शरीर, मस्तिष्क और आत्मा; मन और देह में क़रीबी संबंध है - इसलिए वैज्ञानिक विचार-उपचार को आम तौर पर उपचारक प्रक्रिया में बहुत प्रासंगिक माना जाने लगा है।

मैं अपनी सर्दी का इलाज किया

मेरे व्यक्तिगत अनुभव को देखें, हालाँकि इसकी तुलना ऊपर बताई गई महिला के मामले से नहीं हो सकती। मुझे जाड़े के मौसम में एक बार बहुत ज़्यादा सर्दी हो जाती थी और हमेशा इतनी बढ़ जाती थी कि अंत में मेरे स्वर-तंतु प्रभावित हो जाते थे और मुझे बोलने में तकलीफ़ होने लगती थी। इससे अक्सर काफ़ी शर्मिंदगी उठानी पड़ती थी, क्योंकि मैं भाषण देने में काफ़ी व्यस्त रहता हूँ, जिनकी तारीख़ें आम तौर पर कई महीनों या एक साल पहले से तय रहती हैं। स्थानीय कमेटी को यह अच्छा नहीं लगता कि आख़िरी मिनट पर आपकी सेक्रेटरी फ़ोन करके उन्हें बताए कि आपका गला बैठ गया है! और वादा निभाने के मामले में मैं ज़िम्मेदारी भी महसूस करता हूँ।

मुझे याद है कि एक बार एक राष्ट्रीय सम्मेलन की स्थानीय समिति ने ज़ोर दिया कि मैं जिस हालत में हूँ आ जाऊँ, क्योंकि उन्होंने मुझसे अनुबंध कर लिया था। बहरहाल, जब मैं उस शहर में पहुँचा, तो मैं सिर्फ़ फुसफुसाकर ही बोल रहा था। मेरे सामने यह समस्या थी कि डिनर के वक़्त मैं अपनी बात लोगों तक कैसे पहुँचा पाऊँगा, जिसके लिए सत्रह सौ टिकट बेचे गए थे। मैंने दवाई की दुकानों की सारी कफ़ ड्रॉप्स चूस लीं (कम से कम मुझे तो ऐसा ही लगा था), ख़ुद को विटामिन सी से लबालब भर लिया, बहुत ज़्यादा द्रव पदार्थ पिए। कुल मिलाकर मैंने वह हर काम किया, जिसके बारे में मैंने सुना था कि उससे सर्दी से राहत मिलती है : एक सच्चा क्रैश प्रोग्राम।

दोपहर में मैं गले के एक डॉक्टर के ऑफ़िस में गया। वह एक बूढ़ा आदमी था, थोड़ा आरामदेह क़िस्म का सरल इंसान। "डॉक्टर, कृपया मुझे ठीक कर दें," मैं जैसे-तैसे बोला, "ताकि मैं आज रात को यह भाषण दे सकूँ। मुझे चालीस मिनट का भाषण देना है। दरअसल, कार्यक्रम में मैं ही अकेला वक्ता हूँ।"

"आप मुझसे क्या चाहते हैं?" उसने पूछा, जिससे मैं हैरान रह गया।

"मुझे क्या पता? आप डॉक्टर हैं - मुझे लगता है, मेरे गले में दवा डालें, रुई से साफ़ करें। वही हमेशा जैसा।"

"आपको लगता है उससे आप बेहतर महसूस करेंगे?" उसने पूछा। "ठीक है, हम आपका इलाज करते हैं। "अब," उन्होंने अपने चश्मे के ऊपर से मुझे घूरते हुए कहा, जो उनकी नाक पर आधे रास्ते पर टिका था। "आप ठीक होने की राह पर हैं, लेकिन मेरे पास आपके लिए एक नुस्ख़ा है। वह नुस्ख़ा यह है : ख़ुद से कहना शुरू करें, 'मेरे पास उस भाषण के लिए पर्याप्त आवाज़ है और मेरे रचनात्मक विचार मेरी मदद कर रहे हैं।'

"और उसके अलावा," उन्होंने कहा, "दोपहर भर इस तनाव से मुक्ति पाने की कोशिश करें। आप बहुत उलझे हुए हैं। इस शाम के बारे में भूल जाएँ। यह भी भूल जाएँ कि आप यह भाषण दे पाएँगे या नहीं। आपके स्वर-तंतुओं का खिंचाव बता रहा है कि आप बहुत तनाव में हैं। होटल जाएँ, अपने कपड़े उतारें और पलंग पर लेट जाएँ। सात बजे उठाने का आग्रह करें। सो जाएँ। आपको साढ़े आठ बजे से पहले भाषण नहीं देना है। रूम सर्विस को चाय और टोस्ट का ऑर्डर दें। मन में यह तस्वीर देखें कि आपके स्वर-तंतु ढीले हो रहे हैं। अगर आप सचमुच तस्वीर देखेंगे, तो वे ठीक हो जाएँगे। फिर," उन्होंने बाद में कहा, "धन्यवाद की प्रार्थना करें। हाई स्कूल जिम में साढ़े आठ बजे जाएँ और ज़ोरदार भाषण दें।"

चाहे यह जिस भी कारण हुआ हो - डॉक्टर का आराम भरा अंदाज़, नींद, तनावमुक्ति, आस्था और प्रार्थना का नज़रिया या इन सभी तत्वों का सम्मिश्रण - मैंने काफ़ी अच्छी आवाज़ में भाषण दे दिया। श्रोताओं में मुझे डॉक्टर का चेहरा दिख गया, जो मेरी तरफ़ देखकर मुस्करा रहे थे। डॉक्टर ने अपना हाथ ओके की मुद्रा में उठाया।

इसके बाद मैं सोचने लगा कि कहीं मुझे फ़रवरी के आस-पास हर साल ज़बर्दस्त सर्दी इसलिए तो नहीं हो जाती है, क्योंकि मैं मानसिक रूप से इसकी उम्मीद करता हूँ। मुझे यक़ीन नहीं हो रहा था कि सिर्फ़ विचारों और उम्मीद की प्रक्रिया से कोई व्यक्ति सर्दी को आकर्षित कर सकता है। लेकिन यह भी सच था कि मुझे हर साल भारी सर्दी होती थी; इसलिए शायद - शायद - दोनों तथ्यों के बीच आपसी संबंध हो सकता है।

यह सोचने के बाद मैंने इस संभावना को नकारने का फ़ैसला किया कि अगले साल फ़रवरी में मुझे गला पकड़ने वाली सर्दी होगी। प्रभावी और

समझदारी भरी सावधानियों के लिए मैंने डॉक्टरों से सलाह ली। मैंने यह आदत बना ली कि जब भी संभव हो, जल्दी सोने चला जाऊँ। मैंने आराम का अभ्यास किया। जब हमेशा बुरी ख़बर फैलाने वाले अख़बार किसी नई तरह के फ़्लू के बारे में दहशत से चिल्लाते थे - हाँगकाँग या लंदन या चाहे जहाँ - तो मैं मानसिक रूप से उस नकारात्मकता को नकार देता था। देखिए, शायद मुझे लकड़ी छूकर यह बात कहनी चाहिए कि छुटपुट छींकों के अलावा मुझे कई सालों से ज़ोरदार सर्दी नहीं हुई है। और ऐसी तो एक भी नहीं, जिसने मेरे स्वर-तंतुओं को प्रभावित किया हो। बूढ़े डॉक्टर ने मुझे एक बहुत बढ़िया सबक़ सिखाया कि स्वस्थ, उत्साहित और स्फूर्तिवान कैसे बना जाए।

एक चीज़ बहुत निश्चित है और इसे ज़्यादा से ज़्यादा लोगों को समझ लेना चाहिए तथा अमल में लाना चाहिए। वह चीज़ यह है : ईसा मसीह की शिक्षा से अन्य लाभों के अलावा यह लाभ भी होता है कि लोग न सिर्फ़ आध्यात्मिक रूप से, बल्कि मानसिक और शारीरिक रूप से भी जीवंत हो जाते हैं। सुनहरे सूत्र की तरह यह संदेश है कि आप स्वस्थ, जीवंत और स्फूर्तिवान बन सकते हैं।

एक पुराने दोस्त और सहपाठी लॉरेंस एच. ब्लैकबर्न, जो आध्यात्मिक उपचार के क्षेत्र में अग्रणी हैं, अपनी पुस्तक "गॉड वान्ट्स यू टु बी वेल" में बताते हैं कि हर सातवाँ ईसाई सिद्धांत उपचार से संबंधित है। बर्नार्ड मार्टिन इस तथ्य की ओर ध्यान दिलाते हैं कि गॉस्पेल्स में अड़तालीस उदाहरण दर्ज हैं, जहाँ ईसा मसीह ने लोगों का व्यक्तिगत इलाज किया और अठारह उदाहरण हैं, जहाँ उन्होंने सामूहिक इलाज किया। इससे यह पता चलता है कि उनका शिक्षण न सिर्फ़ दर्शन, धर्मशास्त्र, नैतिकता और सामाजिकता से संबंधित है, बल्कि उपचार के बारे में "अच्छी ख़बर" से भी संबंधित है।

ज़ाहिर है, आध्यात्मिक चिंतन इस बात की गारंटी नहीं दे सकता कि आप कभी बीमार नहीं होंगे, लेकिन यह निश्चित रूप से आपके औसत स्वास्थ्य को सुधार सकता है।

तीन सिद्धांतों पर अमल किया जाना चाहिए।

1. उत्साह और स्फूर्ति के लिए सेहत *सोचें*।

2. उत्साह और स्फूर्ति के लिए सेहत का *अभ्यास करें*।

3. उत्साह और स्फूर्ति के लिए सेहत की *प्रार्थना करें*।

सेहत, उत्साह और स्फूर्ति के बारे में लिखते समय मैं पूरी तरह भुलक्कड़ कहलाऊँगा और एक तरह से ग़ैर-ज़िम्मेदार रहूँगा, अगर मैं अपने पाठकों को यह याद न दिलाऊँ कि आध्यात्मिक आस्था और सकारात्मक सोच में कितनी ज़बर्दस्त और अविश्वसनीय उपचारक शक्ति होती है। अगर आप ठीक महसूस नहीं कर रहे हों, अगर आप बीमार हों, तो अपने डॉक्टर के पास जाएँ, लेकिन उन मानसिक और आध्यात्मिक प्रक्रियाओं की प्रचुर संभावनाओं के प्रति भी खुली मानसिकता विकसित करें, जिनका अनुभव इतने सारे सयाने, तार्किक और ज़िम्मेदार लोगों को हुआ है।

बीमारी से उल्लेखनीय वापसी

उदाहरण के लिए, मुझे एक व्यक्ति याद आता है, जो तब नेशनल बिज़नेस एसोसिएशन का प्रेसिडेंट था। वह और मैं एक राष्ट्रीय सम्मेलन के लंच के दौरान टेबल पर बैठकर बात करने लगे। हम लोग उद्योग जगत के बहुत से एक्ज़ीक्यूटिव की भारी भीड़ को देख रहे थे और तभी मैंने एक बहुत दिलचस्प उपचारक कहानी सुनी। उसकी आवाज़ कमज़ोर नहीं थी। दरअसल, पच्चीस फ़ुट के दायरे में बैठा हर व्यक्ति उसकी बात सुन सकता था।

आप किसी औद्योगिक सम्मेलन में इस तरह की घटना होने की उम्मीद नहीं कर सकते - लेकिन ऐसा क्यों नहीं हो सकता? जो लोग इतनी बड़ी कंपनियाँ चलाते हैं, वे भी इंसान हैं। यह व्यक्ति लंबा-तगड़ा था। और उसने मुझसे पहला सवाल यह पूछा, "क्या आपको यक़ीन है कि ईसा मसीह लोगों का उपचार कर सकते हैं?" सीधे-सीधे यही सवाल। उस माहौल में यह अप्रत्याशित और आश्चर्यजनक सवाल था।

"बेशक, मैं करता हूँ," मैंने जवाब दिया।

"आपके मन में कोई शंका नहीं है?" उसने पूछा।

"बिलकुल भी नहीं," मैंने जवाब दिया।

"मुझे यह सुनकर ख़ुशी हुई," उसने आगे कहा, "क्योंकि मैंने कुछ पादरियों से भी यही सवाल पूछा था और उन्होंने इसके जवाब में कमज़ोर से शब्द कहे थे। मुझे ख़ुशी है कि आपका विश्वास इतना दृढ़ है और आपने इसे बिना किसी हीले-हवाले के स्पष्ट कह दिया।"

"हाँ! मेरा विश्वास दृढ़ है।"

उसने कहा, "और मेरा भी।"

ज़ाहिर है, मैंने उसे कहानी सुनाने के लिए उकसाया। मगर उसे उकसाने की ज़रूरत ही नहीं थी। कहानी तो उत्साह से बाहर बहने लगी। उसने मुझे बताया कि वह बहुत बीमार था। वह मौत के द्वार पर था। उसे यह एहसास हो गया कि उसने हार मान ली थी। उसे लग रहा था कि ज़्यादा से ज़्यादा आराम करने के अलावा उसका कुछ नहीं हो सकता। वह घर पर बहुत निराशा की स्थिति में अपने पलंग पर लेटा था, तभी अचानक उसके मन में एक विचार आया। उसने अपनी पत्नी को आवाज़ लगाकर पूछा, "क्या इस घर में बाइबल नहीं है? मुझे याद नहीं है कि मैंने यहाँ कभी बाइबल देखी हो।"

पत्नी ने कहा, "मेरे पास अपनी माँ की बाइबल है। ऊपर की मंज़िल पर एक ड्रॉअर में रखी है।"

"क्या तुम उसे ले आओगी?" उसने आग्रह किया।

"तुम बाइबल का क्या करना चाहते हो?" पत्नी ने पूछा। "तुमने उसे आज तक तो पढ़ा नहीं है।"

"मैं नहीं जानता," उसने जवाब दिया, "लेकिन मुझे ऐसा महसूस होता है कि मैं इसे अभी पढ़ना चाहता हूँ। इसे मेरे लिए ले आओ, प्लीज़?" उसकी पत्नी ने बाइबल लाकर उसे दे दी।

"मुझे ज़रा भी अंदाज़ा नहीं था कि कहाँ से शुरू करूँ?" उसने कहा, "लेकिन मैंने इसे खोला और पढ़ने लगा। इसमें से कुछ तो बहुत ही नीरस लग रहा था, लेकिन मैं आख़िरकार मैथ्यू, मार्क, ल्यूक और जॉन तक पहुँच गया और यह मुझे दिलचस्प लगने लगी। मैं देख सकता था कि बाइबल सचमुच कुछ ख़ास थी - बहुत ख़ास। इसने मेरा मन मोह लिया। इसमें एक अजीब सा, खींचने वाला आकर्षण था। मैं इसे पढ़ता रहा और पढ़ता गया। मैंने उन सारे लोगों के बारे में पढ़ा, जिनका इलाज ईसा मसीह ने किया था। और वे काफ़ी मुश्किल मामले थे। उनमें से कुछ में तो चिकित्सकों ने भी हाथ खड़े कर दिए थे। इस पर मैं सोचने लगा।

मैंने ख़ुद से कहा, "ईसा मसीह आदर्श उपचारक हैं। वे इसमें कोई हीले-हवाले नहीं करेंगे। वे सीधे तुम्हारा उपचार कर देंगे। वे तुम्हें असफल नहीं होने देंगे, वे तुम्हें निराश नहीं होने देंगे। अगर वे कहते हैं कि वे लोगों का उपचार कर सकते हैं, तो मैं उनकी बात पर यक़ीन करता हूँ। अगर बाइबल कहती है कि इन लोगों का सफल इलाज हो गया था, तो मैं इस पर यक़ीन करता हूँ।"

उसने आगे कहा, "और फिर मैंने एक वाक्य पढ़ा, जिसमें कहा गया था कि ईसा मसीह कल और आज और हमेशा एक से हैं। मैंने सोचा, अगर वे इन लोगों का तब उपचार कर सकते हैं, तो वे इस समय मेरा उपचार भी कर सकते हैं। इसलिए मैंने प्रार्थना की, 'प्रिय ईश्वर, डॉक्टरों ने मेरे मामले में हार मान ली है। मैं ख़ुद को आपके हाथों में सौंपता हूँ। मुझे यक़ीन है कि आप मेरा उपचार कर सकते हैं।' उसके बाद से मुझे कभी इसके बारे में शंका नहीं रही।"

मैंने पूछा, "आप कैसे हैं ?"

"मेरी तरफ़ देखें," उसने जवाब दिया। "मैं कैसा दिखता हूँ ?"

"आप बहुत स्वस्थ दिखते हैं।"

"मैं स्वस्थ हूँ, लेकिन बात इससे आगे तक जाती है। मुझे एहसास हुआ कि मैं जो पढ़ रहा था, मुझे उसमें ज़्यादा गहराई तक जाना था, उपचार से आगे जाना था। तो मैं पढ़ता रहा। मैं उस जगह आ गया, जहाँ यह कहा गया था कि जो भी अपना जीवन बचाने की कोशिश करेगा, वह इसे खो देगा, लेकिन जो अपना जीवन दे देगा, उसे यह मिल जाएगा। मैं यही कर रहा था। मैंने कभी कुछ नहीं दिया था। मैंने चर्च को दान नहीं दिया था। मैंने सामाजिक कार्यों में भी कम से कम योगदान दिया था। मैं पैसे बटोरने में तो काफ़ी आगे था, लेकिन देने में काफ़ी पीछे था। और मैंने देखा कि इसका परिणाम क्या हो रहा था। मैं अपना जीवन इसलिए खो रहा था, क्योंकि मैं दे नहीं रहा था - पैसा, समय या ख़ुद को।

"ठीक होने के बाद मैं स्थानीय चर्च के पादरी के पास गया। मैंने उन्हें बताया कि मैं उनकी टीम में हूँ और अगर वे चाहें, तो मेरा उपयोग कर सकते हैं। मैं चर्च और शहर को समय, विचार, ऊर्जा तथा पैसे दे रहा हूँ। मैं गतिविधियों में शामिल होने लगा हूँ। मैं बिज़नेस एसोसिएशन का प्रेसिडेंट हूँ। मेरा जीवन मुझे वापस दे दिया गया है और मैं योगदान देकर इसे सशक्त और स्वस्थ बनाए रखना चाहता हूँ।"

मैं कहूँगा, बहुत बढ़िया फ़िलॉसफ़ी है।

"चाहे जो हो," उसने अंत में कहा, "आध्यात्मिक सेहत और जीवन का सिद्धांत मेरे लिए अच्छी तरह काम कर रहा है।"

शारीरिक सेहत, ऊर्जा और स्वास्थ्य के इस मामले में बहुत रुचि ली जा रही है। और क्यों नहीं ली जानी चाहिए ? क्योंकि जब आप अपनी सेहत गँवा देते हैं, जब ऊर्जा और जीवंतता कम हो जाती है, तो पूरी जीवन प्रक्रिया

संकट में पड़ जाती है। उत्साह और प्रगतिशीलता का तत्व जीवन में से चला जाता है। शायद इसी कारण दुनिया में हर जगह उपचारक सेवाओं में लोगों की इतनी भीड़ दिखती है। यहाँ सिर्फ़ बीमार लोग ही नहीं आते हैं, बल्कि स्वस्थ लोग भी आते हैं, जो स्वस्थ बने रहना चाहते हैं।

ऑस्ट्रेलिया में उपचारक मीटिंग

सेहत और स्फूर्ति के प्रति यह रुचि विश्वव्यापी है। यह मुझे तब ज़्यादा अच्छी तरह पता चला, जब मैं ऑस्ट्रेलिया की यात्रा पर था। सिडनी, ऑस्ट्रेलिया में सेंट एंड्रयूज़ कैथेड्रल के डीन डॉ. ए.डब्ल्यू. मॉर्टन ने मुझे उपचारक सेवा में बोलने के लिए आमंत्रित किया। मुझे हैरानी हुई कि वह विशाल कैथेड्रल खचाखच भरा था और माहौल आस्था से सराबोर था। मैं महसूस कर सकता था कि यह हर एक को आस्था से ओत-प्रोत कर रहा था, जिसमें मैं भी शामिल था।

उस विशाल जनसमूह की ओर देखने पर मेरे मन में एक गहरी इच्छा हुई कि मैं सेहत के विषय पर कुछ अच्छे विचार रखूँ। मैं उस मौक़े पर की गई अपनी कुछ टिप्पणियों को यहाँ बताना चाहता हूँ, क्योंकि वे स्वस्थ, जीवंत और स्फूर्तिवान होने से संबंधित हैं।

और आपको इसी के लिए बनाया गया है। जब ईश्वर ने हमारी रचना की, तो उसने हममें जीवन की साँस फूँकी और यह स्फूर्ति जीवन भर के लिए थी। यह कहा गया है, "उसी में हम जीते हैं और चलते हैं और हमारा अस्तित्व है (एक्ट्स 17:28)।" अगर हम सचमुच जीवंत या स्फूर्तिवान नहीं हैं, तो उसका एक कारण यह हो सकता है कि हमने जीवन शक्ति में हस्तक्षेप कर दिया है, हमने इसे कम कर दिया है, यहाँ तक कि नष्ट कर दिया है। मेरी राय है कि जो भी बाइबल के उपचारक शब्दों पर यक़ीन करता है और उनके अनुरूप जीता है, वह सेहत, स्फूर्ति और जीवंतता की राह पर चलता है : "जो ईश्वर की सेवा करते हैं, वे अपनी शक्ति का नवीनीकरण करेंगे। वे बाजों की तरह ऊपर उड़ेंगे (इसाइया 40:31)।"

क्या आपने कभी बाज को उड़ते देखा है ? मैंने कुछ समय पहले बोइंग 747 पर उड़ान भरी थी, लेकिन यह उतना नाटकीय तरीक़ा नहीं था, जिस तरह बाज उड़ान भरता है। एक बार मैंने एक बाज को योसेमाइट की एक चट्टान पर से उड़ते देखा था। वह आसमान की ओर उठा, जिसका वह मालिक था। "जो ईश्वर की सेवा करते हैं ... वे बाज की तरह ऊपर उड़ेंगे,"

लेकिन यह इसका अंत नहीं है : "वे दौड़ेंगे, लेकिन थकेंगे नहीं;" यह भी इसका अंत नहीं है : "वे चलेंगे, लेकिन कमज़ोर नहीं होंगे (इसाइया 40:31)।" रचयिता ने हमें पैदा करते समय हममें ऊर्जा फूँकी थी। उसने हममें जीवनशक्ति फूँकी है और सच्ची आस्था इस जीवनशक्ति को ज़िंदा रख सकती है।

मेरा एक दोस्त एक दिन एक डॉक्टर के पास अपने टेस्ट की रिपोर्ट लेने गया। डॉक्टर ने उससे कहा, "वैज्ञानिक जाँच बता रही है कि आगे गंभीर मुश्किल है। दरअसल मुझे आपको बताना होगा कि आपकी ज़िंदगी बहुत कम बची है।"

सदमे में उनके मरीज़ ने पूछा, "कितनी ?"

"मैं आपको निश्चित समय तो नहीं बता सकता, लेकिन पूरी ईमानदारी से यह कुछ महीनों की बात है।"

उस आदमी ने पूछा, "क्या कोई उम्मीद नहीं है ?"

यह डॉक्टर अद्‌भुत था। उसने कहा, "हाँ, उम्मीद है, बशर्ते आप उम्मीद का अभ्यास करें। मेरे दोस्त, यह बात याद रखें, मैं सिर्फ़ एक इंसान हूँ, जो ईश्वर के साथ काम करता हूँ। हम मरीज़ का इलाज करते हैं : ईश्वर उसे ठीक करता है। अगर आप ईश्वर के साथ क़रीबी संबंध स्थापित कर लें, तो शायद आप मेरे निदान को ग़लत साबित कर सकते हैं।"

उस दिन यह व्यक्ति जब पार्क एवेन्यू में गया, तो बहुत सोच-विचार में डूबा हुआ था। अप्रैल चल रहा था और फूल खिलने लगे थे। पेड़ों से पत्तियाँ फूट रही थीं। उसके मन में यह विचार आया, "कितनी अजीब बात है कि ये पेड़ और उनके शाश्वत फूल यह बात जान जाते हैं कि यह वसंत है और वे नए जीवन को प्रकट करने लगते हैं!" उसने तर्क दिया कि प्राकृतिक संसार में नए जीवन के प्रस्फुटन की प्रक्रिया उस पर भी लागू होती है। उस एवेन्यू में खड़े-खड़े उसने एक अजीब काम किया, एक बहुत अजीब काम किया और जब से उसने मुझे यह बताया है, तब से मैंने भी वह काम किया है। उसने वैसी ही सकारात्मक घोषणा की, जैसी उस महिला ने की थी, जिसके बारे में इस अध्याय में पहले बताया गया था। उसने कहा, "मैं अब जीवनशक्ति के प्रकट होने का ऐलान करता हूँ। जो प्रकृति में हो रहा है, वह मेरे भौतिक शरीर में भी हो रहा है।" उसने कई दिनों तक इस संकल्प को क़ायम रखा। डॉक्टर के ऑफ़िस में बाद में जाने पर डॉक्टर ने अपना सिर मुस्कराहट के साथ हिलाया और आख़िरकार कहा, "जो स्थितियाँ मुझे कुछ महीनों पहले दिखी थीं, वे

अब नहीं बची हैं। मेरे दृष्टिकोण से आप सेहतमंद बनने की राह पर हैं।" जब उस व्यक्ति ने डॉक्टर को बताया कि उसने क्या किया था, तो डॉक्टर ने कहा, "स्पष्ट रूप से आप सोच रहे थे, प्रार्थना कर रहे थे और सेहत की घोषणा कर रहे थे।"

अगर कोई स्वस्थ, जीवंत और स्फूर्तिवान बनने की आशा करता है, तो उसे एक काम तो यह करना चाहिए कि अपने दिमाग़ से पुराने, थके हुए, मृत, उत्साहहीन, दुखद विचारों को बाहर निकाल दे। एक बार फिर बोस्टन के लेही क्लीनिक की डॉ. सारा जॉर्डन का कथन देखें, "हर दिन अपने मस्तिष्क का शैंपू करें। और अगर यह किया जाता है," उन्होंने कहा था, "तो हमारे क्लीनिक में कम लोग आएँगे।" कई उदाहरण बताते हैं कि अस्वस्थ विचार सेहत को दूर भगाते हैं।

टैक्सीकैब उपचारक कथा

मैं न्यूयॉर्क में तीन अन्य लोगों के साथ एक टैक्सीकैब में बैठा था। यह एक सुंदर दिन था और जब मैं कैब में बैठा, तो मैंने ड्राइवर से कहा, "कितना अच्छा दिन है, है ना?"

वह बुदबुदाया, "उससे क्या? यह अभी ठीक है, लेकिन रात से पहले बारिश होगी, शायद बर्फ़ भी गिरे," और भी कई नकारात्मक बातें। जब हम चल रहे थे, तो बाक़ी लोग बार-बार मुझे "डॉक्टर" कह रहे थे। आख़िरकार ड्राइवर मुड़ा और उसने मेरी तरफ़ देखा, क्योंकि उसे स्पष्ट रूप से ऐसा लग रहा था कि उसकी कैब में डॉक्टर बैठा था और शायद उसे मुफ़्त में उपचार मिल जाएगा। उसने पूछा, "मेरी कमर में दर्द रहता है। इसके लिए क्या करूँ?"

मैंने पूछा, "तुम जैसे युवा व्यक्ति को कमर दर्द क्यों है? तुम्हारी उम्र कितनी है?"

"मेरी उम्र सैंतीस साल है," उसने जवाब दिया, "और मेरी पूरी कमर में दर्द रहता है। मैं ठीक से नहीं खा पाता, क्योंकि मेरे पेट में भी दर्द रहता है और मुझे अच्छा महसूस नहीं होता है। आपको क्या लगता है, मेरे साथ क्या गड़बड़ है?"

मैंने कहा, "देखो दोस्त," मेडिकल डॉक्टर के अंदाज़ को क़ायम रखते हुए मैंने आगे कहा, "मुझे यक़ीन है कि टैक्सीकैब में दवा देना ठीक बात नहीं

है। लेकिन तुम एक अच्छे आदमी हो और मुझे लगता है कि मैं तुम्हारी समस्या समझ सकता हूँ। मुझे ऐसा लगता है कि तुम्हें साइकोस्क्लेरोसिस (मस्तिष्क-काठिन्य) है।" यह सुनकर उसे इतना सदमा लगा कि टैक्सी फ़ुटपाथ पर चढ़ते-चढ़ते बची।

"साइकोस्क्लेरोसिस ?" उसने पूछा, "यह क्या होता है ?

मुझे भी पक्का यक़ीन नहीं था, लेकिन मैंने कहा, "तुम आर्टीरियोस्क्लेरोसिस (धमनी-काठिन्य) के बारे में तो जानते हो, है ना ?"

उसने कहा, "नहीं मैं नहीं जानता।"

"देखो, इसका मतलब है धमनियों का सख़्त हो जाना। यह बुरा होता है। लेकिन साइकोस्क्लेरोसिस इससे भी ज़्यादा बुरा होता है। इसका मतलब है विचारों का सख़्त होना। जब से मैं इस टैक्सीकैब में बैठा हूँ, तब से तुम साइकोस्क्लेरोसिस के लक्षण दिखा रहे हो। अगर तुम साइकोस्क्लेरोसिस से नहीं उबरोगे, तो तुम्हें जल्दी ही आर्टीरियोस्क्लेरोसिस भी हो सकता है।"

उसने घबराहट में पूछा, "मुझे क्या करना चाहिए ?"

"मैं तुम्हें बता दूँगा," मैंने जवाब दिया। "तुम मेरे ऑफ़िस में आ जाना, हम तुम्हारा उपचार कर देंगे।"

वह मुझे ज़रा भी नहीं जानता था। मैंने उसे अपना कार्ड दिया, जिस पर उसने कहा, "आप दवाओं के डॉक्टर नहीं हैं। आप तो धार्मिक डॉक्टर हैं।"

"शायद तुम्हें इसी तरह के डॉक्टर की ज़रूरत है," मैंने कहा। "शायद तुम्हें दवाओं के डॉक्टर की उतनी ज़रूरत नहीं है, जितनी कि दिमाग़ के डॉक्टर की, शायद आत्मा के डॉक्टर की भी।" वह मेरे ऑफ़िस में आया और हमने इस पुस्तक में बताए गए सिद्धांतों के अनुरूप उसका उपचार किया। कुछ समय बाद उसके साइकोस्क्लेरोसिस का इलाज हो गया और इसमें उसका कुछ भी ख़र्च नहीं हुआ, सिवाय रोगी विचारों को बाहर निकालने के संघर्ष के।

हज़ारों लोग अस्वस्थ सोच द्वारा ख़ुद को बीमार बना रहे हैं और अन्य रोगों तथा बीमारियों को बढ़ा रहे हैं। समाधान जीवनशक्ति को स्वीकार करना है, तनाव को कम करना है, सारी नफ़रत को बाहर करना है, प्रेम पर ज़ोर देना है। प्रेम का विचार संसार में सबसे उपचारक विचार है। आस-पास के लोगों से प्रेम करो, हर एक के बारे में अच्छा सोचो। सभी नकारात्मक विचारों को दूर कर दो और सकारात्मक विचारों से अपने दिमाग़ को भर

लो। सारे हीनता के विचारों को ख़त्म कर दो। मस्तिष्क को विजयी विचारों से भर लो। सेहत की मानसिकता लोगों को सेहतमंद, जीवंत और स्फूर्तिवान बनाती है।

जिस आदमी का ज़िक्र हमने पहले किया है, उसकी तरह एक दिन अस्वस्थ विचार के बिना जीने की कोशिश करें। आपको जीवन में मज़ा आ जाएगा। यह बहुत मुश्किल हो सकता है। हो सकता है, दूसरे दिन आप इसे दोबारा आज़माने की कोशिश न करें, क्योंकि इससे आप थक चुके होंगे, लेकिन इसे एक दिन और आज़माएँ, जब तक कि यह आदत न बन जाए। आपका जीवन स्वस्थ, जीवंत और स्फूर्तिवान बनने की दिशा में आगे बढ़ जाएगा।

कुछ लोगों का हृदय मज़बूत होता है

अब हम इस अध्याय में बताए गए सेहत, जीवंतता और स्फूर्ति के सिद्धांतों की पुष्टि के लिए एक वैज्ञानिक स्रोत की ओर मुड़ते हैं। इससे यह पता चलता है कि इन सिद्धांतों पर अमल करने से जीवन का आनंद और व्यक्ति के रूप में आपका प्रभाव बढ़ सकता है।

मैरी मैकशेरी ने *वुमेन्स डे* नामक पत्रिका में छपे लेख "कुछ लोग ज़्यादा क्यों जीते हैं" में लिखा है :

> कुछ डॉक्टर हृदय के बारे में पिछले बीस सालों में इसे सबसे बड़ी ख़बर कह रहे हैं। यह ख़बर हार्वर्ड्स स्कूल ऑफ़ पब्लिक हेल्थ के डिपार्टमेंट ऑफ़ न्यूट्रीशन और ट्रिनिटी कॉलेज, डबलिन के स्कूल ऑफ़ मेडिसिन के उन्नीस सदस्यीय दल द्वारा जारी की गई। दो देशों के चिकित्सकों के इस समूह का नेतृत्व हार्वर्ड के प्रख्यात न्यूट्रीशनिस्ट डॉ. फ्रेडरिक जे. स्टेयर ने किया था। इस समूह ने आयरलैंड में जन्मे भाइयों के 575 जोड़ों पर नौ साल तक अनूठा अध्ययन किया। इस अध्ययन में आयरलैंड और अमेरिका में सेहत के आश्चर्यजनक परिणाम पता लगाए।

ये भाई आयरलैंड में पले-बढ़े थे, इसलिए उन्हें एक सी शारीरिक और मनोवैज्ञानिक विरासत मिली थी। वे एक ही घर में बड़े हुए, एक सा खाना खाया, एक ही तरीक़े से उन्हें पाला गया, उन्हें एक सा आराम या कष्ट और प्रेम मिला। फिर लगभग बीस साल की उम्र में उनमें से 575 अमेरिका चले आए और ज़्यादातर बोस्टन में बस गए। उनके 575 भाई आयरलैंड में ही बने रहे।

यह काफ़ी समय से महसूस किया जा रहा है कि अमेरिका की तुलना में आयरलैंड में लोगों के हृदय ज़्यादा स्वस्थ होते हैं। इसलिए यह सोचा गया कि इस बात की जाँच करना सार्थक रहेगा। अनुमान यह था कि भोजन इसका कारण हो सकता है। हृदय रोग को समृद्धि का रोग माना जाता है। अगर आपके पास अच्छा खाने के लिए पर्याप्त पैसा होता है, तो आप काफ़ी सारा फ़ैट खाते हैं और अक्सर कोलेस्ट्रॉल संबंधी समस्या उत्पन्न कर लेते हैं। इससे कॉलेस्ट्रॉल जमा हो जाता है, हृदय की धमनियाँ सँकरी हो जाती हैं और हार्ट अटैक हो सकता है। इस कारण इस देश के कई लोग अंडे या मांस और इसी तरह की चीज़ें खाने के बारे में चिंतित हैं।

आयरलैंड के खान-पान की जाँच से पता चला कि इसमें सब्ज़ियाँ, सलाद और फल कम होते हैं। खाने में मीट, आलू, दूध, क्रीम और बटर लगी सफ़ेद ब्रेड होती है। लेकिन आइरिश लोगों के हृदय की स्थिति उनके अमेरिकी भाइयों से ज़्यादा अच्छी थी। यह पाया गया कि आयरलैंड का आदमी चलता है, वह अपने पैरों का प्रयोग करता है, जबकि बोस्टन में रहने वाला उसका भाई दबाता है, दबाता है, दबाता है, लेकिन वह एक्सीलरेटर दबाता है। वह अपने पैरों का इस्तेमाल नहीं करता है। वह पैदल नहीं चलता है। उसके पास समय की हमेशा कमी रहती है। लेकिन आयरलैंड का आदमी कहता है, "अगर हम आज यह काम नहीं कर पाएँगे, तो कल कर लेंगे।"

बोस्टन वाला भाई चिंता करता है; आयरलैंड वाला भाई आस्था रखता है। बोस्टन वाला भाई चिड़चिड़ा होता है; आयरलैंड वाला भाई आशावादी होता है। बोस्टन वाला भाई महसूस करता है कि हर चीज़ उस पर निर्भर है। आयरलैंड वाला भाई महसूस करता है कि ईश्वर पर भरोसा रखेंगे, तो हर चीज़ सही होगी। इस तरह आयरलैंड वाला भाई बोस्टन के भाई से ज़्यादा लंबा जीता है।

मैरी मैकशेरी का लेख भाइयों के इन दोनों समूहों के बीच की महत्वपूर्ण अमूर्त भिन्नताओं की ओर संकेत करता है। वे कहती हैं :

> डॉ. स्टेयर को लगता है कि अमेरिकी लोग आयरलैंड के लोगों से एक और चीज़ सीख सकते हैं। "यह ऐसी चीज़ नहीं है, जिसे आप तौल सकें या जिसका आप ग्राफ़ बना सकें, लेकिन चाहे आप इसे माप सकें या नहीं, यह मौजूद है। मेरा मतलब है आइरिश नज़रिया। जब आप बहुत से लोगों का सर्वे करते हैं, तो आपका ध्यान इस तरफ़ जाता ही है कि

ईश्वर में आस्था की वजह से उनमें आशावाद और साहस रहता है। मेरा मानना है कि यह उनकी सेहत बढ़ाने वाला एक तत्व है। ज़ाहिर है, मैं यह साबित नहीं कर सकता कि उजले पक्ष की तरफ़ देखने वाला सकारात्मक आइरिश नज़रिया उनकी आस्था से उत्पन्न होता है, लेकिन ऐसा होता है। इसका उनके हृदय पर भी प्रभाव पड़ता है और मुझे लगता है कि अमेरिकी हमारे अध्ययन से यह सबक़ भी सीख सकते हैं।"

हमारी अवधारणा यह है - और हज़ारों लोग इसे प्रदर्शित कर चुके हैं - कि सेहत, उत्साह और स्फूर्ति जीवन का तरीक़ा बन सकते हैं। और यह कैसा तरीक़ा है - ज़बर्दस्त उत्साह, जोश और ख़ुशी से भरा! यह आपका इंतज़ार कर रहा है। तो क्यों न इसे पा लें - सचमुच पा लें ?

आख़िर में सेहत, उत्साह और स्फूर्ति बढ़ाने के कुछ मार्गदर्शक सिद्धांत :

1. *यह एहसास करें कि आप ख़ुद को स्वस्थ, उत्साहित और स्फूर्तिवान व्यक्ति बनाने के लिए काफ़ी कुछ कर सकते हैं।*
2. *यह घोषणा करें और बार-बार करते रहें कि आपके मस्तिष्क, आत्मा और शरीर में प्रबल जीवनशक्ति प्रवाहित हो रही है।*
3. *रोगी विचारों - नफ़रत, द्वेष, हीन भावना आदि से ख़ुद को मुक्त करें।*
4. *हर दिन सारे अस्वस्थ विचारों से अपने दिमाग़ को ख़ाली करने का अभ्यास करें।*
5. *अपने शरीर को स्वस्थ रखने के लिए अपने दिमाग़ को सामंजस्य में रखें।*
6. *यह सोचें कि आपके शरीर के सभी तत्व आदर्श लय में एक साथ काम कर रहे हैं।*
7. *स्वस्थ विचार सोचकर डॉक्टर की मदद करें। याद रखें कि डॉक्टर इलाज करता है, ईश्वर ठीक करता है।*
8. *सेहत सोचें, सेहत का अभ्यास करें, सेहत की प्रार्थना करें।*
9. *ख़ुद को पूर्ण मानें।*

तेरह

सहज रहें ! हास्य बोध रखें

डचेस काउंटी, न्यूयॉर्क में क्वेकर हिल पर हमारा फ़ार्म है, जो कनेक्टिकट की सीमा पर है। उसमें सेब का एक बहुत पुराना पेड़ है। मेरे अच्छे मित्र और फ़ार्म सुपरिंटेंडेंट जॉन इमरे के अनुसार यह पेड़ अस्सी-नब्बे साल पुराना है।

पुराने ज़माने में यह सेब का पेड़ बहुत बड़ा और सशक्त रहा होगा, जिसकी शाखाएँ बहुत फैली हुई होंगी। लेकिन अब यह बूढ़ा हो गया है और झुक गया है। इसके कभी विशाल रहे तने का एक तरफ़ का हिस्सा खोखला हो चुका है, जो तीन इंच से ज़्यादा मोटा नहीं है। इसमें भी कई बड़े छेद हैं।

लेकिन यह पेड़ मेरे लिए बहुत मायने रखता है और मैंने इससे काफ़ी कुछ सीखा है। देखिए, सेब का यह पेड़ इतने वर्षों से सकारात्मक रूप से काम कर रहा है। लगता है, इसे यह पता ही नहीं है कि यह बूढ़ा है और कमज़ोर हो गया है, क्योंकि हर वसंत में इसमें सुंदर अंकुर फूटते हैं और पूरी पत्तियाँ आ जाती हैं। फिर यह सेब उगाने का अपना काम करता है। जहाँ तक मैं जानता हूँ, इस पर कभी स्प्रे नहीं किया गया, लेकिन यह सेब उत्पन्न करता है। ज़ाहिर है, इसके सेब उतने बड़े, गोल और चमकदार नहीं होते हैं, जैसे सुपरमार्केट में मिलते हैं। वे बेडौल और थोड़े जंगली क़िस्म के होते हैं और उन पर कुछ काले निशान भी होते हैं। कई बार कीड़े भी लग जाते हैं, लेकिन सेब सचमुच मीठे होते हैं।

प्रकृति इंसान की समझदार शिक्षक है। जब भी मैं ख़ुद पर दबाव डालने लगता हूँ और ख़ुद को तथा चीज़ों को ज़रूरत से ज़्यादा गंभीरता से लेने लगता हूँ व यह राय बना लेता हूँ कि शायद मैं पहले की तरह काम नहीं कर

पा रहा हूँ, तो मैं बस जाकर सेब के इस पेड़ से बातचीत कर लेता हूँ। इससे उत्साहित होकर मुझमें भी कुछ नए अंकुर फूट आते हैं। मैं ख़ुद को याद दिलाता हूँ कि उस पुराने पेड़ के सेब भले ही बेडौल और कीड़े वाले हैं, लेकिन जब तक वे मीठे और खाने लायक़ हैं, तब तक पेड़ अपना काम कर रहा है। यह पेड़ वह काम कर रहा है, जिसे करने के लिए इसे उत्पन्न किया गया है। ऐसा लगता है कि हमारा सेब का पुराना पेड़ बाक़ी चीज़ों के अलावा सहज रहना, हास्य-बोध रखना और उस काम को करना सिखा रहा है, जिसे करने के लिए हमें बनाया गया है।

जैसा मेरे पुराने मित्र डॉ. स्माइली ब्लैंटन कहा करते थे, "सहजता का अभ्यास करते रहें। गर्मी, आवेश या दहशत में न आएँ। अपनी सबसे अच्छी कोशिश करें। परिणाम जैसे भी मिलें, स्वीकार करें। आप कुछ भी सँभाल सकते हैं, बशर्ते आप ठान लें कि आप ऐसा कर सकते हैं। बस अपने दिमाग़ को ठंडा रखें और अच्छा हास्य-बोध रखें।"

इमर्सन शांति के अभ्यास का आग्रह करते थे, जिसे वे "आत्म-नियंत्रण" कहते थे। यह शब्द गहरे अर्थ से भरा है। ज़ाहिर है, आत्म-नियंत्रण का अर्थ ख़ुद पर नियंत्रण है। दूसरे शब्दों में, कभी भी ख़ुद को नियंत्रण से बाहर न जाने दें। शांति और सौम्यता का अभ्यास करें, जो पुराने ज़माने के शब्द हैं, इसलिए इस परेशान, तनावग्रस्त, टी.वी. की गर्म ख़बरों वाले युग में उनका बहुत कम इस्तेमाल होता है।

हम टी.वी., रेडियो और अख़बारों के बिना रहे

कुछ समय पहले मेरी पत्नी और मैं पूर्वी अफ़्रीका में सफ़ारी (कैमरे की, बंदूकों की नहीं) पर गए, ख़ास तौर पर कीनिया और तंजानिया में। दो सप्ताह तक हम जंगल में रहे – कोई अख़बार, रेडियो, टी.वी. नहीं, रात को आठ बजे तक सो जाना, सुबह जल्दी उठना और ख़ूबसूरती के जादू से भरे जंगलों में घूमना। हम जल्दबाज़ी के तनाव को कम होता महसूस कर रहे थे।

शोर मचाते रेडियो, टी.वी. पर समाचारों के प्रसारण की तनावपूर्ण व्यग्रता और तेज़ी से चीख़ती अख़बार की सुर्ख़ियों में लौटना आश्चर्यपूर्ण था। और हमने ख़ुद से पूछा, "उससे क्या ? अजीब बात है, लेकिन यह सचमुच इतना महत्वपूर्ण नहीं लगता है! छुटपुट अंतरों के साथ हम वही पुरानी बकवास सुन या पढ़ रहे हैं, जो हमने अफ़्रीकी जंगलों में जाने से पहले पढ़ी या सुनी थी।" जो व्यक्ति तथाकथित सभ्यता से इस तरह पलायन करता है, वह

शांति के प्रति कृतज्ञतापूर्वक जागरूक हो जाता है। वह आरामदेह अवस्था में रहता है और सौम्य हास्य-बोध से इस ख़बर की दीवानी तथा व्यग्र दुनिया को देखने लगता है। वह जान जाता है कि दरअसल कोई भी चीज़ नई नहीं है, सिवाय आधुनिक प्रचार-तंत्र के। यह सब पहले हो चुका है और उससे पहले भी, और उससे पहले भी, बार-बार हो चुका है। सही कहा है, दुनिया में कुछ भी नया नहीं है।

ज़ाहिर है, न्यूयॉर्क दुनिया का सबसे अच्छा या सुरक्षित शहर नहीं है, लेकिन हम न्यूयॉर्कवासी अपनी शांति को ख़ुशी-ख़ुशी बढ़ाना चाहेंगे।

हम लोग मैड्रिड में अपने मित्रों मि. और मिसेज़ वाद्ज़ा वादिन कोलोम्बेटोविक के यहाँ थे। मि. कोलोम्बेटोविक अमेरिकी दूतावास में लीगल अटेशे थे। वे स्पेन की राजधानी में एक शांत और ख़ुशनुमा जगह रहते थे। जब हम रात को ग्यारह बजे उनके घर से निकलकर सड़क पर आए, तो मि. वाद्ज़ा ने ज़ोर से ताली बजाई और एक आदमी तत्काल भागता हुआ आया। हमारे मेज़बान ने उसे बताया कि वह अपनी कार निकालकर हमें होटल तक छोड़ आए।

मि. वाद्ज़ा ने हमें बताया कि यह आदमी निजी *पहरेदार* (sereno) है, जिसे ब्लॉक के निवासियों ने रात भर की चौकीदारी के लिए रखा है, ताकि वह मकानों, अपार्टमेंटों और लोगों की सुरक्षा कर सके। यह आदमी पच्चीस साल से उस ब्लॉक में पहरेदारी कर रहा था और अपने पिता की जगह पर आया था, जिन्होंने लगभग चालीस साल तक यही काम किया था। हम असुरक्षित न्यूयॉर्कवासियों ने कहा, "कितना अच्छा है कि यह सेरेनो (इस नाम की जड़ सेरेनिटी यानी शांति वाले मूल शब्द में ही है) सारी रात आपकी और आपके पड़ोसियों की निगरानी कर रहा है!"

हमें एक और शब्द की बहुत ज़रूरत है, जिसे मशहूर डॉक्टर सर विलियम ओस्लर स्वास्थ्य के लिए बहुत महत्वपूर्ण मानते थे। वह शब्द है "समबुद्धि" (equanimity) इससे उस व्यक्ति की तस्वीर उभरती है, जो हर परिस्थिति में संतुलित रहता है, पूर्ण संतुलित, अंदर से पूरी तरह नियंत्रित। वह सहज रहता है और हास्य-बोध बनाए रखता है। इस दर्शन को इन शब्दों से आसानी से व्यक्त किया जा सकता है। इससे क्या फ़र्क़ पड़ेगा ? यह भी गुज़र जाएगा। किसी भी घटना, किसी भी उथल-पुथल, यहाँ तक कि ख़ुद को भी ज़रूरत से ज़्यादा गंभीरता से न लें।

बरसों पहले वियेना में डॉ. पॉल डुबॉय ने "शब्द-चिकित्सा" (word therapy) का प्रयोग किया था। इसमें रोगी के विनाशकारी भाव के विपरीत

शब्द का प्रयोग करके उपचार किया जाता था। उदाहरण के लिए, अगर किसी रोगी को पराजय का प्रबल एहसास होता था, तो उसे "विजय" शब्द ज़ोर से बार-बार कहना होता था। अगर वह तनाव में होता था, तो उसका उपचारक शब्द "शांति" (serenity) या शायद "विश्रांति" (tranquillity) हो सकता था, जो तरल संगीत जैसा लगता था। अगर रोगी दुविधा में होता था या चीख़ने-चील्लाने की आवाज़ों से परेशान होता था, अगर व्यक्ति किसी चीज़ के बारे में परेशान होता था, तो उपचारक शब्द "समबुद्धि" होता था।

अपनी शांति और समबुद्धि को बनाए रखें

अपनी भावनाओं को संतुलन में रखें। उन्हें एक ही स्तर पर रखें। उन लोगों के आस-पास रहते समय भी हास्य-बोध बनाए रखें, जो सोचते हैं कि सारी सभ्यता आज सुबह ही शुरू हुई है और हर काम तत्काल पूरा करना है, अभी, रात से पहले। जब कोई कहता है, "यह कितना भयानक है?" "ओह, अब हम क्या करेंगे?" "कोई इस बारे में जल्दी से कुछ क्यों नहीं करता है, वरना सभ्यता ढह जाएगी?" - तब "समबुद्धि" काम आती है। आप आराम से रह सकते हैं और अपने हास्य-बोध का अभ्यास कर सकते हैं, क्योंकि जैसा कहा जाता है, हर चीज़ अंततः "ख़त्म हो जाती है।" कम से कम यह बाहर तो आ ही जाती है। शायद प्लेटो थोड़े आगे तक चले गए थे, जब उन्होंने कहा था, "कोई भी मानवीय चीज़ गंभीर महत्व की नहीं है," लेकिन फिर भी उनकी यह बात विचार करने योग्य है।

समबुद्धि की युक्ति दरअसल सभी मानवीय गतिविधियों पर हास्य-बोध की प्रतिक्रिया करना है। जो व्यक्ति इस गुण में निपुण हो जाता है, वह वर्तमान युग के रोमांचित और अति चिंतित, उत्सुकता से भरे लोगों की तुलना में बेहतर और ज़्यादा आनंद भरा जीवन जीता है।

समबुद्धि में निपुण होने के लिए विश्व के महानतम चिंतकों में से एक मार्कस ऑरेलियस को पढ़ने से मदद मिलती है। उनके कई बुद्धिमत्तापूर्ण कथन पहले दिए गए हैं। वे एक और बुद्धिमानी भरी सलाह देते हैं, "परिस्थितियों से विचलित न हों। वे आपके विचलित होने की परवाह नहीं करती हैं।" और यह भी, "कितना मूर्खतापूर्ण और अजीब है कि जीवन में होने वाली किसी भी घटना पर हमें आश्चर्य होता है!" हाँगकाँग में मैंने एक प्राचीन चीनी दार्शनिक की कहावत सुनी है, जिसका नाम अज्ञात है। लेकिन वह समबुद्धि का सौम्य गुरु नज़र आता है। उसने कहा था, "आपातकाल को आराम से लें।" दो

और हास्य-बोध के शब्द आपको चैन दिला सकते हैं, "सौम्यता" (urbanity) और "निर्विकारता" (imperturbability) सामान्य भाषा में इन शब्दों का मतलब है, "इससे परेशान न हों।" बस अपने हास्य-बोध का प्रयोग करें, घटनाओं को सहजता से लें और इंतज़ार करें, क्योंकि कोई चीज़ अनंत काल तक क़ायम नहीं रहती है। उदाहरण के लिए, क्या आप याद कर सकते हैं कि पाँच साल पहले टी.वी. का हर न्यूज़रीडर किस बारे में परेशान था? आज की परेशानी भी अतीत में ग़ुम हो जाएगी। देखा जाए तो अतीत एक बहुत बढ़िया आविष्कार है। यह उदारता से सभी तनाव भरे तथाकथित तात्कालिक मसलों को निगल लेता है।

एक बार मैंने स्टेट एजुकेशन एसोसिएशन के सम्मेलन में लगभग पाँच हज़ार स्कूल टीचर्स के सामने भाषण दिया। यह भाषण इसी अध्याय में बताए गए सिद्धांतों के अनुरूप था, जिसमें शब्द-चिकित्सा पर ज़ोर दिया गया था। एक टीचर "निर्विकारता" शब्द से इतनी प्रभावित हुई कि जब उसकी एक शिष्या ने उसे कुत्ते का पिल्ला तोहफ़े में दिया, तो उसने उसका नाम तत्काल "निर्विकारता" रख दिया। मेरे सार्वजनिक भाषण का यह बहुत आश्चर्यजनक परिणाम था! बहरहाल, कोई हैरानी नहीं कि उसके विद्यार्थी उसे पसंद करते थे। उसमें हास्य-बोध था।

हास्य-बोध संभावित संवेदनशील स्थितियों को अच्छी स्थितियों में बदलने में बहुत सहायक होता है। मेरे एक दोस्त की एक बेटी है, जो बचपन में "स्पाघेटी" शब्द का उच्चारण नहीं कर पाती थी। वह थोड़ी संवेदनशील बच्ची थी और यह उसके लिए शर्म की बात हो सकती थी। लेकिन इसे कहने की कोशिश करते समय वह ख़ुद पर हँसती थी। बाक़ी लोगों को भी यह उसके जितना ही मज़ेदार लगता था। सच तो यह है कि इसे सही तरीक़े से बोलना सीखने के बाद वह थोड़ी निराश हो गई, क्योंकि यह लोगों को हँसाने का उसका प्रिय तरीक़ा बन गया था।

अंकल जॉन की दुखद मनोवैज्ञानिक स्थिति में भी हास्य-बोध ने रचनात्मक भूमिका निभाई। उनके साथ एक गंभीर दुर्घटना हुई और उनका पैर काटना पड़ा। पड़ोसियों ने कहा, "बेचारा जॉन," क्योंकि पैर कटना और लकड़ी का पैर लगना एक गंभीर समस्या हो सकती है। ऐसे मामलों में व्यक्ति आम तौर पर शर्म के कारण दूसरे लोगों से दूर हो जाता है और ख़ुद तक सिमटकर रह जाता है।

अंकल जॉन के साथ ऐसा नहीं हुआ। अनजान बच्चे भी उनके लकड़ी के

पैर को देखने आते थे और वे उनके अच्छे दोस्त बन जाते थे। वे हमेशा अपनी चिट्ठियों पर हस्ताक्षर करते थे, "अंकल जॉन, लकड़ी के पैर वाला।" उन्हें लकड़ी के पैर से इतने फ़ायदे हुए, जितने अपने असली पैर से भी नहीं हुए थे।

इसके अलावा मेरे दोस्त एमॉस पैरिश हैं, जो देश के बहुत बड़े व्यापार विशेषज्ञ हैं। ए.पी. बरसों तक हकलाते रहे, लेकिन इससे शर्माने या सकुचाने के बजाय उन्होंने इसे एक तरह के ट्रेडमार्क, एक तरह के गुण में बदल लिया। लोग उनकी हकलाहट ख़त्म होने का इंतज़ार करते थे, क्योंकि वे बहुत अच्छी तरह जानते थे कि जब शब्द आने लगेंगे, तो वे सचमुच कोई महत्वपूर्ण बात कहेंगे। मैंने उन्हें वालडोर्फ़ एस्टोरिया के विशाल बॉलरूम में राष्ट्रीय डिपार्टमेंट स्टोर एक्ज़ीक्यूटिव की विशाल भीड़ को संबोधित करते सुना। वे कुछ समय तक बोलते रहे, फिर "कैडिलक" शब्द पर अटक गए। विशाल भीड़ उनके इस शब्द के पूरा होने का इंतज़ार करती रही और आख़िरकार वे बोले, "कै - कै - कै - कैडिलक। मैं इसे बोल भी नहीं पाता हूँ, इसे ख़रीदने की बात तो रहने ही दें।" श्रोता जमकर हँस दिए, एमॉस पैरिश भी। श्रोताओं को इस बात में मज़ा आ गया; उन्हें एमॉस पैरिश से प्रेम था।

स्वर्गीय पोप जॉन तेईसवें आधुनिक युग की एक और प्रिय हस्ती थे। उनकी बेहद लोकप्रियता के कारण स्पष्ट हैं। वे समर्पित, करुणा से भरे, उदार, सार्वभौमिक और बहुत मानवीय थे, और ज़ाहिर है, संत तो थे ही। शायद सबसे बड़ी बात यह थी कि वे बहुत विनम्र व्यक्ति थे, जो अपने उच्च पद के बावजूद ख़ुद को ज़्यादा गंभीरता से नहीं लेते थे। और उनका हास्य-बोध भी बहुत मज़ेदार था।

इस महान पोप से संबंधित एक कहानी मुझे पसंद आती है। यह तब की बात है, जब उनके पोप बनने के बाद उनका परिवार देहात से उनसे मिलने आया। ये धार्मिक देहाती लोग अपने मशहूर रिश्तेदार की चकाचौंध देखकर दंग रह गए। लेकिन पोप ने उन्हें तसल्ली देते हुए हँसकर कहा, "घबराने की ज़रूरत नहीं है - यह मैं ही हूँ।"

राष्ट्रपति आइज़नहॉवर और उनका हास्य-बोध

लोगों को राष्ट्रपति ड्वाइट डी. आइज़नहॉवर के बारे में एक चीज़ बहुत पसंद थी : उनकी शांत मुस्कान और यह तथ्य कि अपने ज़माने के सबसे मशहूर व्यक्तियों में से एक होने के बावजूद वे ख़ुद से इतने प्रभावित नहीं थे। वे ख़ुद को बहुत ज़्यादा गंभीरता से नहीं लेते थे। वे द्वितीय विश्वयुद्ध में एलाइड

फ़ोर्सेस के सफल सेनापति थे, दुनिया के सितारे और अमेरिका के राष्ट्रपति थे, लेकिन उनकी नज़रों में वे अब भी एबिलेन के लड़के आइक थे। वे महान ऐतिहासिक मंच पर अपनी भूमिका अच्छी तरह निभाते थे, लेकिन उनकी पुस्तक *एट ईज़* (आराम से) का शीर्षक अच्छा था। वे सौम्य, निर्विकार, प्रेम करने लायक़ इंसान थे, जिनका हास्य-बोध बहुत अच्छा था। वे सख़्त और घमंडी नहीं थे, इसलिए लोगों ने उन्हें अपने दिल में जगह दी।

मुझे उनसे व्यक्तिगत रूप से मिलने का सौभाग्य मिल चुका है और मुझे एक आश्चर्यजनक बातचीत बहुत अच्छी तरह याद है। जे. एडगर हूवर ने मुझसे एक भाषण देने को कहा। मुझे पुलिस प्रमुखों की मीटिंग को संबोधित करना था, जो वॉशिंगटन में एफ़.बी.आई. के तत्वावधान में हो रही थी। वहाँ देश के सैकड़ों प्रमुख पुलिस अधिकारी मौजूद थे।

मंच पर बैठते समय मैंने देखा कि मेरे पास वाली कुर्सी पर "सुरक्षित" की तख़्ती लगी थी। जल्दी ही मुझे यह देखकर आश्चर्य हुआ कि राष्ट्रपति आइज़नहॉवर आकर उस सीट पर बैठ गए। तत्काल मैंने कहा, "राष्ट्रपतिजी, आज आपको भाषण देना चाहिए। आपके होते हुए मैं भाषण देने के बारे में सोच भी कैसे सकता हूँ ?"

वे मुस्कराकर बोले, "मेरे साथ भेदभाव क्यों करते हैं ? यक़ीन मानें, मुझे भी सकारात्मक सोच की ज़रूरत है। नहीं, आप इससे बच नहीं सकते। आप बोलें, मैं सुनूँगा। और कोई बहुत अच्छी बात कहें, मुझे उसकी ज़रूरत है।" फिर उन्होंने आगे कहा, "आज मैं यहाँ पर सिर्फ़ एफ़.बी.आई. के स्पेशल एजेंट का बैज हासिल करूँगा।" फिर वे लड़कों जैसे गर्व के साथ बोले, "जानते हैं, मैं बचपन से एफ़.बी.आई. से जुड़ना चाहता रहा हूँ।"

मैंने अपना छोटा सा भाषण दिया और जब मैं बैठा, तो उन्होंने शालीनता से मुझे बताया कि यह "बहुत बढ़िया" था। उन्होंने कहा, "मुझे वक्ता के हाथ लहराते देखना अच्छा लगता है।" राष्ट्रपति के आभामंडल के बावजूद उनके साथ रहना बहुत आसान था। आप जल्दी ही भूल जाते हैं कि वे राष्ट्रपति हैं और आपको महसूस होता है, जैसे आप किसी आनंददायक और बहुत दिलचस्प व्यक्ति के साथ हों। मेरे भाषण और राष्ट्रपति को स्पेशल एजेंट का बैज लगाए जाने के बाद मि. हूवर सैकड़ों पुलिस प्रमुखों को डिप्लोमा या सर्टिफ़िकेट बाँटने लगे, जिन्होंने क़ानून पालन संबंधी आठ सप्ताह का गहन पाठ्यक्रम पूरा किया था। मुझे यक़ीन था कि राष्ट्रपति चले जाएँगे, लेकिन वे क़तई जल्दी में नहीं दिख रहे थे। उन्होंने मुझसे कहा कि अगर वे चले गए, तो यह

उन पुलिस अधिकारियों के प्रति असम्मान होगा।

डिप्लोमा बँटने में काफ़ी समय लगा। इस दौरान वे किसी पुराने मित्र की तरह मुझसे बात करते रहे। मेरे ऑफ़िस की दीवार पर एक अख़बार की तस्वीर है, जिसमें वे व्यक्तिगत बातचीत करते दिख रहे हैं। उनका एक पैर ऊपर है, उनके हाथ अनौपचारिक रूप से उनके घुटने को पकड़े हैं और उनके पैंट का पाँयचा ऊपर है, जिससे एक खुला पैर दिख रहा है।

राष्ट्रपतिजी बात करना चाहते थे और उन्होंने कई विषयों पर मज़ेदार बातें कीं। दरअसल वे खुलकर बोल रहे थे। मुझे उनकी एक टिप्पणी याद है कि जो भी व्यक्ति उनकी तरह राष्ट्रपति बनना चाहता है, उसे "अपने दिमाग़ की जाँच करवा लेनी चाहिए।"

मैंने पूछा, "राष्ट्रपतिजी, मैं आपको यह बताना चाहूँगा कि मैं हर दिन आपके लिए प्रार्थना करता हूँ।"

"ओह धन्यवाद, बहुत-बहुत धन्यवाद। मेरे लिए प्रार्थना करते रहें, क्योंकि मुझे निश्चित रूप से उसकी ज़रूरत है। आपको एक बात और बता दूँ; मैं हमेशा प्रार्थना करता हूँ और ईश्वर मेरी प्रार्थनाएँ सचमुच सुनता है तथा मेरी मदद करता है। अगर वह ऐसा नहीं करता, तो मैं यह काम करते समय ज़िंदा नहीं रह पाता," उन्होंने प्रार्थना की वास्तविकता को प्रमाणित करने वाले गंभीर अंदाज़ में कहा।

मैंने पूछा, "राष्ट्रपतिजी, क्या आप कभी घबराते हैं ?"

"ओह हाँ, लेकिन जब बात बहुत बढ़ जाती है, तो मैं ख़ुद से कहता हूँ, 'इसे भूल जाओ, आइक, तुम्हें क्या लगता है, तुम कौन हो, सीज़र ऑगस्टस ? याद रखो, तुम सिर्फ़ आइक आइज़नहॉवर हो, बस यही। तुम जो कर सकते हो, उसे सबसे अच्छी तरह करो और देवदूत भी इससे ज़्यादा नहीं कर सकते।'" उन्होंने इस विषय में आगे भी दिलचस्पी ली, जिससे यह स्पष्ट था कि प्रार्थना उनके लिए कितनी महत्वपूर्ण थी। "जब मैं रात को सोने जाता हूँ, तो मैं ईश्वर को धन्यवाद देता हूँ कि उन्होंने दिन में मेरी कितनी मदद की है। मैं उनसे कहता हूँ कि वे मेरी ग़लतियों को अनदेखा कर दें। फिर मैं उनसे कहता हूँ कि वे मेरे पापों को क्षमा कर दें, जो मुझसे अनजाने में हुए हों। मैं अपने प्रियजनों को उनकी प्रेमपूर्ण देखभाल में छोड़ता हूँ। फिर मैं कहता हूँ, 'ईश्वर, मैं सोने जा रहा हूँ। आप रात में मेरे देश का ख़्याल रखना।' फिर यह जानकर कि हर चीज़ मुझसे बहुत बेहतर हाथों में है, मैं सोने चला जाता हूँ।"

मैंने जनरल आइज़नहॉवर के जीवनकाल में इस अविस्मरणीय व्यक्तिगत बातचीत के बारे में न तो लिखा, न ही किसी को बताया, लेकिन मैं इसे यहाँ पर बिलकुल सही-सही लिख रहा हूँ। मुझे यक़ीन है कि इससे उन्हें फ़र्क़ नहीं पड़ता। इतिहास के महानतम लोगों में से एक के साथ हुई यह अविस्मरणीय बातचीत मेरे मस्तिष्क पर स्पष्टता से अंकित है। मैं उनके बारे में हमेशा यह सोचता हूँ कि वे आत्म-नियंत्रित, निष्कपट और सच्चे इंसान थे, जिनमें हास्य-बोध था, जो ख़ुद से बहुत ज़्यादा प्रभावित नहीं थे। वे तो सिर्फ़ उस महान काम को करने की कोशिश कर रहे थे, जो प्रारब्ध ने उन्हें सौंपा था और वे उसे अच्छी तरह कर रहे थे।

उस बातचीत के दौरान न जाने क्यों मैंने यह सवाल पूछ लिया, "राष्ट्रपतिजी, इस दुनिया के महान लोगों के साथ आपका काफ़ी परिचय है। आप किसे सबसे महान मानते हैं?"

हमारी बाईं तरफ़ उस ज़माने के एक दर्जन नामी दिग्गज बैठे थे। मसखरेपन से उन्होंने उनकी तरफ़ इशारा करते हुए कहा, "मुझे यह कहते हुए चिढ़ होती है, लेकिन उनमें से कोई नहीं है! लेकिन," उन्होंने आगे कहा, "वे लोग कितने अच्छे हैं, ये युवा लोग जिन्हें मैं सरकार में लाया हूँ?"

राष्ट्रपति सबसे महान व्यक्ति का नाम बताते हैं

"मैं जिस महानतम व्यक्ति से मिला हूँ, वह पुरुष नहीं, महिला थी - मेरी माँ," उन्होंने कहा। "वे औपचारिक शिक्षा की दृष्टि से बहुत शिक्षित नहीं थीं, लेकिन उनमें ज्ञान, समझ और बुद्धिमानी थी - गहरी बुद्धिमानी। दरअसल, जब से मैंने यह काम सँभाला है, तब से मैं अक्सर सोचता हूँ कि काश मुझे उनकी सलाह मिल पाती, क्योंकि वे स्पष्ट सोचती थीं और मानवीय स्वभाव को बहुत अच्छी तरह समझती थीं। मैंने बरसों पहले अपनी माँ से एक बहुत समझदारी भरा सिद्धांत सीखा था। एक रात को पेनसिल्वेनिया के हमारे फ़ार्म हाउस में मेरी माँ, मेरा भाई और मैं ताश खेल रहे थे। हम साधारण ताश के पत्ते नहीं खेल रहे थे, क्योंकि मेरी माँ सख़्त थीं। मुझे लगता है कि यह 'फ़्लिंच' नाम का पुराने ज़माने का खेल था।

"माँ पत्ते बाँट रही थीं और मुझे सबसे ख़राब पत्ते मिले। मैं जानता था कि इस तरह के पत्तों के साथ मेरे जीतने की ज़रा भी संभावना नहीं थी। मैं हमेशा जीतना पसंद करता था, इसलिए मैं शिकायत करने लगा। इस पर माँ ने कहा, 'ठीक है लड़को, अब अपने पत्ते खोलकर टेबल पर रख दो। मैं तुम

सभी से कुछ कहना चाहती हूँ, ख़ासकर तुमसे, आइक।'

"उन्होंने कहा, 'यह सिर्फ़ खेल है, लेकिन यह ज़िंदगी की तरह है। इसमें कई बार तुम्हें ख़राब पत्ते मिलेंगे। पत्ते अच्छे हों या ख़राब, तुम्हें हर बार बिना शिकायत किए उन्हें लेना है और उन्हीं से पूरा खेलना है। अगर तुम बहादुरी से इतना कर सको - पूरे पत्ते खेल सको - तो ईश्वर तुम्हारी मदद करेगा और तुम अंत में ठीक-ठाक रहोगे।' उसके बाद मेरी माँ के सबक़ की समझदारी का मुझे बहुत बार एहसास हुआ है!"

जब मीटिंग ख़त्म हुई, तो अमेरिका के राष्ट्रपति ने क्या कहा? "धन्यवाद, कुछ ऐसी बातें बताने के लिए, जो मेरे लिए बहुत मायने रखती हैं। सुनने के लिए धन्यवाद। ईश्वर आप पर कृपा बनाए रखे।" *वे मुझे* धन्यवाद दे रहे थे! उसके बाद वे चले गए और उस व्यक्ति का व्यवहार मेरे दिल को छू गया, जो इतने महान थे कि सहज रहते थे, हास्य-बोध रखते थे और बहुत विनम्र व्यवहार करते थे - सचमुच महान, सहज, प्रेमपूर्ण इंसान।

कई लोग दुनिया में रचनात्मक काम नहीं कर पाते हैं, इसलिए नहीं क्योंकि वे सक्षम नहीं हैं, बल्कि इसलिए क्योंकि वे बहुत ज़्यादा ज़ोर लगाते हैं, बहुत ज़्यादा दबाव डालते हैं। कार्यकुशलता का रहस्य सोचना, योजना बनाना और काम में पूरी रचनात्मक मेहनत करना है और फिर इसे सहजता से छोड़ देना है। ज़्यादा दबाव न डालें; सहजता से काम करें; चैन से रहें।

मेरे भाई, डॉक्टर बॉब

मैं एक बेहद सफल व्यक्ति को जानता हूँ- मेरे भाई रॉबर्ट क्लिफ़र्ड पील, एम.डी.। बॉब ने तब तक डॉक्टरी की, जब तक ऊपर वाले डॉक्टर ने उन्हें नहीं बुला लिया और उनके ऑफ़िस के दरवाज़े पर हमेशा के लिए ताला नहीं लगवा दिया।

बरसों तक उनकी चौखट पर ग़रीब और अमीर, श्वेत और अश्वेत, युवा और बूढ़े सभी अपनी बीमारियों के इलाज के लिए आते रहे। वे बारी-बारी से उन्हें देखते थे। कोई रोगी किसी दूसरे से ज़्यादा महत्वपूर्ण नहीं होता था। उनके लिए हर व्यक्ति महत्वपूर्ण था। वे सबसे अपने बच्चों की तरह प्रेम करते थे।

जब कभी-कभार उनका कोई रोगी ईश्वर को प्यारा हो जाता था, तो उनका विशाल हृदय दुख से भर जाता था। लेकिन वे हमेशा पूरी कोशिश

करते थे। "मैं अपने सबसे अच्छे ज्ञान से मरीज़ का इलाज करता हूँ। और अगर कई बार ईश्वर उसे उठा लेता है, तो उसकी इच्छा पूरी हो।" जीवन भर वे बीमारी और मौत से लड़े, जब तक कि आख़िरकार सभी नश्वर व्यक्तियों की तरह वे भी पुराने शत्रु का शिकार नहीं हो गए। वे शांति से और आस्था के साथ मरे।

फिर लोग अपना सम्मान प्रकट करने के लिए आने लगे - ओह नहीं, सम्मान से भी ज़्यादा - अपना प्रेम दिखाने के लिए। "मुझे वह रात याद है, जब उन्होंने मेरी पत्नी की जान बचाई थी," "और हमारा छोटा बच्चा; हमें डर था कि वह दोबारा चल नहीं पाएगा।" इस तरह से दिली श्रद्धांजलियाँ दी जाती रहीं। "वे बीस साल से मेरी देखभाल कर रहे थे। उनके बिना अब मैं क्या करूँगा ?" इससे पहले मुझे कभी अंदाज़ा नहीं था कि लोग किसी डॉक्टर से इतना गहरा प्रेम कर सकते हैं।

बॉब ने छोटे शहर का डॉक्टर बनने का चुनाव किया था। आर्थ्राइटिस से उँगलियों की परेशानी से पहले वे बहुत कुशल सर्जन थे। मिडवेस्ट के एक मशहूर डॉक्टर उन्हें अपनी बेहतरीन प्रैक्टिस में वारिस बनाने के लिए अपना सहायक बनाना चाहते थे। लेकिन डॉक्टर बॉब को न तो शोहरत की चाह थी, न ही धन की। वे तो छोटे शहर के डॉक्टर बनकर ख़ुश थे, क्योंकि वहाँ वे सामान्य लोगों के जीवन को जान सकते थे और उनके दिल में रह सकते थे। उन्होंने सफलता हासिल की - उन्होंने लोगों की मदद की और उनका प्रेम हासिल किया।

वे अक्सर मुझे अतीत की असफलताओं पर विचार करने के दुष्प्रभावों के बारे में बताते थे। उन्होंने बताया कि कई बार लोग इसलिए बीमार हो गए, क्योंकि उन्होंने अपने शरीर और दिमाग़ में इस तरह के अस्वस्थ विचार भर लिए, "मैंने वह क्यों किया ?" या "मैंने यह क्यों नहीं किया ?" परिणामस्वरूप, चिंता और डर उन पर हावी हो जाते थे। आख़िरकार वे इस दयालु और समझदार डॉक्टर के क्लीनिक में आ पहुँचते थे और डॉक्टर उन्हें बताते थे कि किस तरह तनाव और अधिक दबाव से ब्लड प्रेशर और हृदय रोग उत्पन्न होते हैं। "सहज रहो। हास्य-बोध रखो। चीज़ों को ज़्यादा गंभीरता से मत लो, जिनमें आप भी शामिल हैं," मैं उन्हें बार-बार कहते सुनता था, न सिर्फ़ मरीज़ों से, बल्कि हमारे भाई लियोनार्ड और मुझसे भी।

वे सही उपचार और दवाएँ देते थे, लेकिन वे ज़्यादा गहरा इलाज भी करते थे। "अतीत को भूल जाओ। अगर तुम ऐसा नहीं करोगे, तो हमेशा

बीमार रहोगे। अतीत को भूल जाओ और भविष्य की ओर देखो। भविष्य में तुम्हारे लिए उपचार है। अपने विचारों को स्वस्थ कर लो। ईश्वर पर भरोसा रखो। अतीत की ग़लतियों को भूल जाओ और तनाव में मत आओ। ईश्वर तुमसे प्रेम करता है।" बार-बार मैंने मरीज़ों को चमकते चेहरों के साथ उनके क्लीनिक आते देखा। लोग कहते थे, "डॉक्टर बॉब से मिलने के बाद मैं ज़्यादा अच्छा महसूस करने लगता हूँ। वे ऐसे डॉक्टर हैं, जिनसे बात की जा सकती है।"

उनके ख़ाली क्लीनिक में मैं उनकी पुरानी कुर्सी पर बैठा। ब्लड प्रेशर नापने का यंत्र उनकी डेस्क पर रखा था। उनकी प्रैक्टिस के आख़िरी दिन के मरीज़ों की सूची भी वहीं थी। मैंने उनका स्टेथस्कोप उठाकर कानों में लगा लिया। इससे वे पैंतालीस साल से इंसानों के दिल की धड़कन सुन रहे थे। वे अपने रोगियों से कहते थे, "चिंता छोड़ो, अपने तनाव को कम करो। आसमान को देखो, फूलों से प्रेम करो। अपनी नज़रें पहाड़ियों की तरफ़ उठाओ। चैन से रहो। दबाव मत डालो। अपने दिल में ईश्वर की शांति महसूस करो और तुम ठीक हो जाओगे।"

मुझे संदेश मिल गया और मैं पुराने क्लीनिक से बाहर निकला, दुख से नहीं, बल्कि इस कृतज्ञता के साथ कि इतना महान और सफल व्यक्ति मेरा भाई था। वे जैसे कह रहे थे, "अतीत में मत रहो। आगे देखो। सहज रहो, ज़्यादा कोशिश मत करो। और अपने दिल को शांत रखो।" यह उनका आख़िरी नुस्ख़ा था।

अपने व्यक्तिगत अनुभव में मैंने अक्सर पाया है कि सहज रहने और हास्य-बोध का इस्तेमाल करने से अक्सर लाभ होता है। परिस्थितियों के प्रति यह नज़रिया सचमुच सफल होता है। मैं बड़े राष्ट्रीय व्यवसायिक सम्मेलनों, सेल्स और मार्केटिंग मीटिंगों, हर तरह के सम्मेलनों में काफ़ी भाषण देता हूँ, जिनमें से बहुत कम को धार्मिक उपदेश की संज्ञा दी जा सकती है। अजीब बात यह है कि अमेरिका के सभी हिस्सों में चालीस साल से ऐसा करने के बावजूद आज भी कोई न कोई हैरानी से पूछता है, "इस व्यवसायिक सम्मेलन में बोलने के लिए उन्होंने एक पादरी को क्यों बुलाया है ?"

ख़ुद पर मज़ाक़ करो

इस स्थिति में मेरे ख़िलाफ़ दो बातें होती हैं (जिनसे आम जनता से संप्रेषण करने वाले पादरियों की छवि प्रकट होती है)। मैं इससे निबटने के लिए सहजता और हास्य-बोध का सहारा लेता हूँ। और यह आलोचना की उम्मीद

से हासिल होता है। इसे करने का एक तरीक़ा हास्य का प्रयोग करके ख़ुद को सामान्य बताना है। उदाहरण के तौर पर, किसी बिज़नेस या सेल्स सम्मेलन में अपने भाषण की शुरुआत में मैं कहता हूँ, "जब मैंने यह ऐलान सुना कि एक पादरी यानी मैं बोलने वाला हूँ, तो मुझे यह देखकर दुख हुआ कि श्रोताओं में कोई ख़ास उत्साह नहीं दिखा। यह पूरी तरह संभव है कि इस दोस्ताना श्रोतासमूह में भी कोई व्यक्ति हो सकता है, जो पूछे, 'आख़िर प्रोग्राम कमेटी वालों ने एक उपदेशक को इस बीमा सम्मेलन (या ऑफ़िस सामग्री या जो भी हो) में बोलने के लिए क्यों बुलाया है?'

"देखिए, अगर ऐसा कोई व्यक्ति मौजूद है, तो मुझे उम्मीद है कि ये परिस्थितियाँ उसे उतनी बुरी नहीं लगेंगी, जितनी एक व्यक्ति को लगी थीं, जिससे मैं कुछ समय पहले मिला था। मैं नेशनल बैंकर्स एसोसिएशन के वार्षिक डिनर में वक्ता था। मैं अपरिहार्य कारणों से एक घंटे बाद उस होटल में पहुँचा, जहाँ यह डिनर दिया जा रहा था। मैंने अपने कमरे में जाकर डिनर जैकेट पहन ली।

"इसके बाद मैं लिफ़्ट में पहुँचा। मुझे पता चला कि सभी बैंकर्स डाइनिंग रूम में जा चुके थे, सिर्फ़ एक बैंकर को छोड़कर, जो मुझे एलीवेटर में मिला। मुझे यह बताते हुए अफ़सोस है कि यह बैंकर उस तरह की चीज़ पी रहा था, जिसे आध्यात्मिक बिलकुल नहीं कहा जा सकता। वह थोड़ा लहरा रहा था। उसने मुझे धुँधली आँखों से देखा।

"ज़ाहिर है, वह मुझे नहीं जानता था और मैं जिस तरह के कपड़े पहने था, उनसे उसने मुझे पादरी नहीं माना, क्योंकि उसने अंतरंग स्वर में कहा, 'और सुनाओ, यार।' मैं इस तरह के संबोधन का आदी नहीं हूँ। लेकिन मैंने भी उसे अपेक्षित जवाब दिया और दो मिनट तक हमारे बीच बातचीत होती रही, जिसे मज़ेदार कहा जा सकता है।

"थोड़े ज़्यादा विश्वास में लेते हुए उसने लड़खड़ाते हुए मुझसे पूछा, 'और यार, तुम आज रात कहाँ जा रहे हो?'

"मैंने जवाब दिया, 'मैं बैंकर्स एसोसिएशन के डिनर में जा रहा हूँ। आप कहाँ जा रहे हैं?'

"'ओह,' उसने हिक़ारत से कहा, 'मुझे लगता है कि मुझे भी वहाँ जाना पड़ेगा, लेकिन मैं नहीं जाना चाहता। क्योंकि उससे कोई फ़ायदा नहीं होगा।'

"'क्यों,' मैंने पूछा। 'उससे फ़ायदा क्यों नहीं होगा?'

"'ओह, तुम्हें यक़ीन नहीं होगा, उन्होंने आज रात को भाषण देने के लिए न्यूयॉर्क के किसी उपदेशक को बुलाया है।'

"'अरे नहीं!' मैंने आश्चर्य से कहा।

"उसने कहा, 'यह बिलकुल सच है।'

"'लेकिन बैंकर्स एसोसिएशन में भाषण देने के लिए उन्होंने किसी उपदेशक को क्यों बुलाया?'

"'दोस्त, अब तुम समझे। कहीं ऐसा तो नहीं कि उनका दिवाला पिटने वाला है?'

"'अच्छा,' मैंने कहा, 'मुझे लगता है कि इसके बाद भी मुझे तो वहाँ जाना ही पड़ेगा। मेरे पास करने के लिए और कुछ है भी नहीं।' उसने कहा कि शायद उसे भी जाना पड़ेगा, लेकिन उसने दोहराया, 'मैं तुम्हें बता रहा हूँ, यार, यह बहुत बुरा रहेगा।'

"मैंने कहा, 'भाई, तुम आधी बात भी नहीं जानते हो। मैं जानता हूँ कि इससे कोई फ़ायदा नहीं होगा।' हम इस बात पर सहमत हो गए कि वक्ता का भाषण बुरा रहेगा। इसके बाद संतुष्ट होकर वह अपने रास्ते चला गया और मैं अपने रास्ते।

"मैं वक्ता की टेबल पर पहुँच गया और संयोजक के पास अपनी कुर्सी पर बैठकर लिफ़्ट वाले दोस्त को भूल गया। जब मैं बोलने को खड़ा हुआ, तो मुझे श्रोताओं में सबसे पीछे उसी की शक्ल दिखाई दी। वह तो इतना हैरान था कि काटो तो ख़ून नहीं। उसने अपने हाथ निराशा की मुद्रा में उछाले और नीचे झुककर ओझल हो गया। लेकिन जल्दी ही उसका सिर ऊपर आ गया और वह मेरा भाषण सुनने लगा। जब भाषण ख़त्म हो गया, तो मैं बधाई देने वाले लोगों से हाथ मिलाने लगा। फिर मैंने उसे बाईं तरफ़ से आते देखा।

"अब वह पूरी तरह से होश में था। मैं देख सकता था कि उसे मेरे पास आने में चिढ़ हो रही थी, लेकिन वह मुझे पसंद था, क्योंकि वह बहुत ही दिलचस्प था। मेरे सामने आकर उसने अपना हाथ बढ़ाया और कहा, 'तुमने साबित कर दिया, यार। हम दोनों सही थे, है ना?'"

किसी स्थिति को इस तरह से सहजता और हास्य-बोध से लेने से श्रोताओं के साथ अच्छा तादात्म्य स्थापित हो जाता है और संप्रेषण की राह खुल जाती है। माना कि यह हास्य थोड़े घरेलू क़िस्म का है, लेकिन चूँकि यह ख़ुद पर होता है, इसलिए इससे सद्भावना का माहौल बनता है और दोस्ताना प्रतिक्रिया

मिलती है।

सहज रहने और हास्य-बोध विकसित करने का सिद्धांत किसी भी काम में उचित है। ख़ुद को ज़रूरत से ज़्यादा गंभीरता से न लें, लेकिन ख़ुद पर पूरा यक़ीन रखें। पूरी मेहनत से काम करें। रचनात्मक तरीक़े से सोचें। सफल परिणाम पाने के लिए हर संभव कोशिश करें। गहराई से समझदारीपूर्ण विचार का इस्तेमाल करें। अपना होमवर्क करें। लेकिन कभी भी ज़रूरत से ज़्यादा दबाव न डालें। सहज रहें। आपने वह सब कर दिया है, जो आप कर सकते हैं। इसे होने दें। यह होगा, और ज़्यादा अच्छी तरह होगा, बजाय उस स्थिति के, जब आप इसमें छेड़छाड़ करते रहें।

मुझे एक टैक्सी ड्राइवर की याद आती है, जिसके साथ मैंने एक सुबह न्यूयॉर्क सिटी में सवारी की। ट्रैफ़िक बहुत ज़्यादा था। जैसा आप अंदाज़ा लगा सकते हैं, यह ड्राइवर बहुत तनाव में था। बाक़ी के ड्राइवरों से उसे बहुत चिढ़ हो रही थी। वह खिड़की से सिर बाहर निकालकर तेज़ आवाज़ में उन्हें बताता था कि ड्राइविंग कैसे करनी है। इस प्रक्रिया में वह बहुत रूखी और स्पष्ट भाषा का इस्तेमाल कर रहा था।

मैंने देखा कि उसके डैशबोर्ड पर एक छपा हुआ कार्ड लगा था, "अगर आप इस दुविधा में अपना दिमाग़ी संतुलन क़ायम रख सकते हैं, तो आप स्थिति को समझते नहीं हैं।" धीरे-धीरे आगे बढ़ते समय मैंने इस तनावग्रस्त आदमी को ग़ौर से देखा। फिर मैंने उसे पैसों के साथ एक कार्ड थमा दिया। इस पर लिखा था : "जिसका ध्यान आप पर केंद्रित हो, आप उसे पूर्ण शांति में रखेंगे (इसाइया 26:3)।"

"यह क्या है ?" उसने पूछा। फिर उसने इसे ज़ोर से पढ़ा और ऊपर देखकर बोला, "यह तो बहुत बढ़िया बात है। आपको यह कहाँ मिला ?"

"ओह," मैंने जवाब दिया, "एक ऐसी पुस्तक में से, जो तुम्हें सहजता और हास्य-बोध दे सकती है।"

मैंने जब उसे आख़िरी बार देखा, तो वह बैठकर उसे पढ़ रहा था और बाक़ी के ड्राइवर पीछे से हॉर्न बजा रहे थे।

किसी भी चीज़ से तनाव में न आएँ

निर्विकार, शांत, सौम्य! परिस्थितियाँ चाहे जैसी हों, किसी चीज़ से न चिढ़ना, किसी चीज़ से विचलित न होना, उन्हें समबुद्धि से लेना - यह सफल जीवन के

लिए अनिवार्य है। जो व्यक्ति यह कर सकता है, वही उस दार्शनिक मानसिकता को पा सकता है, जो वर्तमान तनाव और दबाव से उबर सकती है। फिर चाहे उस पर कितना ही कुछ क्यों न फेंका जाए, संतुलन और निर्विकारता का उसका आंतरिक गुण उसे पार करवा सकता है। उस व्यक्ति की तरह, जिससे मैं सेंट लुइस में मिला।

उस सुबह सचमुच ठंड थी। तापमान शून्य के आस-पास था और काफ़ी बर्फ़ गिर रही थी। मैंने हवाई अड्डे फ़ोन किया, क्योंकि मुझे कांसस सिटी पहुँचना था। मुझे बताया गया कि कोई हवाई जहाज़ उड़ान नहीं भर रहा था। इस पर मैंने रेलवे स्टेशन फ़ोन किया। जब मैं होटल से बाहर निकला, तो क्लर्क ने कहा, "निश्चित रूप से आज बहुत ख़राब दिन है। बाहर देखिए। उस बर्फ़ को देखिए!"

दरबान ने मेरे लिए टैक्सी बुलाते समय कहा, "कितना भयंकर मौसम है!"

टैक्सी ड्राइवर उदास दिख रहा था और मैंने उससे ख़ुशी से "गुड मॉर्निंग" कहा!

उसने जवाब दिया, "कितना बुरा दिन है।" भारी बर्फ़ उसकी विंडशील्ड से टकरा रही थी और वह स्टेशन तक सारे रास्ते बड़बड़ाता रहा।

जिस कुली ने मेरे बैग उठाए, उसने कहा, "दिन बुरा है!" हम ट्रेन की तरफ़ चल दिए। हर तरफ़ लोग यही गहरी बात कह रहे थे कि यह कितना बुरा दिन था। जब हम ट्रेन के प्लेटफ़ॉर्म पर पहुँच गए, तो स्टेशन की छत में छेद थे और हवा मेरे गले पर बर्फ़ के विशाल गोले धका रही थी। तभी मैंने एक और सहयात्री की आह सुनी, "कितना बुरा दिन है!"

बेहतरीन ख़राब दिन

जब मैं कुली के पीछे-पीछे अपने डिब्बे में चढ़ने वाला था, तो मैंने सुना कि किसी ने मेरा नाम लिया। मैं मुड़ा। वहाँ पर एक गठीला आदमी आया। उसने हल्की बरसाती पहन रखी थी और उसने इसके बटन भी नहीं लगाए थे। वह क़दम बढ़ाता हुआ आ रहा था और उसका मूड अच्छा दिख रहा था। "गुड मॉर्निंग! कितना बेहतरीन ख़राब दिन है?"

हम ट्रेन में चढ़ गए। मैंने कहा, "आपने कितनी बढ़िया बात कही, 'बेहतरीन ख़राब दिन।' कैसे?"

उसने मेरी तरफ़ चमकती आँखों से देखा। "आप सचमुच जानना चाहेंगे,

है ना ? अच्छा, मैं आपको बताता हूँ। चालीस साल तक मैं ऐलीगहेनी माउंटेन्स की पश्चिम दिशा में सबसे उदास व्यक्ति रहा हूँ। घटनाओं, लोगों और स्थितियों के बारे में मेरा नज़रिया निराशाजनक था। मैं हमेशा नकारात्मक रहता था। मैं हर चीज़ पर उदासी का नज़रिया रखता था और हमेशा अपने दिन ख़राब कर लेता था। और इसके अलावा मैं बहुत तनावग्रस्त भी था। फिर मैंने अपनी सफ़ाई शुरू की। परिणामस्वरूप मैं सहज रहने लगा। "सहजता से काम करो" मेरी तकनीक बन गई। मैंने देखा कि ख़ुद पर ज़्यादा दबाव न डालने पर मैं ज़्यादा सुधर सकता हूँ। मैंने ऐसा ही किया और हास्य-बोध हासिल कर लिया।"

"यह तो आपने बहुत बढ़िया किया," मैंने प्रशंसा से कहा। "'बेहतरीन बुरा दिन,' है ना ? सिर्फ़ आप ही ऐसा सोच सकते थे।"

अब हम सहज रहने और हास्य-बोध रखने के इस सिद्धांत के कुछ बिंदु देख लें :

1. *हड़बड़ी या जल्दबाज़ी में न रहें। इसे सहजता से लें।*
2. *मीडिया की चिंता और आवेश को शंका से देखें। आज की ज़्यादातर ख़बरें दरअसल नई नहीं हैं। इनमें से अधिकांश पहले भी हो चुकी हैं और इससे पहले भी।*
3. *शब्द-चिकित्सा का प्रयोग करें - शांति, सौम्यता, निर्विकारता, समबुद्धि। इन सशक्त, मस्तिष्क-उपचारक शब्दों को हर दिन ख़ुद से बार-बार कहें। इन्हें अपनी चेतना में उतर जाने दें और तनाव भरे विचारों को दोबारा दुरुस्त करने दें।*
4. *जनरल आइज़नहॉवर की तरह जीवन के दिए पत्ते लें और बिना शिकायत किए उन्हें खेलें। आप अच्छी तरह काम कर लेंगे।*
5. *सामंजस्य में आएँ। सहजता का नतीजा अच्छा होता है। ज़्यादा तनाव न पालें।*
6. *ख़ुद को ज़रूरत से ज़्यादा गंभीरता से न लें।*
7. *कभी भी समय की तात्कालिकता से परेशान न हों। अपना हास्य-बोध बनाए रखें। स्थिति इतनी बुरी नहीं है।*
8. *आप वर्तमान दुनिया की सारी दुविधा के साथ जी सकते हैं, बशर्ते आप सोच लें कि आप ऐसा कर सकते हैं। इसलिए यह सोचने का अभ्यास करें कि आप कर सकते हैं।*

चौदह

शिखर पर पहुँचना और बने रहना

जो लोग सोचते हैं कि वे कर सकते हैं, वे हमेशा शिखर पर पहुँच जाते हैं और यह भी उतना ही महत्वपूर्ण है कि वे वहाँ बने भी रहते हैं।

हर व्यक्ति जीवन में पराजयवादी तत्वों का सामना करता है, लेकिन जो लोग सोचते हैं कि वे कर सकते हैं, वे घुटने नहीं टेकते हैं। अपने मन और आत्मा की अंदरूनी शक्तियों का लाभ लेकर वे पराजित होने से इंकार कर देते हैं। वे जानते हैं कि सबसे मुश्किल स्थितियों को भी पार किया जा सकता है, इसलिए वे उन्हें पार करने के लिए आगे बढ़ जाते हैं।

जो लोग यह सोच लेते हैं कि वे कर सकते हैं, वे सचमुच अद्‌भुत होते हैं। और वे युवाओं से लेकर बूढ़ों तक, सभी उम्र के पुरुषों और महिलाओं, बिज़नेस एक्ज़ीक्यूटिव से लेकर इस दुनिया के शहंशाहों तक हो सकते हैं। इस तरह के महान लोग आपको हर जगह मिल सकते हैं, ख़ुद के भीतर भी, क्योंकि आप भी इंसान हैं। हम एक डरे हुए और पराजित छोटे लड़के से शुरू करते हैं, जो बड़ी कोशिश तथा संकल्प के साथ शिखर पर पहुँचा और अब भी वहीं बना हुआ है। उसकी कहानी इस मर्मस्पर्शी पत्र में दी गई है :

13 साल बाद आज हमारे घर में *विजय दिवस* है! हमारा बेटा आज रात को हाई स्कूल से ग्रेजुएट हो रहा है! यह इतना उल्लासपूर्ण क्यों है? क्योंकि लगभग 10 साल पहले हमसे कहा गया था, "आपका बेटा मंदबुद्धि है; वह शायद कभी ज़्यादा नहीं पढ़ पाएगा और अंत में भावनात्मक समस्या बनकर रह जाएगा!"

"बुद्धिमानी" के इन शब्दों ने "मुझे बुरी तरह बौखला दिया।" मैंने आपको चिट्ठी लिखी कि आप अपने उपदेश और बुकलेट मुझे भिजवाएँ। मैं आपकी सभी पुस्तकें पढ़ने लगी। मुझे तब तक कोई मदद नहीं मिली, जब तक कि मैं आपकी सामग्री पढ़ने नहीं लगी। फिर मुझे एहसास हुआ कि मेरे सामने एक समस्या थी, क्योंकि मुझे सचमुच विश्वास नहीं था। बहरहाल, ख़ुद को देखने के सदमे से उबरने के बाद मैं प्रगति करने लगी।

मैंने तत्काल अपने नौ साल के बेटे को बुलाकर कहा, "तुम्हारे सामने एक समस्या है। मैं जानती हूँ कि तुम इस समस्या को पार कर सकते हो, लेकिन इससे ज़्यादा महत्वपूर्ण है कि तुम्हें यह यक़ीन होना चाहिए कि तुम इसे पार कर सकते हो।"

उसने मुझसे कहा और मैं उसकी बात कभी नहीं भूल पाऊँगी, "मम्मी, मुझे कोशिश करने में डर लगता है। मैं पढ़ना सीखने की कोशिश में इतनी ज़्यादा बार नाकाम हो चुका हूँ कि मुझे असफल होने से डर लगता है।"

इसलिए मैंने उससे कहा, "अब स्थिति बदल चुकी है। अब तुम्हारी मदद करने के लिए मैं हूँ। और हमारे साथ ईसा मसीह हैं। हर काम में ईसा मसीह से मदद माँगेंगे। जब हम पढ़ेंगे या तुम इम्तिहान दोगे तो उससे पहले हम ईसा मसीह से मदद करने को कहेंगे। वे हमारे पार्टनर होंगे और जब वे तुम्हारे पार्टनर हों, तो तुम किसी तरह असफल नहीं हो सकते।"

मैंने उससे यह भी कहा, "समय-समय पर हम दोनों एक-दूसरे से यह कहते रहेंगे, 'एक दिन एक नाम पुकारा जाएगा और वह तुम्हारा नाम होगा। फिर तुम मंच पर जाकर अपना हाई स्कूल का डिप्लोमा लोगे।" हम यह काम 10 साल से कर रहे हैं। हमने काफ़ी संघर्ष किया और कई बार तो ऐसा लगा, जैसे इसका कोई अंत ही न हो, लेकिन फिर मैं प्रार्थना करती थी, बाइबल पढ़ती थी, आपके संदेश तथा पुस्तकें दोबारा पढ़ती थी और हम एक-दूसरे को याद दिलाते थे *"एक दिन।"* इसके बाद हम दोबारा जुट जाते थे।

हमारा बेटा बुद्धिमान, ख़ुश, गणित में प्रवीण और बाक़ी सभी विषयों में औसत है। मैं भविष्यवाणी करती हूँ कि किसी दिन वह किसी क्षेत्र में महान बनेगा। 19 साल की उम्र में वह संघर्ष के बारे में मुझसे ज़्यादा जानता है, जबकि मेरी उम्र 36 साल है। मैं यह आपको इसलिए लिख रही हूँ, क्योंकि आपके मार्गदर्शन की वजह से ही आज इस घर में *विजय दिवस* मन रहा है!

इस अंतिम अध्याय में हम आपको एक बार फिर याद दिलाते हैं कि आप कुछ भी कर सकते हैं, बशर्ते आप ठान लें, बशर्ते आप यक़ीन करें, लगन रखें और उम्मीद करें। और उम्मीद बहुत महत्वपूर्ण है। गेटे ने कहा था, "सभी चीज़ों में आशा करना निराशा रखने से बेहतर है।" आशा को बरक़रार रखने के लिए यह महत्वपूर्ण है कि आप मानसिक रूप से चीज़ों के ऊपर रहें। यह जानें कि चाहे आपके सामने कैसी भी स्थिति हो, आप उसे जीत सकते हैं, बशर्ते आप ठान लें। अगर आप अपनी समस्याओं के ऊपर पहुँच जाएँ और उनकी ओर ऊपर देखने के बजाय उनकी तरफ़ नीचे देख सकें, तो आपको रणनीतिक लाभ मिलता है।

उम्मीद बनाए रखना एक और वजह से महत्वपूर्ण है। उम्मीद संकट से उबरने की शक्ति को प्रेरित करती है और इस दुनिया में जीने के लिए हम सबमें संकट से उबरने की शक्ति होनी चाहिए। जब आप मानसिक रूप से विश्वास रखते हैं कि आप किसी भी विपत्ति से उबर सकते हैं, तो आपकी सभी रचनात्मक शक्तियाँ आपकी मदद के लिए आ जाएँगी।

मुझे याद है, कुछ साल पहले एक बिज़नेस ऑफ़िस की दीवार पर मैंने एक पुराने ज़माने का लिथोग्राफ़ देखा था। मुझे याद तो नहीं है कि इसे मैंने कहाँ देखा, लेकिन इसके साथ जुड़े तथ्य मेरे दिमाग़ में तस्वीर की तरह साफ़ हैं। यह तस्वीर ख़ास आकर्षक नहीं थी, दरअसल यह बहुत सामान्य थी। लेकिन स्पष्ट रूप से इसका मालिक इसका बहुत सम्मान करता था, क्योंकि यह उसके ऑफ़िस में सबसे ख़ास जगह पर लगी थी। और इस पर एक संदेश भी लिखा था, जो मुझे याद रह गया।

तस्वीर में एक पुरानी सी बड़ी नाव थी। चप्पू रेत पर आराम कर रहे थे और नाव को देखकर लगता था, जैसे उसने बहुत थपेड़े खाए हों। ज्वार उतर गया था और नाव समुद्र तट पर ऊपर की तरफ़ फँसी हुई थी। नीचे पानी की झलक दिख रही थी। तस्वीर से यह आभास होता था कि भाटे में ऊँचे तट पर रखी नाव से ज़्यादा निराशाजनक, ज़्यादा निष्क्रिय चीज़ की कल्पना नहीं की जा सकती।

ज्वार हमेशा लौटता है

तस्वीर में नीचे की तरफ़ एक वाक्य लिखा था : "ज्वार हमेशा लौटता है।" इसे लिखने वाला जानता था कि ज्वार के लौटने पर यह निर्जीव वस्तु सजीव हो जाएगी और समुद्र के शक्तिशाली कंधों पर उठ जाएगी।

जिज्ञासा से मैंने पूछा, "आपने उस तस्वीर को अपने ऑफ़िस की दीवार पर क्यों लगा रखा है?"

मालिक ने जवाब दिया, "देखिए, जब मैंने युवा सेल्समैन के रूप में काम शुरू किया, तो मुझे बहुत मुश्किलों का सामना करना पड़ा। बिज़नेस में हर चीज़ मेरे ख़िलाफ़ दिख रही थी और मेरे सामने व्यक्तिगत मुश्किलें भी थीं। एक सुबह जब मैं एक संभावित ग्राहक से मिलने गया, तो मैंने उसके घर में यह तस्वीर देखी। मैं बैठकर इसे ग़ौर से देखता रहा और इस पर लिखे वाक्य के बारे में सोचता रहा, 'ज्वार हमेशा लौटता है।' इस बात का मुझ पर गहरा प्रभाव पड़ा। मेरी उम्र पच्चीस साल रही होगी, लेकिन मैं सोचने लगा कि ज्वार मेरे लिए जाने कब लौटेगा। इसने मुझे इतना ज़्यादा प्रेरित किया कि जब मेरा ग्राहक मुझसे मिलने आया, तो मैंने उसे काफ़ी सामान बेच दिया। और फिर मैंने उससे तस्वीर के बारे में पूछा।

"उसने कहा कि उसे यह एक व्यक्ति ने कुछ साल पहले दी थी, जिसके साथ वह बिज़नेस करता था। उस समय वह ख़ुद बहुत हताश था। और इस तस्वीर ने उसकी मदद की थी। मैंने आधे मज़ाक़ के लहज़े में कहा, 'जब आप गुज़रेंगे, तो क्या आप मेरे लिए यह तस्वीर छोड़ जाएँगे? मुझे इसका संदेश पसंद है।' और यक़ीन मानें, उसे यह बात याद रही और उसकी मौत के बाद यह मेरे पास आ गई। इसीलिए यह मेरे ऑफ़िस की दीवार पर टँगी है।"

कभी भी यह न सोचें कि आप हार चुके हैं या घुटने टेक चुके हैं। इसके बजाय हमेशा आशा से कहें, "ज्वार हमेशा लौटता है।" चाहे जितनी पराजय या असफलताएँ मिलें, उन्हें पलटा जा सकता है। आप ऐसा कर सकते हैं, बशर्ते आप ठान लें।

अख़बार में एक ख़बर छपी थी। सतासी साल के एक आदमी को एक ट्रक ने कुचल दिया। दुर्घटना में हुई मृत्यु वाले दिन तक वह काफ़ी सक्रिय था। पोस्टमॉर्टम के बाद सर्जन ने विधवा से कहा, "आपका पति काफ़ी अनूठा था। उसके साथ इतनी गड़बड़ियाँ थीं कि उसकी मौत तो बरसों पहले हो जानी चाहिए थी। यह आश्चर्यजनक है कि इतनी सारी बीमारियों के बावजूद वह इतने समय तक जिया।"

विधवा ने जवाब दिया, "देखिए, मैं आपको सिर्फ़ इतना बता सकती हूँ कि मेरे पति हमेशा आशावादी दृष्टिकोण रखते थे। वे हर दिन सोते समय

कहते थे, 'मैं कल बेहतर महसूस करने वाला हूँ।' और वे हमेशा कहते रहते थे, 'मुझे उम्मीदें हैं।'"

स्पष्ट रूप से इस व्यक्ति ने यह प्रगतिशील तथ्य खोज लिया था कि संकल्पवान, सकारात्मक और आशावादी व्यक्ति के लिए ज्वार हमेशा लौटता है। इस कारण वह चीज़ों के शिखर तक पहुँचने में सफल हुआ और काफ़ी समय तक वहीं बना रहा।

कुछ लोग आपत्ति कर सकते हैं कि हालाँकि प्राकृतिक जगत में ज्वार हमेशा लौटता है, लेकिन यह इंसान के मामलों में हमेशा नहीं लौटता है। हालाँकि इस आपत्ति में सच्चाई का कुछ अंश हो सकता है, लेकिन इसी में वह कारण भी है कि व्यक्तिगत मामलों में ज्वार लौटता क्यों नहीं दिखता है। मुश्किल अनुभव के बाद अच्छे दिनों की वापसी का आशावादी नज़रिया वापसी को प्रेरित करता है। ज्वार हमेशा लौटता है, इस बात पर सकारात्मक विश्वास उन लोगों की भी मदद करता है, जिन्हें बहुत बुरी विपत्ति का अनुभव हुआ है और वे उसकी बदौलत शिखर पर पहुँचते हैं।

इस तरह के विश्वास की प्रेरणा ने ऑड्री ब्रेगा की ज़िंदगी बदल दी। मैं आपको उसकी कहानी बताता हूँ।

पचपन साल की उम्र में बारह साल की

मेरे ऑफ़िस में एक अधेड़ महिला बैठी थी, जो कह रही थी कि वह बारह साल की थी! "मैं इस धरती पर पचपन साल पहले आई हूँ," उन्होंने जल्दी से स्पष्ट किया। "यह कैलेंडर के हिसाब से है, लेकिन मेरी असली उम्र बारह साल है।" चकराकर मैंने पूछा कि उनकी बात का क्या मतलब है। इस पर उनके पति पॉल ने मुझे उनका उल्लेखनीय व्यक्तिगत इतिहास बताया।

पॉल और ऑड्री ब्रेगा हाँगकाँग में रहते थे, जहाँ मिसेज़ ब्रेगा को पिट्यूटरी ग्रंथि का रोग हुआ और उनका एक्सरे से उपचार हुआ। इस उपचार में ब्रेन टिशू को नुक़सान हुआ, जिससे उनकी मानसिक गतिविधियाँ धीमी हो गईं और संप्रेषण की क्षमता ख़त्म हो गई। न्यूरोसर्जन ने ऑपरेशन करके स्थिति इस हद तक सुधार दी कि उन्होंने दोबारा बोलने और पढ़ने की क्षमता हासिल कर ली। बहरहाल, ऑड्री की मानसिक क्षमता सुधरने के बाद भी बारह साल जैसी ही रही। उनके बोलने का अंदाज़ बच्चों जैसा था, जो मधुर और दिलचस्प था, लेकिन उनकी अनुभूति परिपक्व थी।

"मेरे पास आपको दिखाने के लिए कुछ है," उन्होंने कुछ पेंटिंग्स खोलते हुए कहा। मुझे हैरत हुई, जब उन्होंने चीनी शैली में काग़ज़ और रेशम की लंबी स्ट्रिप्स पर बनी कई सुंदर पेंटिंग्स दिखाईं। वे चीन और जापान की प्राचीन परंपरा का अनुकरण थीं।

"कितनी सुंदर हैं!" मैंने कहा। "इन्हें किसने बनाया ?"

"मेरी पत्नी ने," मि. ब्रेगा ने गर्व से जवाब दिया।

ऑपरेशन के चार साल बाद मिसेज़ ब्रेगा को अपनी मानसिक सीमाओं और निरर्थकता का दुखद एहसास हुआ। फिर उन्होंने एक फ्रांसीसी पत्रिका में प्राचीन चीनी पेंटिंग्स के फ़ोटो देखे। लेख में बताया गया था कि "पश्चिम की कला इंद्रियों को प्रेरित करती है, जबकि चीन की कला मस्तिष्क को प्रेरित करती है।" मिसेज़ ब्रेगा को इसी की तो ज़रूरत थी, कोई ऐसी चीज़ जो उनके दिमाग़ को विकसित कर सके।

वे चीनी शैली में पेंटिंग करने लगीं। पहली पेंटिंग पूरी होने में पाँच महीने लगे। उन्होंने कुछ सबक़ सीखे और फिर ख़ुद अपनी डिज़ाइनें बनाने लगीं। आश्चर्यजनक बात यह थी कि पूर्व अनुभव नहीं होने के बावजूद वे असली प्रतिभा के चिन्ह दिखाने लगीं।

उनकी सौ पेंटिंग्स की प्रदर्शनी हाँगकाँग के सिटी हॉल में आयोजित हुई। प्रख्यात कलाकार भी उनकी प्रतिभा को देखकर दंग रह गए। उनका स्पष्टीकरण बहुत आसान था : "मैंने ईश्वर से कहा कि वे मुझे नया मस्तिष्क दें; उन्होंने मुझे पेंटर की आत्मा और योग्यता दे दी।"

हर व्यक्ति कभी-कभार ख़ुद को किसी दुखद स्थिति में पाता है। शायद इस पुस्तक को पढ़ते समय आप ऐसी ही स्थिति में हों। अगर ऐसा है, तो हौसला रखें, क्योंकि आप इसे बदल सकते हैं। हर मुश्किल स्थिति में संभावनाएँ छिपी होती हैं। इसका यक़ीन रखें, फिर उनकी तलाश शुरू कर दें। आप पाएँगे कि जो संभावनाएँ आपके हाथ से बच सकती थीं, अब आपकी हैं, बशर्ते आप सोच सकें कि वे आपकी हैं। शायद आप इसे इस उम्मीद में पढ़ रहे हों कि यहाँ आपको ऐसा कुछ मिलेगा, जिससे आपको किसी मुश्किल स्थिति को बदलने में मदद मिले। देखिए, स्थिति की दोबारा निष्पक्ष और आशावादी ढंग से जाँच करें। असंदिग्ध मूल्यों की तलाश करें, क्योंकि वे निश्चित रूप से वहाँ हैं। और याद रखें, आप भी मुश्किलों से ऊपर पहुँच सकते हैं और वहीं बने रह सकते हैं।

इसलिए अपने मामले में ज्वार की वापसी चाहने और दोबारा अपनी समस्याओं के ऊपर पहुँचने के लिए याद रखें कि आप इस समय जैसा सोचते और काम करते हैं, वही आपके अंतिम परिणाम को तय करेगा। अरस्तू ने इसे बहुत बढ़िया तरीक़े से कहा था, "इंसान किसी ख़ास तरीक़े से लगातार काम करके कोई विशिष्ट गुण हासिल करता है।"

जेन विदर्स का उदाहरण इस सिद्धांत की पुष्टि करता है, आप कर सकते हैं, बशर्ते आप ठान लें - ईश्वर की मदद से। लाखों टी.वी. दर्शक यह जानकर हैरान होंगे कि जेन विदर्स र्‍यूमेटॉइड आर्थ्राइटिस की वजह से कभी लगभग अपाहिज हो चुकी थीं। जेन ख़ुशमिज़ाज, सकारात्मक सोच वाली "जोसेफ़ाइन" हैं, जो टी.वी. कॅमर्शियल की लेडी प्लंबर हैं।

जेन विदर्स फ़िल्मों की महान बाल अभिनेत्रियों में से एक हैं। दो साल की उम्र में वे मंच पर नाचने-गाने लगी थीं। तीन साल की उम्र में वे अपने ख़ुद के रेडियो कार्यक्रम में आने लगी थीं! पाँच साल की उम्र में जेन और उनकी माँ हॉलीवुड चले गए, जहाँ उन्होंने शर्ले टेम्पल के साथ फ़िल्म में भूमिका निभाई और उन्हें सात साल का कॉन्ट्रैक्ट मिल गया।

सैंतालीस भूमिकाओं के बाद जेन कैलिफ़ोर्निया यूनिवर्सिटी में दाख़िल हुईं। फिर द्वितीय विश्वयुद्ध आया और वे सैनिकों का मनोबल बढ़ाने के लिए चल दीं। उत्साह और जीवंतता से उन्होंने सैनिकों के लिए सौ से अधिक शो किए। वे अपने फ़िल्मी कैरियर को भी आगे बढ़ाती रहीं और दरअसल वे इकलौती बाल कलाकार थीं, जो इस तथाकथित "अजीब उम्र" से गुज़र गईं।

जेन ने अपनी शादी के दस दिन पहले तक काम करना नहीं छोड़ा। उस समय उनकी उम्र इक्कीस साल थी और उन्होंने घर-परिवार की ख़ातिर अपना कैरियर छोड़ दिया। उनके बच्चे "बहुत सुंदर थे, जैसा ईश्वर ने उन्हें बनाया था और जैसे वे अब भी हैं," जेन कहती हैं।

फिर इस उत्साही, रचनात्मक, प्रगतिशील महिला को र्‍यूमेटॉइड आर्थ्राइटिस का ज़ोरदार अटैक आया। लक़वाग्रस्त होकर उन्होंने डॉक्टर से पूछा कि क्या वे दोबारा चल पाएँगी।

डॉक्टर ने जवाब दिया, "अगर सब कुछ ठीक रहा, तो एक-दो साल में शायद आप चल सकें।" लेकिन क्या ज्वार दोबारा लौट पाएगा? क्या वे दोबारा वित्तियों के ऊपर पहुँच सकेंगी?

जेन ने अपने डॉक्टरों में आस्था व्यक्त की। "उन्होंने कहा, "लेकिन मैंने उन्हें यह भी बताया कि ईश्वर मेरा पार्टनर था और मैंने अपना सारा जीवन उनके हाथ में रख दिया। और मुझे सचमुच विश्वास था कि मैं दोबारा चलूँगी!"

उन्होंने अपनी शक्तिशाली तस्वीर देखी

हर दिन जेन ने सकारात्मक संकल्प किया कि वे ज़रूर चलेंगी। उन्होंने अपने मन में लगातार एक तस्वीर देखी, अपाहिज के रूप में नहीं, बल्कि सशक्त और उत्साही महिला के रूप में। उन्होंने अपने बचपन की तस्वीर देखी, जब उनके जोड़ और मांसपेशियाँ पूरी तरह काम करते थे। उन्होंने इस तस्वीर को दृढ़ता से अपने चेतन मन में रखा। जेन कहती हैं, "अपनी शक्ति के स्रोत के रूप में ईश्वर में गहरी आस्था के सहारे मैं नौ महीने के भीतर ही चलने लगी और अपने बच्चों की सारी ज़िम्मेदारियाँ सँभालने लगी। तब से वह बीमारी दोबारा लौटकर नहीं आई।"

चमत्कार? देखिए, चमत्कार आख़िर क्या है? शायद यह एक ऐसी घटना है, जिसे वैज्ञानिक फ़ॉर्मूले द्वारा स्पष्ट न किया जा सके, लेकिन जिसकी पुष्टि सकारात्मक आस्था के आध्यात्मिक फ़ॉर्मूले द्वारा की जा सकती है। चाहे जो हो, इसने जेन विदर्स को समस्याओं के ऊपर पहुँचा दिया और वहीं क़ायम रखा।

चाहे आपको कितनी भी मुश्किल आ रही हो, चाहे राह कितनी ही कठिन दिख रही हो, अपने विचार उच्च और सकारात्मक रखें। ऐसा हमेशा करें, चाहे स्थिति कितनी ही मुश्किल, यहाँ तक कि अतार्किक भी लग रही हो। सेमुअल बटलर की तरह ख़ुद को यह यक़ीन न दिलाएँ कि ज़िंदगी "थकने की एक लंबी प्रक्रिया है," या सिगमंड फ़्रायड की तरह न सोचें कि "इंसान का प्रमुख कर्तव्य जीवन को सहन करना है।" इन महान व्यक्तियों की बातों को दरकिनार कर यह सोचें कि आपको जीवन को क़ाबू में करना है और इसका स्वामी बनना है। हमेशा याद रखें कि आपको जितना एहसास है या आपने जितनी कल्पना की है, आपमें उससे ज़्यादा शक्ति है। अगर आप सफल होने और बने रहने के लिए संकल्पवान हैं, तो निश्चित रूप से कोई चीज़ आपको नीचे नहीं रख सकती। अपनी ज़बर्दस्त आंतरिक शक्ति का लाभ लें, क्योंकि यह मौजूद है और "ज़बर्दस्त" ही उस शक्ति के लिए सही विशेषण हो सकता है। हमेशा यह विचार रखें कि आप कुछ भी कर सकते हैं, बशर्ते आप ठान लें।

संकट में शक्ति

उदाहरण के लिए यह प्रसंग पढ़ें, जिसे मैंने एक अख़बार में पढ़ा था।

एक किसान अपने खलिहान के सामने खड़ा था। वह एक हल्के ट्रक को तेज़ी से अपनी ज़मीन के पार आते देख रहा था। ट्रक उसका चौदह साल का लड़का चला रहा था। लड़का इतना छोटा था कि उसे लाइसेंस नहीं मिल सकता था, लेकिन वह गाड़ियों का दीवाना था – और गाड़ी चलाने में माहिर भी लगता था। उसे खेत के चारों तरफ़ पिकअप ट्रक चलाने की इजाज़त दे दी गई थी, लेकिन सड़कों पर जाने की मनाही थी।

अचानक दहशत में पिता ने देखा कि ट्रक पलटकर गड्ढे में गिर गया। दौड़कर पास जाने पर उसने देखा कि गड्ढे में पानी था और उसका लड़का ट्रक के नीचे था। लड़के का सिर आंशिक रूप से पानी में डूबा था!

किसान नाटा था। अख़बार की ख़बर के अनुसार उसकी लंबाई पाँच फ़ुट सात इंच थी और उसका वज़न 155 पौंड था, लेकिन एक पल भी हिचके बिना वह गड्ढे में कूद गया। उसने अपने हाथ ट्रक के नीचे रखे और उसे इतना उठा दिया, ताकि एक नौकर अचेत लड़के को बाहर खींच सके, जो भागता हुआ वहाँ आ गया था।

स्थानीय डॉक्टर तत्काल आया, उसने लड़के की जाँच की, चोटों का इलाज किया और उसे बिलकुल ठीक बताया।

इस दौरान पिता सोच-विचार में डूबा था। उसने बिना सोचे-समझे उस ट्रक को उठा दिया था। उसने एक पल के लिए भी नहीं सोचा था कि क्या वह उठा सकता है। जिज्ञासा से उसने दोबारा कोशिश की। वह ट्रक को हिला भी नहीं पाया। डॉक्टर ने कहा कि यह चमत्कार है। उसने स्पष्ट किया कि शरीर कई बार आपातकाल में बहुत ज़्यादा एड्रीनलिन छोड़ देता है, जिससे अतिरिक्त शक्ति मिल जाती है। यह इकलौता स्पष्टीकरण था, जो वह दे सकता था।

ज़ाहिर है, इतने सारे एड्रीनलिन के स्राव की क्षमता ग्रंथियों में पहले से मौजूद थी। जो चीज़ मौजूद ही न हो, उसे सक्रिय नहीं किया जा सकता। आम तौर पर व्यक्ति के पास बहुत सी शारीरिक शक्ति रिज़र्व में रहती है।

इस तरह के अनुभव हमें एक और महत्वपूर्ण तथ्य बताते हैं। किसान को कुछ हुआ था, जिस वजह से उसमें सामान्य से ज़्यादा शारीरिक शक्ति आ गई। लेकिन यह शारीरिक प्रतिक्रिया से अधिक बड़ी शक्ति थी। इसमें

मानसिक और आत्मिक शक्तियाँ भी शामिल थीं। जब उसने देखा कि उसका बेटा मर सकता है, तो उसके मस्तिष्क की प्रतिक्रिया ने उसे बचाव के लिए प्रेरित किया। उस समय उसके मन में उस लड़के के ऊपर से ट्रक को उठाने के अलावा कोई विचार नहीं था। इस तरह का संकट उन अद्‌भुत निहित शक्तियों को बाहर निकालता है, जिन्हें आप आत्मिक एड्रीनलिन कह सकते हैं। अगर उस स्थिति में अधिक शारीरिक शक्ति की ज़रूरत हो, तो मानसिक अवस्था उसे उत्पन्न कर देती है।

स्वस्थ और सशक्त बनने की चुनौती

आंतरिक शक्ति के इन छिपे हुए भंडारों को बहुत सी चीज़ें सक्रिय कर सकती हैं। इसमें ख़तरे या संकट की ज़रूरत नहीं होती है। मेरे परिचित विलियम एच. डैनफ़ोर्थ रैल्स्टन प्यूरिना कंपनी के प्रमुख थे। वे पहली बार अपनी क्षमताओं से तब परिचित हुए, जब उन्हें उनके टीचर ने चुनौती दी। किशोरावस्था में वे बीमार रहा करते थे और दीर्घकालीन बीमारी से समझौता कर चुके थे। फिर एक दिन स्कूल टीचर ने कहा, "मैं तुम्हें चुनौती देता हूँ कि तुम इस क्लास के सबसे दमदार बच्चे बन जाओ। मैं तुम्हें चुनौती देता हूँ कि तुम सर्दी और बुखार की बीमारियों को अपने सिस्टम से हटा दो। मैं तुम्हें चुनौती देता हूँ कि तुम अपने शरीर को ताज़ी हवा, शुद्ध पानी, अच्छे भोजन और दैनिक व्यायाम से भर लो, जब तक कि तुम्हारे गाल गुलाबी न हो जाएँ, तुम्हारा सीना न उभर आए और तुम्हारे अंग मज़बूत न हो जाएँ।"

उस अनुभव को याद करते हुए डैनफ़ोर्थ लिखते हैं : "जब उन्होंने इस तरह बात की, तो मेरे भीतर कुछ हुआ। मेरा ख़ून तेज़ी से दौड़ने लगा। इसने उस चुनौती का जवाब दिया, जो मेरे शरीर में बह रही थी, जैसे मेरी उँगलियाँ युद्ध करने के लिए कुलबुला रही हों। मैंने अपने शरीर से सारे ज़हर दूर कर दिए। मैंने एक ऐसा शरीर बनाया, जो उस क्लास के सबसे मज़बूत बच्चों जैसा था और मैं अपने ज़्यादातर सहपाठियों से ज़्यादा जी लिया हूँ। उस दिन से मैंने बीमारी के कारण ज़रा सा भी समय नहीं गँवाया।"

बाद में बिल डैनफ़ोर्थ जब भी अन्य लोगों में ऐसी क्षमता देखते थे, जिसका पूरी तरह प्रयोग नहीं हो रहा था, तो वे भी इसी तरीक़े से चुनौती देते थे। उदाहरण के लिए, एक कंपनी में मैकेनिक के रूप में काम कर रहा युवक बिजली का सामान बनाता था। वह हाई स्कूल के बाद पढ़ाई छोड़कर

यह काम करने आया था। उसने देखा कि उसकी उम्र के बाक़ी लोगों को ज़्यादा अच्छी नौकरियाँ मिल रही थीं, क्योंकि वे तकनीकी रूप से प्रशिक्षित कॉलेज स्नातक थे। डैनफ़ोर्थ लिखते हैं, "मैंने उसे चुनौती दी कि वह अपनी नौकरी छोड़कर वापस कॉलेज जाए। एक बार फिर मैंने एक जुझारू व्यक्ति की आँखों में युद्ध की बेशक़ीमती चमक देखी। उसके पास पैसे नहीं थे, लेकिन वह जैसे-तैसे कॉलेज गया, ऑनर्स के साथ स्नातक हुआ और आज वह भूतपूर्व मैकेनिक एक शीर्षस्थ इलेक्ट्रिकल इंजीनियर है।"

एहसास करें कि आपके पास आंतरिक शक्ति के भंडार हैं। अपनी महत्वाकांक्षाओं और इच्छाओं की चुनौती का प्रयोग करके अपनी सोई हुई तथा अक्सर अप्रयुक्त शक्तियों को सक्रिय होने के लिए प्रेरित करें। ख़ुद को चुनौती दें कि आपको सर्वश्रेष्ठ बनना है। आपका सर्वश्रेष्ठ स्वरूप जानता है कि आपको क्या बनना चाहिए। चुनौती दें कि आप जितने बड़े हैं, उससे ज़्यादा बड़े बन जाएँ। बड़ी उम्मीदें रखें और उन्हें पूरा करने की हिम्मत दिखाएँ। बड़े सपने देखें और उन्हें साकार करने का साहस दिखाएँ। ज़बर्दस्त उम्मीदें रखें और उनमें यक़ीन रखें। आप जीवन को जितने बड़े पैमाने पर जीने की कोशिश करेंगे, आपको अपने भीतर उतनी ही ज़्यादा सामर्थ्य मिलेगी, जो शिखर पर पहुँचने और वहाँ बने रहने के लिए ज़रूरी है।

मैंने आख़िरी बार विलियम एच. डैनफ़ोर्थ को तब देखा था, जब वे छियासी साल के थे। वे सेंट लुइस होटल की भीड़ भरी लॉबी में थे। मैंने उनसे पूछा, "आप इस उम्र में इतनी बढ़िया शारीरिक स्थिति में कैसे रहते हैं? मुझे अपना रहस्य बता दें। जब मैं छियासी साल का हो जाऊँगा, तो मैं भी आपकी तरह मज़बूत रहना चाहूँगा।"

उन्हें किसी प्रोत्साहन की ज़रूरत नहीं थी। उन्होंने जवाब दिया, "मैं तुम्हें दिखाऊँगा कि मैं कौन से व्यायाम करता हूँ।" और फिर वे वहीं पर व्यायाम करके दिखाने लगे। उनका ध्यान इस तरफ़ नहीं था कि आस-पास से गुज़रने वाले बहुत से लोग रुककर उन्हें देखने लगे थे। हर व्यक्ति उन्हें जानता था और उनसे प्रेम करता था। वे असाधारण इंसान थे। दरअसल उन्होंने हम सबसे भी वहाँ व्यायाम कराया। उन्होंने कहा, "लेकिन तंदुरुस्ती का रहस्य शारीरिक व्यायाम ही नहीं है। इसमें दिमाग़ का व्यायाम भी शामिल है। सेहत के बारे में सोचो - हमेशा सेहत के बारे में सोचो।"

यह व्यक्ति हमेशा लोगों को उनकी सोई हुई शक्तियों को जाग्रत करने की चुनौती देता था। एक बार एक सेल्समैन उनके ऑफ़िस में आया और

हताशा से बोला, "मि. डैनफ़ोर्थ, मैं यह काम छोड़ रहा हूँ।"

"क्यों ? मुझे एक अच्छा कारण बताओ," डैनफ़ोर्थ ने तपाक से कहा।

"क्योंकि मैं सेल्समैन हूँ ही नहीं," उस आदमी ने जवाब दिया। "मुझमें योग्यता या हिम्मत नहीं है। इसलिए मैं छोड़ रहा हूँ।"

डैनफ़ोर्थ ने उसकी आँखों में काफ़ी देर तक सीधे देखा और कहा, "अगर मुझे मूल्यांकन करना आता है, तो तुममें सफल सेल्समैन के सारे गुण हैं। मैं तुम्हें चुनौती देता हूँ कि तुम इसी समय जाओ और एक दिन में अब तक हासिल किए गए ऑर्डर्स से ज़्यादा ऑर्डर लेकर आओ। मैं तुम्हें चुनौती देता हूँ! जाओ!" तत्काल उन्होंने सेल्समैन की आँखों में युद्ध की चमक देखी। वह मुड़ा और बाहर चल दिया। उस रात को वह उल्लास के साथ लौटा। उसने ठीक वही किया था, जो उसके बॉस ने उसे करने की चुनौती दी थी। उसने अपने पुराने रिकॉर्ड तोड़ दिए थे। बाद में वह कंपनी के सबसे सफल सेल्समैनों में से एक बना।

एक पुरानी कहावत है : "जब क़िस्मत आपकी तरफ़ ख़ंजर फेंकती है, तो उसे पकड़ने के दो तरीक़े हैं : या तो ब्लेड की तरफ़ से या फिर हैंडल की तरफ़ से।" अगर आप ब्लेड की तरफ़ से ख़ंजर पकड़ते हैं, तो यह आपके शरीर को काट सकता है, शायद आपको चोट पहुँचा सकता है। लेकिन अगर आप इसे हैंडल से पकड़ते हैं, तो आप लड़ाई में इसका इस्तेमाल कर सकते हैं। जब कोई बड़ी बाधा सामने हो, तो इसे हैंडल की तरफ़ से पकड़ें। दूसरे शब्दों में, चुनौती को अपनी जुझारू भावना जगाने दें। अच्छी जुझारू भावना के बिना आप कहीं नहीं पहुँच सकते। तो बस शुरू हो जाएँ। इससे आपकी सोई हुई शक्तियाँ बाहर निकलकर सक्रिय हो जाएँगी।

आपमें बाधाओं से मुक़ाबला करने का दम है

हमेशा याद रखें कि आपके भीतर ऐसे आध्यात्मिक और मानसिक गुण हैं, जो असंभव नज़र आने वाली स्थितियों पर विजय पाने में भी आपकी मदद कर सकते हैं। इस आंतरिक प्रतिरोध शक्ति को अपने सामने आने वाली किसी भी बाधा के ख़िलाफ़ खड़ा कर दें।

मेरे पुराने मित्र जॉर्ज क्यूलम सीनियर, डलास, टैक्सॉस में कॉन्ट्रैक्टर हैं। पाइप बिछाने के लिए उन्हें अक्सर ठोस चट्टान में ड्रिल करना पड़ता

था। उन्होंने यह बात बहुत अच्छी तरह से कही है, "जब चट्टान कठोर हो, तो हम चट्टान से ज़्यादा कठोर बन जाते हैं। जब काम कठिन हो, तो हम काम से ज़्यादा दृढ़ बन जाते हैं।"

किसी बाधा को अपना रास्ता न रोकने दें। उठकर मुसीबतों के ऊपर खड़े हो जाएँ और वहीं खड़े रहें।

मैंने बहुत सालों तक लोगों का अध्ययन किया है। मैंने दिलचस्पी के साथ देखा है कि लोग अपने चुने हुए कामों में सर्वश्रेष्ठ प्रदर्शन करते हैं। ये वे लोग होते हैं, जो "नहीं" के जवाब को नज़रअंदाज़ या अनसुना कर देते हैं। मैंने दो अच्छे दोस्तों और सफल बिज़नेसमैनों के साथ पाउकीपसाई, न्यूयॉर्क में लंच लिया, जो डचेस काउंटी की काउंटी सीट और मेरा फ़ार्म है। रॉनी मॉरिस एक बेहतरीन स्टोर में पार्टनर हैं और एल्मर डिल सफल बीमा सेल्समैन हैं।

लंच के दौरान हम प्रेरणा और लोगों को अच्छे काम करने तथा जीवन को रचनात्मक बनाना सिखाने के बारे में बात करने लगे। मैंने रॉनी मॉरिस से पूछा कि उन्होंने अपने स्टोर में इतने योग्य कर्मचारियों को कैसे चुना। उन्होंने जवाब दिया कि वे उन्हें लोगों तथा काम के प्रति सकारात्मक नज़रिया रखना सिखाते हैं। लोगों से विनम्र, दोस्ताना ढंग से मिलने का तरीक़ा, उनकी ज़रूरत का सामान बेचना और इसका आनंद लेना सेल्स प्रशिक्षण का लक्ष्य होता है। एल्मर डिल ने बताया कि बीमा सेल्समैन का प्रशिक्षण काफ़ी जटिल होता है, क्योंकि एजेंट को एक साथ कई व्यक्तित्व रखने होते हैं। एक तरह का डॉक्टर, क्योंकि उसे शारीरिक परीक्षण में पास होने की दृष्टि से संभावित ग्राहक की फ़िटनेस को भाँपना होता है। उसमें वकील और टैक्स सलाहकार का ज्ञान भी होना चाहिए, ताकि वह सही एस्टेट प्लानिंग कर सके।

"लेकिन," एल्मर ने कहा, "हम उसे एक तरह का बहरापन भी सिखाते हैं, जिससे वह 'नहीं' शब्द कभी न सुने!" इस टिप्पणी से मुझे एक और सेल्स विशेषज्ञ एल्मर लेटरमैन की याद आई, जिनका दर्शन था, "सेल तब शुरू होती है, जब ग्राहक कहता है नहीं।"

एक दोस्त जॉन टाइग्रेट और मैं अपने साझे दोस्त रॉय थॉमसन के बारे में बात कर रहे थे, जिन्हें लॉर्ड थॉमसन ऑफ़ फ़्लीट के नाम से जाना जाता है। उनके इंग्लैंड, स्कॉटलैंड, कनाडा और अमेरिका में 240 अख़बार

प्रकाशित होते हैं। रॉय थॉमसन कनाडा में पैदा होने और ग़रीबी में पलने के बाद इस शानदार मुक़ाम पर पहुँचे।

मैंने पूछा कि लॉर्ड थॉमसन की प्रेरणा क्या थी। जॉन टाइग्रेट ने कहा, "उनके पास एक बहुत अच्छी बात है - उनके पास सिर्फ़ बीस प्रतिशत दृष्टि है। इस कारण वे मोटा चश्मा पहनते हैं, जिसके सिर्फ़ बीच में एक छोटा लेकिन सशक्त लेंस है। पढ़ते समय उन्हें काग़ज़ को आँखों के क़रीब रखना है। लेकिन इससे फ़ायदा यह होता है कि वे अपने सामने की पत्थर की दीवारों को कभी नहीं देख पाते हैं। इसलिए सफलता के इन अवरोधों का उन पर ज़रा भी प्रभाव नहीं पड़ता है।" रॉय थॉमसन स्पष्ट रूप से "आप कर सकते हैं, बशर्ते आप ठान लें" सिद्धांत का पालन करते थे।

एक बार मैं हवाई यात्रा में एक सेल्स मैनेजर के पास बैठा था। मैंने उससे पूछा कि वह अपने सेल्समैनों को बाधाओं से उबरने और शीर्ष पर पहुँचने के लिए किस तरह प्रशिक्षित करता है। उसने कहा, "हम उन्हें *अगर* चिंतक बनने के बजाय *कैसे* चिंतक बनना सिखाते हैं।"

'अगर' चिंतक नहीं, *'कैसे'* चिंतक बनें

उसने "अगर" चिंतक और "कैसे" चिंतक के बीच के महत्वपूर्ण फ़र्क़ की ओर इशारा किया। "अगर" चिंतक किसी मुश्किल या पराजय पर चिंता करता है, कटुता से सोचता है, "अगर मैंने यह या वह किया होता ... अगर परिस्थितियाँ भिन्न होतीं ... अगर दूसरों ने मुझसे इतना अन्यायपूर्ण व्यवहार नहीं किया होता ..." इस तरह वह एक कमज़ोर स्पष्टीकरण या तर्क से दूसरे पर जाता है, गोल-गोल घूमता है और कहीं नहीं पहुँच पाता। दुर्भाग्य से दुनिया में बहुत से पराजित "अगर" चिंतक हैं।

उसने कहा "लेकिन 'कैसे' वाला चिंतक समस्या या संकट आने पर पोस्टमॉर्टम में ज़रा सी भी ऊर्जा बर्बाद नहीं करता है। वह तत्काल सर्वश्रेष्ठ समाधान की तलाश करता है, क्योंकि वह जानता है कि समाधान हमेशा होता है। वह ख़ुद से पूछता है, 'मैं इस संकट का रचनात्मक उपयोग कैसे कर सकता हूँ? मैं इसमें से कोई अच्छी चीज़ कैसे खोज सकता हूँ? मैं उबर कैसे सकता हूँ?' 'अगर' नहीं, बल्कि 'कैसे।' यही वह सफल फ़ॉर्मूला है, जो हम अपने सेल्समैनों को सिखाते हैं।"

"*कैसे* वाला चिंतक समस्याओं को प्रभावी ढंग से सुलझा लेता है, क्योंकि वह जानता है कि मुश्किल में हमेशा मूल्य खोजे जा सकते हैं। वह

निरर्थक 'अगर' में ज़रा भी समय बर्बाद नहीं करता है, बल्कि सीधे रचनात्मक 'कैसे' पर काम करने लगता है। वह विनाशकारी चिंतन को ख़त्म करता है। वह सृजनात्मक चिंतन का प्रयोग करता है। और वह कभी हार नहीं मानता है! कभी नहीं, चाहे जो हो जाए। मेरा यक़ीन करें," उसने अंत में कहा, "अगर दुनिया में 'कैसे' चिंतकों की संख्या बढ़ जाए, तो कल्पना कीजिए कितना कुछ हासिल किया जा सकता है!"

सचमुच शिखर पर पहुँचने और वहीं बने रहने में मदद करने वाला एक ऐसा ही नज़रिया है, "कोशिश करें - सचमुच कोशिश करें" का सिद्धांत। दो क़रीबी रूप से जुड़े अन्य सिद्धांत हैं : (1) "यक़ीन करें - सचमुच यक़ीन करें," और (2) प्रार्थना करें - सचमुच प्रार्थना करें।" एक साथ होने पर वे निरर्थक "अगर" को ख़त्म कर देते हैं और रचनात्मक "कैसे" को रेखांकित करते हैं। उदाहरण के लिए, न्यूयॉर्क सिटी एडवर्टाइज़िंग एजेंसी के प्रमुख हरबर्ट जे. स्टाइफ़ेल का एक पत्र देखें, जो सफल उपलब्धि के इन तीनों प्रगतिशील सिद्धांतों का प्रयोग करते हैं। मैं उनकी चिट्ठी यहाँ दे रहा हूँ, क्योंकि उनकी तकनीकों का प्रभावी वर्णन उनके बिज़नेस और व्यक्तिगत जीवन में एक महत्वपूर्ण मील का पत्थर है।

> प्रिय नॉर्मन : यह प्रार्थना की शक्ति का एक प्रमाण है, जो सीधा "प्रेस से चला आ रहा है।"
>
> कुछ सप्ताह पहले मेरी एजेंसी उन कई एजेंसियों में से एक थी, जिन्हें एक बहुत महत्वपूर्ण अंतर्राष्ट्रीय विज्ञापन अकाउंट हेतु निविदा देने के लिए चुना गया था। दरअसल, यह दुनिया की सबसे बड़ी कंपनियों में से एक थी, जिसमें लगभग तीन लाख कर्मचारी थे और इसकी वार्षिक आमदनी बहुत ज़्यादा थी।
>
> सभी विज्ञापन एजेंसियों में हमारी एजेंसी सबसे छोटी थी। सच कहूँ, तो मुझे डर था कि हम हार जाएँगे, क्योंकि बाक़ी एजेंसियों के पास बड़े क्लायंट्स का ज़्यादा अनुभव था।
>
> पिछले मंगलवार को "निर्णय दिवस" था और मैं जानता था कि रिव्यू मीटिंग उनके ऑफ़िस में पौने ग्यारह बजे शुरू होगी। मुझे लगातार यह डर सता रहा था कि हम असफल हो जाएँगे। मैंने ख़ुद को विश्वास दिला दिया था कि हमें यह अकाउंट नहीं मिल सकता।
>
> मैं इससे पहले वाली रात को ज़्यादातर समय तक जागता रहा। मैं

अपने ऑफ़िस में बैठकर सोचता रहा, "मैं इन लोगों को यह विश्वास दिलाने के लिए क्या कर सकता हूँ कि हमारी एजेंसी उनके लिए सही है? क्या मुझे फ़ोन करके आख़िरी निवेदन करना चाहिए? क्या मुझे विशेष डिस्काउंट का सुझाव देना चाहिए, ताकि वे अपने पैसे बचाने के लिए हमें चुन सकें?"

अचानक मुझे एहसास हुआ कि मैंने सबसे सशक्त विश्वासोत्पादक का इस्तेमाल तो किया ही नहीं था। मैंने अपने ऑफ़िस का दरवाज़ा बंद किया, बाइबल खोली और उसे पढ़कर प्रार्थना की। मैंने अपनी डेस्क के ड्रॉअर से आपकी दो पुस्तकें भी निकालकर पढ़ीं, *थॉट कंडीशनर्स* और *स्पिरिट लिफ़्टर्स*।

कुछ पल बाद मैंने अपनी आँखें बंद कर लीं और बहुत एकाग्रता से उन सभी कारणों पर ग़ौर किया कि हम इस काम के लिए आदर्श स्थिति में क्यों थे। मैंने बहुत स्पष्टता से देखा कि मुझे अब और कुछ नहीं करना चाहिए। आख़िर मामला ईश्वर के हाथ में था और वे मेरे साथ थे।

मैंने अपनी आँखें खोलीं और हालाँकि दिन बहुत बोझिलता से शुरू हुआ था, लेकिन अचानक सूरज बाहर निकल आया। अब मैं उस निर्णय के बारे में बहुत अच्छा और आत्मविश्वास से भरपूर महसूस कर रहा था, जो किसी भी मिनट हो सकता था। एक घंटे बाद टेलीफ़ोन की घंटी बजी। फ़ोन करने वाले ने बताया, "यह एक मुश्किल मीटिंग थी और बहुत मुश्किल निर्णय था। सच कहें तो हम दूसरी दिशा में बहुत आगे तक चले गए थे, लेकिन तभी किसी ने सुझाव दिया कि छोटी एजेंसी हमें ज़्यादा व्यक्तिगत और समर्पित सेवा दे सकती है, जिसकी कंपनी को बुरी तरह ज़रूरत थी। यह निर्णायक मोड़ साबित हुआ। कुछ ही मिनटों में हमने आपकी एजेंसी को काम देने का फ़ैसला कर लिया। मुझे आपको यह बताते हुए ख़ुशी हो रही है कि हम आपको अपना अकाउंट आज से ही दे रहे हैं।"

मैं जानता हूँ कि यह निर्णय ईश्वर द्वारा निर्देशित और प्रेरित था। इसने मेरी मदद की, ताकि मैं अधिक प्रेमपूर्ण और समझदार बनने की दिशा में अपना विकास कर सकूँ। इसने मेरे स्टाफ़ के सभी सदस्यों के सामने एक उत्कृष्ट मिसाल पेश की। उन्हें भी यह एहसास हो गया

कि इंसान से ज़्यादा बड़ी शक्ति के कारण यह निर्णय हुआ था। यह हमें अब तक मिला सबसे बड़ा अकाउंट है और इसने मेरी फ़र्म के लिए एक बिलकुल ही नया क्षेत्र खोल दिया है।

मेरे लिए आपकी मदद, मार्गदर्शन और मित्रता बहुत सारे तरीक़ों से मायने रखती है। धन्यवाद।

हृदय से आपका, हर्ब।

अब मान लें कि हर्ब को यह अकाउंट नहीं मिला होता। वह इतना अच्छा दार्शनिक और सकारात्मक चिंतक है कि इससे वह हिम्मत नहीं हारता। वह उस फ़िलॉसाफ़ी का इस्तेमाल करता, जो मेरी माँ ने मुझे कई बार सिखाई थी। वे कहती थीं, "नॉर्मन, जब तुम्हारे सामने का एक दरवाज़ा बंद हो जाता है (और कुछ दरवाज़े बंद हुए हैं), तो तुम्हें एहसास होना चाहिए कि ईश्वर ने उस दरवाज़े को इसलिए बंद किया है, ताकि वह तुम्हें दूसरे खुले दरवाज़े की ओर ले जाए, जो तुम्हारे लिए सही दरवाज़ा है।"

कुछ लोग यह कह सकते हैं कि यह पत्र भौतिक है। लेकिन मेरी राय में आपकी सभी व्यक्तिगत और व्यवसायिक रुचियों में सही और निश्चित परिणाम के लिए आध्यात्मिक चिंतन की ज़रूरत होती है।

पिछले कुछ सालों से बिज़नेस को कम आँकने की कोशिश हो रही है और तथाकथित बौद्धिक लोगों द्वारा व्यवसायिक समुदाय पर आरोप लगाए गए हैं, जो इस तथ्य से अनजान हैं कि बिज़नेस ही उन्हें सहारा देता है।

मैं सिर्फ़ यह कह सकता हूँ कि मैं जीवन भर बिज़नेसमैनों के संपर्क में रहा हूँ और ज़्यादातर मामलों में वे ईमानदार, उदार लोग होते हैं, जो समाज को बेहतर बनाने के लिए अपना समय और ज्ञान देते हैं। दरअसल, मेरे कुछ परिचितों ने तो मुझे इस बारे में काफ़ी कुछ सिखाया है कि लोगों के साथ कैसे रहा जाए और उनकी मदद कैसे की जाए। और स्पष्टता का अनिवार्य तत्व हमेशा मौजूद रहा है।

मुझे एमॉस सुल्का का उदाहरण बहुत स्पष्टता से याद है। वे ग़रीब अप्रवासी लड़के थे, जिन्होंने बाद में दुनिया में सबसे बढ़िया मेन्स फ़र्निशिंग शॉप्स की चेन बनाई। हम न्यूयॉर्क के रोटरी क्लब में सदस्य थे। उनका व्यक्तित्व सशक्त है, वे हमेशा स्पष्ट सोचते हैं, साहसिक व ईमानदार हैं और उनका दिल बड़ा तथा प्रेमपूर्ण है। वे हमेशा दुर्भाग्यशाली लोगों की मदद

करते हैं, ख़ासकर ग़रीबों की, क्योंकि वे कभी नहीं भूले कि ग़रीब होना कैसा होता है। वे सफल बन गए, लेकिन यह बात कभी नहीं भूले।

एक बार एमॉस ने मुझसे कहा, "किसी भी काम को अच्छी तरह से करने के लिए आपको वह सब जानना होता है, जो आप उसके बारे में जान सकते हैं। फिर आप वह सबसे अच्छा काम करें, जो आप कर सकते हैं। अध्ययन करते रहें, ईश्वर पर भरोसा रखें, ईमानदार रहें, जितना मूल्य लें उतना दें, अच्छा सामान रखें, लोगों से सही व्यवहार करें और ख़ुद पर भरोसा रखें।"

उन्होंने मुझे उस दिन के बारे में बताया, जब विलियम रैंडोल्फ़ हर्स्ट उनकी दुकान में आए थे। हर्स्ट बहुत से अख़बारों के स्वामी थे और उस वक़्त देश के सबसे बड़े दिग्गजों में से एक थे। उनके बारे में कहा जाता था कि वे तानाशाह और घमंडी क़िस्म के इंसान थे। दृढ़ प्रकृति के होने के कारण वे आदेश देना पसंद करते थे। उन्हें इस बात की आदत थी कि लोग उनके आदेश मानें।

एमॉस सुल्का के अनुसार जब वे दुकान में आए, तो क्लर्क उन्हें पहचान नहीं पाया। उसने पूछा, "मैं आपकी क्या मदद कर सकता हूँ, सर ?"

हर्स्ट ने कहा, "मैं सुल्का से मिलना चाहता हूँ!"

क्लर्क ने कहा, "वे आम तौर पर ग्राहकों को सामान नहीं दिखाते हैं।"

"मैं विलियम रैंडोल्फ़ हर्स्ट हूँ और मैं सुल्का से मिलना चाहता हूँ।"

सुल्का बाहर आकर विनम्रता से बोले, "स्वागत है, मि. हर्स्ट, मैं आपके लिए क्या कर सकता हूँ ?"

"मुझे कुछ नए कॉलर चाहिए, उसी तरह के जिस तरह के मैं पहने हूँ," मि. हर्स्ट ने कहा (यह उस ज़माने की बात है, जब पुरुषों के पास अलग कॉलर होते थे, जो शर्ट में लगते थे) "मुझे दो दर्जन चाहिए।"

सुल्का को तत्काल दिख गया कि हर्स्ट का कॉलर बहुत ही पुरानी शैली का था और उन पर ज़रा भी नहीं जम रहा था। उसने प्रकाशक से शालीनता से यह बात कह दी। हर्स्ट ने कहा, "मैं जानता हूँ कि मैं क्या चाहता हूँ। मैं इस कॉलर को बरसों से पहन रहा हूँ और यही मेरे लिए सही कॉलर है।"

एमॉस ने धीरे से जवाब दिया, "मि. हर्स्ट, आप दुनिया के सबसे बड़े

अख़बार प्रकाशक हैं। और मैं एमॉस सुल्का हूँ, दुनिया का सबसे बड़ा वस्त्र विशेषज्ञ। आप अख़बारों के मामले में विशेषज्ञ हैं। मैं कॉलर के मामले में विशेषज्ञ हूँ और मुझे आपको बताना होगा कि आप जो कॉलर पहन रहे हैं, उससे आपके महान व्यक्तित्व की शोभा ज़रा भी नहीं बढ़ रही है। मुझे अफ़सोस है, लेकिन मैं आपको वह कॉलर बेच ही नहीं सकता। मैं आपके साथ इतना दुर्व्यवहार नहीं कर सकता।"

हर्स्ट बौखलाकर बोले, "देखो सुल्का, मैं तुम्हें एक बार फिर बता देता हूँ। मैं इस तरह का कॉलर बरसों से पहन रहा हूँ और मैं जानता हूँ कि कौन सा कॉलर पहनना है। या तो तुम मुझे यह कॉलर बेच दो, वरना तुम मुझे कुछ नहीं बेच पाओगे।"

"उस कॉलर को बेचने से तो अच्छा है कि मैं आपको कुछ न बेचूँ," सुल्का ने धीरे से जवाब दिया। "मैं यह नहीं चाहता कि महान विलियम रैंडोल्फ़ हर्स्ट इतने पुराने, भद्दे कॉलर में देखे जाएँ और लोगों को यह पता चले कि उन्होंने इसे सुल्का से ख़रीदा है।"

दोनों व्यक्तियों की नज़रें मिलीं, दोनों ही अपने व्यवसाय को जानते थे, दोनों ही दृढ़ थे। आख़िर हर्स्ट ने कहा, "ठीक है, घमंडी आदमी, तुम्हारे हिसाब से मुझे कौन सा कॉलर पहनना चाहिए?"

"क्या आप उन्हें अपनी पसंद का कॉलर बेच पाए, एमॉस?" मैंने पूछा।

"और क्या, मैंने ऐसा ही किया," उन्होंने जवाब दिया, "और वे हमेशा बाद में सही कॉलर के लिए हमारे पास ही आए। हम अच्छे दोस्त भी बन गए।"

तीन "एल" से कैसे बचें

एक और चीज़ का ज़िक्र किया जाना चाहिए। कई लोग जीवन से जो चाहते हैं, वह उन्हें कभी नहीं मिल पाता, क्योंकि वे अपने चिंतन में तीन "एल" द्वारा कंडीशन हो जाते हैं। और ये तीन विनाशक "एल" कौन से हैं, जो इतने सारे लोगों के अच्छे भविष्य की राह में खड़े हो जाते हैं? ये तीन एल हैं - Lack यानी कमी, Loss यानी क्षति, Limitation यानी सीमा।

हर जगह लोग कह रहे हैं, "मुझमें योग्यता की कमी है," "मुझे अवसर की कमी है" - "मुझे कमी है, मुझे कमी है, मुझे कमी है।" या फिर, "मुझमें एक अंदरूनी सीमा है," "मैं अपाहिज हूँ," या "मैं ग़रीब हूँ।" इस तरह लोग अपनी सीमा का निर्माण ख़ुद करते हैं। चेतन मन सीमा के विचार

को स्वीकार कर लेता है, फिर इसे अवचेतन की ओर बढ़ा देता है, जो इसे निर्णायक बना देता है।

और फिर निराशाजनक पोस्टमॉर्टम आते हैं : "मैंने अपना मौक़ा गँवा दिया," "मैंने अपना पैसा गँवा दिया," "मैंने कोशिश की और मैं हार गया।" इस तरह से उन सभी ग़लत चीज़ों के बारे में निराशाजनक बातें कही जाती हैं।

आज हमारा देश इन्हीं तीन "एल" से भरा है। आप कोई भी ऐसा अख़बार नहीं पढ़ सकते, जिसमें कमी के सोच की बमबारी न हो। दरअसल, अख़बारों में छपी लगभग हर ख़बर इस बारे में होती है कि हमें किस चीज़ की कमी है, हमने क्या गँवा दिया है या क्या गँवा रहे हैं, हम किस तरह सीमित हैं। और अगर आप समाचार भी सुनते हैं, तो आपको यह ज़्यादा सुनाई देता है। अधिकांश कमेंटेटर कमी, क्षति और सीमा की रिपोर्टिंग में माहिर होते हैं।

ज़ाहिर है, पत्रिकाएँ पढ़ने पर आपको इसका और ज़्यादा डोज़ मिलता है। आप थिएटर जाएँ, वहाँ भी आपको यह मिल जाएगा। ईश्वर हमारी मदद करे, यहाँ तक कि कई धार्मिक उपदेशक भी जनता के दिमाग़ में तीन "एल" भर रहे हैं। चाहे हम कहीं भी जाएँ, हम सभी को कमी, क्षति और सीमा की गोलाबारी का शिकार होना पड़ता है। शायद अचेतन रूप से अमेरिकी जनता यह सुन-सुनकर बीमार पड़ रही है कि उनके पास क्या नहीं है, उन्होंने क्या गँवा दिया है या वे क्या नहीं कर सकते। क्या यह अच्छा नहीं होगा, अगर कोई कहे, "निश्चित रूप से कमी तो है, लेकिन समृद्धि भी है। क्षति तो है, लेकिन लाभ भी है। सीमा तो है, लेकिन महान संभावना भी है।" इस तरह की सोच, इस तरह की बातें कमी, क्षति और सीमा के मनोरोग का विरोध करेंगी, जो हर जगह विनाशक रूप से प्रकट हो जाता है।

उत्साहवर्धक सच्चाई यह है कि ऐसे कई, यहाँ तक कि हज़ारों, लोग हैं, जो इन तीन "एल" को ठुकराते हैं और शिखर पर पहुँचकर वहीं बने रहते हैं। उनमें से एक चार्ल्स एटलस थे। मैंने हाल ही में उनके अस्सी साल की उम्र में दिवंगत होने की दुखद ख़बर सुनी। मैं चार्ल्स एटलस को कभी नहीं भूल पाऊँगा। जब मैं छोटा था, तो उन्होंने मुझे इस ज़बर्दस्त सिद्धांत से प्रेरित किया था कि आप अपने कमज़ोर, सिकुड़ते, पराजित स्वरूप पर नियंत्रण कर सकते हैं और ईश्वर की मदद से महत्वपूर्ण इंसान में बदल सकते हैं, बशर्ते आप ठान लें।

और चार्ल्स एटलस कौन थे? देखिए, मैंने सबसे पहले उन्हें कोनी आईलैंड में बरसों पहले देखा था, जहाँ उन्हें दुनिया का सबसे शक्तिशाली आदमी कहा गया था। यह कहा गया था कि वे लोहे की छड़ को अपने हाथ से मोड़ सकते हैं, हालाँकि मैंने उन्हें कभी ऐसा करते नहीं देखा। कोनी आईलैंड पर वे एक साइनबोर्ड के पास खड़े थे, जिसमें उनकी शारीरिक शक्ति के कारनामों की बराबरी करने वाले व्यक्ति को पाँच सौ डॉलर देने का प्रस्ताव था। प्रशंसा भरी नज़रों से मैं इस शानदार शारीरिक मूर्ति को खड़े-खड़े निहारता रहा। कितनी बेहतरीन मांसपेशियाँ थीं, कितना ज़बर्दस्त शरीर था!

वे इटली में पैदा हुए थे। उनका नाम एंजेलो सिसिलियानो था और वे जल्दी ही अपने माता-पिता के साथ ब्रुकलिन आ गए। यहाँ का माहौल उनके पुराने देश के अंगूर और जैतून के खेतों के माहौल से बिलकुल अलग था। सड़कों पर बच्चों ने उनकी हँसी उड़ाई, क्योंकि वे नाटे थे और उनका वज़न चौदह साल की उम्र में सौ पौंड से भी कम था। एक दिन बारह साल के एक तगड़े लड़के ने एंजेलो को पीट दिया। लेकिन सबसे बुरी घटना तब हुई, जब वह एक लड़की को समुद्र तट पर ले गया। उसने आख़िरकार लड़की से यह पूछने की हिम्मत जुटा ली थी कि क्या वह उसके साथ बाहर घूमने चलेगी। वे लोग रेत पर बैठे थे। एंजेलो अपने सबसे अच्छे "संडे सूट" में बैठा था, तभी एक लड़का आया और लात मारकर उसके ऊपर रेत उछाल दी। एंजेलो ने जब इसके बारे में कुछ नहीं किया, तो लड़की इतनी बौखला गई कि उसे वहीं बैठा छोड़कर चली गई। वह वहीं बैठा-बैठा अपनी कमज़ोरी पर अपमानित और कुंठित होता रहा।

फिर एक अद्भुत घटना हुई। कोई उसे ब्रुकलिन म्यूज़ियम लेकर गया। दरवाज़े से अंदर जाते ही वह हैरान रह गया। वहाँ ग्रीस के सशक्त पुरुषों की संगमरमर की विशाल प्रतिमाएँ थीं। ऊँचे-पूरे पुरुष, जिनकी मांसपेशियाँ उभरी थीं और जिनके कंधे चौड़े थे। क्या ऐसे लोग कभी सचमुच हुआ करते थे? फिर एक साहसिक विचार आया; वह भी उनके जैसा बनेगा।

उसने ईश्वर से प्रार्थना की कि वे उसे शक्तिशाली बना दें। प्रार्थना का अजीब जवाब मिला। वह देखने लगा कि उसकी बिल्ली अपनी मांसपेशियों को तानते समय किस तरह एक मांसपेशी को दूसरी के ख़िलाफ़ टकराती थी। क्या वह भी ऐसा नहीं कर सकता? उसने शारीरिक विकास के कई

तरीक़ों का अध्ययन किया और धीरे-धीरे यह कमज़ोर नाटा लड़का सशक्त होने लगा, जब तक कि वह दिन नहीं आ गया, जब वह कोनी आईलैंड पर प्रकट हुआ और उसे दुनिया का सबसे शक्तिशाली आदमी घोषित किया गया। उसके बॉस ने उससे कहा कि वह अपना नाम एटलस रख ले, चार्ल्स एटलस। इससे भी बड़ी बात यह थी कि एक मूर्तिकार ने म्यूज़ियम में ग्रीस की प्राचीन मूर्तियों की तरह उसकी भी मूर्ति बना दी।

लेकिन शक्तिशाली बनने के बाद चार्ल्स एटलस कमज़ोरी के उन लड़कपन के दुखों को कभी नहीं भूले। वे जानते थे कि कितने सारे लड़के उन्हीं की तरह दुख उठा रहे थे उन्होंने अपने जीवन को लड़कों की मदद करने के लिए समर्पित कर दिया, ताकि उन्हें नई आशा मिले, वे सशक्त बनें, सिर्फ़ शारीरिक दृष्टि से ही नहीं, बल्कि नैतिक और आध्यात्मिक दृष्टि से भी। उन्होंने उन लड़कों को सिखाया कि किस तरह से शिखर पर यानी, अपनी कमज़ोरी के ऊपर पहुँचा जाए।

जान लें कि आप क्या चाहते हैं और यक़ीन करें कि आप इसे पा सकते हैं।

आप जीवन से जो चाहते हैं, उसे पाने का रहस्य यह जानना है कि आप क्या चाहते हैं और फिर यक़ीन करना है कि आप उसे पा सकते हैं। और हमेशा दूसरों के लिए, ख़ास तौर पर कम सौभाग्यशाली लोगों के लिए कुछ करें। फिर ईश्वर से मदद माँगें और काम में जुट जाएँ। जमकर काम करें। उसमें अपना सब कुछ लगा दें। कभी हार न मानें। उस तरह के बैटर न बनें, जिसे मैंने एक बेसबॉल मैच में देखा।

मैंने टेलीविज़न पर बेसबॉल मैच का चैनल लगा दिया। लेकिन मैं इसे दो इनिंग ही देख पाया, क्योंकि मुझे कोफ़्त होने लगी। एक व्यक्ति बेस पर था। दूसरा बाहर था। यह बैटर अपनी प्लेट पर उदासीन अंदाज़ में गया, उसने अपने हाथों पर थूका, उन्हें अपने पैरों पर मला, बैट को ज़मीन पर ठोंका और इस तरह अभिनय किया, जैसे वह कुछ करने वाला हो! पिचर ने उसकी तरफ़ गेंद फेंकी। यह बाहर थी और मैं उसे दोष नहीं दे सकता कि उसने इसे छोड़ दिया। फिर पिचर ने दोबारा प्लेट के पार एक तेज़ गेंद फेंकी, ठीक स्ट्राइक झोन में - मारने के लिए बहुत ही बढ़िया गेंद थी! और उसने उसे भी छोड़ दिया। मैंने ख़ुद से पूछा, "उसने उस गेंद को क्यों नहीं मारा ?"

ख़ैर, उसने अपने बैट को थोड़ा और ठोंका। फिर पिचर ने एक और गेंद प्लेट के पार फेंकी। यह बहुत बढ़िया थी, घुटनों के थोड़ी सी ऊपर और तीर जितनी सीधी। उसने क्या किया? उसने उसे भी छोड़ दिया। अगली गेंद प्लेट से बाहर थी और इसे वाइड माना गया। इसके बाद एक बार फिर पिचर ने बहुत सुंदर गेंद प्लेट के सीधे पार डाली और बैटर ने क्या किया? उसने इसे भी गुज़र जाने दिया! उसे स्ट्राइक्स के आधार पर आउट क़रार दिया गया। उसने एक भी गेंद नहीं मारी। यह अविश्वसनीय था!

यह देखकर मैं बेब रूथ के बारे में सोचने लगा। उनके जैसा खिलाड़ी आज तक नहीं हुआ वे बहुत महान खिलाड़ी थे। युवावस्था में भी वे काफ़ी अनुभवी दिखते थे। वे शक्तिशाली थे। किसी भी उल्लेखनीय बिग लीग बैटर की तुलना में उनके स्ट्राइक आउट्स ज़्यादा थे। लेकिन उन्होंने इतिहास के किसी भी खिलाड़ी से ज़्यादा होम रन बनाए थे, जिनकी संख्या 714 थी। उनकी सफलता का रहस्य क्या था? सिर्फ़ यह कि वे प्लेट पर जाते थे और गेंद मारने लगते थे! उनके ज़्यादा स्ट्राइक आउट्स भले ही हों, लेकिन उन्होंने शानदार औसत बना लिया। उन्होंने कहा था, "आपको तो बस इतना करना है कि कोशिश करते रहें, हमेशा कोशिश करें। गेंद को मारते रहें।"

मैं दुनिया भर में मशहूर हवाई के तैराक ड्यूक काहानामोकू को जानता था, जो कभी होनोलूलू में बीच बॉय थे। वे हवाई के कम होते असली नागरिकों में से एक थे। उनके साथी नागरिकों ने उनका सम्मान करते हुए उन्हें शेरिफ़ बना दिया और मैं उनसे पहली बार तब मिला, जब मैंने होनोलूलू चैंबर ऑफ़ कॉमर्स को संबोधित किया।

ड्यूक इस सदी के बहुत महान तैराक थे। 1912 में उन्होंने ओलंपिक में 100 मीटर फ्री स्टाइल तैराकी जीती और आठ साल बाद एक बार फिर जीती, हालाँकि तब उनका मुक़ाबला अधिक युवा पीढ़ी से था। वे 1924 में इसे तीसरी बार जीतने के क़रीब आ गए थे, लेकिन जॉनी वीज़मुलर ने उन्हें ज़रा से अंतर से हरा दिया।

ड्यूक काहानामोकू शांत, मितभाषी और बहुत समझदार थे। उन्होंने कहा था, "यह अभ्यास, अभ्यास, अभ्यास है," "यह बहुत ज़रूरी है। लेकिन आपके शरीर, मस्तिष्क और आत्मा के सभी संसाधनों का प्रयोग करना भी ज़रूरी है - उनके हिस्से का नहीं, उनके अंश का नहीं, बल्कि उन सभी का।

आख़िरी रेखा तक सारे रास्ते संघर्ष करना है, अपने दिल, अपने दिमाग़, अपनी पूरी आत्मा से तैरना है। आपके सारे संसाधन।" उन्होंने कहा, "अगर आप एक सामान्य खिलाड़ी हैं, तो इससे कम में आपका काम चल सकता है। लेकिन अगर आप महान विजेता बनना चाहते हैं, तो आपको वह सब देना पड़ता है जो आपके पास है - सब कुछ।"

ड्यूक सतहत्तर साल की उम्र में मरे। उन्होंने बीच बॉय की तरह अंत्येष्टि का आग्रह किया था। डायमंड हेड की छाया में समुद्र तट पर दस नावें खुले समुद्र में चल दीं। वहाँ पर उन्होंने ड्यूक की राख को प्रशांत महासागर में बिखेर दिया, जिससे वे प्यार करते थे और जिसमें उन्होंने तैरना सीखा था, जिससे उन्हें विश्वव्यापी शोहरत मिली थी। फिर एक आदेश पर दस नाविक मुड़े और तेज़ी से पैडल मारते हुए किनारे तक आए। उन्होंने अपनी नाव को समुद्र तट पर लाकर खड़ा कर दिया, उस आदमी की अजेय प्रतिस्पर्धी भावना के प्रदर्शन के लिए, जिसने कहा था कि प्रतिस्पर्धा का तरीक़ा अपने सभी संसाधनों का इस्तेमाल करना है।

जो लोग हमेशा कोशिश करते हैं, वे हमेशा कुछ न कुछ करते रहते हैं। वे अवसरों को पास से गुज़रने नहीं देते हैं। वे गेंद छोड़ने के कारण आउट नहीं होते हैं। वे जीवन पर प्रहार करते हैं! वे अन्याय पर प्रहार करते हैं, वे बुराइयों पर प्रहार करते हैं। वे इस जीवन को अपने और दूसरों के लिए महान बना लेते हैं, क्योंकि वे प्रेरित होते हैं। वे कोशिश करते हैं।

इसलिए मारते रहें, कोशिश करते रहें, लोगों की मदद करते रहें, प्रार्थना और यक़ीन करते रहें - आप शिखर पर पहुँच जाएँगे - और वहीं बने रहेंगे।

तो इस अध्याय में सुझाए सिद्धांतों का सारांश क्या है?

1. *हमेशा आशा क़ायम रखें।*
2. *यक़ीन करें, और कभी यक़ीन करना न छोड़ें, कि ज्वार हमेशा लौटता है।*
3. *यह एहसास करें कि आपने आज तक जितनी शक्ति का प्रदर्शन किया है, आपमें उससे ज़्यादा शक्ति है।*
4. *एक पुरातनपंथी, लेकिन सशक्त वाक्यांश का प्रयोग करते हुए - आपको चुनौती दे रहा हूँ कि आप वह बनकर दिखाएँ, जो बनना चाहते हैं और बन सकते हैं। इस चुनौती पर खरे उतरें।*

5. जवाब में कभी भी **नहीं** को स्वीकार न करें।
6. अपना सबसे अच्छा काम करें और परिणाम ईश्वर पर छोड़ दें।
7. अपनी शब्दावली से तीन **एल** - यानी कमी (*lack*), क्षति (*loss*), सीमा (*limitation*) - को हटा दें।
8. अपने जीवन की वह तस्वीर बनाएँ, जो आप चाहते हैं और उस तस्वीर को हक़ीक़त में बदल दें।
9. गेंद को मारते रहें, कोशिश करते रहें।
10. और प्रार्थना करना कभी न भूलें। यह शक्ति प्रदान करती है।